ア・フライフィッシャーズ・ライフ

Charles Ritz　A Fly Fisher's Life

ある釣師の覚え書き

シャルル・リッツ
柴野邦彦 訳

未知谷
Publisher Michitani

改訂版へのまえがき

クニが〝ア・フライフィシャーズ・ライフ〟の日本語初版から三十二年経って、改訂版を完成させた。まえがきを書いてくれ、と私に言ってきたが、それは私にとって二重の喜びだった。

先ず、インターナショナル・ファリオ・クラブ（ＩＦＣ）創始者の著作が日本で読みつがれているということに、大きな喜びを感じている。我々のクラブは日本に特別な感情を持っている。いつもフライフィッシングの雑誌を送ってもらっているし、日本には二度釣りに行ったし、三度目の釣行を待っているところでもある。日本ほど先人たちの知識を大事にする国は他にないが、シャルル・リッツが熱意をもって受け入れられているのを見るのはさらに嬉しい。

故マダム・リッツとサンソＩＦＣ会長

そして、次に、このベテランのアルピニストでもある訳者が難しい仕事の山に登ってくれたことに関する喜びである。一つの言葉を翻訳するとき、そのオリジナルのテキストを一つ一つの言葉自体として完全に尊重することはできない。例えば、『フルイケヤ　カワズトビコム　ミズノオト』を言葉通りフランス語に訳したところで、フランス人にはなんのことか分からないからである。

Traduttore traditore（翻訳者は裏切り者）とイタリア人は言うよ、とペゾン・エ・ミッシェルPPPシリーズにその名のモデルもある、フランスの著名な詩人ジョアシム・デュ・ベレーは言っている。

しかしながら、翻訳者が著作者や、その考えをよく知っている場合、著作者の考えを忠実に表現することが可能である。一つ一つの言葉に忠実に逐語訳することから離れてもかえってその文章の言いたいことをうまく表現するのである。アイザック・ウオルトンの弟子、チャールス・コットンが英語訳したミッシェル・ドゥ・モンテーニュのエッセイがいい例である。日本語を話せない者が日本語訳の出来について語ることはできないが、私は翻訳者をよく知っているので、その文章は著者の考えに忠実であるという確信を持つに十分である。

サンソ会長と訳者　photo:Takai Ohki

クニ・シバノは一九九四年インターナショナル・ファリオ・クラブが活動を再開して間もなく会員になった。彼が入会して以来、われわれはヨーロッパでも日本でも、数々の機会にわれわれの創始者とその著作に関して意見を交わした。ファリオ・クラブはたくさんの旅行をする。会員は世界中に六十人おり、それぞれの国や地域を訪ね合う。それは一緒の釣りのためであり、うまい料理のためであり、そして一言でいうなら楽しい時間を一緒に過ごすためである。

そうして、クニと日本の何人かの友人のお蔭で、クラブはトウキョウに支部を持つに到った。支部もわれわれと同じくらいに活発に活動している。

ときどき、われわれはキャスティングの競技会に集まる。それはロッドの素材に関して最新のものを試す機会を持つためである。シャルル・リッツは一九七一年にミッチェル―ガルシアとグラスファイバーのロッドを製作した。そして、絶え間なく、より良いものを追及する結果として、一九七六年カーボン製の最初のロッドが発表されるはずだった。暑い夏のさなかの彼の死がそれを不可能にしたのだった。それは間違いない。

一人の人物の性格を一言で表すのは難しいが、あえてシャルル・C・リッツについていうなら、それは〈疲れを知らない〉ということだろう。クニにもそれが言える。この改訂版に関して、最初のものをコピーするだけでなく、それをより完成されたものにするべく、長い時間と労力を注いだ。感謝したい。

パリ、二〇一六年四月十日

インターナショナル・ファリオ・クラブ会長　ローラン・サンソ

改訳版に寄せて

私にとってシャルル・リッツは巨人中の巨人、そんな人物の記念碑的な著作に文章を書かせていただく機会が訪れようとは夢にも思わなかった。一つのことを投げ捨てずにやっていれば、良いことも起きるものだ。初回の翻訳出版から三十年の時をへて、格段に読みやすくなった改訳版が世に送られることの幸運を、一読者としてかみしめている。

「リッツが亡くなっちゃったね。ほれ、ペゾンの」。子供のころに出入りしていた釣具屋は餌とルアーとフライフィッシングの世界が共存する空間で、店の棚の構成と同じようにさまざまな人たちが集まっていた。その中の、フライ部門のリーダー格の1人と目される人が、ある日仲間とそんなことを話していたのを覚えている。おそらく一九七七年のことだ。私がいちばん最初に買ったシェイクスピア・エクセレントという日本企画の安いグラスロッドに飽きたらず、なんとか手に入れたのはペゾン・エ・ミッシェルの「パラボリック・スペシアーレ・ノルマーレ」（英語と仏語の混ぜこぜで、どう発音するのか正確に分からないという事実こそ、リッツを考える1つのヒントになる）の7フィート2インチ、ティップとバットが同長のシングルティップ・ロッドだった。その竹竿はオートバイに積んで釣りに行っていたので傷だらけ、それに一度はティップトップ直下を折ってしまい、付け直して使っていたから満身創痍の姿、しかし今も手元にある。極端なところがなく使いやすい赤巻のその竹竿だけが唯一のフライロッドであった数年間、私は会ったこともない老師リッツのすこしと、親密な時間を過ごしていたことになる。

キャスティングは、ジム・グリーンの若い日の似顔絵が表紙に描かれた、フェンウィック編集になるちいさな白いブックレット「フライ・キャスティング基礎編」で学んだ。その18年後、本人を訪ねてキャスティングの手ほどきをしてもらう機会があったのは運が良かった。白い日焼け止めのグローブをした彼、初心者をどう教えますかと聞く私に「アップ&ダウンに集中させる。こうだよ」と言いながら芝生の上で見せてくれたのは、むしろ手首はロックして、肘を上下させる動き。アップ・キャストからフォワード・キャストの組み合わせだ。ワシントン州の片田舎で出会う、シャルル・リッツの影。「ア・フライフィッシャーズ・ライフ」にも、腕利きとしてジムの名前が挙げられているから、面識があったと考えるほうが自然だろう。アメリカのトーナメント・キャスティングの歴史に通じたキャスター、クリス・コリッチやスティーブ・レイジェフに聞いてみると、おそらく顔見知りだったはずだし、ジミーの師匠であるマイロン・グレゴリーは間違いなく友人だったという答え。スティーブの先輩にあたる、夭逝の天才ジョン・タランティーノは、歴史上最も偉大なキャスターであるとリッツも絶讃している。イタリアの血が流れるサンフランシスカンであったこの男から、スイス人のコスモポリタン・ホ

photo:Hiroki Sako

テリエが着想を得たテクニックが、ハイスピード・ハイラインである。タックル面とテクニック面の両方で、フライキャスティングの最先端を切り開いていた米国西海岸の影響は、そこに否定しがたく存在する。

私は、リッツがこの世を去ってから四十年が経ってはじめて、動くその人を見ることができた。ニューヨーク州を訪れ、キャスティングのデモンストレーションをする姿をリー・ウルフが撮影したもので、おまけとしてクルーズヴォーのキャストも見られるというすばらしいものだ。撮影もおそらく、この本の改訂版が書かれているころだろうと思う。彼が携えているのはつや消しのリッツ・ガルシアＬＦＬＬ／ＨＳＨＬロッド。カリフォルニア州サンタ・アナにある、旧コノロン社の工場で巻かれたグラス竿だ。パラボリック・アクションを「発明」し、技術コンサルタントとしてペゾン・エ・ミシェルが作るバンブーロッドの方向性を定め、またフライフィッシング先進国となりかけていた米国でヤングやペインに影響を与えたこの男が、晩年は「グラスファイバーこそ理想的なフライロッドの素材」と言い切り、デモンストレーションでもそればかりを使ったという事実。映像に残る彼は、たいへんコンパクトでスムーズなモーションからループを繰り出して見せている。アーノルド・ギングリッチが緒言でいみじくも述べているように、変節による誤解をまったく恐れていない姿。いまの自分が最高の到達点であることを信じている。この精神の靭性は、シャルル・リッツというデモンストレーター、インストラクター、そして釣り人の傑出度を雄弁に語っている。この本のキャスティングやＨＳ／ＨＬに関する説明、フライロッドに関する記述がリッツの自慢話にすぎないという見かたは間違いだ。ちなみに、ダーモット・ウィルソンが、そしてフランク・ソーヤーが褒めたリッツ・ガルシアのグラスロッドは、じつはこの前初めてキャストしてみたのだが、とても投げやすく現代的とも言えるものだった。

彼の著作を読む行為は、それと相撲を取らされるということである。リッツの到達点がたしかにここにあるが、もし彼が生きているとしたら、彼は今までにいったい何枚の靴下を取り換え、違う帽子をかぶってきただろう。グラファイトロッドに関して、バンブーロッドに対する興味の再燃、そして昨今のグラスロッドのブームに関してどう思うだろうか。「私の主張も含め、定説を疑え」といわんばかりに、老師は変わり続けた。彼の残した、じつに豊かなテキストをどのように活用し、どのような糧とするかは読み手次第。そういった意味で、凝った仕掛けの施されたテクストでもある。

東　知憲

二〇一六年春　横浜にて

ＩＦＦＦ（国際フライフィッシャー連盟）インストラクター認定プログラム運営委員
ＪＧＦＡ（ジャパンゲームフィッシュ協会）専務理事

アーノルド・ギングリッチと
私のすべての釣仲間に捧げる

追記　彼が緒言を書いてくれたからというわけではない

はじめに

『ア・フライフィッシャーズ・ライフ』のこの版は完全に改訂しなおされたものであり、たくさんの新しい内容が盛込まれている。ここで友人のジョン・パイパーの多大な助力に感謝したい。彼なしにはこの本をこうした形につくり上げることはできなかっただろう。私は著作を職業とするものでもなく、また、決してフランス語や英語の文法の最良の友であったこともなかった。印刷所に渡すためにこれらの原稿を準備する間、彼の示してくれた親切、忍耐、そして協力は決して忘れることができない。彼の努力のおかげで、この本は前に出版されたどの版よりも整理され、読みやすくなっている。彼に対しての私の感謝のしるしとして、私は彼をインターナショナル・ファリオ・クラブのメンバーに迎え入れた。

シャルル・リッツ

序文

シャルル・リッツは私の知っている最もすばらしい釣師の一人である。彼は鱒や鮭釣りの偉大なフライ・フィッシャーというだけでなく、考えていることをうまく表現する技術をもった著作家でもある。

それにまた真実や重要な事柄に目を向けて、今まで間違って言い伝えられてきた神話をためらわずに打破ることのできる人でもある。

彼はひじょうに魅力的な釣り仲間であり、その広い知識だけをひけらかしてあまり技術の身についていない読者をうんざりさせることもない。しかし、情熱と知性をもって釣りに打込もうとする人にとっては、彼は真実の情報の鉱山のようなものである。

この本の中で、シャルル・リッツと一緒に釣りをすることによって、みなさんはノルマンディーやオーストリアの川や、北の鮭の川を知ることができるだろう。

世界は移り変り、今ではムッシュー・シャルルと同じほど魚を釣ることのできる人は少なくなっている。しかし、世界がどう変ろうとも、彼と同じほどうまく魚を釣ることのできる人はさらに少ないだろう。

アーネスト・ヘミングウェイ

緒言

初めて私がシャルル・リッツと釣りをしたのは一九五九年の春、ノルマンディーのリール川であった。彼は六十八歳の誕生日間近で（シャルル・リッツは一八九一年八月一日生れ）、その動作にはある年齢に達した人の、上品さと落着きがあった。アダージオ・ダンサーとはいえないかもしれないが、アンダンテ・ウオーカーといったところであろう。

われわれはリッツ・ホテルから彼の母上のキャディラックに乗って川まで行った。彼自身の小さなランチアはヴァンドーム広場のホテルの玄関脇、舗石の上においてきた。われわれ三人と運転手、そしてピクニックや釣りの道具を全部入れるには小さすぎたからである。その小さな自動車には何度も乗ったり、降りたりしたことがあるが、身をかがめたり、腰を折ったりする時の彼の動作や態度は重いものではなかった。シャルルはやせていて、ちょっと前かがみでしなやかな身体つきをしていたが、いかにも年をとった人にふさわしい様子をしていた。彼の母上はもう九十歳代だったが、ホテルに住んでおり、まるでシャルルがまだ十代の子供であるかのようにいちいち彼の行方を確めるのであった。あらゆる客観的判断からしても、その時の彼女はシャルルよりも元気に見えた。

釣りをしている時、私は彼の動作がそれぞれひじょうに計算し尽されたものであることに気がついた。ちょうど小さな金槌で壁に軽く釘を打つように彼は竿を振った。そして後へ退って結果を見、気に入らないと位置を変えた。ロッドの持ち方は、なかなかやって来ないバスを待って傘を持っている時と同じで、彼がとても軽く親指を前へ押しだすと、ラインはまるで石弓から放たれたように飛んでゆく。そして瞬きする間に長い距離をとび越え、他の誰にも見えなかった対岸近くの小さなエクボのような水輪に難しい角度から届いてしまう。エクボは爆発し、肥ったブラウン・トラウトがチャーリー（シャルルの英語の愛称）のフライに自分から掛ってしまい、あたり一面に水しぶきを跳ねとばすのである。

彼の動作はあまりにも集約されているため、いったいどうやったらそうなるのかを理解するためには私はさらに五回、同じような光景を観察しなければならなかった。それを見て得た私の結論は、釣りにおいてだけでなく、目的をもった行動の際、一つの結果を得るために動作を最小限におさえることのできる人は、知っている限りでは彼以外には誰もいないということであった。

彼のこのような態度は伝染しやすいものであった。たった数分で彼は私の妻に小さなハンマーのように竿を振ることをうつしてしまったのである。彼女のラインはひじょうに勢いよく、銃で撃たなくてはとても届かないと思われるような距離にまで飛んでいった。

それはすばらしいものであった。私は川の対岸から見ていたのだが、彼は最高に優れた釣人であるだけでなく、また同時に最良の先生でもあったのだ。この絶好の機会に私自身もハンマーを振るようなロッドの扱いを少し習ってみようと思った。彼等がやっているのを立って見ていた時には、それはとてもやさしそうに思えたが、実際に自分でやってみるとラインはひどくもつれ、リーダーは小鳥の巣のようにくちゃくちゃになってしまった。

これは十二年前のことである。それ以後、私は平均して年に一度はシャルル・リッツに会っていた。その間に彼の活動はアンダンテからアレグレットへ、そしてヴィヴァーチェへ、そしてプレストへと発展してゆき、私は彼のその際限のない加速への能力に驚かされた。

この原稿を書く数週間前、われわれはポコノスで一緒になった。フェデレーション・オブ・フライ・フィッシャーメンの大会が開かれていて、彼は馬のような忍耐を強いられる日程で三週間、アメリカ大陸をあちこち回り、ツアーの締めくくりとしてここへやって来たのだった。そして、焼けるような太陽の下を、彼の先祖の地ヴァレーのマウンテン・ゴートのような身のこなしで何時間もキャスティング場の芝生の上をとび回っていた。

六〇年代、もちろん彼は七十歳代であるが、シャルル・リッツは新しい信仰とでもいうものを信奉し始めた。そして急にそのキャスティング・スタイルを変えた。身体は彼の二倍も大きく、年は彼の半分で、何度も世界チャンピオンになったことのあるジョン・タランティーノからシャルルはまったく新しいキャスティングのインスピレーションを得、ハイ・スピード／ハイ・ラインと呼ばれるテクニックを体系化したのであった。

シャルルは考えていることをすぐ実行に移す人である。まもなく彼はハイ・スピード／ハイ・ラインについての理論をフランス、イギリス、スイス、およびアメリカの釣りの刊行物に発表した。さらに彼はこの理論をきちんとしたものとするために、友人のマックス・ラインハートにハイ・スピード／ハイ・ラインに関する新しい一章を書き加えた『ア・フライフィッシャーズ・ライフ』の新しい版を作りたいと頼んだ。そして、それは実現された。彼はまたプロの世界チャンピオンであり、古い友人であるピエール・クルーズヴォーにこの新しいテクニックを実際に使ってくれるように頼んだ。その結果、一九六三年のスカーバラの大会でピエールはサーモン・フライのディスタンス・キャストで世界記録を作ったのであった。この成果だけで満足せず、シャルルはもしこのテクニックにもっと適したロッドがあればピエールはさらに良い成績を上げられるに違いないと考えた。そして二人は協力して、実に不思議なロッド、チップ・セクションがバンブーでバット・セクションがグラスという、ヴァリオ・パワーと呼ばれるロッドを作り上げた。スプリット・ケーン・ロッドのみを信奉しているシャルルがこのようなロッドを作ったということは、これまた不思議な話であった。シャルル・リッツは自分でも認めているようにその天賦の才を使って長い間アンボワーズの工場でペゾン・エ・ミッシェルのロッドの研究と開発をしてきており、われわれは彼のことをアンボワーズのバンブー男爵と考えていただけにこの出来事には少々驚かされた。彼が何かを発明するというのはしごく普通のことであり、以前サン・トノレ街に靴屋を持っていた時には――その靴屋の裏ではピエールや他の何人かの親友の小遣い稼ぎのためにあまり公けではないタックル・ショップもやっていた――スキーのアフター・ブーツまで考案したことがあった。だから、発明そのこと自体には驚かなかったが、彼がグラスを使って何かをするということはトスカニーニがジャズをやるようなものであった。ましてや、その製品が的を外さず、人々が求めていたようなすばらしいものであったから、驚きはなおさらであった。

この新しい『ア・フライフィッシャーズ・ライフ』の最終版ではシャルルはまたさらに新しい理論をつけ加えている。新しい理論はハイ・スピード／ハイ・ラインの理論を押しのけるものではなく、逆に増補しているのである。今度もまた、ＨＳ／ＨＬ（ハイ・スピード／ハイ・ライン）と同じように四つの頭文字ＬＦ／ＬＬで表現されており、その理論は全部がグラスのロッドを基盤にして作り上げられた。これはロング・フレックス／ロング・リフトと呼ばれるロッドでシャルル・リッツにより考案され、アメリカの大きなタックル・メーカーのガルシア社によって製品化された。そして最近の健康を害しかねないような彼のアメリカ全国横断ツアーの目的はこのロッドを知らしめるためであった。このことについてはこれ以上書く必要はないだろう。新しい章の中で彼自身が詳しく説明している。

しかし、ここでは何が今日の彼を作り上げたのかを少し考えてみたいと思う。私は彼についていろいろのイメージを持っているのだが、そのどれもが彼の気に入らないかもしれない。

しかし、彼はそのどれもを黙って受け入れてくれるだけの偏見のない精神を持っていると確信している。

偏見のない精神、それこそ私にとっては彼を理解するための最初の手がかりとなっている。そして、それが彼のいろいろな成功の基盤となっているのに違いない。われわれのような人間にとっては一つのことを決めると、あるいは周囲の状況によって決められてしまうと、それを変えることは地震でも起きたかのような特別な事件となる。しかし、シャルルはそうではない。彼はジプシーのように何か新しいものに向かって動く用意がつねにできている。

実際、シャルルはジプシーと同じである。彼の母親には母乳がでなかった。そこで、彼女は自分の代りにジプシーの乳母を雇っていた。そのことだけが彼の中に相当量のジプシーの血を注ぎ込む結果になったとは考えないとしても、彼の人生の最初の何年間か家族がつねに旅行をしていたということも彼の人格を形成したのだろう。九〇年代にはセザール・リッツはイギリスとヨーロッパ大陸のホテルの管理と直接の実務を担当しており、行ったり来たりの最も忙しい時期だったからである。メイン・ポストは彼自身がエスコフィエ（有名な料理人）を雇い入れたサボイ・ホテルであったにもかかわらず、まるで手品師のように他のホテルの経営もうまくやってゆかなければならなかった。そして彼の妻のマリー・ルイーズも、子供のシャルルもつねに寝台車に寝起きする生活をしいられたのである。その頻繁な旅行の間は、二段ベッドの脇に吊られた乗客の手荷物を入れるハンモックのような網袋がシャルルにとっての揺籃となった。だから、後に彼が成長して、つねに行動する人となったのも別に不思議はない。

こうしてロンドンの家を離れて絶え間なく旅行をする生活は一八九八年まで続いた。この年セザール・リッツはヴァンドーム広場に彼自身のホテル、現在のパリ・リッツ・ホテルを持ったのだった。そして、シャルルは事実上このホテルで成長した。

こうした事実に加えて、名ばかりではあっても彼の最初の少なくとも家と呼ぶべきものはロンドンにあったということと、二十五歳から三十五歳の誕生日までの十年間を彼がアメリカで過ごしたことを考えなければならない。そうすればなぜシャルルが完璧なコスモポリタンであり、イギリス人やアメリカ人たちと一緒にいる時にも、平均的なフランス人やスイス人よりも気楽に、くつろいでいられるかを理解することができる。彼はロンドン、パリ、ニューヨーク、ボストンといった大きな都会の生んだ子供であり、しかもそうした都会に生活する男でもあった。そのうえ、戸外に出ることが好きで、森の中か、水の上か、あるいは川のそばに居るといったふうの、一生を通じてつねに動き回る性格を持っていた。まったく彼は一ヵ所に落ちつくことのないジプシーなのである。

とはいえ、彼は逆説的に誰にも真似のできないほどスイス人らしかった。一般の旅行者は実際に彼とパリを同義語として考えるが、彼が市民権を持っていたのはスイスとアメリカだけだった。（アメリカの市民権は第一次大戦中、アメリカ軍に服務した後獲得した。そして、第二次大戦中ドイツのパリ占領の折に拘禁される危険がでてきた時放棄した）。彼の誕生日はわれわれアメリカの独立記念日と同じような意味を持つ、スイスの最初の三つの州の独立を祝う日である。だから彼の長い人生からすれば比較的短い期間しかスイスで生活していなかったにもかかわらず、スイス人であることをひじょうな誇りとしており、遠慮なくフランス人をやっつけたりするのである。

今ではもうはっきりとはしなくなってしまったが、彼の父親はジュネーブの湖とアルプスの間にある小さな村ヴァレーの出身である。しかしまた不思議なことに、彼はそこで生れたわけではなかった。たまたま彼の母親がストラスブルグの近く、モルスハイムに伯父と伯母を訪ねた時に生れたのであった。母親はパリを離れる機会がありしだい、いつでもすぐにニーダーヴァルトへ帰ってしまうのだが、彼自身はスイスへ帰ろうとする習慣を決して身につけなかったのはそのせいであろう。

彼はチャーリーと呼ばれることを嫌っていた。そして彼についての記事が印刷になる前に目を通す機会があるとつねにそれを訂正していた。ジョセフ・ウェックスバーグが〈エスクワイヤー〉誌に「チャーリー・リッツは唯一、一人だけ」という書き出しで彼についての記事を書いた時、彼はその原稿に目を通してチャーリーという名の綴りの最後の -ie をシャルルという発音にするために -es と直してくれ、という以外は何も文句をつけなかった。それに対してウェッシュバーグは、それまでにリッツの友人たちからも、またほかでも決してそうした話を聞いたことがなかったし、またある化粧品会社のトレード・マークとして使われている名前、「リッツのチャールス」との混同を避けるためにもこのままのほうがよいと論理的に説明したのだが、リッツは直させることに固執したのだった。

彼の母親が彼の父親について書いたすばらしい本の中で、彼女はしばしば息子のことをチャーリーと呼んでいる。しかし、読者の手にしているこの本の後の方にでてくるモニックはシャルルという名前でしか彼を呼ばなかった。彼の友人たちも何度かうっかりしてチャーリーと呼んだがそのあとでは正しい名前で呼んでいた。にもかかわらず、彼らどうし、仲間うちで彼について話す時にはたいていチャーリーが呼び名だった。

十二年前のシャルル・リッツより今の彼のほうがずっと精力的であるという不思議を解くもう一つの鍵がモニックである。彼女はラムゼイエールという名のジュネーヴ生れの女性で、一度フォワという名の男と結婚し、パリ・リッツ・ホテルの支配人名簿にはマダム・フォワの名前で載っている。スイスの独立記念日に生れたわけではないのだが彼女はシャルルよりももっと独立心の強いスイス女性である。「鉄の気まぐれ女」というような言葉がまだないとすれば、まさしく彼女のために作りださなければならないだろう。

シャルルは、釣人をも含めて誰もが永久にこの地上にとどまることはできないという事実についてはきわめて率直に話すことができた。そしてまた関心のある人には誰にでも同様に率直に、彼がもはやいなくなった後でもモニックにパリ・リッツ・ホテルにいて欲しいと思っていることを話していた。

ここで私はもう一度後戻りして、最初に第一の鍵としてとり上げた彼の偏見のない精神《オープン・マインド》について考えてみたいと思う。シャルルのなかでは開いているのは単に精神だけではなく、彼という人間の本質全体が開いているのだと思う。彼はわれわれが靴下を取換えるのよりも早く、ひんぱんに考えを変える。彼はわれわれにしてみれば完全に考え尽くして、解決したと思われるようなことについて、もう一度考えることのできる、そしてまた実際に考えた人なのである。これが、シャルル・リッツが他の何者でもなくリッツたるゆえんだろうと私は信じる。

四十年ほど前、大学での四年間に心理学の授業で習ったことで今でも忘れないことが一つある。それはわれわれの身体の中に骨と同じようにくまなく拡がっているのだが、自分では気付かないシナプスと呼ばれる神経の末端にある刺激伝導部の仕組みについてである。子供の頃にはこのシナプスは広く開いていて、大きくなるにつれて少しずつ閉じてくる。そして、そのシナプスの閉じ具合によってわれわれは年寄りであったり、若かったりするのである。

シャルル・リッツにおいては彼が六十六歳ごろのある時、彼自身をもふくめて誰にもよくわからない理由でこのいまわしい仕組みが再び開きだしたのである。そして、それ以後に見られる結果は驚くべきものであった。

もし、シャルル自身に起きたこの変化に関する私の評価が信じられなければ、この十二年間のパリ・リッツ・ホテルの変りようを見るとよい。これもまた逆説的だ。一八九八年にリッツ・ホテルが開かれた時、セザール・リッツは王位にいるものたち自身よりももっとよく、王室らしさというものについて理解している、と後のエドワード三世は讃辞を送ったのだが、それにもかかわらず現在のリッツ・ホテルのほうがもっとリッツ・ホテルとしての風格をもっている。そうした「時代に即した優雅さ」というものを維持してゆくのは、過去を香料詰めの防腐保蔵するのと同じぐらい価値があると思われるのだが、その背後には目に見えない現代性の裏付けがある。簡単に洗えるものや合成の材質の使用、楽屋裏で労力を節約するための機械、ヒルトン・ホテルをきらびやかに見せているのと同じ新しい設備を持っていることなどである。

シャルルは私の知っている誰にもまして新しい工夫の好きな人である。それはパリ・リッツ・ホテルの中にも見られる。ただ、どこにその装置があるかを知らなければ気がつかない。彼はジプシーであるのと同様に細工をすることの好きな人であり、一生を通じてずっと何かを作っていた。ちょっとみると彼は性急で、あわてて物事を判断する傾向があるように見えるのだが、驚いたことにはひじょうに忍耐強く、しかも生れながらの手先の器用さを持合わせている。一九一六年、彼の父親がリッツ・カールトン・ホテルをまかせるべく、ニューヨークに彼を送った時にも、ホテルの自分の部屋で釣道具を細工し、どうしようもない竿を、根気のある器用さと、経験の積み重ねですばらしい竿に作り変えた。

彼がジャージーの海岸で浜辺の人々を映画に撮影したのはその後間もなくだった。そうすれば写された人は夜になると入場料を払って劇場に自分の姿を見にくるに違いないというのが狙いだった。ニュー・ジャージー・モーション・ピクチャーの名簿一覧にリッツの名前が見られるのも、それは誰かがこの名前を入れておけば半世紀以上もの間、それが入口のひさしに有名人の名前として残るだろうと考えたからではなかった。ただ単に、ずっと昔のこと、彼が若くて腰の落ちつかなかった時代にシャルル・リッツがこの事業を起こしたからであった。

彼は他の事業も起こしている。例えば汽車の模型の連結機の製造で、それは今でも続けられている。ただ十年後、シャルルはヨーロッパへ帰ってしまい、彼自身はそうした事業のことはすっかり忘れてしまったように見える。

十一月中旬から下旬頃の一夜、彼と一緒に釣ったことのある八十人ほどの友人が世界中から集る夕食会があるが、この席上でしばしば彼は、このアメリカでの十年間がなかったら、その後のヨーロッパでの成功の半分も得られなかったに違いないと言っている。夕食会というのはひじょうに民主的な組織として知られているインターナショナル・ファリオ・クラブの集りで、翌朝のブローニュの森の池でのキャスティングを除けば、夕食を一緒にすることが唯一の活動である。そして、この集りに会員はパリ・リッツ・ホテルのダイニング・ルームとティー・サロンを優先的に使うことができる。ホテルのヴァンドーム広場側の階下の部屋で二本の釣りの映画が上映され、それにつづいて飲物が二杯出される。そして会員同士の夕食となり、それから抽選会が行われ、釣道具やフライが賞品とされ、これはどの会員にも必ず何かが当るようになっている。

一方その間モニックはホテルのカンボン通り側のエスパドン・グリルで会員の釣りをしない御婦人方のテーブルで話をもり上げ、料理を楽しむための接待役を務めている。そして彼女は御婦人方にダイニング・ルームでの抽選会の賞品よりもずっと素適なものを用意しておくのであった。

会員の中にはプリンスもプリンセスもおり、あらゆる体格のあらゆる種類の人がいた。彼らに唯一、共通しているのは、ある日どこかでシャルル・リッツと一緒に釣りをしたということであった。会員になるのは任意で、スイス人が自分の国のある種の鉄道を停車させるのと同様であった。シャルルがあなたは会員だと言えば、すぐに、そしていつまでも会員になることができた。とはいえクラブができてからのこの十年間、会員の数は増えつづけているが、あきらかに制限されている。会員は襟の返しにつけたバッヂと、ブレザーのポケットにつけた刺繍のワッペンでわかる。夕食会のある週にはクラブの同僚たちがバッヂとワッペンをつけて誇らしげにパリの通りを歩いているのが見られる。

今までに書いてきたこうしたすべてのことから読者はいったいどういう男を想像するだろう。彼の便箋にはシャルル・C・リッツ、ヴァンドーム広場十五番地、そしてあとは区と電話番号が書いてある。名前の中のCはもちろん、セザールの略で彼は父親からこの名前と生来の優雅さを受継いだ。というのは、セザール・リッツは当時のダンディーの一人だったからである。しかし、彼の豊かな健康と才気は母親から貰ったものに違いない。マリー・ルイーズ・リッツは一九一八年に彼女の夫が死んでからの長い間、誰の助けも借りないで事業を引き継いできた女性だった。実際には世紀の変った時から、彼女はすばらしい夫がロケットのように自分自身を使い果した仕事、たくさんの場所であまりにも性急に、あまりにもたくさんのことを燃え尽くすような勢いでやった仕事を続けてゆかなければならなかったのである。セザール・リッツについての本の中で彼女はそうしたことすべてを書いている。彼女はその書き方が嘘の謙虚さになったり、あるいは反対に愚痴にならないように気をつけていたが、出来上りはそのどちらをも満足させるものであった。どんな男もこの本のような情愛のこもった記念碑を持つことはできないだろうし、彼がいなくなったあとで、どんな女性も彼女以上にうまくこのような男の仕事をやってゆくことはできないだろう。

シャルルはこの二人の息子なのだから、彼らがいなかったら彼がどんなふうになっていただろうか、などと推測するのは馬鹿げている。彼や彼らについて、もう一つ別な本が書かれてしかるべきであろう。彼らは、スイスから芸術の重要な一分野に貢献するものを引出したのである。それは確かに、芸術とはいっても、芸術の応用の分野だが、本質は決して過少評価されるものではない。それは他のどこでよりも人々を幸福に、居心地よくさせる芸術である。彼らの名前がたぐいまれな優秀性を意味する形容詞として、あらゆる言葉の中に定着したのも理由のないことではないのである。

しかし、その本ができるまでにはまずこの本がある。何年か前、私はこの本について次のように書いた。「今日、フライ・フィッシャーとしての人生を送ろうとする者は、いつかは一度、時間をとって、今では老境にさしかかっている、近代的なフライ・フィッシングの最も上品で、最も優雅な実践者であるシャルル・リッツの人生とその書き残したことについて学んでおかなければ、あとで必ず間違いをおかすことがあるだろう」

これを書いたのは一九六五年のことで、私は愚かなことを書いたと思う。われわれのうちのたくさんの者は今では当時のシャルルよりもっと臨終に近づいているからだ。けれど、この文章のそれ以外の部分は今もって意味を持っている。

一四九六年以来出版された数千冊の釣りの本の中の特に優れた三十冊のうちの一冊として、私はこの本を選んだ。昨年、〈ザ・コンテンプレーティブ・マンズ・レクリエーション（人間の瞑想的気ばらし）〉の編集者たちも同じ選択をし、ブリティッシュ・コロンビア大学の図書館における釣りとゲーム・フィッシュに関する本の目録は『ア・フライフィッシャーズ・ライフ』を一四九六年から一九六九年までの釣りに関する本の中の画期的な三十九冊のうちの一冊としている。

　彼より以前の巨匠、アイザック・ウォルトンと同じで、シャルル・リッツが出したこの本の最初の版はその後のものよりもずっと規模の小さいものであった。初版は一九五三年、ちょうどアイザック・ウォルトンが『釣魚大全』の初版を出してから三百年後に、フランス語で『Pris sur le Vif（現場からの報告）』という題で出版された。その後、新しく加筆されて、一九五九年、一九六九年、そして今度の版が一九七二年に出版されている。このことはウォルトン存命中の一六五三年から一六七六年までの間に『釣魚大全』が何度にもわたって出版されたことと比べられる。『釣魚大全』の方は全部で五つの版がある。

　だからシャルル・リッツの方もこの版のあとにもう一回別の版が出されるように期待したい。新しい版はもう出ないだろうというほうには賭けないで欲しい。これからさらに三百年たってこの二人の書いたものがもう読まれなくなっているにちがいないというほうには賭けて欲しくない。それに、賭けに勝ったからといって賭金を回収する方法は今のところないのだから。

アーノルド・ギングリッチ

アーノルド・ギングリッチ（左）とシャルル・リッツ（右）、1971年5月。

シャルル・リッツ（左）とアーネスト・ヘミングウェイ（右）。

リール川でシャルル・リッツがＨＳ／ＨＬのフィニッシュ、「フォワード・パワー・プッシュ」の見本を示している。
これはアップ・キャストが正しくできていれば、円滑に、比較的骨を折らずに行うことができる。

アップ・キャストをするとき、ここに見られるように左手を低く構え、ラインを引いてやると、
ロッドが垂直より後ろへ倒れてもラインが後ろで落ちることはない。

正確な左手の使い方をデモンストレーションしている著者。ラインはつねにぴんと張られている。

6フィート6インチのロッドでハイ・スピード、ハイ・ラインのテクニックを使い、セミ・サイドキャストのデモンストレーションをしているシャルル・リッツ。

パリ、ティール・オー・ピジョンの池での同じ6フィート6インチのロッドによるダブル・ホールをしながらのサイド・キャスト。ウェーブのないラインに注目。

ＨＳ／ＨＬの良いキャスト。一般的な忠告に反してジョン・タランティーノはここでは手首を右にひねっている。しかし、これは大きなロッドと重いラインを使う時、ロッドの下の部分を前腕にぴったりとつけて、より強いてこの力を生み出させるためである。彼は遠投競技でキャストする時にだけ、この方法を使う。

タランティーノが悪いキャストの見本を示している。ラインがゆっくりと動いているので、バック・キャストの最後では必然的に下に落ちてしまう。ＨＳ／ＨＬではラインは空中を早く動き、それゆえキャスターの後ろで決して低くならない。

アーネスト・ヘミングウェイの孫のマフェットが3時間の講習の後、正確にキャスティングしているところ。下の写真はまちがったキャスティングをしている生徒の例である。この2つの例の左手の位置をよく見ること。

ピエール・クルーズヴォー（左）とシャルル・リッツ（右）。

ターポンを抱えているフロリダのレフティー・クレイ。
この魚はフライ・ロッドとフライ・ライン、
リーダー・チペットが12ポンドテストのものを使って釣り上げられた。

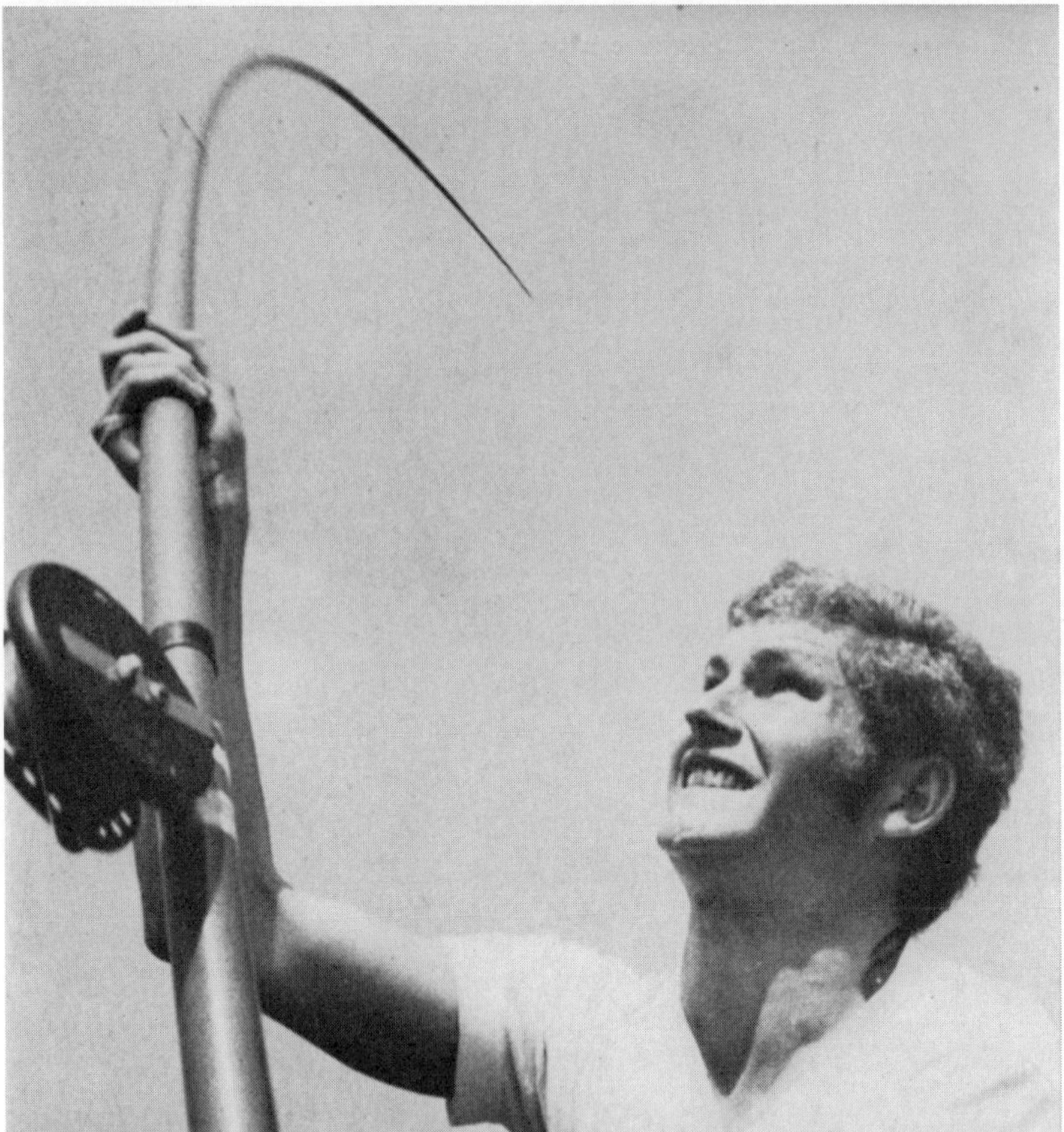

トーナメント・キャスティング。1971年ベルリンにおけるチャンピオン、
ドイツのワルター・クマロヴ。

右頁について
(左上)　ダーモット・ウィルソンとイギリスのガルシア社のバリー・ウェルハム。この鱒はネーザー・ワーロップのミル・プールで釣り上げられたもので、9ポンド12オンスあり、イギリスにおけるフライで釣られた2番目に大きいレインボー・トラウトである。
(右上)　ジョン・パイパー、釣りに関しての著作や放送をしている。
(下)　ハンプシャー、ネーザー・ワーロップのミル・ハウス。イギリスで最も変わった釣道具屋である。

海でのフライ・フィッシングは、フロリダではポピュラーなスポーツとなっている。これは釣り人が大きなスヌークを掛けたところ。

釣れたばかりのサルツァ川のグレーリング。

サルツァ川、グシェーダー付近。

トラウン川のグレーリングの流れ。

ルー川のグレーリングの流れ。

リール川（典型的な、そして最高のチョーク・ストリームのひとつ）。

ドゥー川の川底が砂利石のところ（ドクター・マスィアがグレーリングを釣っている）。

リール川のひじょうに大きな鱒の集っている場所。

ア・フライフィッシャーズ・ライフ　目次

ア・フライフィッシャーズ・ライフ

ある釣師の覚え書き

第一部　基本について

初めての釣り一九一二年

　いとこのルイがある日アンデル川の上流、フォルジュ・レ・ゾーにあるＸ氏の私有の川で鱒釣りの集りがあると私を誘ってくれた。それまでにやったことのあるのはスイスの湖での雑魚釣りだけだった。雑魚釣りにかけてはそのときけっこういい腕前を発揮した。だからそれ以来、釣竿と糸、釣鈎、そしてパンの柔らかなところがありさえすれば、釣りに関しては誰にもひけはとらないと思っていた。そして今回、雑魚釣りの名人としては、パンを丸めた自慢の餌で川の鱒を次から次へと引っぱりあげるのをいとこが見たらどんなに驚くだろうと自信たっぷりに考えていた。

　その話をすると、彼は驚いて言った。

「おい冗談だろ！　鱒はパンなんか食いやしないよ。六角竿で毛鈎を投げて釣るんだぜ！」

　それで自慢の練りパンは役にたたないということが分かった。雑魚釣りの名人は野生馬を乗りこなそうと意気ごんでやって来る東部の人たちに対して西部のカウボーイたちが名付けた、テンダー・フット（新米）になりさがったのだった。

　われわれは朝の八時に出発した。ルイは私にすばらしい竿を一本貸してくれた。招待してくれた人はわれわれを川に案内すると、用事があって出かけなければならないが昼食までには戻ってくるから、と約束して行ってしまった。

水はとても澄んでいて、川の中にはたくさんの水草があった。けれど魚は一尾も見えなかった。

それでも私は仕事にとりかかり、竿をムチのように振ってラインで水面をたたき回った。感じとしてはスポーツ・フィッシャーマンというよりは乗合馬車の御者にでもなったような絶望的な気持だった。

十一時半になると招待主がグリーン・ハートの竿を携えてあらわれた。私は疲れ切ってしまっていた。右腕の筋肉はひどく痛み、手のひらには赤いマメがいっぱいできて膨れあがっていた。それにもう頭にきていた。馬鹿にされたのだ。この川には鱒もいなきゃ、雑魚もいない。

「釣れたかい」と彼は尋ねた。

「いいや、この川には鱒はいないんじゃない、とにかくぼくは一尾も見ませんでしたよ」

X氏は微笑んだ。

「よかったら昼食までにいくつか釣ってみようか。見てごらん、むこう岸のあの木の根元のカーブしたところを。あそこに一尾いるよ」

目を大きく開けて私は「うん」と答えた。けれど、

実際にはなんにも見えやしなかった。彼が素早いキャストを繰り返すと、毛鈎は彼が指さしたとおりの場所に落ちた。激しいしぶきが上がった。すると彼は鱒を釣り上げており、それをすぐに魚籠の中に入れた。

それからの四十五分間に、彼は同じようなことを何度も繰り返し、一ダースほど釣ったところで切りあげた。

私に理解できたのはX氏は毛鈎で鱒を釣ることにかけてはヘラクレスか魔術師に違いないということだった。

釣りの流派

釣りというスポーツの楽しみ方はいろいろあるが、その中では英国派が最も古典的なものであろう。これは英国人の気質に由来するもので、彼らは昼夜を問わず「完全な紳士《パーフェクト・ジェントルマン》」たらんと努力し、そのためには魚でさえ努力の対象となるのである。つねに冷静さと品位をたもとうとする気づかいから英国人は動作をゆっくりと行うという特徴を持つにいたった。

フライに対する愛情、水生昆虫学への傾倒は英国人にとってフライがひじょうに重要な位置をしめるという結果をうみだした。道具の簡便化と、軽量化、またそうした改良による種々の大きな利点などには彼らはアメリカ人ほど興味を示さない。

英国人はじつにゆっくりと道具を扱う。英国派は第三者の目にとってはゆっくりしていることの良さ、優雅さといったものを見せてくれるが、それはまた同時にこの流派の短所にもなっている。

魚に近づく時にひじょうにこまかく気を配ること、皮の膝当てをつけて釣りの姿勢をとりやすくすること、水草を通しての魚とのやりとりはリールから直接に行うこと、優雅に魚を殺すために専用の棍棒を使うこと、などはまさにこの流派の特徴をよく示している。二、三尾の鱒を釣りあげればその日はそれで満足だとすることは彼らのスポーツ面での本能を魚の保護という意味で釣人としての賢明さをよくあらわしている。彼らの釣場の管理の仕方や、その釣場の改良のためにはひじょうに細かい部分にまで注意をはらうことはもっと他の国の釣人が取り入れてよいものだろう。ソーヤーなどはエイヴォン川のメイフライが婚礼飛行を行う時に近くの他の川から集めてきた別のメイフライとまぜ合わせて、血を掛合わせることまでした。

英国人は魚を釣るということに関連したあらゆる部分から最大限の喜びを引きだす才能を持っている。そして、それをゆっくりと味わうのだ。われわれはこのフライ・フィッシングという芸術的楽しみを最初に見つけだしてくれた英国人たちにおおいに感謝しなければならないのである。

アメリカ派は英国派にその源を発しているが、すぐに急激な変遷をとげた。そして今日では両派の差はクリケットとベースボールの違いと同じぐらいになっている。道具に関しても同様のことが言えるだろう。

ニューヨークには「ジ・アングラーズ・クラブ」という英国の古典主義の伝統を守り続けている閉鎖的なサークルもある。しかし、ニューヨークにいる私の釣り仲間の一人は仕事机の上に「時は金なり。まずあなたの訪問目的を話してくださいそうして仕事を簡単にしましょう」と書いた金属板をおいている。これこそはまさしくアメリカにおけるフライ・フィッシングの現代派の性格を表していると言えるだろう。

アメリカ人にとってフライとは魚と釣人の間にある、実用的で有効な仲介物なのである。大きなサイズで、ハックルを厚く巻き、なによりもまず良く浮くこと、そして水面で良く見え、水面下からはぼんやりしたシルエットとして映ることに重点がおかれている。フライはサイズも構造も浮きを良くするために考えられているので、フォルス・キャストをして乾かす手間はずっと少なくてすむ。彼らのフライを巻く技術は最高級のものである。イギリスのフライはタイイングの技術

が許すかぎり、実物の昆虫を再現しようとする。そのためアメリカのパターンのような使った時の便利さといったものには劣っている。アメリカで大流行のブラウン・バイビジブルやファン・ウィング・コーチマンなどのフライは何よりもまず釣人の側からよく見えるようにという目的で作られているのである。

アメリカ人はまたチップ・アクションのひじょうに軽いロッドの発明者でもある。このロッドに関して私はごく近くを釣るというような特殊な場合を除いてはあまりいいとは思わない。しかし、一般的に彼らは近い距離を釣り、フライのプレゼントは早い。

ラインに関してはアメリカのものは重すぎるし、先端が太すぎると思うのだが、こうした形状のラインは距離を長く出さなくてもロッドに負荷をかけることができ、ロッドはすぐに働き始める。

道具に関してはつねに軽量化が考えられており、ゴム紐で背中に吊されたランディング・ネットなどそのよい例である。ウェーダーや靴などもフェルト底で軽く作られている。上着にはたくさんのポケットがついていて、それは必要な小物を収納するのにちょうどいい寸法になっている。ポケットが袖にまでついている

ものさえある。帽子は軽い生地で作られていて、長いひさしは目を保護するのに具合がいい。アメリカではすべてが不必要なもたつきを避けるように、動きの自由が最大限に得られるように、そして着心地がよく、時間を無駄にしないように研究されている。釣りの短い上着やコートのなかには防水をして、ビクの代りに使うポケットがついているものまであり、これはファスナーにより通気がよいように、また取りはずしができるようになっている。

フランス人とベルギー人は燃えやすい気質を持っている。フランス人のほうがベルギー人よりも古典的で優雅に釣る。

フランス人が環境の保護についてあまり関心がないのは確かで、釣場をあまり大事にしない。フランスの釣場は一般に管理が悪く、十分に手入れされていない。これはイギリスでは自分の釣場の手入れをするということが一つの芸術的行為、一つの科学とさえなっているのと対照的である。

ベルギー人はしばしばその熱中ぶりが過ぎてマシンガン・フィッシャーマンとなってしまう。ヨーロッパの川の魚の数が彼らの熱心さとくらべて少な過ぎるほどだ。それに彼らは釣りのあらゆる条件にすぐに順応する。道具に関しても、技術に関してもつねに新しいものを研究し、全体としてエキスパート・フィッシャーマンの占める割合はひじょうに大きい。へたくそなベルギーの釣師に会うのは稀なことである。ベルギーにはこうした特徴があるので、彼らの後を釣ることは避けたほうがいい。

ドイツ人やスイス人は近代的な軽量の道具が持つ利点を全面的に利用し始めている。彼らはキャスティングの技術に関してひじょうな興味を持っており、一流のインストラクターをそろえたすばらしいキャスティング・スクールがたくさんある。

ノールウェー人は背が高く頑強な人種だ。力まかせのキャストをし、今もって一五〇から二〇〇グラムものロッドを使っているが、やはり一流のキャスターである。

こうした個々の違いこそあれ、私はこれらのすべての国で掛け値なしに第一級の釣師たち、そしてすばらしいスポーツマンたちに出会った。

しかし、私がひじょうに残念に思うのはどこの国でも釣人の大部分はキャスティング・テクニックについての掘り下げた知識を持つことをあまり重要と思っていないない点にある。キャスティングのうまい人は、魚を釣り上げる以外に、キャスティングをすること自体の楽しみや満足を釣りの一日につけ加えられるのだということが彼らには分かっていない。その理由の第一は、われわれのスポーツにおいては、他のスポーツと違って、実際に教えるだけの力のあるインストラクターが少ないからである。ゴルフやテニスやスキー、スケートそして馬術などと同じように、フライ・キャスティングに関しても初心者は先生について始めることの必要性を考えなければならないだろう。それがないがしろにされているのは、他のスポーツにおけるエキスパート・プレイヤーの数とくらべると、フライ・フィッシャーの中ではエキスパート・キャスターの数がずっと少ないからだと思われる。

キャスティングのメカニズムの理解は自分自身の技術の中の誤ちを見つけだす能力を持つということであり、そして、それをどう直したら良いかという方法を知るということである。私はこの点をできるだけ強調したい。

よく訓練された冷静さ、漁獲高だけがめあての釣師に対する軽蔑、「スポーツ」という言葉に対する絶対的な尊敬といったものを身につけている点でイギリス人は他からうらやまれていい。アメリカ人はその実戦的な感覚や、簡便化のうまさ、などを誇っていいだろう。フランス人やベルギー人はその洗練、その熱中ぶり、そしていろいろの流派の良いところをとりまぜて吸収していることが特筆されるだろうし、スイス人、ドイツ人、そしてスカンジナビアの人々はキャスティング・メカニズムに対して大きな興味を持っていること、そしてそれをマスターするためによくトレーニングすることで注目に価する。

いまやフライ・キャスティングのトーナメントがさかんになったことや、マイロン・グレゴリーが会長をやっている国際キャスティング連盟などのおかげでキャスティングを教えることはゴルフを教えるのと同じように一般的になることだろう。

私が今までに会って、その技術を見ることのできた、完全で、傑出したキャスターは次の人たちである。イギリスのトミー・エドワーズ大佐、テリー・トマス大佐、C・マクラーレン、ライオネル・スウィート。ベルギーのアルベール・ゴダール。フランスのピエール・クルーズヴォー。アメリカのアル・マクレーン、マイロン・グレゴリー、ジョニー・ディックマン、ジョン・タランティーノ（一九五七年のキエルと、一九五八年のブラッセルでICAトーナメントの世界チャンピオンとなっている）。

つぎの話はタランティーノの技術と知識がどんなにすばらしいかを語っている。彼がプラット・フォームに立ってサーモン・ロッドのディスタンス（キャスティング競技で飛距離を競う種目）のトライアル・キャスト（本番前の試しキャスト）をしている時、私は彼にロッドを一本試して欲しいと頼んだ。私がそこに持っていたロッドというのはダブル・ビルト（竹を重層に貼ったもの）で中心に空間のないものであった。彼が使っていたのはウィンストンの中空のロッドで、アクションとしてはこの二つはまったく異なったタイプのものである。そのうえ私のラインもまた彼の使っていたものとは違っていた。ディスタンス・キャスティングにおいては道具をほんの少しかえただけでも、何度もキャストを繰り返してその変化に慣れなければならないということはトーナメントキャスターなら誰でも知っている。

ところがタランティーノはいきなり、ドライ・フライ・スタイルで、二度ほどフォルス・キャストをするとフライを二〇〇フィート先まで飛ばしてしまったのだった。

こうしたキャスターたちは同時にまた一流の釣人でもあることは保証してもいい。タランティーノはおそらく今日までの最も偉大なキャスターの一人であろう。

フライ・キャスティングのメカニズム

一九四七年のこと、アメリカの偉大な雑誌〈フィールド・アンド・ストリーム〉が私にパラボリック・ロッドについて書いてくれと頼んできた。それはこのロッドについて詳しいことを知りたいというたくさんの読者からの問合わせに答えるためであった。また当時、いくつかのアメリカのメーカーもパラボリックと自称するロッドを市場に売り始めていたからであった。この記事が雑誌に出ると私は本当のパラボリックのロッドとはどんなものか見せてほしいという一人の読者からの手紙を受取った。

ある朝早く、彼はニューヨークのリッツ・カールトン・ホテルへやって来た。そして、私の部屋へ入るや否や、つないでベッドの上に並べてあったロッドのところへ飛んでいった。私は彼を押しとどめると、できるだけていねいに言った。

「ロッドをご覧にいれる前に一つ質問させて頂いていいですか。あなたに正確に説明するために、どうしても必要なことで、そうすれば間違いをせずにすみますから。あなたがキャストしている時、左手は何をしていますか。左手のポジションはどこですか」

彼はぎょっとしたように私を眺め、それから両方の手をキャスティングをする時の位置において、動かした。当惑したように左手の場所を探した。彼はもう一度同じ動作をやり直し、途中で止めると、がっかりした様子で言った。

「リッツさん、キャスティングのあいだ、左手が何をしているか自分では分かりません」

私はていねいにぶしつけな質問をしたことを許してもらい、ロッドを手に取って、問題の左手の働きの有効性、ロッドがその性能を完全に発揮するためにはこの働きが不可欠であることの説明を始めた。あげくのはては自分のロッドの一本を彼に献上しようと思ったのだった。彼はそれを受け取るのを拒否し、恐縮したふうで言った。

「まったくのところ、私はいつも自分をエキスパートだと思ってました。それで釣りのクラブのほとんどのメンバーはロッドを選ぶ時には私の意見を聞きました。しかしこの二十年間、自分が左手をどう使っていたかということにはまったく気づきもしませんでした。すぐに家へ帰って、庭でキャスティングをやってみますよ。そうして左手が完全に使えるようになったら、もしお許し頂けるんでしたら、またお目にかかって、ラインやリーダーをつけてあなたのロッドを試してみたいと思います。率直に言ってくださって本当にありがとうございます。たった何分間かであなたは私が二十年間釣っていて学んだ以上のことを教えてくれました」

実際にあったこの話をここに書いたのは、同じような経験がしょっちゅうあって、そうした釣人の数は覚えていられないほどで、なかにはすばらしい釣師なのに、水辺でキャストする時は不必要で、過度な努力をしているのを見たからである。そして、しばしば彼らはそれを不当にロッドのせいにしていた。しかし、私は何度も比較的簡単な説明をしただけで、彼らが反対にすばらしいロッドを持っていること、ただ彼らがそこから最大限に性能を引きだせなかったのだということを自分で発見させることに成功した。そして、私自身もその結果に満足することができた。

重要な忠告としては、今使っているロッドが十分な満足を与えてくれない場合でも、そのロッドを処分する前に自分の住んでいる地方のキャスティングのエキスパートの意見を聞いてみることを勧める。

ロッドというのは一種のバネである。それはよりしならせて使うこともできれば、よりしならせないで使うこともできる。しかし、実際にはロッドのバネは最大限に利用されなければならない。ロッドが大きく曲がれば曲がるほどキャスターは力を使わないですむからである。

しならない固い棒を使ってもキャスティングをすることはできる。しかし、その場合は身体も肩も、腕も、手も手首も力を入れてほとんどブロックしておかねばならず、手首はまったく動かしてはならない。手首というのは竿が曲がる時に初めて、それに合わせてラインをコントロールするために使われるのである。

キャスティングでロッドの性能を十分に引きだせるかどうかはキャスターのハンドルの握り方にかかっていることが多い（図1）。

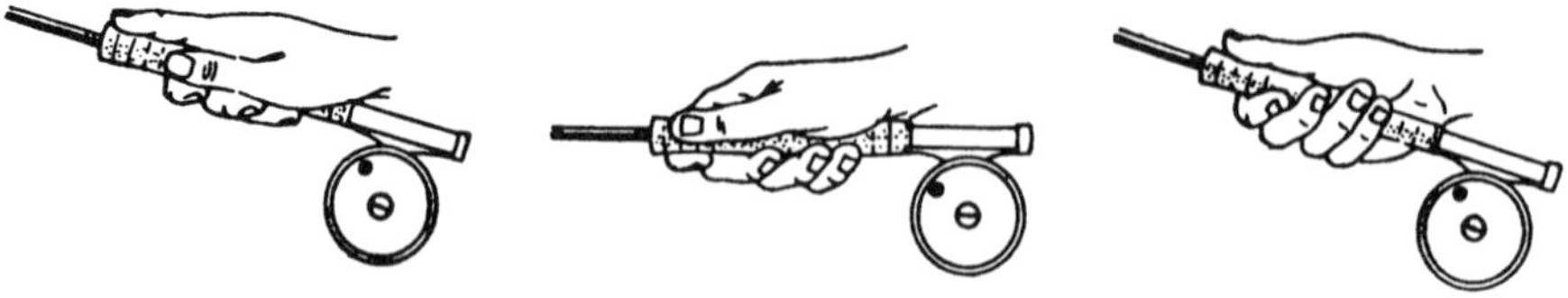

図1

●親指を上に置く握り方（サム・オン・トップ）　最良の方法であるが、この握り方はひじょうにやわらかい手首を必要とする。手首の柔軟性を得るのは長い時間がかかり、また時間をかければ必ず得られるというものでもない。

●親指を軽く横にずらした握り方　この方法では手首を自然な状態で折り曲げることができる。しかし、フィニッシュが難しくなり、ロッドの動きに捻《よじ》れが加わりやすくなる。ロッドについたガイドのならびが垂直に上下せず、ロッドの下で右側に、半水平方向に捻られる傾向がある。

●ひとさし指を上に置く握り方（フォアフィンガー・オン・トップ）　この握り方では強いパワーは出せないが、正確さが増す、初心者はこの握り方をすることによりバック・キャストの頂点でロッドがストップした時の感じをつかみやすいが、この握り方は比較的弱いのであまり勧められない。ひじょうに短いロッド、六フィート半以下のロッドにのみ使われるべきである。

熟達した釣人になるためには、必ずしも熟達したキャスターである必要はない。

しかし、疲れることなく、しかも楽々と、パワーのあるキャストができるような釣人になるためには平均して四シーズンは釣りをしなければならないだろう。最初はひじょうに辛いものだ。テニスやゴルフでは球を打つことだけに精神を集中すればよい。しかし、釣りでは、後ろには障害物がある。風が吹く。フライのプレゼンテーションの問題がある。そして合わせや取り込みがある。ゴルフやテニスには専門的なインストラクターはたくさんいる。釣りではほとんどの初心者は釣友達のアドバイスで満足しなければならず、しかも大半は、それも無くて独学で何とかやってみる方法しかない。結果として、それらの人々の九五パーセントは魚は釣れても中程度、あるいはへたくそなキャスターにとどまり、このスポーツが与えてくれる満足や楽しみというものを知らずじまいになってしまう。

キャスティングのメカニズムというものはあまり知られていないのである。

一九五一年、トラウン川でのこと、一人の女性の初心者がボトル・メソッド（七〇頁参照）による十五日間の筋肉トレーニングの後、川のヘッド・キーパー（川の管理責任者）のハンス・ゲーベッツロイターからレッスンを受けた。結果は、三日間にドライ・フライで四尾のグレーリングを釣り、その翌日には七尾のグレーリングを釣った。そのうえ、彼女はバックのラインの伸びが悪い時には、その度に自分でその欠点を直したのだった。これは、一つの結論を引きだすことのできる典型的な例であると思う。

キャスティングについて論文を書くなどということは一つの相対的な価値しかない。キャスティングというのはエキスパートがロッドを手に持って実地でのみ教え得るものだからである。だから私はキャスティングに関する説明を最も重要なことのみに限ろうと思う。

われわれのようにフライ・キャスティング・スクールで長い間教えてきた者の間では、十人の生徒のうち八人はほんの少しの講習でひじょうに上達するということが知られている。しかもその現象は特にそれまでぜんぜんロッドを握ったことのない年少の者に顕著である。彼らは矯正すべき悪い癖をまだ持っていないからで、釣りの経験の豊富な大人は悪い癖を直そうと努力しても、もとの悪いロッドの動きに逆もどりしてしまうことが多い。

アメリカの雑誌〈フィールド・アンド・ストリーム〉のフィッシング・エディター、アル・マクレーンは、一時、ニューヨーク・スポーツ・ショウで毎年キャスティング・クリニックをやっていたことがある。一九三九年から一九四五年までの戦争が終って何年かして彼を訪問した。その時、私は次のような意見を述べた。誰もがディスタンス・キャスティング（ここでは一般的な意味で遠距離へのキャスティング）を習いたいと思っているが、基本的なキャスティングのロッドの動きというものはそのままディスタンス・キャスティングに適用できるものではないこと、そしてほとんどのインストラクターはそのことを強調しないという失敗を犯していると指摘したのである。それに関して、彼も同じ意見だった。しかし、キャスティングの基本的な動きは、生徒が自分自身でディスタンス・キャストのスタイルに適応する前に完全に理解されていなければならない。アルには一つの考えがあった。一般的キャスティングに必要な動作を学んだあと、生徒がそれ以上の技術を習得したければ再び講習を受けにくるということである。そこで、ディスタンス・キャスティングのためには新しい別のメカニズムを学ばなければならないことを、生徒に自分で発見させるのである。実際、ディスタンス・キャスティングのための動作は基本の応用である。

●プロ・インストラクターに必要なこと　ゴルフやテニスのクラブのように、もしすべてのフライ・フィッシャーのクラブがプロのインストラクターを持っていたとすれば、ライン・ハンド（ラインを操作する手、右利きならば左手）を使うテクニックも理解していないのに経験だけは古い釣師に初心者がアドバイスを求めるようなことはしなくて済むだろう。そして、フライ・キャスティングのメカニズムを理解した優秀なキャスターがたくさんできるだろう。

また、フライ・フィッシングをする時に出会うあらゆる難しい条件の下でも、楽々と器用に、美しいフォームでフライをプレゼントすることができるであろう。教えるということは一つの技術である。ゴルフにおいてさえ十人のプロのうちやっと一人ぐらいが生徒に混乱を起こさずに教えられるというのが現実だ。フライ・キャスティングの動作というのは、最初の段階からそれぞれの構成部分に分解して理解されなければならない。そしてそれぞれの部分はそれぞれ単独で、しかも段階的に学ばれなければならない。最初はライン・ハンドは使わずに、その手をポケットの中に入れて練習すべきである。

完璧なキャスティングは、手首と腕、そして上腕の動きの組み合わされたもので、望むキャストのタイプによって腰近くまで肘を下げることもあれば、肩よりも上まで手を上げることもあり、決ったポジションというものはない。これらの動作にしだいに、パワーがつけ加えられてゆく。パワーを加えるには正確なタイミングが要求される。というのは筋肉の力は完全に動作と組み合わされなければならず、力といってもその中にはごく少量のものもあり、それらの力がちょうどよい時にロッドに伝達されると、ロッドの曲がりにためられた力がキャスティングの大部分を完成させるのである。したがって始めのうちは、一つ一つの動きは別々に、しかも、いくぶん誇張して教えなければならない。生徒は上達するにつれて、エキスパート・キャスターのように各動作がやっと目にとまるぐらいにまで、動きを小さくしてゆくことができる。こういう訳で、私はキャスティングを習い始める人にはロッド・ハンド（ロッドを持つ手）のみを使うウェット・キャストから始めることを勧めるのである。

ロッドを持つ手の肘を身体につけ、しかも両方の手を使って行うドライ・フライ・キャストから習い始めることは、私の意見では初めて習うには難しすぎて、結局はキャスティングに無関心な釣人をつくってしまうだけのように思われる。

英国にはトーマス大佐やライオネル・スウィートのような何人かの優れたプロの先生たちがおり、しかも、この国のうまいキャスターたちはみんなこうした人たちの優れたアドバイスや教えをつかもうとする知恵を持っている。

要約すると、一つ一つの動作を別々に学ぶこと、そしてそれらが一つ一つマスターされたら徐々に組み合わせてゆくこと。キャスティングの動きの実際の感じをつかむための最もやさしい、唯一の方法はインストラクターにロッド・ハンドを持ってもらい動きの感じを伝えてもらうことである。キャスティングがほとんど無意識にできるようになるまでは釣りをしないように心掛けるといい。釣りを始めたあとでもできるだけしばしばインストラクターにキャスティングを見てもらうこと。最初はいかにしてハイ・バック・ラインをキャストするかを学ぶこと、そして完全に習慣的動作の中にこのハイ・バック・ラインのキャストが組み込まれるようになるまで神経を集中すること。キャスティングの練習を始めるごく最初の時期からボトル・メソッドでキャスティング用の筋肉を作り上げることが必要である。

●無意識なキャスティング　フライ・フィッシングは釣人に楽しみとそして完全なくつろぎを与える。しかし、それはキャスティングが無意識に行えるようになって初めて味わうことができる。無意識なキャスティングというのは実際にキャスティングを何度も繰り返すことによってのみ完成される。そしてたいていは、こうしたキャスティングはより経験の深い釣人から教わるのだ。文章に書かれた説明などというものは学ぶための一つの方法としてのみささやかな価値を持っているにすぎず、ことを始めるに当ってはわれわれは誰しも先生を探し回る。しかし、気をつけなければならないのは先生とてもやはり彼自身に特有なスタイルを発展させていったのであり、彼のテクニックの中には弱点もあり、生徒は技術を学ぶ時にそれらの弱点をも同時に吸収してしまう可能性があるということである。

ロッドを振ることに関する一つの身についた習慣はあとで変えるとなるとなかなか難しい。

キャスティングの問題について語る時、一つのことを簡単な原因と結果に分析するのは難しい。たとえば経験の豊かなキャスターはひじょうにバランスの悪いロッドとラインの組み合わせを使っても、道具の不十分さを補いながら適当にうまくキャストをこなしてしまう。しかし、この道具立てで川へ行って快適な時間を過せるかといえば、それは別の問題だ。この同じ道具を初心者が使えばこれはもうまったく絶望的であり、欲求不満のみが残るということになる。今でもときどきその国全体が道具に関して何年も遅れているために、誤って組み合わされた道具を持った人々に川で会うことがある。この人たちは実際に彼らのロッドの振り方が悪いのか、それとも道具の出来が悪いのかを区別することさえできないでいる。そういった人たちとは別に初心者からときどきどうしてもストレート・ラインを投げられないがその理由は何かと尋ねられることがある。それに対してラインが硬いからだとかあるいはロッド・チップがやわらかすぎると言ってあげることもできる。しかし九九パーセントは釣人の側に問題がある。たとえば前腕を使わずに手首を使いすぎるとか、スラック・ラインをピック・アップする時に水面をスライディングさせてくるかわりにあまりに急激に引っ張りすぎるとか、バック・キャストがだんだんと下ってくるとかである。こうした例はつねに見られ、なくなることがない。

●本能的なキャスティング　四〇フィートか、それより少し遠いぐらいの一般的な釣りであれば、良いロッド、あるいはもっと正確に言えば、良い調子のロッドを使えばキャスティングのほとんどの仕事はロッドがやってくれる。釣人はたんにロッドが後ろへ前へと動くのに必要なモーションを引き起こしてやればよい。そうすれば、ロッドのこの前後運動がライン・スピードを拡大してゆくのである。不幸なことに多くの初心者は魚を釣ろうとするあせりから本能的なキャストをするようになり、本来ならロッドの後ろへの動きは上向きでほんの少し弧を描き、前への動きは弧を描くようにスタートし、最後は直線的に終らなければならないのに手首を中心にしてロッドを前後に倒してしまうので、ロッド・チップは前後に弧を描く回転運動を起こしてしまう。これが風のある日や、鱒がいつものキャスティングの距離より少し遠くでライズしていると、初心者は手首をさらに強く曲げるため、バック・キャストではロッドはどんどん低くなってしまう。こんな場合でもすべては、タックルのせいにされ、釣人はより良いロッドとラインをむなしく探し求めることになる。しかし、ここで軍法会議に引っ張り出して裁判にかけなければならないのは、その釣人の肘であるということが重要な点である。もし、手首がほとんど完全に固定され、肘を中心にして動くようにすれば、貧弱なバック・キャストはできないはずである。前腕部の上方への直線的な動きはラインを空中に高く、しかも直線的に放り上げる。エルボー・キャスティング（肘を中心としたキャスティング）のこの動作だけで、今までの苦戦の原因がタックルの問題だったのか、それともキャスティング技術の問題だったのかを教えてくれる。もしそうしても、ぜんぜん変わりがなければその時初めてライン自体の飛び方についての批評をすることができるのである。

●**リラックスする**（力を抜く）**ことの重要さ**　手の中にロッドを握った時はリラックスしていなければいけない。適度のリラックスは実際、うまいフライ・キャスティングの秘訣の半分を占めている。われわれが教えるほとんどの大人たちはラインが空中で動き始めるや、身体を固くしてしまう。そしてこの自信がないという感じはロッドに早い痙攣的な動作となって伝わってしまう。人間が手首を曲げるというのは自然の動作である。しかし、手首が曲がるとバック・キャストは低くなってしまう。そして逆説的なことなのだが、バック・キャストが下るということはもっと手首を曲げなければいけないしるしだと思ってしまう。こうしてキャスティングが一つの戦いとなってくると、キャスティングを学ぼうとする者はもう決してリラックスなどしていられなくなる。私はこの問題を、生徒のロッドを生徒の手のちょっと上で握ってやることで解決している。そして、フォワード・キャストごとにラインを水面に落しながら、ゆっくり後ろ、前とロッドを振ってやる。このやり方は生徒に手首を「殺しておく」ことを強制するのである。これはひじょうに良い方法で、将来もし誰かにフライ・キャスティングを教えなければならない時は、生徒の手を取ってデモンストレーションしてやることはひじょうに有効である。フライ・キャスティングにおける「感じ」は言葉で表わせるものではなく、それは生徒と一緒に行う実際のキャスティングによってのみ伝達が可能なのである。最初の十回のキャストで生徒に自信を持たせることができれば、次の十回のキャストで彼は完全にリラックスしてキャストができるようになる。

●**トーナメント・キャスティング**　一般的な釣人の多くはトーナメント・キャスティング（競技としてのキャスティング）というスポーツには馴染みが薄いか、あるいはこのスポーツのエキスパートになるにはほど遠いというのが現状である。しかし、そうした一般のフライ・

フィッシャーのために作られているロッドのデザインはトーナメント・キャスターたちのテクニック、および彼らの使っている道具にひじょうに影響されている。フライ・キャスティングのメカニズムというものは釣りと競技という二つの分野で開発されてきた。そして釣人もトーナメント・キャスターもしばしば同じような問題と直面してきたのである。

今日、一九七〇年八月二十日、ピエール・クルーズヴォーはスウェーデンのカルマールで開かれた国際キャスティング連盟のトーナメントから帰って来たばかりだが、もはやトーナメント・キャスティングとフライ・フィッシングはそれぞれ別の道を辿るべきだと確信を持って言っている。トーナメント・キャスティングはまったく運動競技になってしまった。今ではほとんどのチャンピオンは本質的に運動選手であり、彼らはその並はずれた体力をもって、ひじょうに硬い強いロッドを振回すキャスティング・スタイルをつくり出しているというのが彼の意見であった。(原注　この意見は口絵11頁写真のワルター・クマロヴのスタイルと彼の使っているロッドを見ればよく分かる)

これとは対照的に、フライ・フィッシャーのひじょうに多くはオール・グラスのよりフレキシブルなロッドの価値を高く評価している。そしてまた初期のトーナメント・キャスターとの協力で作りあげられた、チップ・アクションのロッドを、トップが弱すぎ、下部セクションが硬すぎるとして批判している。

これは今日の多くのトーナメント・キャスターが魚の釣り方を知らないか、あるいはあまり魚釣りをしないことの証明である。競技でも釣りでもそのキャスティング・テクニックが完璧であるという点においてはジョン・タランティーノや、マイロン・グレゴリー、ジム・グリーンなどは数少ない例外である。

距離の測定を楽にするため、現在ではキャスティング競技は水の上でよりも地上で行われる。そうなると、バック・キャストのために水面からラインをリフト(ラインの持ち上げ)する時やフライを水面にふわりとプレゼントする時に釣人にとってはひじょうに重要なサーフェス・テンション(水面の抵抗)を利用することは不可能になってくる。トーナメント・キャスティングにおいてはフライのプレゼンテーション(フライを送り、水面に置くこと)は何の役割も演じない。そんなことはもうどうでも良いことなのだ。

●できるだけ楽に、そして早くキャスティングをマスターするために不可欠の条件　何よりもまず、どうやってキャストするのかを知らないうちは釣りを始めないこと。

筋肉と指のグリップの力を、ボトル・メソッドでトレーニングしておくこと。

キャスティングのメカニズムの勉強。

専門的なインストラクターを選び、三十分毎のレッスンを十二回受けること。できれば、自分の住んでいる地方のキャスティング・クラブでアドバイスを受ける。それから釣りに行く。しかし、その場合も釣りを始める前に三十分ほどキャスティングの練習をする。キャスティングの調子が悪くなったら、また先生に見てもらう。いずれにしろシーズンが終ったらさらに再びレッスンを受ける。

●キャスティング機構としての上腕、前腕、そして手、その機能、そのパワーをラインに伝えるロッド、そして回転軸

フライ・キャスティングを完全にマスターしたと言えるには、キャスティング中に疲れを感じたり、身体がかたくなったりするようなことがあってはならない。左手が使えること。地面に触れないバック・キャストができること。風に向かってのキャストができること、身体の上半身を動かさないでいられること。各種の動作の同調、完璧な力の伝達、最後の瞬間の各部分の種々のピボット（回転運動）による力の加速を保証するリズムを得ること。筋肉をブロックしてロッドをストップできること。肘を下げたキャストから、手を頭の上に伸ばしたキャストまでできること。肘を身体につけて手首だけでキャストするという融通のない規則だけではキャスターの可能性の五〇パーセント以上を削減してしまうことになる。

　ロッドの種々のポジションは時計の文字盤の図に示されている。（図2）九時はロッドが最も前に来た時の状態で二時は最も後へ行った時を示す。略語のＢＡはバックワードあるいはバック・キャスト（後方へのキャスト）、ＦＯはフォワード（前方へ）の意味。ロッドのこれらの位置は図の上では正確に決められてしまっているが、キャスター、ロッド、ラインなどの変化しうる要因があるので図の位置はおおよその目安としてのみ有効である。

　本能的なキャスティングの動きというのは十時から

最大限二時までのロッドの前後への往復運動であり、それはロッド・チップがラインを引っ張る運動である。しかしこの動きはロッド・チップが円を描いてしまうという欠点を持つ（図3）。このラインを引っ張る動きははっきりと区別された三つの要素の組み合わせでなければならず、それらは実際には継続して行われる。三つの要素とはスタート、加速、そしてフィニッシュ（前方に関してはフライのプレゼンテーションのための動き、後方に関してはロッドのブロッキング）である。

ロッド・チップは加速パワーの伝達のためにはできるだけ水平移動をしなければならない（図4）。そのために、この第二段階ではロッドは垂直に近い状態に保たれており、後方へラインを引っ張る時には十一時から一時（図5）の間を、そして前方へは一時から十一時の間を動かなければならない。

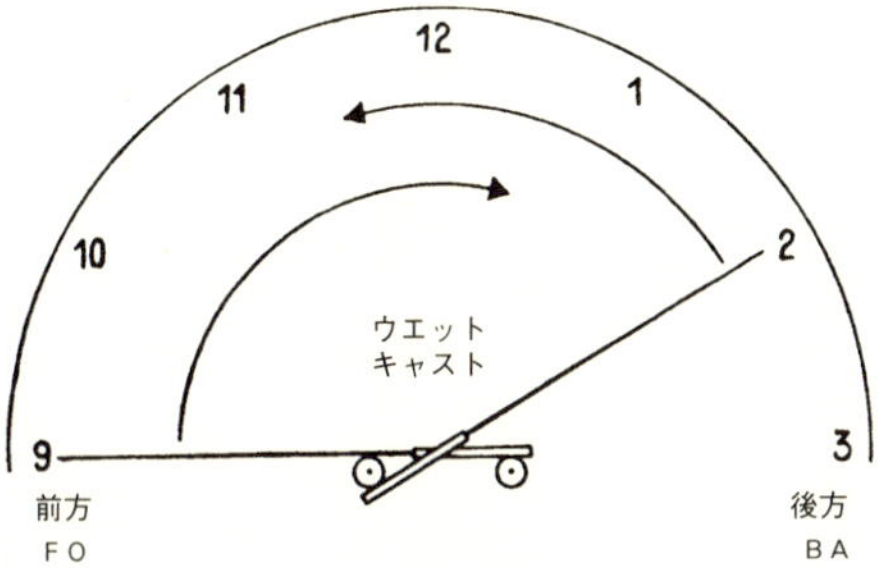

図2

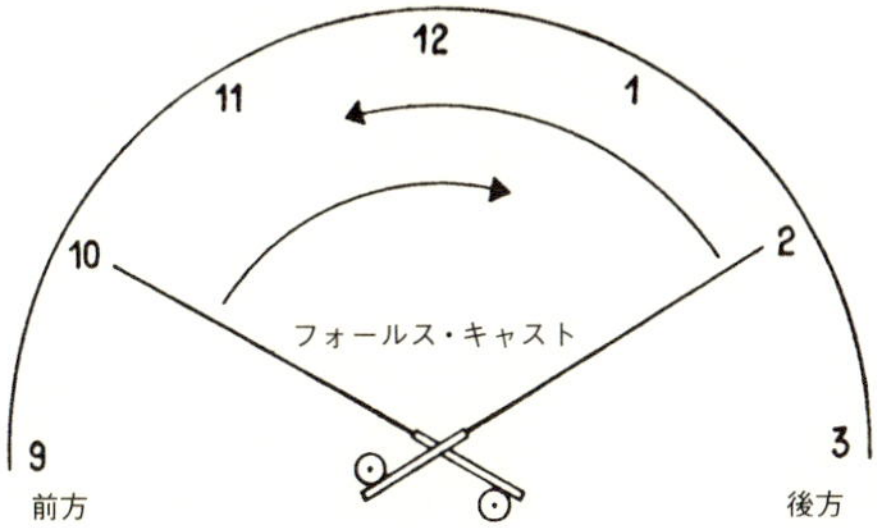

図3

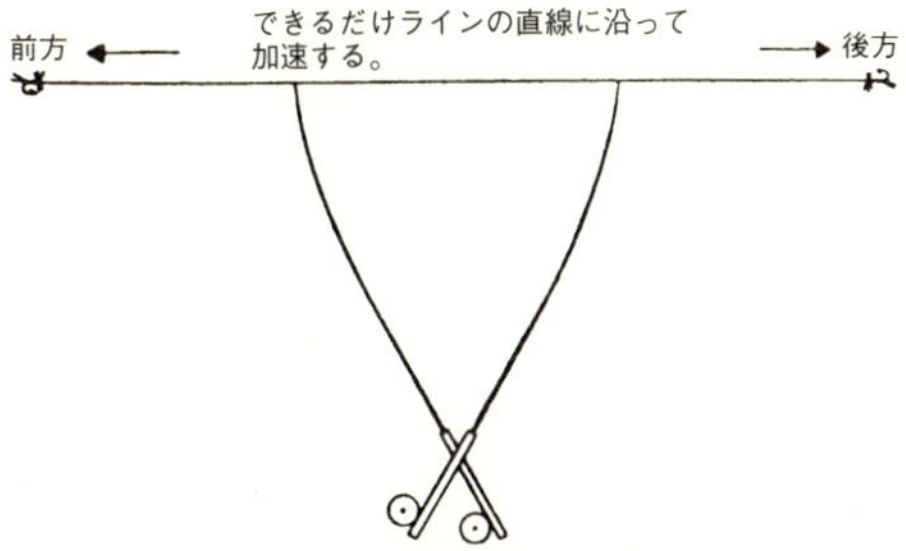

図4

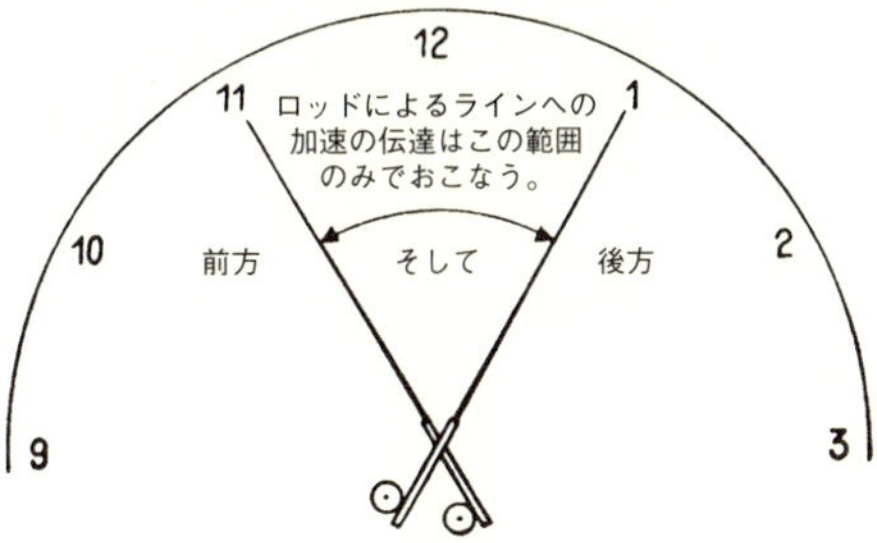

図5

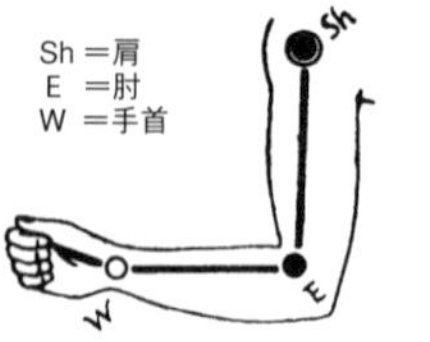

キャスティング機構としての腕

図6

キャスティングを行う機構は上半身を別とすればパワーを作り出す三つの部分からなる。つまり、上腕と前腕そして手。その他にもちろんパワーをラインに伝えるもの、ロッドがある。それらは回転軸としての手首、肘、そして二次的なものとしての肩によって結びつけられている（図6）。

キャスティングのほとんどをやってのけるロッドの曲がりの力を生み出す前腕、手首、そして手の動きを説明する最も簡単な方法はハンマーで釘を打つ時の例を用いるやり方だろう（図7）。

このハンマー・ストロークには三つの種類がある。そのうちの二つはフォルス・キャストをやる時のもので一つは後方向、一つは前方向へのキャストに用いる（1および2）。もう一つはリーダーをまっすぐに伸ばし、フライを水面にプレースさせる時のファイナル・デリバリー（ラインの最後の送り届け）に用いるもの（3）である。

図7

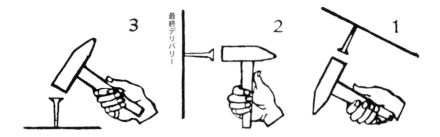

キャスティングのマスター　キャスティングがマスターできるかどうかは、必要な時にこれらの異なったファクターを、一秒の百分の一よりもっと短い瞬間に同調させ、タイミングをとり、〈ひじょうに重要な左手〉をそれに合わせて使えるかどうかにかかっている。

タイミング　フォワード・キャストをする時はラインが伸びて行くのを目で追うことができるので一般的にはタイミングを正確にとることができる。バック・キャストではタイミングを計るのはずっと難しくなり、首を振り向けてラインを見てさえまだミスをすることが多い。タイミングというのは本能的なものであり、完璧なタイミングというのは才能が左右する。

　ラインを引っ張るための最良の瞬間は、ラインが九五パーセント程度伸びた時である。

　私自身はひじょうにエレガントで柔らかい〈フィギュア・オブ・エイト〉（図9仏語版図）のキャスティング（ラインが8の字を描くキャスティング）は好きではない。この方法ではラインにスピードがなく、フライがよく乾かないし、風に向かってキャストする場合は効果的でない。このキャストでは前も後もラインを引くタイミングが早くなりすぎる傾向がある（図8）。

●ライン・ハンド　まだ遠距離が投げられないキャスターでも、ラインハンドの役割はすでに理解されていなければならない。右利きの場合、キャスティングをする時には左手はつねにラインをつかんでおり、最後にラインを解放する時に最大の力が生み出せるように左手はラインをいつも張りっぱなしにしておかなければならない。そのためには、右手が前後に動く時、左手はそれと平行した軌道を移動させ、両手はちょうどクリケット・バットを振っているような感じになる。しかし、〈本能的なキャスティング〉の項で説明したような部分的に円運動をするキャスティング・ストロークでなく、キャスティング・ストロークが上方へ向かう時は両手はクリケット・バットを振っているようにはならない。ライン・ハンドが動かない場合は、右手と左手の間の距離はキャスティングの間、つねに変化し、バックキャストをする時にはラインは張られ、フォワード・キャストの時はたるみができる。ラインはバックキャストの時でもフォワードキャストの時でも

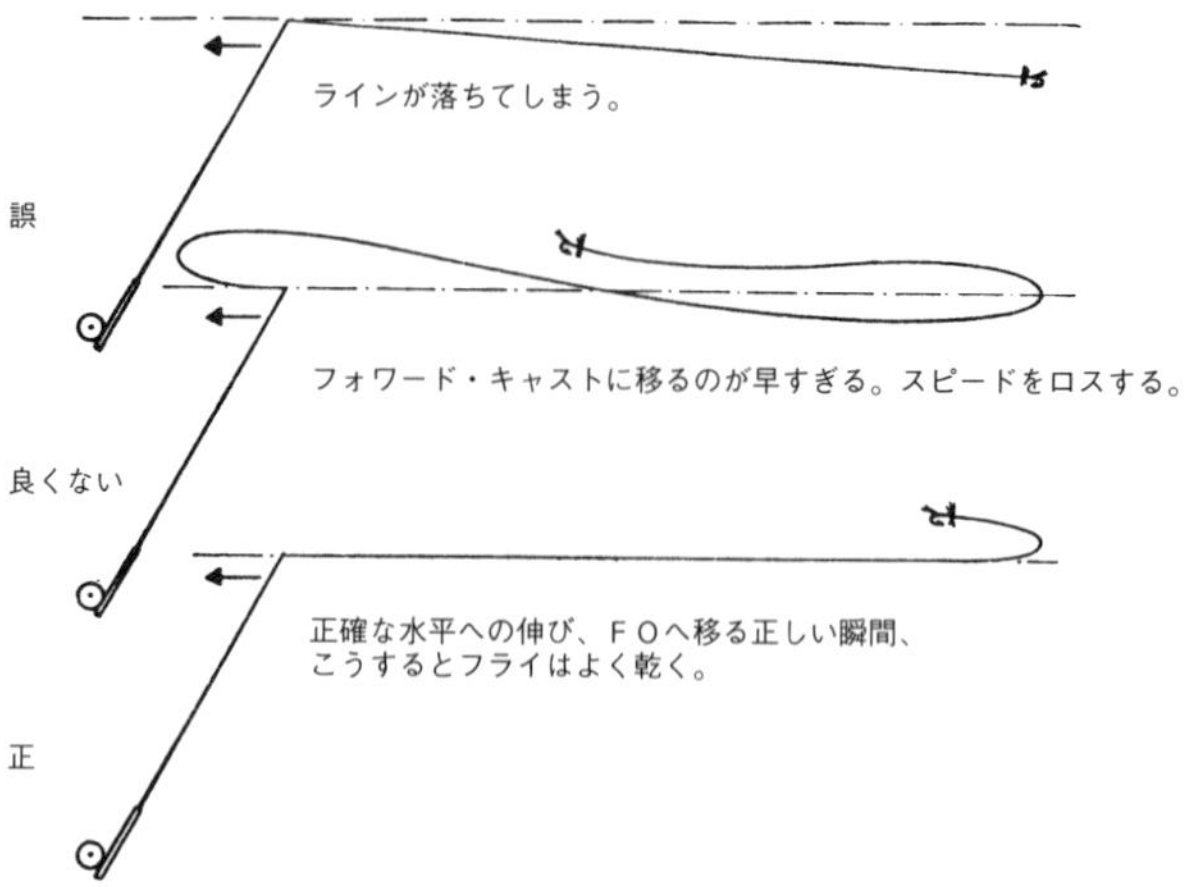

ラインが落ちてしまう。
誤
フォワード・キャストに移るのが早すぎる。スピードをロスする。
良くない
正確な水平への伸び、ＦＯへ移る正しい瞬間、
こうするとフライはよく乾く。
正

図8

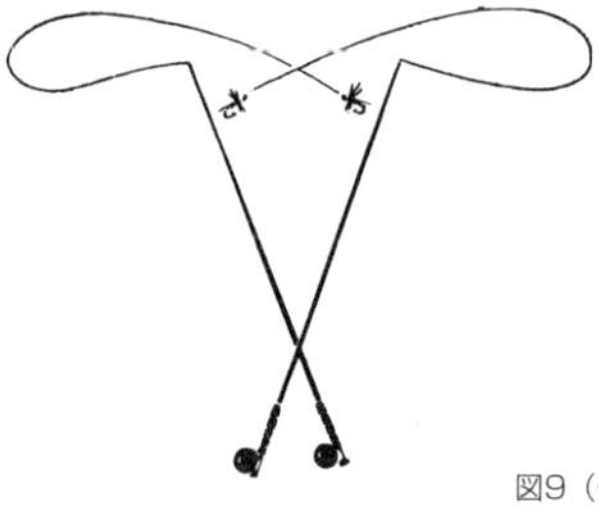

図9（仏語版図）

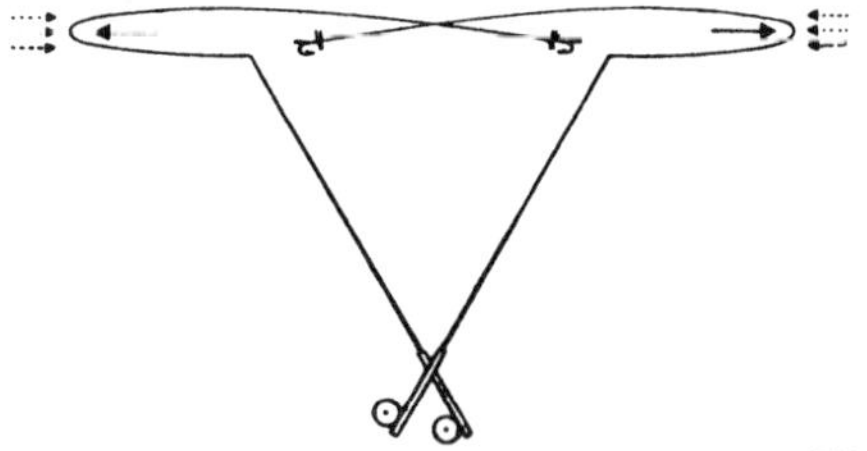

図9

左手とバッド・リングの間のラインの張り具合の観察。
S＝スラック・ライン（たるみ）

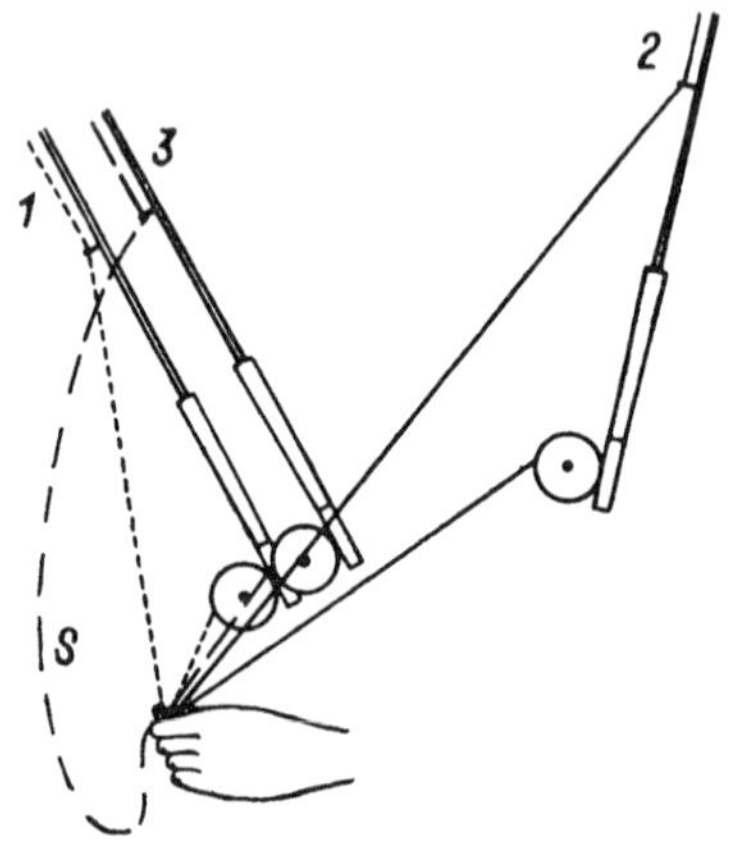

左手が動かずに一ヵ所に留まっているとどうなるか。
なぜ左手は右手の動きに追従しなければならないのか。
1 バック・キャストのスタートの位置。
2 バック・キャストの最終位置。
3 ぴんと張られていたラインはフォワード・キャストをする時、たるんでスラック・ラインとなってしまう。ラインはスピードを失い、うまく伸びない。

図10

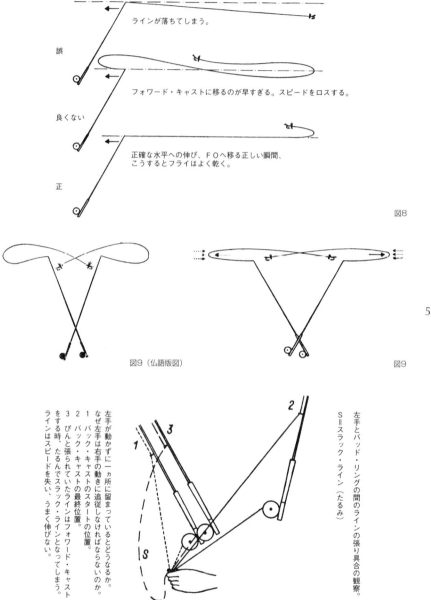

張っていなければならない。ラインを張っておくと、必要に応じていつでも、ラインにさらに強いスピードをつけ加えることを可能にする（図10）。

ライン・スピードを増してやると、（1）風の中でのキャストが楽になり、（2）より大きな飛距離を得られるようになり（というのはぴんと張ったラインを、さらにほんの少し引っ張ってやれば（ホールという）ラインをシュートする時、距離がのびる。（3）タイミングのエラーを矯正することができるのである。このように、ライン・ハンドはラインを張っておくために積極的な役割を果しているのである。

●ラインのリフト（持ち上げ）　左手がどれほどの働きをしてくれるかを示す最も良い例は水面からラインをリフトする時であろう。ほとんど初心者はバック・キャストに入る時、水面からただ単純にラインを引いてライン・リフトを行う。しかし、もし四〇フィートも五〇フィートものラインが水面に伸びている場合には、この単純なリフトだけではラインにはバック・キャストを楽に行うのに必要なライン・スピードの半分にもならない。そして、ラインはただ水面を滑るだけの結果に終ってしまう。そこで、ロッドを持ち上げるのと同時に、左手でラインを短く引いてやると（ホールすると）、それだけでラインを十分に高く、しかもスピードをつけて後方へ送ることができる。しかし、ラインが受ける水面の抵抗と戦わなければならないロッドに、なぜさらに強い荷重を加えなければならないのかという疑問が残る。しかし、遠投をしようという際には、ライン・リフトの時と同じにラインを引くというこの簡単な動作を、さらに誇張して行わなければならない。ともかく、最初はとりあえずキャスティングを両方の手で行うという習慣を身につけることである（図11）。

バックへのラインの伸ばし方（ラインが前方の水面、あるいは地面に置かれている状態から）

九時から十時まで：前腕をゆっくりと持ち上げながらラインを張る。その時手首は軽く下に曲げられているがしっかりとブロックされている。

十時から十一時まで：〔**スタート**〕。同じ動作。しかしもうゆっくりではない。

十一時から十二時、十二時半まで：〔**早い加速**〕。指の握りしめを強めながら手首をたててゆくという手首

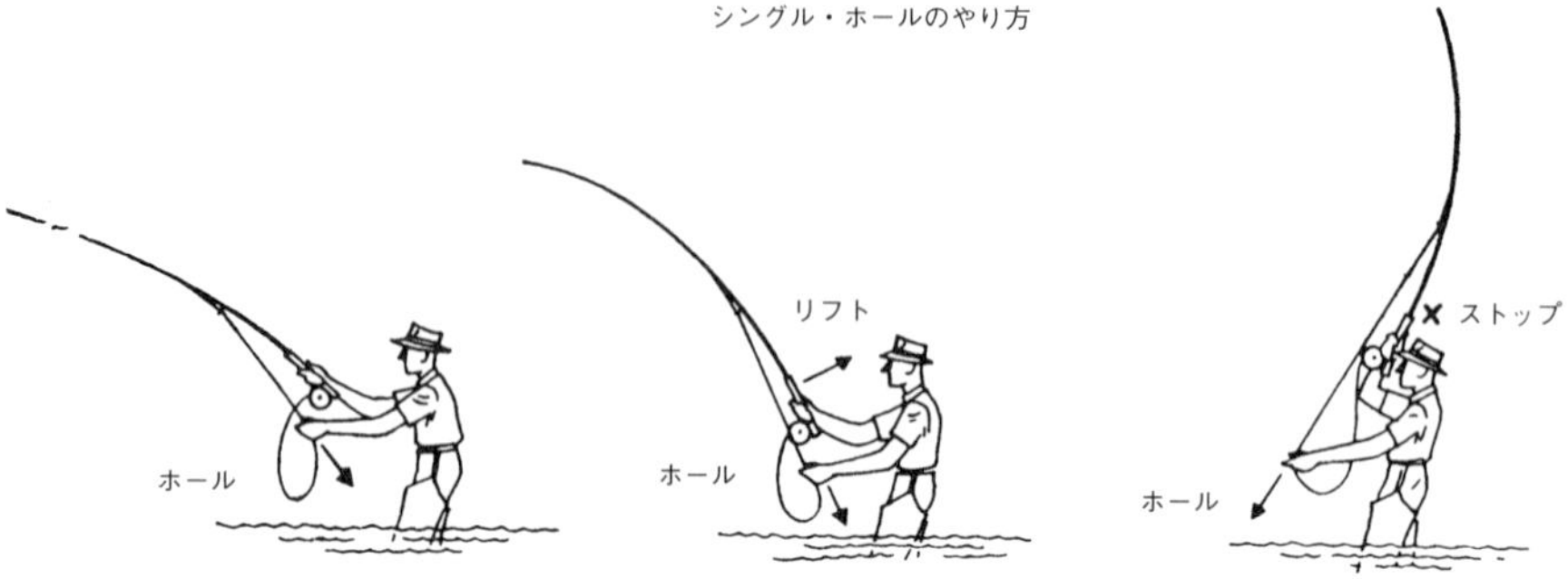

図11

の動作が始まる。

十二時：すべての筋肉の〔ブロック〕。しかし、ロッドはそれまでの運動の慣性と、ロッド自体の柔軟性のため実際に動きが停止するのは一時の位置である。ブロックはあまり急激に行ってはならない。手首は衝撃が竿先に伝わらないようにするためのショック・アブソーバーのような働きをする。そうでないと衝撃はラインに波を起こし、スピードのロスを招くこととなる。ここでは手でしっかりとグリップを握ることが最大の効果を生み出す。

●バック・キャストおよびフォワード・キャストの腕の動き

（図12、13）フォワード・キャスト。**〔前方へのラインの伸ばし〕**そしてラインを低くし、水面へ落すこと。これはラインの動きをスタートさせ、加速に続く第三の段階で、水面へのプレーシング（置くこと）である。

一時から十二時まで：前腕の動きの**〔スタート〕**。この時左手は軽くラインを張ることにより前腕の動きを助け、ロッド・チップの働きの効果を高める。

十二時から十時まで：**〔加速〕**。手首の動きが加えられ、これにより前腕の動きがさらに強くなる。

通常のバック・キャストの動き。
ロッドは12・30から2・15の間で完全に停止する。

9　ラインには100%の力がかかる。
10　10%の手と、90%の前腕の動き。キャストの始まり。
11　30%の手と、70%の前腕の動き。加速。
12　筋肉の緊張はここで100%となるが遅れが生じてくる。
1　停止。筋肉をブロックすることによる完全な停止。
2　ロッドの曲がりの最大。

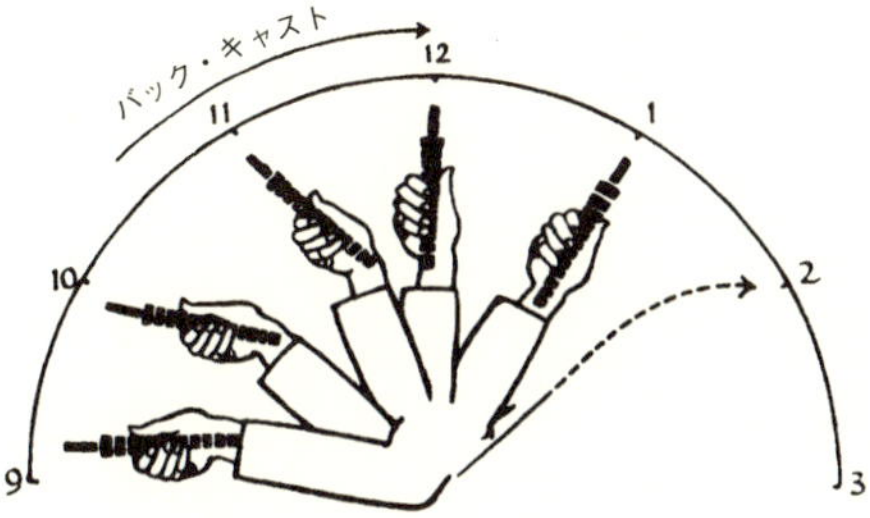

図12

通常のフォワード・キャストの動き。
正しいフォワード・キャストは例外なく良いバック・キャストから生まれる。

1　100%の上腕の動き。ラインを引っ張る。
12　25%の手、75%の前腕の動き。加速。
11　40%の手、60%の前腕の動き。加速。
10　50%の手、50%の前腕の動き。ラインの伸び。
9　90%の手の動き、目的にむかってラインをとばす。手首を下に押し下げる。

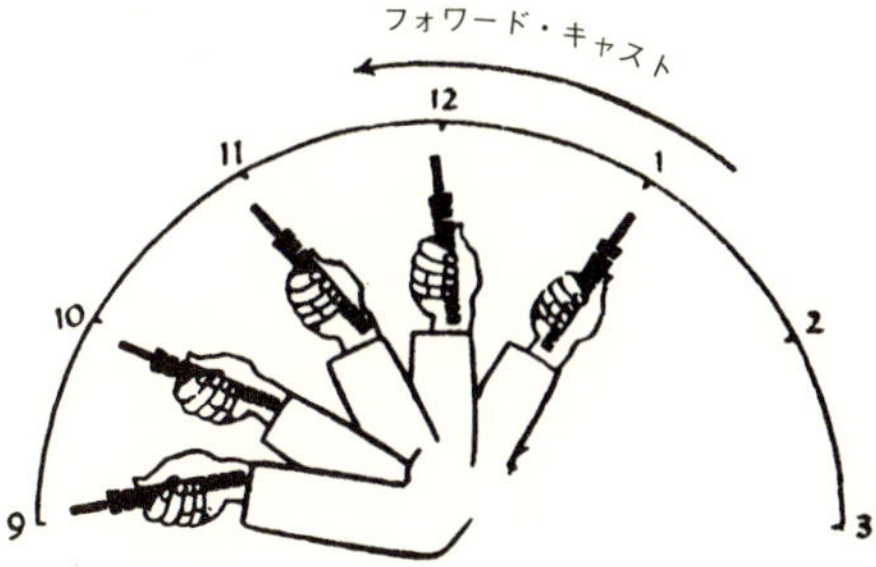

図13

十時から九時まで：〔フィニッシュ〕。〔水面へのプレーシング〕。手首の動きを強調しながらフィニッシュする。この時握り方により違ってくるが、ロッドグリップの上にある親指あるいはひとさし指が最大の効果を引き起こす。フィニッシュはスムーズであるべきで動きに段がついてはならない。

●フォルス・キャスト　前と同じテクニックであるがフィニッシュは行わず、ロッド・チップは十一時と一時の間を往復する。しかしバック・ストロークとフォワード・ストロークはリーダーがラインにからむのを避けるために別の軌道を通るようにする。

フォルス・キャストの最も良い練習は次のようにして行う。

（1）動かずに一ヵ所に立ったまま、手首で弧を描くようにして行なう。

（2）同様のことを今度は歩きながら行う。（これはひじょうに良い練習である）。そして弧を少しずつ広くしてゆく。またキャストの距離を一メートルずつ約一〇メートルから一二メートルくらいまでに伸ばしてゆくとよい。

前方へのラインの伸びの力を高めるためには（これは風に向かってのキャストではひじょうに有効）肘を身体から軽く離し、下から上へ弧を描くような動きを加える。この動作は前方へ上ってゆくような肩の回転を使うとやりやすくなる。肘を固定し、回転の中心点とするやり方だと上腕と前腕は直角に曲げられるだけである。前述の方法だと前腕は肘と手首の中間位の想像上の点を回転軸として回転運動を行う（図14）。

パラシュート・キャストとストーム・キャストはキャスターの最後の切り札となる二つの重要なテクニックである。それがどんなものか説明するにあたってまず一人のインストラクターの例を話したいと思う。

一九三七年七月のこと、ペンシルベニアの川でアメリカの偉大な名人、ジョン・オルデン・ナイトは対岸に近い大きな岩の後ろに一尾のすばらしい鱒がいるのを見付けた。岩のまわりには中程度の小さな流れが取りまいており、川の中央にはひじょうに早い流れがあった。

ナイトは一本のフライ、ケーヒルをプレゼントしたが中央の早い流れが直ぐにラインを引張ってしまった。

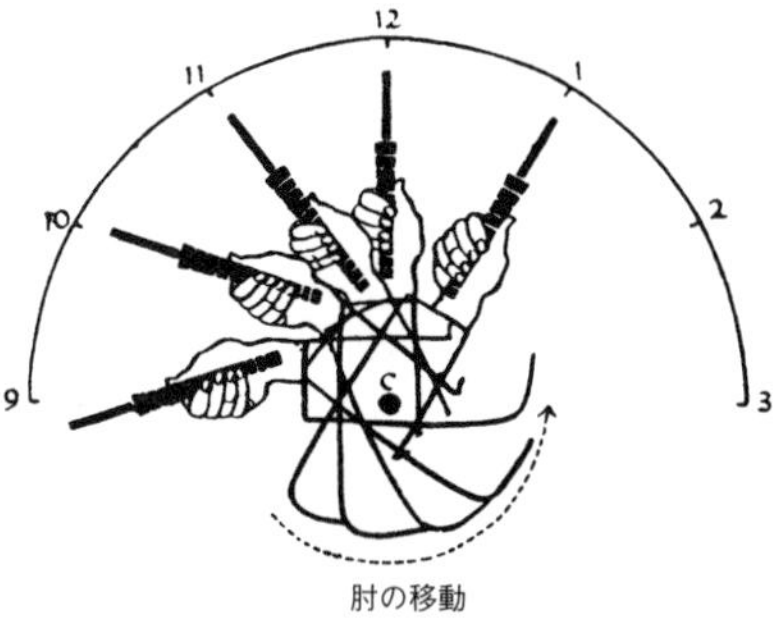

増強されたフォワード・キャストの動き
C－回転運動の中心で、手首と肘の間にある。

図14

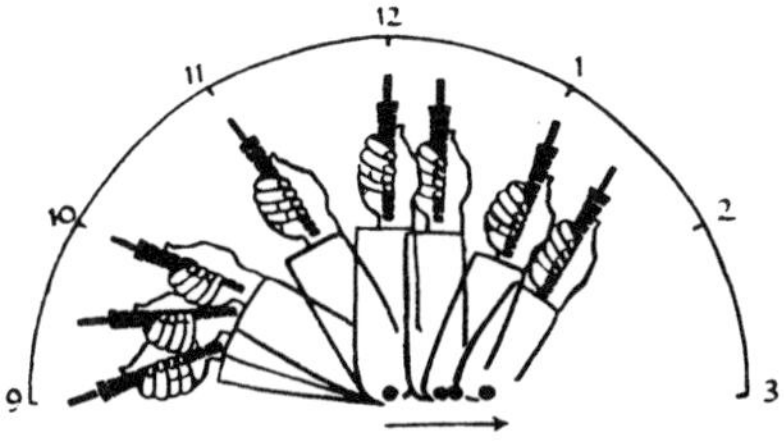

ディスタンス・キャスティングのための
バックキャスト時の肘の移動
肩も後方へ回転しながら同様に移動する。
これにより後方へ引く距離がより長くなる。

図15

鱒の上へくる前にフライにドラッグ（ラインやリーダーが水流に引かれてフライが不自然に動くこと）がかかってしまったのだ。もちろん、鱒はこのフライを拒否した。ナイトはドラッグがかかるのを少しでも遅らせようとした。しかし、結局は成功せず、彼の豊富な経験をもってしてもこの鱒にフライをくわえさせることはできなかった。

私はアンマー川やトラウン川のひじょうに早い流れで長い間釣りをした経験からそういう時はどうすればよいかを知っていた。パラシュート・キャストを使うのである。しかし偉大な名人にやり方を教えるなどというのはとても悪趣味に思えた。

私は自分をいましめ、黙って彼のやることを見守っていた。一匹の虫が流れてきて魚はそれをのみ込んだ。ナイトはもう一度やってみた。ちょうど鱒がそのフライにライズしようと身構えた時、またドラッグがかかってしまった。仕方がない、私はあえて失礼になるかもしれない危険を冒すことにした。

「どうしてパラシュート・キャストをやってみないんですか？」

「それは何のこと？」

私は説明した。

「ちょっと私の竿でやってみせてくれますか?」

私はパラシュート・キャストでフライを落とした。けれど魚を驚かさないように下流の方でそれをやり、目の隅で友人を見ていた。彼は驚いた様子だったが、すぐにすべてを理解した。ペイン（アメリカの名竿）の竿を返すと、今度は彼はパラシュート・キャストで完全なプレゼンテーションをした。フライは長い間自然に流れていって、鱒のところまでくると、魚はためらわずにそれに食いついた。

夜、宿屋に帰り大きなカップで二杯のコーヒーを飲むと彼は言った。

「君のパラシュートは私にはまったく一つの啓示だったよ。正直のところ、今までそんなことはぜんぜん考えたことがなかったな」

ブルゴーニュのオーブ川で私はランビオットとティクシエと釣りをしていた。川は増水していてほとんどの鱒は流れを避けて川岸近くの静かなところにいた。私はティクシエが二尾の大きなブラウン・トラウトの正面に陣取ってキャストを繰り返すのを見ていた。鱒は規則的にライズをしていたがフライには見むきもしなかった。彼はすっかりやる気をなくして岸に上がると、倒木の幹に腰掛け、パイプに火をつけた。

「シャルル、お手上げだよ。何て流れだい!」

「そんなことを言わないでパラシュート・キャストをやってみたら。ドラッグの時間を遅らせられるよ。もう一度竿を持ってごらん、右手を一緒に持ってあげるから。君の方は手の力を抜いて私がするのにまかせるんだ。自分でやろうとはせずにただ動きだけを覚えればいい」

それから何分かして、ティクシエはその二尾の鱒を釣ることに成功した。

次の年、われわれはアンデル川でまた会った。いつものひたむきな熱心さで彼は言った。

「シャルル、あんたのパラシュート・キャストはすごいね。おかげで平均して魚がたくさん釣れるようになったよ」

●**パラシュート・キャスト**　手はだいたい肩の高さにして、フォルス・キャストを行う。そして十二時の位置で（ロッドは垂直）ロッドを止め、ロッドをできるだけ垂直に保ったまま手を下げてラインを落す（図16）。こうするとラインはたくさんのスラック（たるみ）を持って水面に落ちることになる（図17）。

ドラックをできるだけ遅らせるためにはスラックがほどけてゆくのに合わせてロッド・チップを九時の位置まで下げ、ラインを送り込んでやる（図18）。

時に応じて魚のうしろへトライアル・キャストをして距離の調節をしておいたほうがよい。というのは竿が止った時にラインが重さでゆるんでしまい、フライが手前へ引かれてしまうので正確な距離の把握がむずかしくなるからである。


一九四一年にリール川の支流の一つブールブ川のエドアール・ヴェルヌのところでランビオットと一緒に釣った時のことは決して忘れることができない。

天気はひどいもので、ノルマンディー地方特有の強い風が一日中吹いていた。われわれは、カーブが二つあって川がS字形をしている場所にいた。そこは大きな鱒ばかりがいるところだった。むこうの岸に沿って何尾かの二ポンド近い鱒が自分の縄張りに流れてくるすべてのカゲロウにライズを繰り返していた。オーギュスト・ランビオットはどうもいつもの調子が出ない。

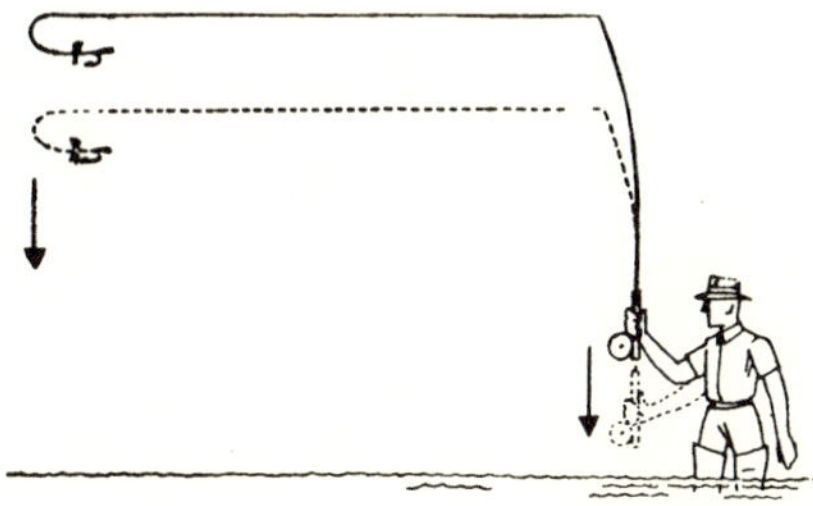
手を急激に下げる。
ロッドは垂直のまま

図16

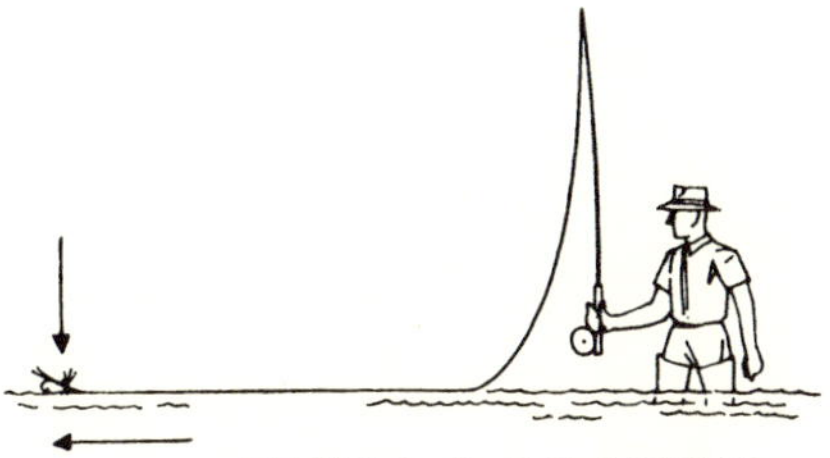
フライはスラック・ラインのまま落ちる。

図17

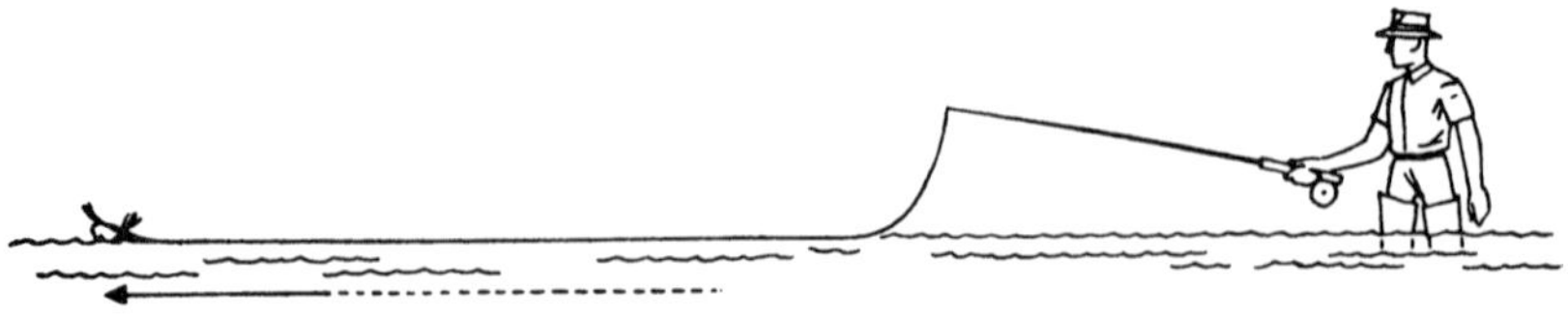

ロッドを倒すとその分だけより長い距離をフライはドラッグなしで流れる。

図18

風が彼をだめにしているようだった。

ノルマンディーのメイフライのシーズンは何年もの長い経験があるので、もし風の中にラインを突込むことができなければこの美しい日々のほとんどは幻滅であり、神経をいらだたせ、苦しみだけだということを私は知っていた。マメをこしらえ、腕を痙攣させ、無数のライズがあるにもかかわらず、ほんの少しの釣果で我慢しなければならないのだ。自分でははっきりと意識していなかったが、ロッドを極限以上に振りまわさずに風の中にラインを突込む方法を探していろいろやっているうちに、低くキャストをすればするほどラインは水面に沿って伸びてゆき、正確さも増し、そしてことさら無理なキャストをしなくてもよいということが分かってきた。そしてついには、平均釣果はずっと高くなり、特に風の強い日にはこのキャストのおかげでたいがい他の釣人より多くの魚を釣ることができるので、私はこのキャストをストーム・キャストと呼ぶことにしたのだった。

魚釣りではオーギュストはたいてい私を打負かしてしまう。しかし、風の強いその日は彼に試合を挑むにはちょうど良い日だった。彼はそんな様子は見せないが、つねに魚に対しても、他の釣人に対しても挑戦的になることで生き生きとしていた。

風はますます強く突風のようになってきた。さあ今こそ絶好の機会だ。

「一試合行くかい、オーギュスト?」

「よろこんで！ よし、この区間、上流から下流まで百メートルの間で、どこでも自分の好きなところで釣ることにしよう」

正確にフライをマッチ（その時羽化している水生昆虫にあわせたフライを使うこと）させるとか、戦術とかはこの際たいした意味は持たない。とにかく風を突き破り、大急ぎでしかも十分に正確にフライをプレゼントし、ひじょうに限られてはいるけれどもドラッグをかけずにフライを流し、魚の鼻先まで持っていってやることだ。

この日は「フランドルの巨匠」と呼ばれるこの釣師を打負かすことのできた私の数少ない一日だった。私は一ダース程の型の良い鱒を手にし、そのうちの四尾は一キロ近くあった。それにくらべてわが強敵は完全に一尾の釣果もなく、しかもその手のひらときたらまったくかわいそうな状態だった。オーギュストは試合中、とても立派な態度で私に何度もブラボーを浴びせてくれた。彼は友達がうまく魚をかける度に祝福するのをためらわなかった。誰にも増して彼こそはわれわれの好きなこの難しいスポーツの正確な価値を評価できるのだった。

今でもまだ私が自分の悪い癖（合わせの悪さ、集中力の欠如、よりライズの多い場所を求めてつねに川岸を上ったり、下ったり飛び回ること）の犠牲になって良い釣りができなかった時、私の友人たち、特にエドアール・ヴェルヌとフランソワ・ヴェルヌは、私のみじめな気持を察して、忘れ難いこの日のことを話題にして気持をもり上げてくれる。

●**ストーム・キャスト**（図19） 親指を上にしてロッド・ハンドルを握る（サム・オン・トップ）グリップがこのキャストの成功を百パーセント保証する。
風の抵抗は水面に近いところが一番少ない。だからそれを利用して、フィニッシュをうまくやる必要がある。

ロッドを最後に九時で止めるかわりに、軌道の弧に沿ってロッド・チップをほとんど水面まで下げて止め

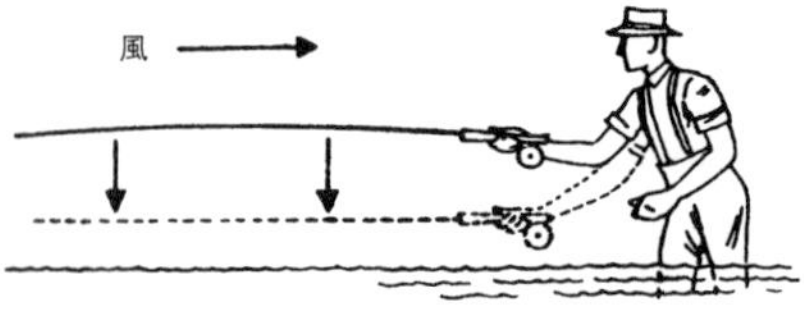

ストーム・キャスト

図19

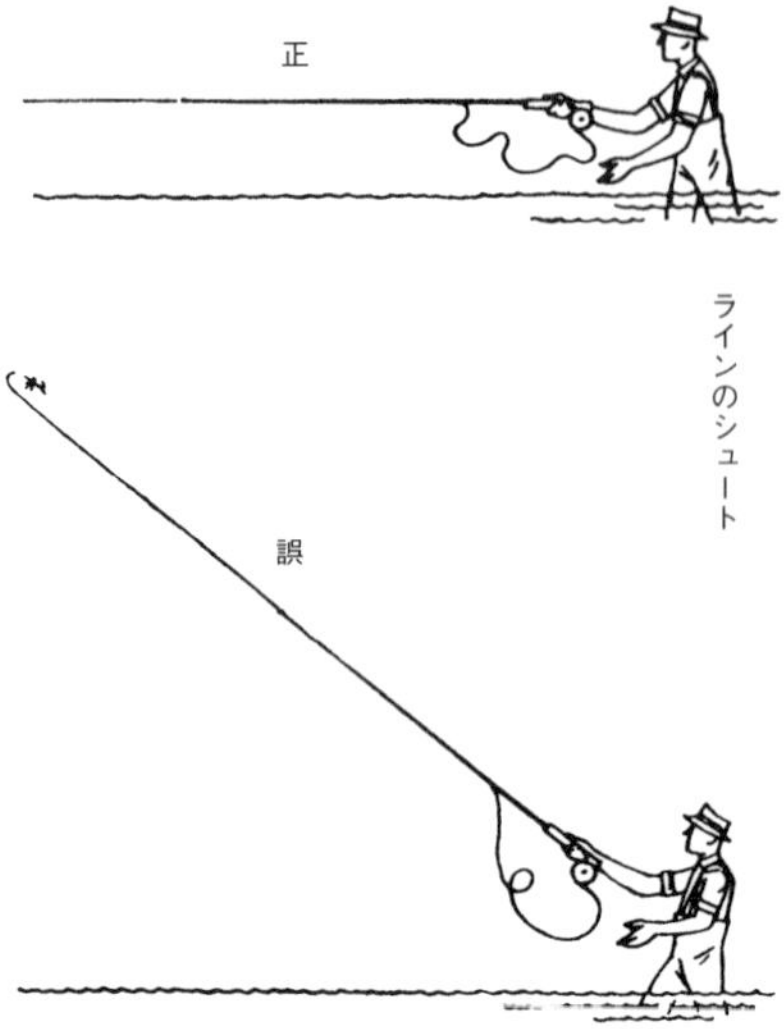

ラインのシュート

図20

る。同時に腕、手、そしてロッド全体を水平に保ったまま、できるだけ下げる。この動作を容易に行うためには、上体を軽く前へ傾けるか、あるいは膝を折っても良い。ラインはスピードを落さず水面に沿って伸びてゆく。ラインが前後に伸びる間に左手でラインを引いてやるダブル・ホールをつけ加えればライン・スピードはさらに大きくなる（これはひじょうに長距離のキャスティングや、特に風に向かってのキャスティングの際に使われる）。

　ダブル・ホールをやるには伸びてゆくラインが左手を引っ張り始めたら、前あるいは後ろへのラインの伸びが最大限になるように左手をリールに近づける。次にライン・スピードを大きくするためにラインを引っ張りながら、左手を大きくリールから離す。そしてまた次のホールをするために最も良い位置に左手を戻す。

　私はときどきシングル・ホールを使う。シングル・ホールというのは最後のバックへのフォルス・キャストにつづいて、前方へラインを伸ばす時だけに左手でラインをホールすることをいう。実際のデモンストレーションはキャスティング競技のキャスターたちのものを参考にするとよい。

●ラインのシュート　ロッドが前方に水平になり、ラインが飛び出したがっているのが感じられる時までラインを放してはならない（図20）。

●ロール・キャスト　通常のキャストでは前方に伸びる分だけのラインを釣人の後方の空中に伸ばさなければならない。しかし、小さな川や立木が被っている川ではそれができない。釣人なら誰でも知っているように、鱒は洪水の時を除いては木の枝の間にはいないものなのだが、近くの柳の木を注意深く見ると引きちぎられたたくさんのリーダーがかかっている。特に初心者はこの過ちを避けて通ることができない。

スイッチ・キャストあるいはロール・キャストがこの問題を解決してくれる。ロール・キャストではラインは釣人の後ろ一フィートか二フィート以上出ることはなく、ぜんぜん後ろへゆかないことさえある。ロール・キャストでは釣人の後ろの空中にバック・キャストをする必要がないということである。このキャストをやるには第一に岸と平行のサイド・キャストをして二〇フィートぐらいのラインを出しておく。そしてさらに手でそれ以上のラインをガイドから引出す。引出したラインを自分の正面の水面に落す。キャストを始めるにあたってはロッドは前方、ほとんど水平に向けられる。さらに何ヤードかのラインをリールから引出して、ロッドをゆっくりと、垂直を少し越すぐらいまで持ち上げる。ロッド・チップは肩を越して少し後ろを向くような格好になる。ラインが自身の重さでロッドのこの位置に近づき、ライン・カーブのベーリー（腹）が右手の肘の後ろにきた時、ロッドを素早く下へ振下ろすことによりフォワード・キャストが行われる。こうしてロッド・チップにより推進力が与えられると、リーダーとフライが後方への動きで水面から完全に離れる前にラインは前方へ向かって移動してゆき、結果としてリーダーとフライはラインに引かれて大きなループを作り、次に水の上にループを解きながら伸びてゆく。手元にもっとたくさんのラインを出しておけば、前述のようなロッドの操作をくり返して、もっと長い距離のキャストをすることもできる。覚えておかねばならないのはロッドからラインが出ていればいるだけロッドを振下ろすフォワード・ストロークにより多くのパワーを必要とするということである。またフォワード・ストロークが始まった直後だけはラインは水面をキャスターの方に向かって滑ってくる。上手なキャスターはたいした難しさもなく五〇フィートから六〇フィートのロール・キャストをすることができる。

●ロール・ピック・アップ　水面の静かなところでドライ・フライの釣りをする時にはラインの回収にロール・キャストを用いることができる。この方法によると水面を騒がすことがないのでひじょうに便利である。しかし、これには完全なロールを作る必要もなく、ロッドを半分ほど立てたところで前方へ素早く倒してやり、次にそのままバック・キャストに移り、そこで普通のフォワード・キャストをやる。これらの動作はなめらかに組み合されていなければならない。ラインをあまり出さずに釣っている時など、この方法でライン・ピック・アップを行うと魚を驚かさずにすむ。

●スイッチ・キャスト　スイッチ・キャストはロールキャストの変形で身体の右側あるいは左側で行われる。ロッド・チップは普通は頭より下の高さに保つ。このキャストはロール・キャストと同じ方法で行うがただオーバー・ヘッドで行うかわりにサイドにあるいは水平に行うキャストである。キャストの最後でリーダーが伸び切らない時は、フライが水面に着く直前に左手でラインをちょっとひいてやるのがこつである。このラインを短く引いてやるテクニックは向かい風でのキャストではとても有効であり、ターゲットを狙うトーナメント・キャスターがひんぱんに用いる方法でもある。

　すぐ後ろに障害物があってキャストを始めるのに十分なラインを出せない場合や、ラインを足元に落すとフライが草にかかってしまうような場所では、リールからラインを数ヤード出したあとフライを指で待ったままスイッチ・キャストを始める。フライは手に持ったままリールからラインを引き出し、ロールを作る度にそのラインを放してフライのプレゼンテーションに必要な分だけのラインを引き出す。フライを手にキャストを伸ばして行く間にラインがもつれるのを防ぐためには、ロッドは水平に弧を描くように振る必要がある。何度か実際にやってみれば、ラインのもつれを避けるためにはロッドをどう動かさなければならないかの正確な感じがつかめるであろう。これは決してやさ

図21

しいキャストではないが、狭い場所ではひじょうに有効な手段である。ロール・キャストによるドライ・フライの釣りではたっぷりとオイルをぬったよく浮くフル・ハックル（フック全体にすきまなくハックルを巻いたもの）のバイビジブル・フライなどが良いだろう。この方法によれば釣るのは不可能と思われている場所の魚を釣ることができる。

●**ライン・ウェーブ**　ライン・ウェーブ（ラインが波状になること）は不十分なキャスティング、特に釣人の種々の動作がお互にうまく同調していない時に起こる。バック・ストロークとフォワード・ストロークがスムースに組み合わされていないと、リズムがこわれ、それによりライン・スピードが落ち、ラインが空中でウェーブを起こすことになる（図21）。ライン・ウェーブはまたラインの重量に対してやわらかすぎるロッドを使った時にも起きる。ロッド・チップがラインの荷重に耐えきれずに、キャストの中へ倒れこんでしまうのである。ロッド・チップというのはロッドの中でも一番よく動く部分であり、きゃしゃに作られているためにライン・ウェイトがかかると簡単に曲がってしまう。

そこでロッドのチップ、中間部、そしてバットの間に調和がないとキャスティングをする時に正確さを求めたり、距離をだしたりすることができなくなってしまう。ロッド・チップがそれをささえるロッド全体のテーパーに比例して細すぎると、バイブレーションを起こし、ロッド・カーブやスピードの伝達を壊してしまう。同様にしてロッド・チップの重すぎるロッドではフライを後ろから前へゆっくりと移動させることができず、ぎくしゃくとした動きでライン・スピードが早くなりすぎてしまう。そうなると短い、早いストロークをしなければならず、ロッドのばねを利用した疲れないキャスティングをすることは不可能となる。

●ディスタンス・キャスティング　近代的なロッドを使った場合、左手さえうまく訓練できていればライン全部をキャストしきることができる。現在ではより重いロッドを使ったり、モノフィラメントのランニング・ラインを使ったりする必要はない。そうしたものに頼るのは、上手なキャスティングを目指す過程においては一時しのぎのもの、あるいは一つの障害にすらなってくる。ディスタンス・キャストをやろうとする時に

覚えておかなければならないのは、空中にあるラインが長くなれば長くなるほど大きなライン・スピードは保持できなくなるということである。理想的には五つの動作でロッドを最大荷重にもってゆくとよい。

つまり、ピック・アップ、レイ・バック、スピード・フォワード、スピード・バック、そしてシュート。四番目の動作でロッドに最大荷重がかかっていない場合は、ラインをいったん水面に落して、また最初からやり直すこと。ときどきあまりロッドを持ちつけない人がディスタンス・キャストをやろうとして「キャスターズ・エルボー」と呼ばれる肘の筋肉障害のひどいのを起こす例を見ることがある。それは彼らがまったく鍛練していない筋肉でディスタンスを征服しようとするからである。キャスティングの道具が四五〇グラムに満たないとしても、キャスティングに使われる筋肉の方はふだんあまり使われることがない。キャスティングに適した筋肉を作り上げるには約百時間ぐらいのトレーニングが必要であり、またその筋肉を最良のコンディションに持ってゆくには二時間のウォーミング・アップが必要であろう。

初心者によく見かけるもう一つの悪い癖はダブル・

ホールをやるときにラインを乱暴に引きすぎることである。ライン・ホールというのはスムースに行われるべきもので、早く行うというものではない。ある時、フォワード・ストロークのライン・ホールでシャツの背中を破いた男を見たことがあるが、皮肉なことにキャストは一〇フィートもとばず、その男の普通のスタイルでのキャストの距離にもずっと及ばないものだった。ライン・スピードはスムースに、しかも徐々に加えられなければならないもので、ロッドのぎくしゃくした動きやバイブレーションがあってはならない。私はピック・アップの時と、フォワード・キャストとフォルス・キャストでロッドが曲がる度にラインを引くようにしている。ライン・スピードを上げるということはまたロッドのターン・オーバーを早くするということである。

何人かの生徒が私のバック・キャストを見てなぜバックでもラインをリリース（ラインをつかんでいる指の力をゆるめ、ラインを伸ばしてやる）するのか聞いたことがあった。私はラインのピックアップの時にラインのロッド・チップからの長さが適当でなく、ライン・ウエイトの配分が悪い時にのみ行うのである。こうすることにより、フォルス・キャストの回数が増えるのを防ぐことができる。しかし、これはひじょうに正確さを要求され、そうでないとバック・リリースはラインを間違った位置に置いてしまい、次のフォワード・キャストの時にロッドを最大限に曲げることができなくなってしまう。そのうえ、ラインが正しい位置にないとラインの適切なターン・オーバーを不可能にする。

●せまいループおよびひろいループをどう投げるか　クローズド・ループを投げるには手は前後にほとんど水平に移動する。オープン・ループを投げるには手は前後に円を描いて移動する。（図22）

●カーブ・キャスト　左へのカーブ・キャストはひじょうに容易である。ロッドを少し横に傾けたセミ・サイド・キャストを用いる。そして最後のフォワード・キャストの時にロッド・チップを通常のロッド・チップの軌道の中間くらいでストップさせる。リーダーは先にまわり込んでいってカーブを描く。そこでフライを落してやればよいのである。このキャストは釣りにおいては最も重要で、利用価値の高いものであり、可能

図22

な限りいつでも用いるべきである（図23）。川を正面にして水が左へ流れている場合はつねに有効である。右側へのカーブ・キャストはひじょうに難しいもので文章だけでは十分に説明することができない。

●特に重要なこと　初心者はまずウェット・フライ・キャストのみを使って、この方法でたくさんの魚を楽に釣れるようになるまで続けるべきである。その際はフル・ハックルのフライを使ってライズしている魚を狙うのが望ましく、あるいは一シーズンはウェット・フライのみで通しても良い。バック・キャストの時はできるだけ目で追ってラインの状態をチェックすべきである。そこで後方でのラインをいかに高く保つかを学び、それを忘れなければ、ドライ・フライ・フィッシングのフォルス・キャストの際も決してラインが落ちすぎることはないであろう。

一九五七年、ユーゴースラビアで、この国のフライ・フィッシング・クラブから選ばれた三十人のフィッシャーマンを対象とした三日間のキャスティング講習会をやったことがある。そのうちの二人はかなりうまくキャストをしたが、誰一人としてライン・スピードを加速してゆくこと、後方ではラインを高く保つことの原理を理解しているものはなかった。

講習会の終りには二人を除いては全員が、彼らがすでに身につけてしまっていた後方が低いラインのキャスティングを改めて、後方でのハイ・ラインのキャストができるようになった。私の二十年間の指導の経験からしても、これだけの短い時間にこれほどの満足すべき結果を得られたことはなかった。しかし、その時は一日六時間もの練習をしたのだった。

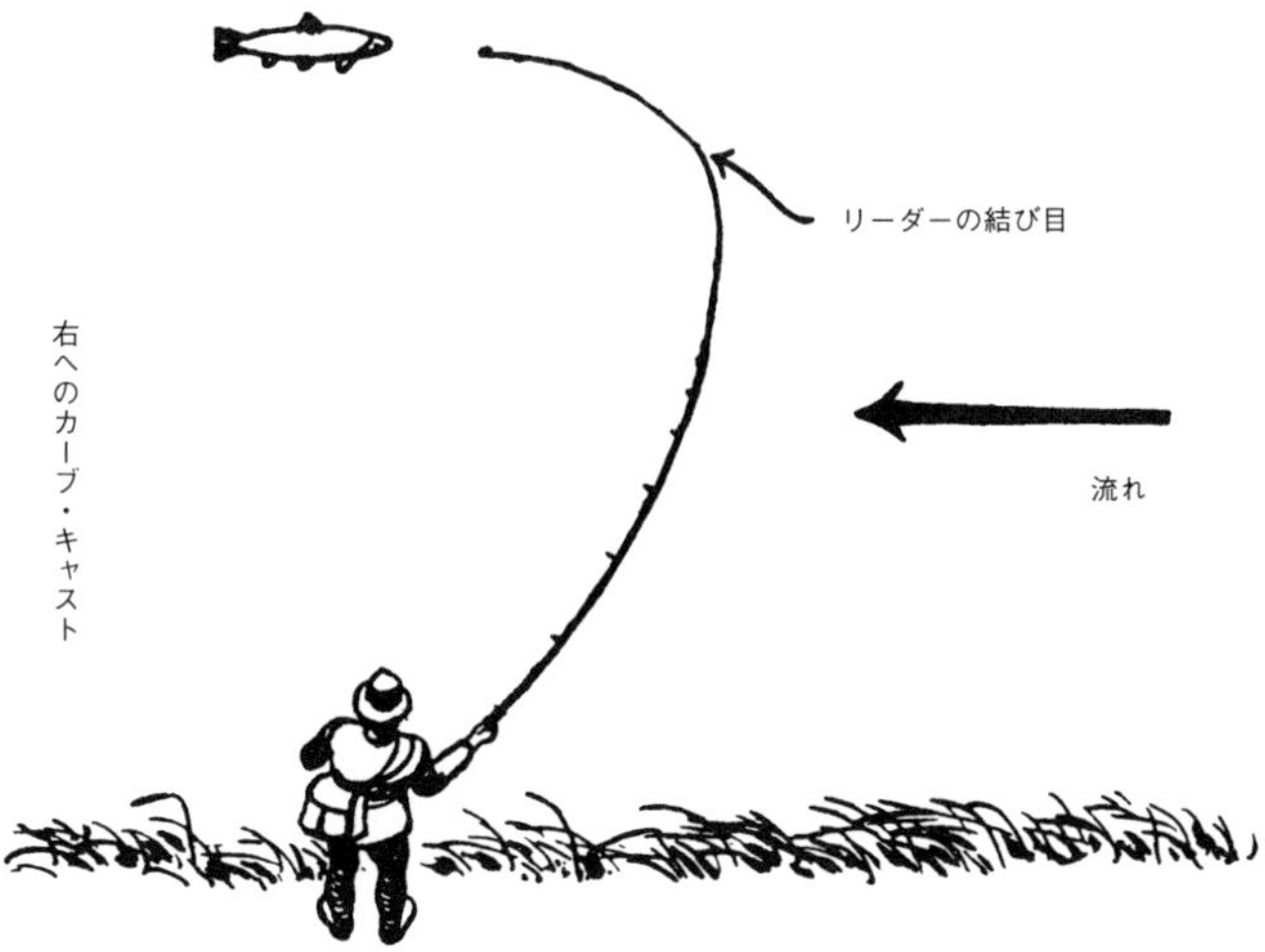

図23

●結論　釣人の最終目標は魚を釣るということである。キャスティングをマスターするということは、フライ・フィッシングというスポーツの頂点に立つことであり最大の満足を与えてくれる。
ジャック・ショームはリール川で釣りを始めたのだが、最初のシーズンは完全にキャスティングの練習に費し、次のシーズンになってからやっと実際に釣りだした。彼は一流のキャスターとなり、そのスタイルは完璧なものであった。初心者は彼の例にならうといい。これこそがキャスティングをマスターする最良の方法で、この忍耐と決断はあとで十分に報われるものであろう。

ボトル・メソッド

このトレーニング方法による結果は必ずあらわれ、しかも驚くべきものである。初心者は筋肉を養うことができるし、長い間釣りをしている人もこのトレーニングで筋力の低下を防ぐことができ、グリップを握る指の力をつけることができる。

一週間に十分づつ三回ほど。もちろんできれば毎日やるにこしたことはない。ビンを一本用意する。あればアルザス・ワインのようなタイプのビンがよい（図24）。

A、ビンを持ったまま腕全体を回す。両方向に。

BとC、肘を身体につけたまま前腕を垂直に上げたり、下げたりする。次に、肘を身体から離して同様のことを行う。

D、前腕を回転させる。両方向。

E、手首を垂直に回転させる。両方向。

その次は左足を前に出し、手首を曲げずに後方へロッドを振り上げる動作をする。そして今度は前方へ振り下ろし、最後にちょうどロッドを握りしめるように、力を入れながら手首を下げる。

ビンの中央を持ち手首を水平に回す。同様にして肘を水平に回す。

硬式テニス・ボールを用意し、これを親指でつぶすようにする。

一つ一つの練習を二十回から三十回繰り返す。最初の何日かは何も入っていないビンでこれを行い、次に少しずつ砂を入れて、砂の量を増してゆくようにする。

これはひじょうに効果があるので、ぜひとも試してもらいたいと思う。

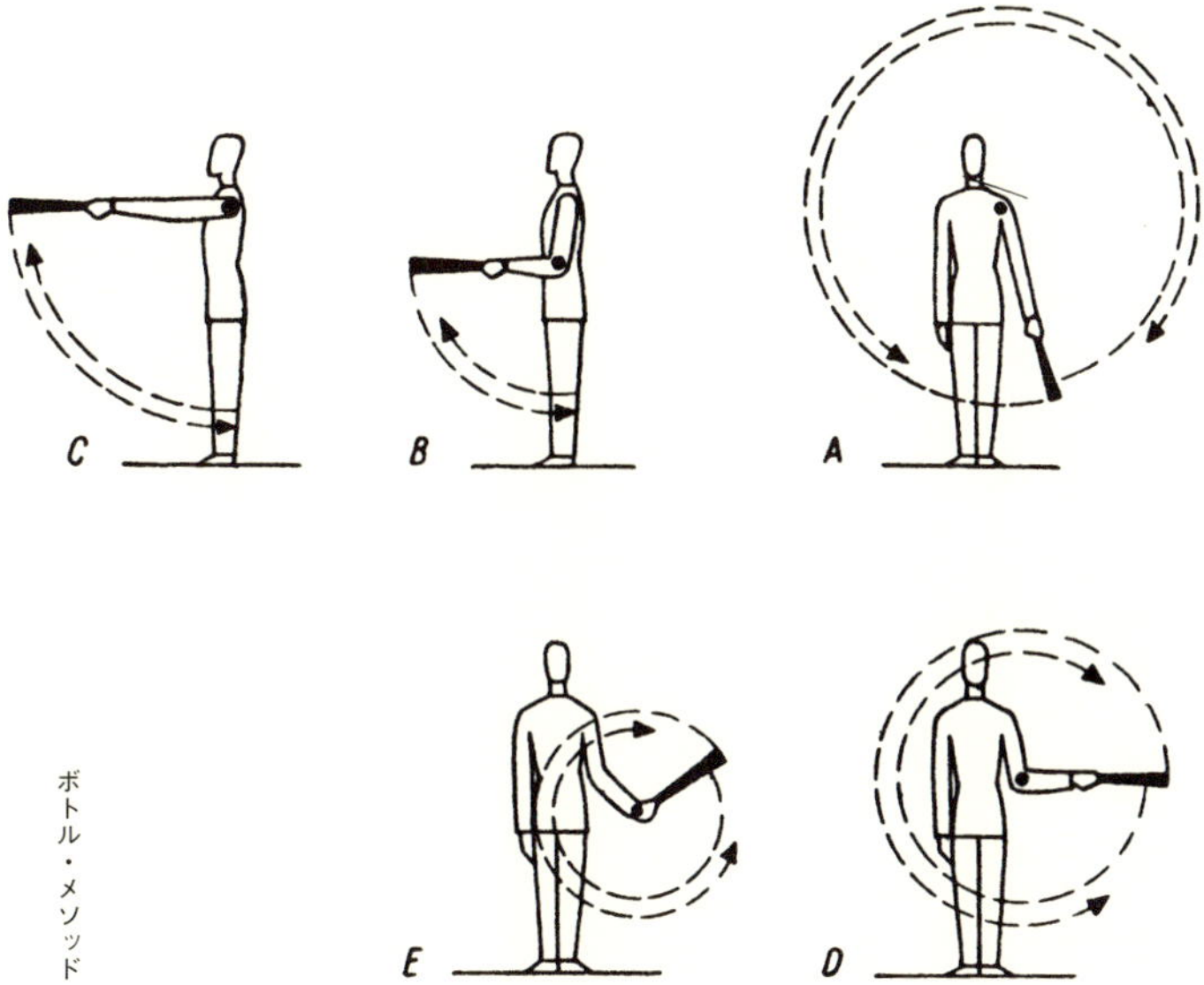

図24 ボトル・メソッド

ビギナーへの重要なアドバイスのまとめ

この本はフライ・フィッシングの力学的な問題を解決し、キャスティングを楽々としかもリラックスしてできるようにすることを主な目的として書いてある。このスポーツは、新しく始めようとする人々を、普通は間違いや失敗だらけのひじょうに複雑な状況に引き込んでしまう。そうして身につけた悪い癖のあるものは、あとで一人または何人もの熟達した人の指導を受けなければ完全には直らないことが多い。ここに書いたことは、キャスティングを始めたばかりの段階からキャスティングのメカニズムを理解しておくほうが、一度強制的に学ぶことの必要性を感じながら、何年もの間経験だけを頼りにしているより良いということを分からせてくれるだろう。私がここに概略を述べた原則を実行に移す人は、意識して良いキャスティングのできるキャスターであり、完全にリラックスして釣りのできるフィッシャーマンとなることができるだろう。（原注　（ジョン・パイパーの注）この本の中の最も重要なポイントの一つ。初めて私がシャルル・リッツに会った時、彼は私のロッド・アクションを試して、言った。「私は君に、今の君よりもっとリラックスしたキャスターになって欲しいと思うよ」この時の彼の教えとアドバイスのおかげで、私のこのスポーツの楽しみは何百倍にも膨んだものだ。すでに豊富な経験のある釣人でも、もし何ヵ月かできるだけリラックスしてキャスティングすることを学べば、それはあとでどのぐらい報われるか分からない。それができるようになってみると、初めて自分が何年にもわたってどのくらい不必要に緊張していたかが分かるのだ）

　魚を釣り始める前に、どうキャストするかを学びなさい。特に遠距離にキャストすることはもう少し後まで考えないこと。そして短いラインで釣りをすること。ロング・キャストは長い豊富な経験を持つ人にまかせておくこと。というのはロング・キャストはフライを正確に、デリケートにプレゼントするのをひじょうに難しくするからである。

　一つ一つの釣りの状況を注意深く検討し、フライをプレゼントする前に最も良いキャスティング・ポジションを選ぶこと。前方へのラインの動きや、フォルス・キャスト時のラインの影などで魚を驚かさないように心がけること。そうすれば、以後釣れる魚の数が著しく増えることになるだろう。

　水面下を動いている魚をどうやって見つけるかを学ぶこと。そして釣りをしている時はつねに目を水に向けていること。

　フライ・フィッシングを始めたら、早い段階から水の上に流れる虫と同じようにフライをナチュラル・ドリフト（自然に流す）させることと、流れる虫と同じ形のフライを使うことではどちらがより重要かを理解しておく必要がある。ナチュラル・ドリフトに関しては主に技巧的なことが基礎になっている。つまり、キャスティングをうまくやることとか、流れをどう扱うか、ロッド、ライン、リーダーの正しいバランスがとれているか、などである。これらについて良く検討すれば、フライのプレゼンテーションは完成されたものになり、釣りの成功のチャンスが高くなってゆく。羽化している自然の虫にフライを合わせる試みは、一番最後に行う手段として考えられるものである。フライに関しての私の意見の原則はあくまで想像力を基本としている。

水をはね返すようなプレゼンテーションは、ごくわずかであっても、最も避けるべきことである。奇妙なことに、この過ちを犯す釣人はほとんどこの事実に気づいていない。その結果、魚がフライを拒絶するのは、羽化している虫にうまくフライをあわせられなかったからだと彼らは確信するのである。

ミッジ・ロッドあるいは、ミニ・ロッドは時としてひじょうに危険である。六フィートあるいはそれ以下の長さはスタンダードのフライ・ロッドよりずっと短いので、フォルス・キャストの時にフライが釣人の顔の近くを通る。私の親愛なる友人である、プリンス・ポール・フォン・クァードはメイフライのシーズンにアンデル川でこうしたロッドで釣りをしていて、フライを右のまぶたにひっかけてしまった。もし、この種のつまようじのようなロッドを使う時には、完全にロッドとラインのコントロールができるようになるまで眼鏡をかけていたほうが安全である。

たくさんの釣人が私に「私はこのロッドが好きです。このロッドはストライクがよくとれます」とか、「あのロッドじゃぜんぜん魚に鈎をかけることができない」とか言う。しかし、これはまったく意味のない話であって、ストライクがうまくとれるかどうかは、釣人の腕にかかっており、合わせ方によるもので、まったく、ロッドのせいではない。うまくゆかないのは、合わせの瞬間に釣人が興奮しすぎているからで、つまりあまりに緊張しすぎているか、あるいはあまり神経質になりすぎているからであろう。冷静に、意識しながら合わせること。魚をネットでランディングする時にも、同じような問題にぶつかると思う。手首を曲げてロッドを後ろへ動かそうとするかわりに、ロッドの先を高く上げるようにするとよい。

フライは小さくなればなるほど、リーダー・チペットは細くする必要がある。チョーク・ストリームやグレーリングの川で釣る時、特にスペント・フライやブラック・ナットなどを使っての釣りでは、フックは十八番、できればダブル・フックを使うとよい。

釣りを始める前には必ずリーダーをよく伸ばしておくこと。

ノットレス・リーダーは避けなさい。一般的にそれらは水の上にフライをスムースにターン・オーバさせるための硬さに欠けている。一三七頁以下に説明しているようなタイプのリーダーを使うといい。No.２ＰＰ

Pラファルかあるいは時に応じてNo.1型。No.3型はフック・サイズ16番から18番用のものである。

私はオートマチック・リールは好きではない。ほとんどは重量が倍ぐらいの重さになる。機能はよいのだが、何年か使ってみた結果、私には特別このリールの有利な点が見出せなかった。ピエール・クルーズヴォーも同じ意見である。今日では人々が少しでも道具を軽くしようと努力しているというのに、わざわざ重くしなければならない理由はどこにもない。

できるだけ、どこでも初心者は、川を正面にして、流れが右からくるような位置をとること。これが右利きのキャスターにとっての理想的なポジションである。というのはリーダーは左方向へのほうがカーブさせやすいからで、そうするとフライはリーダーより先に流れてゆく。

ロッドをしまう時、どうすればねじらずに抜くことができるかを学ぶこと。フェルールを抜く前には必ず両手をぴったりくっつけてフェルールの上と下を握ること。フェルールが腐蝕するのを避けるためには、釣りから帰ったあと、掃除をして、きれいにしておくこと。

釣りを始める前には、ラインが正確にすべてのガイドあるいはロッド・リングを通っているかどうかを調べること。

魚を釣ったあとにはフック・ベンドをチェックするのを怠らないように。そして注意深くアーカンサスの砥石で鈎先を研いでおく。針のように鋭くなっていることが大事で、これによってフライをくわえた魚の一〇パーセント以上にのぼるバラしを防ぐことができる。またヤキの甘い鉄でできたフックが多いが、これは魚に逃げられる原因となる。

私はブーツやウェイダーの底はフェルトのものを選ぶ。鉄の鋲を打ったものは音を立ててうるさく、また魚を驚かし、走らせる振動を起こすようだ。

第二部　ハイ・スピード／ハイ・ライン

ハイ・スピード／ハイ・ラインの歴史

ハイ・スピード／ハイ・ラインのキャスティング・テクニックは今や十分に説明される価値があると確信するに至って、私はこの章を書くことにした。この本の初期の版の中ではキャスティングに関してはそのメカニズムの説明だけに留まったが、それは一九六四年までにハイ・スピード／ハイ・ラインについての観察と研究を終っていなかったからである。この新しい章の中で、読者は前の章の中に書いたこととの重複やら、あるいは違いを発見することだろう。しかし、私の前の考え方も、また新しい考え方も、フライ・キャスティングに興味を持っている釣人にとっては重要であると思う。最初のものは正統的なテクニックに属するものであり、二番目の新しい方は「スーパー」フライ・キャスティングに関するものである。

この『ア・フライフィッシャーズ・ライフ』が出版される前、私はイギリス、特にアニュアル・ゲーム・フェアーで、フライ・キャスティングのレッスンをやり始めていた。生徒としては初心者、経験の長い人、少年、少女、そして大人たちといったあらゆる種類の人がいたが、その人たちを相手にして短い時間で満足すべき結果を得ていた。

ある年、私は十五分間のレッスンで一五ヤードのウェット・フライ・キャストができない生徒には百ポンドを進呈すると言った。

一流新聞からのリポーターがそれを試してみるということになった。彼はこの百ポンドは貰ったようなもんだと考えていた。こんな提案をする奴は頭がおかしいか、よほど金持ちなのだと思ったのに違いない。

十三分が経った。彼はきちんとうまくキャストができるようになっていた。彼のほかにもたくさんの生徒が待っている。私は彼に言った。「どお、このくらいうまくなれば、もう満足すべきだと私は思うけれどね」

彼は百ポンド儲けられなくても、十分に満足だと言った。

生徒にキャスティングの正確なタイミングを伝えるのはひじょうに難しいことだとときどき思う。ライン・スピードの正確な感じをつかんでもらうために、私は生徒の手を一緒に持ってキャストをしてやる。私が手を放し、生徒に自分一人でやらせると、彼らは形だけは満足すべきキャスティングを行うが、ライン・スピードは落ちてしまう。うしろでラインが低くなりすぎるというわけでもないのだが、彼らのキャスティングは何となくだらしがないのだ。

私がキャストするのを見ていた友人たちは、ライン・スピードがひじょうに早く口笛のような音を立てると言った。そしてラインは後方で決して低くならなかった。

大きなライン・スピードはHS／HL（ハイ・スピード／ハイ・ライン）のためのうまいロッド操作と、絶え間なく左手でラインを引くことによって得られる。この左手でのライン・プルはひじょうに有効なのである。

友人のピエール・クルーズヴォーは私に言った。「シャルル、君のキャスティングはすばらしいけど、どっちかというとジャーキー（せっかちで、ぎくしゃくした動き）だね。ぼくはもっとスムースなキャストのほうが好きだよ」

私はスタイルを変えようとやってみた。しかし、満足すべき結果は得られなかった。ライン・スピードが落ちてしまうのだ。いろいろ考えたあげく、私のフォルス・キャスト、特にバック・ラインがひじょうに早いのは私自身のせっかちな性格に由来しているのではないかということに気がついた。生徒にライン・スピードの要領がうまく伝わらない理由はたぶんここにあるのだろう。

私は自分のやっていることを正確に分析することに

した。そこでピエールにもう一度キャスティングを見てくれるように頼んだ。彼は言った。「すごく早いラインが見えるけど、君がどうやってそれを作り出しているのかは分からないよ」

私はもう一度やってみた。そして二つのことが分かった。第一は、私は凝縮させたジャーク・ジャーク・ムーブメント（私はこれをズィック・ズィックと名付けた）あるいは瞬発力を使っており、曲がったロッドの力を利用する機会を逸せずに、瞬時に大きなパワーとスピードを作り出しているのだった。二つ目は、キャストを始める前からロッド・ハンドルを強く握っているということだった。そうして背中から、親指と人さし指まで、筋肉がどう働くかも理解することができた。

一九六〇年、チューリッヒでの国際フライ・キャスティング選手権で、何年もの間オール・ラウンドのワールド・チャンピオンだった、そしてたぶん今でも世界最高のフライキャスターの一人であるジョン・タランティーノを観察していた。彼がディスタンス・キャストをしている時、それは川でフライを投げる時とは違っていたが、彼のラインは、私のラインの動きとまったく同じであった。彼のパワー・ゾーン（ロッドが前あるいは後ろに振られる間で特に力の加わる範囲）は私のものと同じであったし、彼のキャスティングは実際のところHS／HLテクニックであるということを発見したのだった。

そこでジョンのキャスティングと私のキャスティングをスローモーションで撮影してもらった。できあがったフィルムを見ると私が考えたように、魚を釣るためであろうと、遠投のためであろうと、ライン・スピードを得るための方法は同じであった。

私はジョン・タランティーノに、ノルマンディーのリール川に来て一緒に釣りをしてくれるように頼んだ。ここは私が二十五年以上も釣りをしているところで、それぞれのスポットでは自分で何百回もキャストして、目的に達するにはどんなキャストをしなければならないかを熟知していた。私はそれらの場所で、彼がどんなキャストをするかを見たかった。

彼には私と同じロッド、ライン、フライを使うように頼んだ。つまり、ロッドは八フィート五インチのPP・ファリオ・クラブのスプリット・ケーン・ロッド、ラインはウェイト・フォワード、そして九フィート2インチのPPリーダーで、チペットは〇・一七五ミリだった。思ったとおりジョンは誰にもできないほどすばらしい技術を披露してくれた。

こうしてHS／HLテクニックは理想的なキャスティング・メソッドであることが最終的に裏づけられた。

そこで、いよいよこのキャスティング法を文章に書き、図で説明する時がきたと私はピエール・クルーズヴォーに話した。

われわれは何日にもわたってパリのティール・オー・ピジョンの池で午前中を過した。その結果、キャスティングの動作が頭の中で考えていたものと同じでないことがわかってきた。違いはじつにわずかなことではあったが、これはキャスティングにおいては可と不可を分けるのに十分な違いであった。われわれは自分たちが機械的にはどういう動きをしているのか理解していないという結論に達した。おそらくスロー・モーション・フィルムのみが、どんなふうにキャストしているかを正確に教えてくれるのだろう。

われわれの考えが形を整えるにはさらに九ヵ月が必要であった。誤りをおかしたり、あとでやり直したりしながら、それでも最後にはわれわれは説明文と図を作り上げた。


一九六三年の冬に、HS／HLに関する最初の原稿がロンドンのフライ・フィッシャーズ・クラブの〈フライ・フィッシャーズ・ジャーナル〉および〈トラウト・アンド・サーモン〉に載せられた。また同時に、〈オー・ボール・ドゥ・ロー〉とか〈トゥリュイット・オンブル・ソーモン〉そして〈レ・プレズィール・ドゥ・ラ・ペッシュ〉といったフランスの雑誌にも発表された。

その頃、アメリカの年に一回出版される〈フィッシャーマン・ダイジェスト〉のトム・マクナリーが何か書いてくれと頼んできたので、私はHS／HLの原稿を彼に送った。この原稿はまたドイツの〈フィッシュヴァイド〉にも、スイスの〈フィッシェライ〉にも載せられた。

もちろん、この記事に関しては批評や批判もあったがそれは当然のことで、一般的には良く受入れられたので私はうれしかった。

この方法を教える時に特別の失敗は何もなかった。そして今でも喜んで百ポンドの賞金を懸けたいと思っている。フライ・ロッドであろうと、ゴルフ・クラブあるいはテニス・ラケット、または円盤投げや槍投げなどの道具でも、それをマスターするには筋肉の力に関する完全な知識と、手、腕、脚そして身体の他の部分の使い方に関する知識をもたなければならない。そして、それらはトレーニングと筋力の養成によって完全に組み合わされ、同調されなければならない。

人間という機械とその機械を動かす力に関する完全な理解が必要である。理解することが正確に自分自身を分析し、間違いに気づき、そして、それらを徐々に直せるのである。

ほとんどのフライ・フィッシャーは魚を釣ろうとする過程に夢中になってしまい、釣りを始めた時から**意識してキャストをしないキャスター**になってしまう。しかし本来的にはまず、**意識してキャストするキャスター**を目指し、その後に魚を釣ることに集中すべきである。

キャスティングを良く知ると、キャスティングを支配し、自信を持ち、リラックスして、難しい条件の下でもこの興味深いスポーツを最大限に楽しむことができる。

キャスティングをやり始めた時から、**アイソメトリック・マスル・トレーニング**（等尺性筋肉トレーニング）などのキャスティングを行う時に使う筋肉のトレーニングのことを考えるべきだろう。これは動かない対象に対して力を加えて筋肉を養う方法である。ベン・ファウンテンは前に私がこのアイソメトリック・マスル・トレーニングを実行しているかどうかを尋ねた。彼はこれがアメリカでは運動選手のトレーニングとして筋肉の働きの効率と筋肉の記憶を増大させるのに役立つ方法であることを説明してくれた。

彼はこのアイソメトリック・メソッドによってトレーニングされた筋肉はちょうど正しい瞬間に反射的に正しく働く傾向を持つということに注意を向けさせた。百パーセントの能力を引きだすためには筋肉は最大にまで緊張させられなければならず、それによって筋肉はふだん習慣づけられているものを越えて働くように強制されるのである。国際キャスティング連盟はこれを取りいれ、ひじょうに良い成果を上げている。

キャスティングにおけるアイソメトリック・トレーニングの方法は簡単なものである。棒を一本用意し、その先端に紐を結び、その紐の反対の端を壁のだいたい目の高さに固定したフックに結ぶ。

これを使って、壁に向かって立ちバック・キャストのように棒を後ろに引っぱり、六秒間そのまま力を加えておく。これを六回やる。つぎに壁に背を向けて立ち、同様にしてフォワード・キャストを六回やる。これを毎日続ける。この六秒の間は棒をできるだけ固く握りしめ、筋肉を最大に緊張させて、思いきり引くとかあるいは押すかする。壁面の紐を結ぶ高さはときどき変えてもよい。それからテニス・ボールを使い、親指をボールの中へ突込むようにして、ボールを押しつぶす力を加える。これも六秒間おこない、親指とひとさし指の力をつける。

ここに一九六四年十一月の〈トラウト・アンド・サーモン〉誌にでた記事の数行を載せておく。

「今年の初めに出たハイ・スピード／ハイ・ライン に関する傑出した記事に対して〈トラウト・アンド・サーモン〉誌にお祝いと感謝を述べたい。

この記事は熟練したキャスターにはひじょうに大きな価値を提供し、また初心者にとっては大きな助けとなっている。トーウィー川の川岸ではキャスティングの能力について話がはずみ、話題はフライのタイプについてよりも、HS／HLでもちきりであった。

またおもしろいことに、地方のタックル・ショップではフライ・フィッシングのタックルの売りあげが十倍も伸びたと報告している」

ハイ・スピード／ハイ・ライン（HS／HL）キャスティング・テクニック

初めてフライ・ロッドを使う人が自然にやる姿勢と動作は、ロッドを後ろと前へムチのように振ることである。手首と前腕ばかりを使い、肘は彼らが最も楽だと自分たちで思っている高さに保持され、動かない。

この動作ではロッド・チップが前後に移動する時、前後でその動きの終りの部分のみが正しく振られたロッドのパワー・ゾーンと一致するが、ラインを引く軌道はカーブを描いてしまう。

そのため早いライン・スピードを得ることが不可能となり、ライン・リフトを上手にやるための可能性をすべてなくしてしまうこととなる。

欠陥のあるキャスティングはこうして始められ、ずっと続けられてしまうのである。

ほとんどのフライ・フィッシャーは「バック・キャスター」であるが、HS／HLキャスティングをマスターするためには「アップ・キャスター」になることが必要なのである。より早く、より高いほど、ラインは空中に高く、より長い間とどまっている。

　ハイ・バック・キャスト（アップ・キャストと呼びなおされなければならない）のみがたやすく完全なフォワード・キャストをさせることができ、しかもひじょうにスピードのついたラインであっても軽くデリケートにフライをプレゼントすることができる。完全なアップ・キャストは完全なフォワード・キャストを作るのである（図25）。

　魚がライズしている時、正確に、そして正しいプレゼンテーションで、フライが目標により早く届けば届くほど、それに魚がとびつく機会は大きくなる。ライン・スピードが早ければ早いほど、風に対しても、ラインは楽に突込んでゆく。それにハイ・スピード／ハイ・ラインはフライをつねに乾燥させる利点をもつ。

図25
ハイ・スピード／ハイ・ライン

　ＨＳ／ＨＬキャスティングは湖やそしてダム湖では特に効果的である。またオーストリアのトラウン川での数多くの経験では、ごく小さなドライ・フライを使ってやるボートからの釣りにもＨＳ／ＨＬはひじょうに有効であることがわかった。

　ＨＳ／ＨＬキャスティングでは良いウェイト・フォワード・ラインを使えば二〇メートル以上の距離のいかなるライズであっても四秒から六秒の間にフライをその場所に投げることができる。

　一般的な、ゆっくりとした、スムースにラインを引っぱるキャスティングをする「バック・キャスター」であってもすばらしい釣果を得ることはできるであろう。しかし、もしＨＳ／ＨＬテクニックがマスターされたなら、それは驚くべき有利さを手に入れることになるのだと私は深く確信する。そうすればたとえ難しい条件（風とか障害物、等々）の下でもリラックスして釣りをすることができ、より大きな満足と楽しみをもつことができるだろう。

HS/HLと「スクイーズ—ズィック—ブロック」

ハイ・スピード/ハイ・ラインは力を凝縮したハイ・スピード・リフト（図26）を使うことによってのみ得られるものである。手を通して伝達される種々の筋肉の力のすべては、ロッド・ポジション1と4の間でスタートし、加速され、ブロックされ、そしてとまる。

これらの一連の動作を三つの段階に分けて分かりやすく説明するために、私は「スクイーズ——ズィック——ブロック」という表現を考えた。この細部については後で説明するが、「ズィック」というのは一番力の加わる段階でだいたいロッド・ポジション2と4の間に凝縮される。そしてこれは手から肩までの筋肉が正確に、しかも一秒の何分の一かのタイミングで使われなければ得られない。

フライ・フィッシャーには三つのタイプがある。意識してキャストするタイプ、意識しないでキャストするタイプ、そしてキャスティングに興味のないタイプである。意識してキャストするタイプの釣人のみが自分がどんなキャストをしているのかを分析することができ、毎年釣りをする度に自分のキャストをよりよくしてゆくことができるのである。

自分のキャスティングを理解できる釣人——その瞬間、瞬間に、自分が何をしているのかを知っている釣人のこと——は必ず良いキャスターとなることができ、自分の釣りをより楽しむことができる。そうした釣人でも不幸にして釣れない時があるものだが、それは疲れてしまったとかあるいは条件がひじょうに悪かったという理由によるものであろう。

フライ・フィッシングのエキスパートの中にも「スクイーズ——ズィック——ブロック」あるいはリフトやプルをぼんやりと意識するだけでやっている人たちがいる。だから、自分で正確に説明することができない。というのは彼らは本能的なキャスターたちで、何年もの厳しい実戦でそれを身につけた人たちであるからだ。しかし、そうしたテクニックを身につけることに成功したのは彼らに才能があったからで、キャスティングに対する興味があったからである。彼らはライズしている魚をただつかまえればよいと考えていただけではなかったのだろう。

私はいろいろなキャスターたちに手首と前腕をどう使っているか正確に説明して欲しいと尋ねたのだが、

ほとんどの人は説明することができなかった。キャスティングの本を読んでも筋肉の力のコントロールについて書いてある本は稀である。このコントロールに関しての知識がなくてはロッド・チップが上ってゆく時、その過程のある瞬間にだけ筋肉の力を集中させるということは不可能である。しかし、それができて初めてHS／HLにとって理想的な後方での高さと角度にラインを持ってゆくことができるのである。ロッドの上昇する動きが止った時、それ以上のパワーとスピードはつけられなくなる。

筋肉のコントロールについての知識なしにキャスティングが行われると次のようなことが起こる。

正確なスタート位置から、ロッド・チップは1から4に到る弧の軌道に沿ってリフト・アップされ、後方に至る。リフトが始まってからハンドルを握る力は増加する。筋肉コントロールと前腕の動きのスタートは同時である。この場合はとうぜんのこととしてロッドは最初から強い力で握られるかわりに徐々に力を加えられてゆく。

結果としてはロッドの握りしめ（スクイーズ）はロッドの動きがスタートした後、ロッド・チップがほとんど2に近づいた頃、初めて百パーセントの強さになる。

これでは遅すぎるのである。というのはハンドルが最初からしっかりと握られていないと、ロッドが動き始めたごく初期の段階からロッドが人間のキャスティング機構（手、腕および肩）に絶対に必要な一部分とならないからである。すべての力の伝達はひじょうに小さな動きのうちに、一秒の何分の一かのタイミングで行われねばならず、それには筋肉は最初からブロックされていなければならない。そして、すでにブロックされている筋肉のみが「パワー・ゾーン」のずれを防ぐのである。

一秒の何分の一かの間のロッドの動きがぐらついた場合（ベアリングが欠けた機械のような場合）次のような結果が起きる。

1　ラインに伝わるパワーとスピードのロス。

2　パワーの伝達が延びて正しいストップの限界4を越える傾向があり、それによってロッドが下がりすぎ、よく見られるような低いバック・ラインを生みだしてしまう。

このこと自体は悪いキャスティングであるとか、うっとりさせるようにフライがプレゼントされないというわけではないのだが、理想を言えば、HS／HLによりコントロールされたキャスティングは得られていないということになる。

そしてこの時、前腕はパワーを運ぶ遅れを補足しようとして垂直に上げられるか、ポジション4を越してしまう。

スクイーズ

最も重要なのはスクイーズ（ロッドを握りしめること）の正確な瞬間を知ることである。長い間フライ・キャスティングをやっている人や初心者に教える時に、スクイーズの正確なタイミングを説明すると、彼らは例外なくライン・スピードを上げることができ、ラインが高くなり、そして最後のフォワード・キャストを著しく良くすることができた。

そして、あの使い古された、すぐ口に上る言葉、「どうして最後のフォワード・キャストでラインが伸びないんだろう、多分ロッドが悪いんじゃないか」というのを耳にすることがなくなった。

こうした知識を持たずに、ただ技術上の誤りを取りのぞいてくれるロッドがあると信じている釣人は多いが、もしそう信じているのならためらわずにそれをお買いになることを勧める。そしてたくさんのお金を無駄にすることをお勧めする。

〈何よりもしなければならないことは、ロッドを上へむかって動き出させる前にロッドの握りをしっかりとスクイーズすることである〉

つぎにHS／HLリフトを何段階かに分けて説明する。

●**スクイーズ**　ロッドのハンドルをできるだけしっかりとスクイーズ（握りしめる）する。このことが腕の筋力をよく働かせることとなる（図26）。

●**ズィック**　ロッドを前腕で（リスト・ダウンのまま）ゆっくりと、ラインがまっすぐになり動きだすまで持ち上げる（だいたいポジション2）。ロッドに強い力が加えられるのはラインを水面から引きはがすために手首と前腕が一緒に働きだした時である。これが正確に行われるとフライは水面を離れてハイ・スピードで引きあげられる。

正しいキャストが行われた時、約五センチ程の距離

［図についての原注］

ロッドのすべての位置や、筋肉の働き、収縮などはできるだけ正確に図上に示してある。しかし、人間でも動物でもまったく同じものは二つとはないし、正確に同じように動くということもない。そのため、この図は一つの目安として使う必要がある。この図にもとづいて少し変化させても、各個人にとってよりよく感じられる位置が、その人にとっての正確な位置である。そういうわけで時計の文字盤で示す古い方法は使わないことにした。

キャスティングを学ぶものは無意識に時計盤方式の正確さを認めてしまっているので、たとえ良い結果が得られなくても時計盤に正確に従おうとしてしまう。

ここ、26図では垂直の位置をバック・キャスト、あるいはアップ・キャストにおけるロッド・チップのだいたいの最終の位置とした。

しかし、ひじょうにうまいキャスターは、左手でうまくラインを引くことを知っていて、ロッドをもっと後方で停止させてもラインを充分に高く保つことができる。といっても、初心者やHS／HLを学ぼうとする者は、バック・キャストと左手でのラインの引きをマスターするまでは垂直の位置でロッドを停止させるようにした方がいい。そうすればロッドの後方への倒れすぎという欠点はなくなるからである。

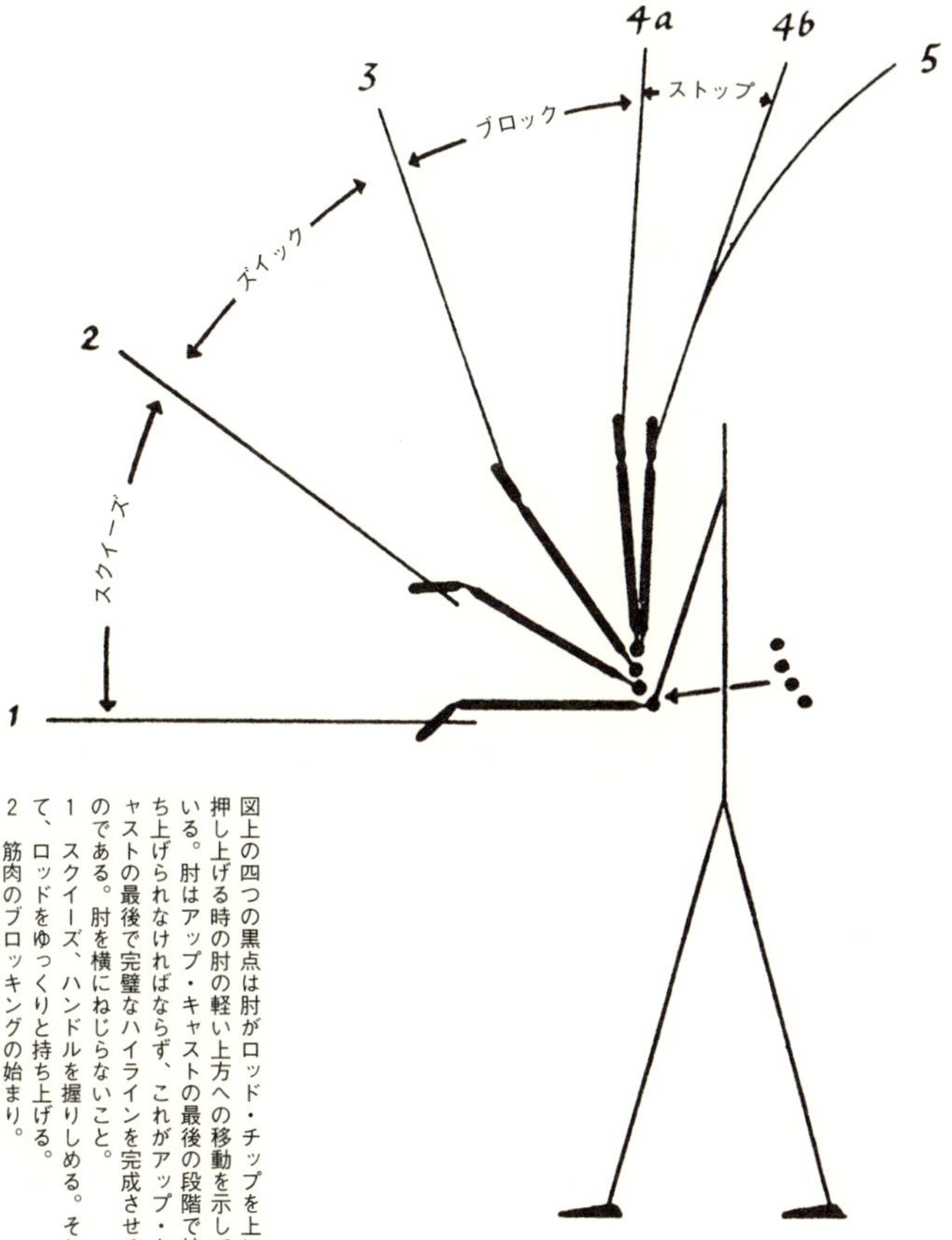

図上の四つの黒点は肘がロッド・チップを上に押し上げる時の肘の軽い上方への移動を示している。肘はアップ・キャストの最後の段階で持ち上げられなければならず、これがアップ・キャストの最後で完璧なハイラインを完成させるのである。肘を横にねじらないこと。
1　スクイーズ、ハンドルを握りしめる。そして、ロッドをゆっくりと持ち上げる。
2　筋肉のブロッキングの始まり。
3　肩の筋肉のブロッキングの始まり。
4a・4b　筋肉をブロックさせてロッドを停止させる。これから学ぼうとする者にはこの位置での停止がすすめられる。
5　ロッドが曲がって最終的に止まるだいたいの位置。

図26

を肘は垂直に上ったり下ったりの動きをする。身体と肘との間の距離はとうぜん変化してもよい。肘を上にあげることは前腕、手、そしてロッドとラインを持ち上げる時にキャスターの動作を楽にさせる唯一の正しい方法であり、上方へラインを直線的に引っ張ることができる。

そしてこの肘の動きがスピードとパワーを生み出し、短いパワー・ゾーンの中にそれらを集中させることができる。パワー・ゾーンの中ではロッド・チップは直線的に働き、ラインを上方へ引上げる。軽く肘を上げることが、パワー・ゾーンの軌道の中でロッド・チップの上方への動きを楽にさせるのである。これがHS／HLキャスティングにおける最も重要な点である。

●ブロック　強い力が加えられるのとほとんど同時に、上腕と肩のすべての筋肉をブロックさせる。**これは肘を中心とする回転運動を止め、**パワー・ゾーンが長くなるのを防いでロッドを静止させるためである。肩の筋肉が正しく使われた場合、**ブロックさせた時の感覚は**肩から身体の右側に伸びている**背中の筋肉**で感じられる。

HS／HLウェット・フライ・リフトが学習されると、フォルス・キャストにおいてはライン・スピードが増加し、後方でのラインが高くなる。

この方法によってのみパワーとスピードを一秒の何分の一という短い瞬間に凝縮することができ、その感じがつかめると、突然に、完全なロッドの静止を行うことができるようになる。

そのようにしてロッドが静止し、ラインが後方へ引っ張り始めるとロッドは自然なベンド（曲がり方）を形づくるのである。

またこのように完全にうまく静止させられたロッドは理想的なナロー・ループ（幅のせまいループ）を生み出すことができる。

適切な筋肉のコントロールができるようになると、肘は決った位置に落着いてきて、フォルス・キャストが安定する。これもまたこのキャスティング・メソッドの最も重要なポイントの一つである。

読者はたぶん今までに、キャスティングをやる時に脇の下に本をはさんで練習すると良いというのをどこかで読んだことがおありだろう。この練習方法が生み出された唯一の理由は、こうすると肘という回転の軸を決った位置に保持することができるということである。肘はキャスティングを行うための機構の中では中心軸をなすものだけに、それがだいたい同じ位置に留っているというのは大事なことである。しかしながら、それは五センチ程度は動いていいし、また動かなければならない。

フォワード・キャスト

　ラインがロッド・チップを引っ張るのが感じられたら、前方への力を加える。後ろへ引く力が正しく作られていれば、前方へのラインは水平より上へうまく伸び、後ろへのアップ・キャストに要した力の半分しか必要としないはずである。この前方へのパワー・ストロークもやはりなめらかにやる必要がある（図27）。

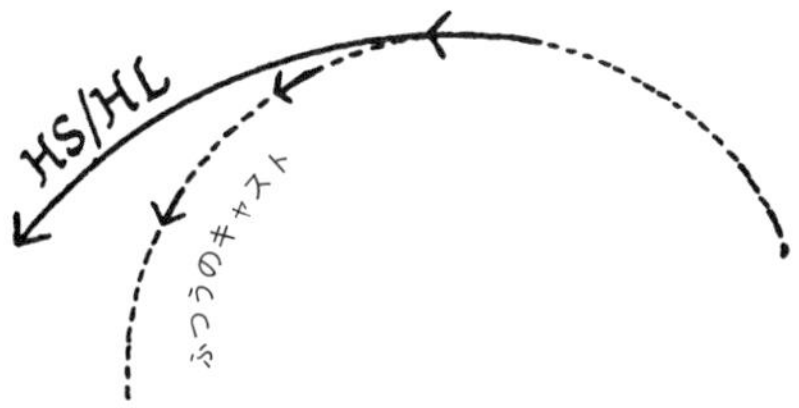

押しをともなったＨＳ／ＨＬの
フォワード・キャスト。

図27

　ロッド・チップの動きは弧を描いてはならない。それは弧を描きながら動き始めるが、ロッドが垂直になった位置からは肘を少し上げることによりロッド・チップは前方へ、水平に押される。この肘のリフトはキャスティングの最中にはほとんど目に見えないが、ロッド・チップの前方への移動の距離を長くし、ロッド・チップが下へ向くのを遅らせる。ロッドは高い位置に向かって振られ、ロッド・チップは自分の頭より少し高い所におかれた想像上の的を狙う。**ラインのシュートはラインが前方にいっぱいに伸び切った時、あるいはさらに良いのはラインが前方に引っ張るのが感じられた時に行う。**

　最終段階でロッドは手首と前腕（原注　手首だけではない）の力で下方に動くことになる。アーム・アクション・グリップ（サム・オン・トップ、前腕を使うグリップ）（後述、図32参照）の場合、手と前腕は軽く前方に動く。そして親指と人指し指は固く握られており、他の指は軽くそえられている。この間に他の指を解放しておくことは筋肉の痙攣を防ぐのに役立つ。

このフォワード・キャストのやり方は風に向かってのキャストでは最良の方法である。

フライが水面をたたいたり、水しぶきを飛ばすのを避けるためほとんどいつも最終キャストでラインをシュートしてやるとよい。

HS／HLのための正確な手首の動き《リスト・アクション》の重要さ

リスト（手首）を曲げる。手首を曲げる時は決してこれを捩《よじ》ってはならない。手首を捩るとロッドを捩ることになり、HS／HLのキャスティング機構を壊すことになる（図28から31まで参照）。

そのため、手首の曲げはひじょうに気をつけなければならない。手首を右にひねると動きは楽になるが、リールとガイドを横に捩ってしまい、ひじょうに悪い結果となる。

リストはロッドが下っているとき、真下に曲げられていなければならない（リスト・ダウン）。ロッドが上ってゆくとき、リストはロッドがブロック・ポジションに入る前にストレート（真直ぐ）になるように垂直に動かされる（リスト・ストレート）。

いろいろなリストの動きおよび曲げ方を全体的にみると三分の二はリスト・アップの状態であり、三分の一はリスト・ダウンの状態である。リスト・ダウンの時期を失うことは、ロッドに最大の力が加えられるのが遅すぎることを意味する。どんなふうにリストを使っているのかを実際に聞いてみると正確に答えられるキャスターはほとんどいない。

ロッド・グリップをつねに強く握り締めながら、リストをディプレスト・ポジション（手首を押下げた状態）からストレートな状態（手首が真直ぐになった状態）へもってゆくことはラインにより以上のスピードを与え、ロッドをさらに曲げるのを助けるものである。そして、これにより前腕の使いすぎを防ぐことができる。

リストの曲げ方をチェックすることは最も大事なことで、自分のやっていることを正確に意識する必要がある。

手首をひねると、ロッドの軌道はわきへそれてしまう。

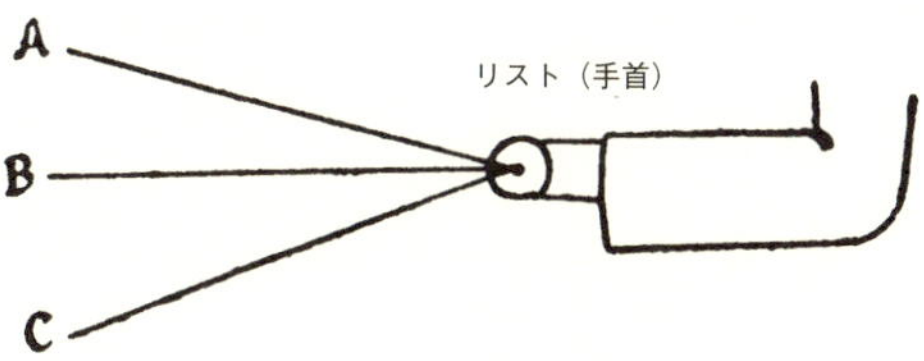

リスト（手首）の曲げ。
1/3は上方、2/3は下方。
（誤）
A 持ち上げられたリスト。
（正）
B ストレート。
C 押し下げたリスト。

図28

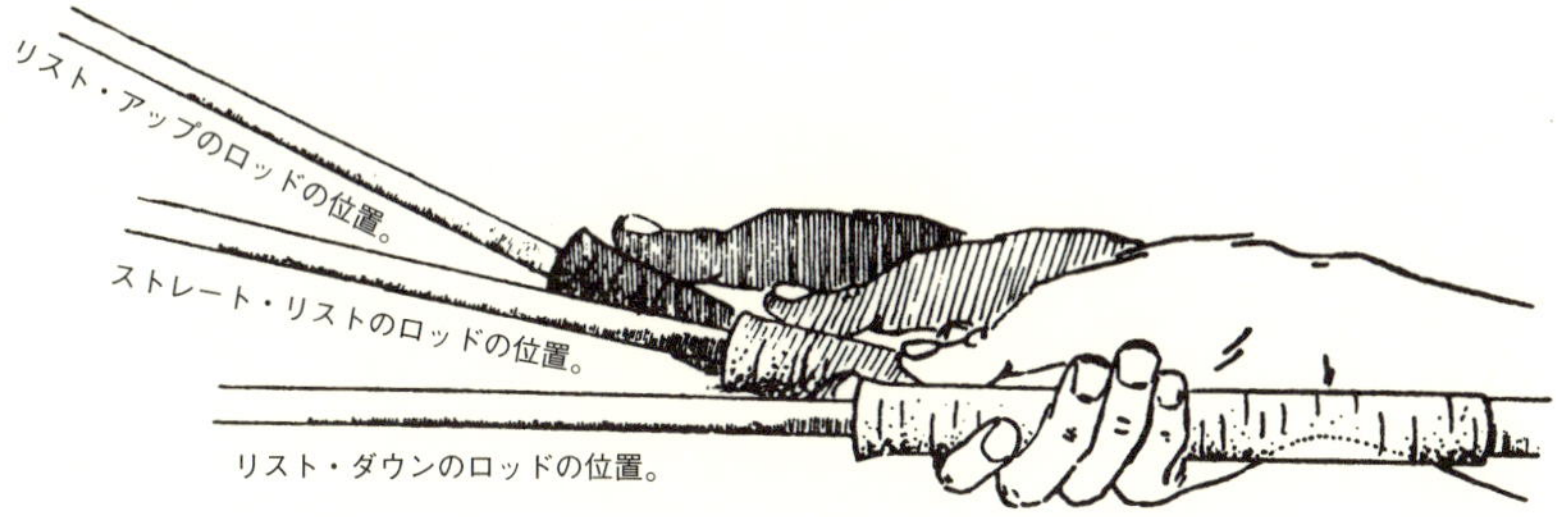

図29

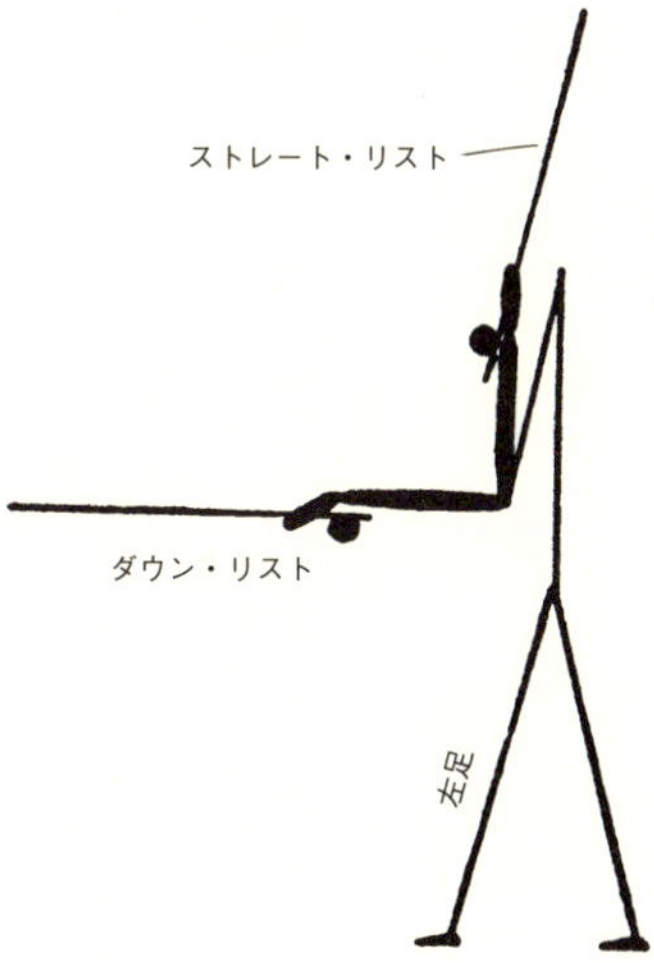

リストを押し下げた場合。

図30

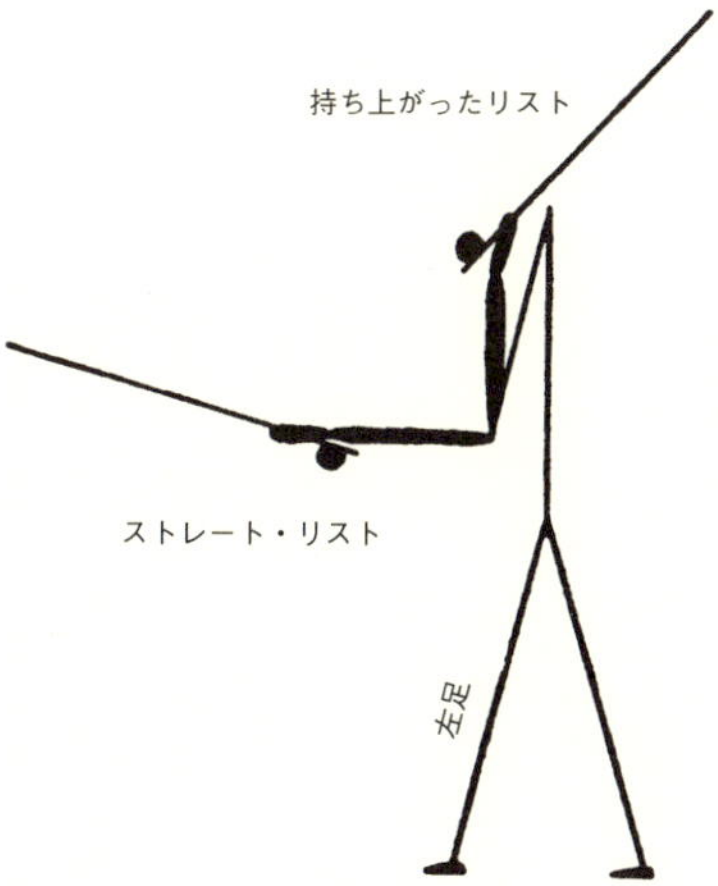

持ち上げたリストの場合

図31

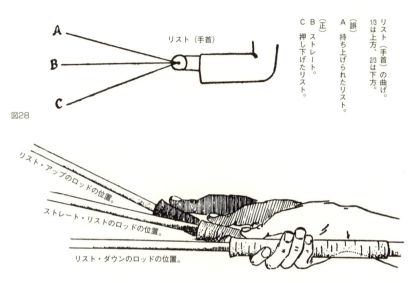

ロッドのグリップ

　ロッドの握り方には三つの方法がある（図32〜図34）。

①アーム・アクション・グリップ（サム・オン・トップ）

親指を上にしたこの握り方はHS／HLに適した唯一のグリップである。というのはこの方法が手首の捩れが最も少ないからである。この握り方は詳しく言うとさらに二種類に分類され、それは組み合わされて使われるか、あるいは別々に分けて使われる。第一のものは、「下側の三本の指」でのグリップで、ロッドを前腕にぴったりとつけさせる。二番目のものは「上に乗せた親指と人指し指でのグリップ」でこれはロッドのコントロールをする。この二つのグリップを組み合わせて使うと最もコントロールがしやすくなる。

　親指をロッド・ハンドルの上にのせるやり方が勧められるのは、この方法だとロッドと同じ軌道平面上をリールの平らな部分が移動するようにリストが働くからである。（キャスティングのための機構が正しく働いているかどうかチェックする目安となる）

　アーム・アクション・グリップは五本の指の一本一本がそれぞれ最大の力で握ることを可能にする。このグリップはやわらかくよく曲がる手首を要求するが、手首がひねられることはない。このグリップが難しい人は、**ごくわずかだけ手首を右に**まわしてもよい。

②リスト・アクション・グリップ　親指を少し横に置くグリップである。親指が軽く左側にそれているために、リストがよりひねられ、それはスクイーズの力の効果を弱め、リストばかりを使い、あまり前腕を使わないキャスティングとなってしまう。リストの動きばかりに頼ったキャスティングは疲れやすく、それにまたロッドが後ろに倒れすぎる傾向がある。

③インデックス・アクション・グリップ——人さし指を上にのせる握り方　このグリップを使ってキャスティングを始めた人には、キャスティングに対しての利点よりも害のほうが多く見られる。このグリップの唯一の利点といえば、アキュラシー競技（キャスティングの正確さを競う競技）において、ターゲットに向かってヴァーティカル・キャスト（垂直のキャスト）をした時にロッドが横にそれる割合を少なくする。しかし、これが有効なのは近距離の時のみである。釣りにおいてはこの

グリップはほとんど価値がない。

インデックス・アクション・グリップをしているキャスターは決してHS／HLを身につけることができないし、完璧なキャスターとはなり得ない。この握り方はロッド・グリップの中でも最も弱いものであり、うまくなるには普通の三倍の時間を必要とする。

アキュラシー競技に出る一流のキャスターでインデックス・アクション・グリップを用いる者は一人もいない。

一九六三年と一九六四年のI・C・F世界選手権でフライのアキュラシー種目にインデックス・グリップを用いているキャスターが何人かはいた。しかし、上位に入ったものはみんなアーム・アクション・グリップであった。

前述のような理由を理解していない何人かの友人は、私がインデックス・グリップを信奉しているインストラクターを痛烈に攻撃するのをみて驚いていた。残念なことだが、インデックス・グリップのインストラクターはスイスやパリの周辺、そしてオーストリアにかなり多く見られる。

私が最初に推薦したようなアーム・アクション・グリップに慣れていないかあるいは使うことを拒否するインストラクターは、インデックス・グリップで教えるのでなければ、ある程度の時間内に満足すべき成果を上げることはできないだろう。

しかし、このインデックス・グリップのキャストではロッドを握りしめるスクイーズ・パワーが著しく弱まり、十分なライン・スピードを得ることが不可能となってくる。フライ・キャスティングをこの方法で学び始めた人はつねに中程度のキャスター以上にはなれず、いかなる場合でも六フィート半以上の長さのロッ

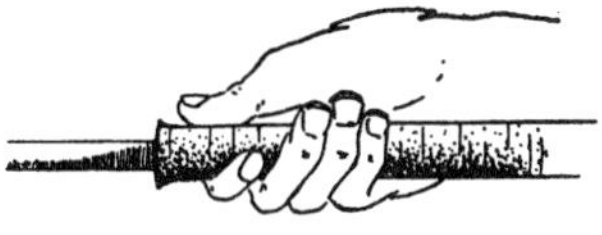

図32 アーム・アクション・グリップ
（前腕を使うグリップ・サム・オン・トップ）

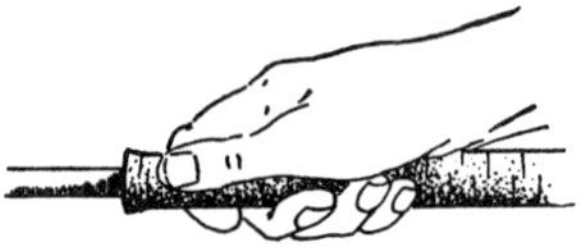

図33 リスト・アクション・グリップ
（手首を使うグリップ）

図34 インデックス・アクション・グリップ
（人差し指を使うグリップ）

ドを使うことができなくなる。

またインデックス・グリップはフライ・キャスティングのすべてをマスターするのに必要な数々のヴァリエーションを学ぶという試みを不可能にしてしまう。

ピエール・クルーズヴォー、ジョン・タランティーノ、ベン・ファウンテン、そしてフランク・ソーヤーも私と同意見で、決してインデックス・グリップは使わない。


HS／HL左手のライン・コントロール（図35、図36）

普通のキャスターは右手でロッドを持ち、キャスティングの時の右手の動きは腰の高さからスタートする。左手はこの時同じ高さで右手のすぐそばにある。

それから右手は上って、左手と離れていって、またもとのスタートした位置に戻ってくる。

そのため、右手と左手の間の距離はキャスティングをしている間はつねに変化し、両手が近づけばその間のラインはたるみ、両手が離れればたるみはなくなることになる。

しかし、腕をごく軽く曲げて左手を腰より下の位置に置いた場合、右手と左手との間の距離の変化はずっ

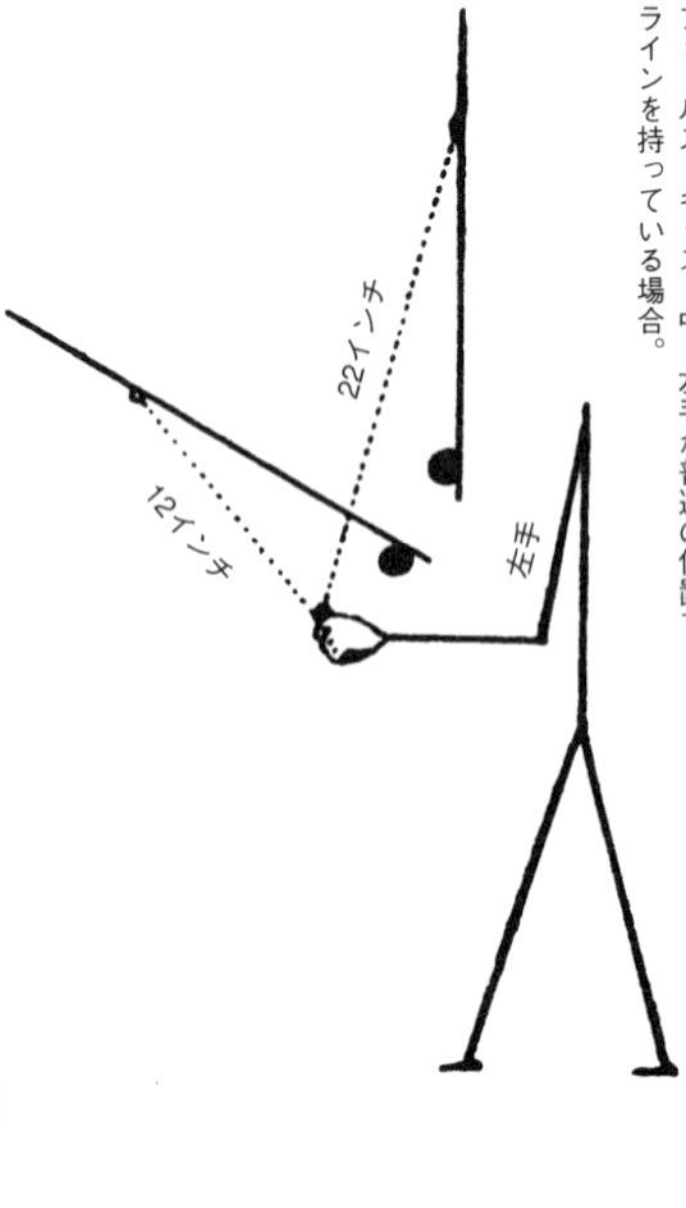

フォールス・キャスト中、左手が普通の位置でラインを持っている場合。
図35

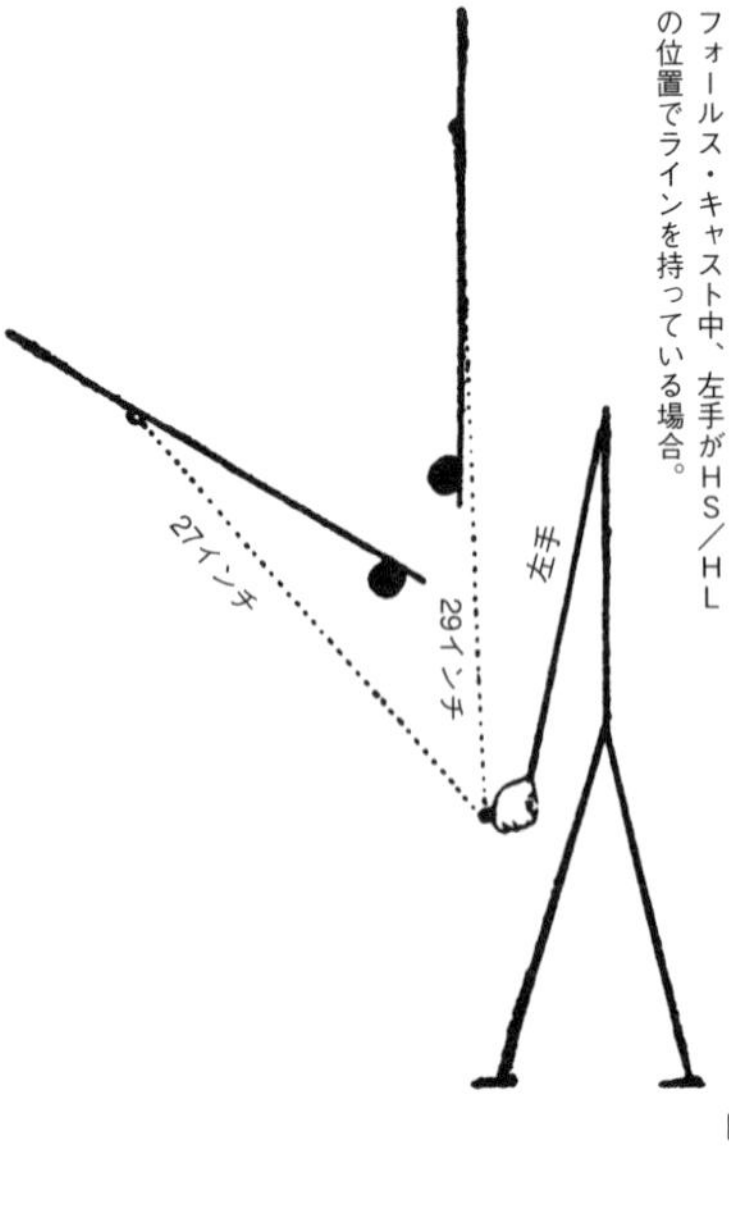

フォールス・キャスト中、左手がHS／HLの位置でラインを持っている場合。
図36

と少ないものとなってくる。そして両手の間でのラインのたるみをほとんどなくすことができる。

　このように左手を低く保つことは、ラインをつねに張っておくことになり、ライン・スピードのロスを防ぐこととなる。

　左手でラインを持つ時に、親指を立ててラインに沿わせていると、キャスターはラインの伸びようとする動きをとても敏感に感じることができる。

　左手での軽いラインの引きを加えてやると、ライン・スピードはさらに増し、後方でラインが落ちるのを防ぐことができる。この左手でのライン・ホールドとライン・プル（ホール）はHS／HLテクニックにとって重要なものである。しかし、これはトーナメント・キャスターに使われているダブル・ホールのテクニックではない。

HS／HLを学ぶためのやさしい方法（図37）

　普通の腕の動きを使うかわりに、HS／HLの筋肉コントロールを使って、手首と前腕をほとんどブロックし、腕を頭の高さまで上げ、空へ向かってキャストするような腕の動きでアップ・キャストを行う。左手はポケットに突込んだままにして、右手でラインをつかむ。

　この腕を上へ振りあげる動作でのハイ・アップ・キャストがマスターできて、一五ヤード以上が楽に、自信をもって、そして何度でも同じように振ることができ、しかも、ロッドとラインの正しい感じがつかめるようになったら、腕の動きをだんだんに小さくしていって、普通の腕の位置で振れるようにする。

全体的な結論　ロッドを親指を上にして手のひらが垂

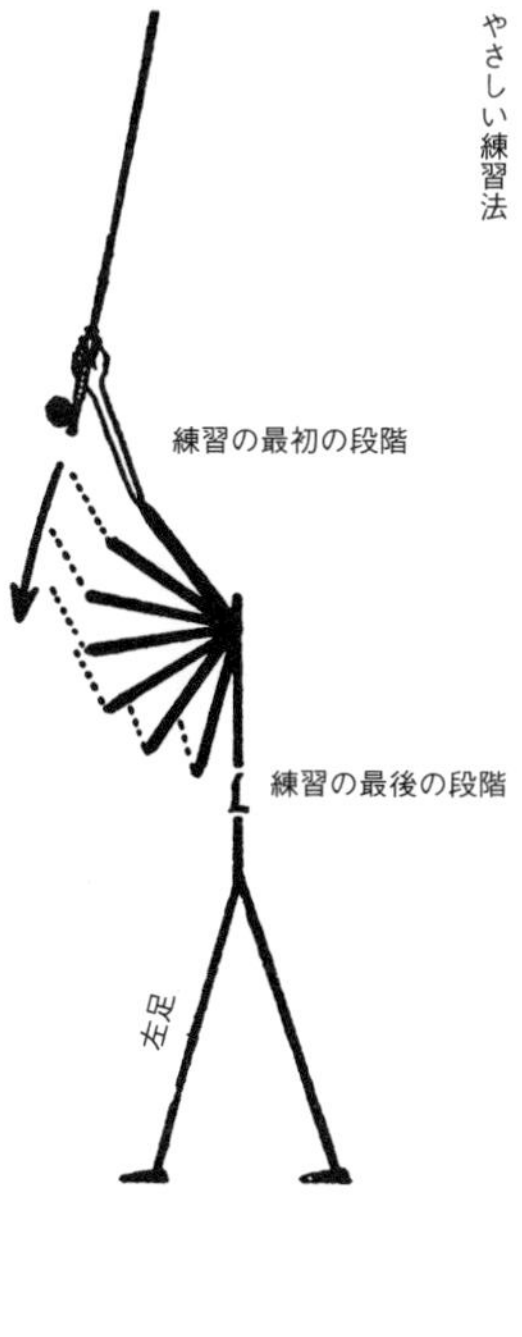

図37

直になるようなアーム・アクション・グリップ（サム・オン・トップ）（図32）で握るとリストを曲げすぎるという問題は起こらない。というのはこのような握り方ではそのままいっぱいに曲げても手首はあまり曲がらないからである。残るは前腕の過度な動きをおさえる問題のみを解決すればよいわけである。

しかし図37のようにしてキャスティングを始めた場合は前腕の動きが過度になることもすでになくなっている。二つの問題はほとんど百パーセント解決されるわけである。そこで、あの有名なHS／HLのラインがキャスティング・ハンドで感じられることになる。

それでも次のことに注意してもらいたいと思う。

まず前腕の動きをチェックすること。前腕の動きはひじょうに短くなければならず、それは筋肉をブロックするコントロールによって得られる。

［フォワード・キャスト］＝ロッドは高いところを狙い、ロッド・チップは頭より少し上の想像上の目標に向ける。そしてラインが前方へ引っ張るのを感じた時にシュートしてやる。

これらは三十分づつ十回程の練習で十分であろう。

毎回腕の位置を少しずつ下げてゆき、それぞれの位置で何回かフォルス・キャストを試してみる。

次のステップはウェット・フライを上へキャストし、そして水の上に落すことである。この時左手はラインをつかんでいる。毎回フライは水の上に落す。（これは正確なリズムとタイミングを養い、フォルス・キャストを習う前の基本的なステップである）。最後に左手でラインをつかんだままフォルス・キャストをやってみる。

特に左手の**ライン・ホールドの位置を低く保つこと**に注意しなければいけない。左手が本能的に上がろうとするのをおさえ、つねに低く保つことを習慣づける。

私の記事を読んでHS／HLテクニックを実際に試してみた何人かのフライ・キャスターが次のような問題につき当った。それは、筋肉のコントロールも水平から垂直へのロッドの動きも正確であったのにラインは十分に高く上がらず、必要なスピードも得られないというものだった。

それはバック・キャストの際、ロッドの振上げが弱かったためであり、前に説明したようにそれを十分に行うためには手が上がってゆくのと同時に、自然にゆっくりと肘を上げることがどうしても必要なのである。

HS／HLキャスティングを習うには、図37に示してあるように腕を伸ばした方法から始めるのがひじょうに大事なのである。その時には肘が上がらない問題は生じてこない。そして肘がノーマル・ポジションに下がるまで練習を続けていると、キャスティング中に前腕と肘が垂直線に沿って少し上がるということは自動的に身についてくる。

反対に肘を一定の高さにブロックしたまま回転の中心軸としてキャスティングを練習すると、いつまでたっても必要な動作を学ぶことができない。

〈練習の時、目はつねにアップ・キャストのラインの高さとスピードを追うこと。前を見ないで後ろのみを見ること〉

［図37に従ってHS／HLを学び始めると、無意識のうちに徐々に完全なロッドの動きをマスターし、一度にあまりに多くの異なった動きについて考えることを強要しない。これが最もやさしい方法で、HS／HLキャストの感じを楽に発見することができる。この方法だと、初心者にとっては習うのが難しい複雑でこまかい動作（前腕、リスト、手）を、いちいちべつべつにマスターする必要がないことになる］

HS／HLのキャスティングを練習したあとで筋肉が炎症をおこしたという例がごくわずかあった。これはキャスターがキャスティングの間中ずっと筋肉を緊張させっぱなしにしていたことに由来する。

フォワード・キャストとバックワード・キャストの間ではロッドを握る手、スクイーズの力をゆるめることが重要である。スクイーズの力をゆるめるのはほんのわずかであるが筋肉の緊張をリラックスさせるには十分である。

HS／HLをマスターしたあとで、それを実際の釣りに使う時、魚がフライをくわえるのを拒否するという別の問題にぶつかることがあるだろう。

これはHS／HLテクニックが使われた時、ひじょうに早く前方へ飛ぶため、フライが水面をたたいたり、水しぶきを上げたりすることがあるためである。普通のキャストの仕方で、スローなラインをつくればフライはもっとやわらかく着水するだろう。

そこで、HS／HLの場合は最後のフォワード・キャストの終りで軽くシュートしてやるのである。こうすればフライは池へアヒルが滑りおりるように着水する。フライは水の上へフワリとおりなければいけないのであって、水面へ落ちたり、水面を打ったりしてはならない。

バヴァリアで釣りをしている時にこんなことがあった。私に若い友人がいて、彼は一流のキャスターである父親からキャスティングを習っていた。私は彼と有名なレッヒ川で釣りをしたのだが、ある日彼に言った。「一緒においでよ、君のキャスティングを見てあげよう。そうすれば君の役に立ってあげられるかどうか分かるから」彼はひじょうに早いすばらしいラインを投げた。それで何分か後に私は言った。「君に教えることは何もないよ。君のキャスティングは完璧だ」

ところがキャスティングは完璧であるにもかかわらず、その四日間というもの彼は一尾の魚もネットに入れることができなかった。われわれの方はどうかというと、私も、もう一人の友人もかなり良い成績をあげていた。

三日目になると彼は言った。「何が悪いのかわからないよ」

そこで私はもう一度彼のキャスティングを見てみた。そして今度は特にフライのプレゼンテーションの部分に気をつけてみた。思ったとおり、プレゼントのたびにフライは水しぶきを上げるような傾向があった。

私は彼に言った。「シュートを使ってごらん。どうやるか知ってるだろう。最後にラインをシュートするんだよ」

一時間後、彼は二尾の型の良い魚を下げて帰って来た。「シャルル、本当にあなたのおかげだよ。ありがとう」


私はHS/HLテクニックについて何度もプロのキャスティングの世界チャンピオンであるピエール・クルーズヴォーや、アマチュアの世界チャンピオンで、たぶん今日の最も偉大であらゆる意味で完全なキャスターのジョン・タランティーノ、そして国際キャスティング連盟の会長ベン・ファウンテンと話した。

そしてわれわれの結論は一致した。つまりHS/HLはフライ・キャスティングにおいて最も理想的に完成されたものであるということだ。

これらの世界選手権者たちのHS/HLテクニックに関する意見が正しいかどうかは、読者の判断におまかせしよう。ただ私はこの理論がフライ・フィッシングの世界での友人たちに役に立つことを希望するだけである。

私にとっての最も大きな報酬は読者のうちのたくさんの人々がHS／HLキャスターになろうと決心するのを見ることである。

●シングル・ハンド・キャスティングを教えるための最も新しい方法　一九七〇年、ピエール・クルーズヴォーと私は、フランスのクリューズのミッチェル社の工場で営業マンたちにトラウト・ロッドを使ってキャスティングを教えていた。彼らの中には前にキャスティングをやったことのあるものは一人もいなかった。その日は雪が降っていたので、われわれは会場として天井の低いホールを使わなければならなかった。しかし、それはなはだ都合が悪く、普通どおりキャスティングをしようと思うとフライはキャストの度に天井を打ってしまうのだった。
「ピエール、ロッド・チップだけを使ってやってみたらどうだろう」

われわれとミッチェル社の人々の努力の結果、この方法はキャスティングを初めてやる人にとってはひじょうによい効果をもたらすということが証明できた。


初めてシングル・ハンドでキャスティングをやる時、一〇メートルから一四メートルが投げられるようになるまで、先ずトップ・セクションだけを使うのは良い方法である。そして、それができるようになってから初めてロッドを全部使って練習する。

この方法の利点としては、初心者がロッドをムチのように振るのを防げるということである。ロッド・チップだけでキャスティングをした場合、ラインをつけてムチのように振るのは不可能である。その理由というのは簡単で、キャスターはバット・セクションがないのでその部分を補おうとして腕を上へ伸ばすからである。そして、全体をつないだロッドを持った場合でも自然に前に覚えたのと同じ動作を使うところがよい。ロッドの感じはすぐにつかむことができ、そしてハイ・バック・ラインが正確にキャストされるようになる。

ほとんどのゴルフ・コースではクラブがある程度扱えるようになるまではプレイをさせてくれない。それと同じで、ロッドの感じがつかめて、ロッドを有効に使えるようになるまでは釣りをしないほうが良い。

●つないだロッドでのキャスティング　シングル・ハンドの全部をつないだトラウト・ロッドでキャスティングを習い始める人は、ぜひともロッドと手首を正確な位置に固定するストラップを使うことを勧める。このストラップは靴ひもか、リボンか、テープなどでよいが自転車のインナー・チューブを切ったものが理想的である。親指をロッド・グリップの上の正確な位置において、ロッドを握り、リールのすぐ下で、ロッド・ハンドルと前腕をそのストラップでしばる。こうすると初心者は正確なロッド・アクションをずっと早く覚え、最初から手首を自由にして練習するよりも悪い癖がつかない。

ダブル・ハンドのサーモン・ロッドでのＨＳ／ＨＬキャスティング

バック・キャストの動きはシングル・ハンドのロッドと同じものである。ただ両方の手が使われる。図39に示されたアクションの中で最も重要な部分は３の「ブロック」のところであり、ロッド・チップが空に向かって押し上げられる時両方の肘が上げられる。

右手はつねにロッドをコントロールし、左手は主に

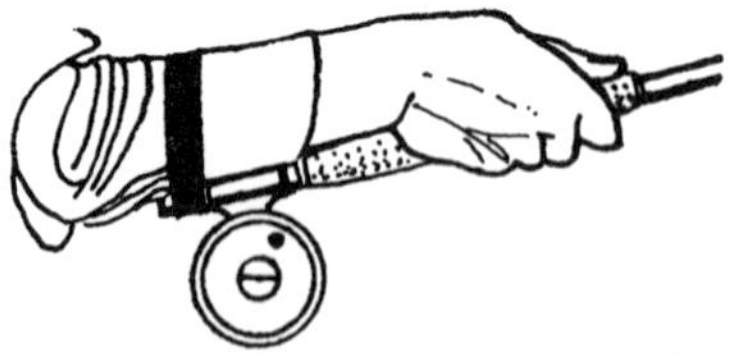

図38

重さと長さにさからってロッドをささえる。

両方の手とも一緒に、上へそして下へ、同じスピードで、同じ軌道に沿って動く。左手は**前後にピストン**のように動きやすいが、これはキャスティング効率とライン・スピードを下げる。この過ちをおかさないようにするのが一番基本的なことである。

●ダブル・ハンドのサーモン・ロッドでのキャスティング――トラウト・ロッドを正しく使えるようになるための最短距離　友人や生徒がただシングル・ハンド・テクニックだけを覚えたいと思っている場合でも、私はまずダブル・ハンドのキャスティングを教えることにしている。次に書いてあることを読めばその理由を理解してもらえると思う。

ダブル・ハンドのキャスティングは三時間教えてもらえば、あとはそれ以上先生に見てもらわなくても自分で練習しながら技量を上げてゆくことができる。と

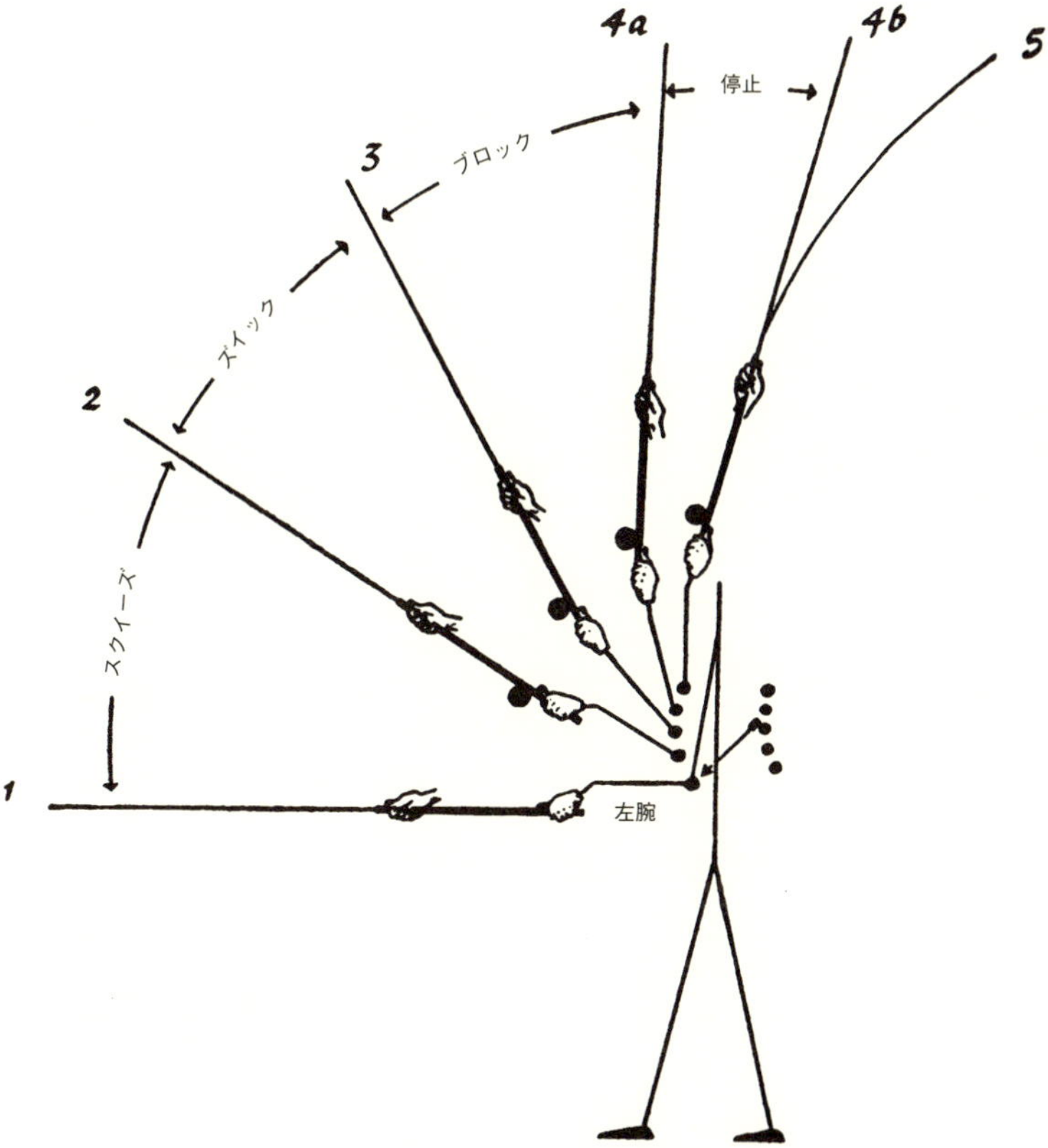

五つの黒点は肘がロッド・チップを上に押し上げる時の肘の軽い上方への移動を示している。これをアップ・アップ・キャスト（up up cast）と呼ぶ。肘は決して横に動いてはならず、単に上下運動のみである。肘はシングル・ハンドのロッドを使う時よりももっと高く上がる。

［サーモン・フライ・キャスティング］

1　スクイーズ、ハンドルを握りしめる。そしてロッドをゆっくりと持ち上げる。

2　筋肉のブロッキングの始まり。

3　肩の筋肉のブロッキングの始まり。

4a・4b　筋肉をブロックさせてロッドを停止させる。これから学ぼうとするものにはこの位置での停止がすすめられる。

5　ロッドが曲がって最終的に止まるだいたいの位置。

図39

ころがシングル・ハンドのキャスティングは一人立ちして練習ができるようになるまで最低六時間の講習が必要である。それでも、その後、うまい人のアドバイスなしで自分の技術を上達させるためにも、時々練習をみて貰わなければならない。アドバイスを受けない場合、技術はたいてい悪くなり、熟達したキャスターになれる率は五〇パーセントにも満たないだろう。

その理由はほとんどの初心者が本能的にロッドをムチのように使ってしまうということである。彼らは川を馬にみたててむち打つというわけだ。しかし、馬のむち打ちとフライ・キャスティングには共通点は何もない。この二つが必要としている動きはまったく異なっている。

ダブル・ハンドのロッドは長いため、操作の誤りは増幅される。そのためキャスターは誤りを感じ、目で見ることができる。だから、最初のレッスンから生徒はキャスティングを意識してやるようになる。左の肩は左手がぐらつかないように支えながら、ブレーキの役をする。そしてこれは右手が過度なリスト・アクションをやり、ロッドをむちのように振るのを防いでいる。

私は自分の考えを証明するために二人の初心者でこれを試してみた。一人はスージー・バビントン・スミスで彼女のお父さんは私に初めてサーモンのチューブ・フライ・フィッシングを紹介してくれた人である。二人目はマフェット・ヘミングウェイで、アーネストの息子のジャックの娘だ。結果は申し分なかった。彼女たちのスタイルは完璧であったし、そのキャスティングに使う筋肉の動かし方はたくさんの経験をつんだサーモン・フィッシャーマンよりも良かった。

キャスティング・コントロールの感覚を即座につかみ、バック・キャストでもラインは落ちず、学んだことを忘れることもなかった。ひじょうに短い時間で彼女たちはもはやコーチを必要とせずに自分で技術を磨いてゆくことができるのだった。

水面からリフトされたあとのラインはバック・キャストでは高く放り上げられなければならない。ラインが水平よりも下がる前に完全に伸び切らせることができるのはこのやり方だけである。そして、つぎのフォワード・キャストの時に早い、前方への推進力のついたラインをつくりだすこととなる。

フォワード・キャストのためのパワーは右手の親指でロッド・ハンドルの上部を押すことによって得られる。そしてこの時は高い場所、ほとんど木の梢のあたりを狙う。こうするとラインはひじょうによく伸び、最後の瞬間まで水の上に落ちない。ここでロッド・チップを軽く上げてやるとフライとリーダーはラインのベリーよりも先に落ち、フライはすぐに水の中にもぐる。

右の肩越しからのキャスティングを左側の肩に変える必要が生じた場合は、両方の手の握る位置を反対にする。つまり左手を上に、右手を下にする。これは難しいことではなく、十五分も練習すればすぐにできるようになる。

この段階に達してから私は生徒たちにシングル・ハンド・ロッドを渡した。

「さあこれでやってごらん。けれど両手で投げているつもりで」

彼女たちのごく最初のバック・キャストでも、ラインはすでに高く、インストラクターが希望するとおりに後方へ伸びていった。

アメリカのスチールヘッドの川は広く、深くウェーディングしなければならず、しかもときどき極端なロング・キャストが必要なのだが、そこの釣人たちはうしろで水面を叩かないようにするためにシングル・ハンド・ロッドを頭より高く上げ、シングル・ホールあるいはダブル・ホール・テクニックを使ってキャスティング・スピードと距離をかせいでいる。ロッド・ハンドのコントロールは前に書いたように、シングル・ハンド・ロッドでも、ダブル・ハンド・ロッドでも同じ原則に従うものなのである。

●初心者のためのダブル・ハンドでのソルトウォーター・フライ・フィッシング　ノールウェイやほかの大西洋岸でのサーモン・フィッシングは、デンマークの職業漁業者が良識をもってその活動をおさえてゆかなければやがては過去のものとなってしまうに違いない。その将来はひじょうに危ういものである。しかも、職漁者の活動がおさえられたとしても、このスポーツを楽しむことのできる釣人の数はさらに限られてしまうに違いない。サーモン・フィッシングは今日ではとても金のかかるものである。ガイド、宿泊、食事、そしてノールウェイまでの行き帰りの旅費を入れると、ロッド一本につき一週間で二千ドル以上もかかる。

大きな魚をフライ・ロッドで釣ることはすべての釣人の夢である。そこでソルトウォーター・フライ・フィッシングがしだいに一般化してきた。これはサーモン・フィッシングよりずっと安く、しかも同じようにエキサイティングだからである。熱帯の海ではたくさんの種類の魚が、バックテールやストリーマーのようなタイプのフライを追う。なかには重量が一〇〇ポンドを越すようなものまでいるのだ。

フライ・フィッシングのこの分野で使われているタックルは現在のところ、シューティング・ヘッドにモノフィラメントのランニング・ライン、シングル・ハンドでダブル・ホールしてキャスティングするようにデザインされた特別にパワフルなものである。

このようなタックルは経験の深いキャスターのみがうまく使いこなせるものである。しかも釣人はこのタックルですごい早さで泳ぎまわる魚に、素早くしかもひじょうに正確にフライをプレゼントしなければならない。

私としてはこのような大きなシングル・ハンドのロッドを、これから釣りを始めようとする人には勧めたくない。このようなロッドはとても疲れやすく、普通の人なら腕の筋肉を痛めたり、手をひぶくれにして、すぐにこうした釣りをやめるか、あきらめてしまうだろう。一つの解決策としてはシングルとダブル・ハンドを組み合わせたロッドを使うことである。九フィートぐらいの長さのシングル・ハンド・ロッドに二フィートの長さのエクステンション・バットをつけ、ダブル・ハンド・キャスティングもできるようにするのである。このロッドなら比較的小さな労力ですみ、最小限の練習で、ソルトウォーター・フィッシングでの成功に不可欠の正確さとスピードをもって、たえまなくラインを持ちあげたまま三〇メートル以上をキャストすることができるだろう。

レフティー・クレーはおそらく最も偉大なソルトウォーター・フライ・フィッシャーマンであり、フロリダのガイドだが、私はペンシルヴァニアのポコノスでのフェデレーション・オブ・フライ・フィッシャーのミーティングで、彼のダブル・ホールやシングル・ホールのキャスティングのデモンストレーションを見た。彼にこのソルトウォーター・フィッシングでのダブル・ハンド・ロッドとその可能性について話すと、彼はそのアイデアはひじょうにいいし、特にあまり慣れていない釣人にとってはとても価値があるだろうと言ってくれた。

結論

　私はＨＳ／ＨＬは簡単で誰でも短期間でこれをマスターできると書いた。今、読者はこの章の最後まできたわけだが、きっと私の言ったことは少し誇張されすぎていて、このテクニックはそんなに簡単なものではないと考えているかもしれない。

〈しかし、ＨＳ／ＨＬを満足のいくように身につけるために絶対的に必要なことは〉筋肉コントロールと正しいアップ・キャストの動作を習うこと、そしてリストの横方向へのねじりをできるだけなくすこと、そしてタイミングを計ることである。

　一九六三年スカーバラで、ピエール・クルーズヴォーはＨＳ／ＨＬを初めてサーモン・フライ・ディスタンス・キャストに使った。そして六五ヤードをキャストしてプロの世界記録を破ったのだった。

第三部　研究と技術

スプリット・ケーン・フライ・ロッド

フライ・ロッドとは女性のようなものである。扱い方が悪いと彼女はちっとも言うことを聞いてくれない。どんなロッドでも魚を捕えることはできる。そしてうまくいくかどうかはそれを扱う側の腕にかかっているのは確かだ。しかし、ロッドにはいろいろな種類があり、しかも良いロッドは稀である。アメリカやヨーロッパで製作され、市場にでている数多くのモデルの中から、欠陥のないものを選びだすのは慣れた人にとってさえ難しい。釣人は自分に合ったロッドを探しだすことには大きな制約を受けているのである。技術的知識に欠けていれば、不必要にいろいろと試してみなければならず、しばしば余計な出費を強いられる。

釣りの一日のうちでもハッチの時間や魚が活動的になる時間は比較的短い。だから時間を無駄にしないように動作を必要最小限度に抑えなければならない。そこでロッドは最大限に生かされることが必要となる。自分の分身のようにロッドを信頼し、逆らわず、調和して、ロッド自身の弾力で働くようにしなければならない。

また釣人は、自分のごくわずかな反射行動も支配し、その細部を観察することができ、また必要に応じて緊張を解いていられるようにしなければならない。

欠陥のない良いロッドがこの目的に達するための最

高の切札となる。しかし、どうやってそうしたロッドを選んだら良いのか。釣人が中程度のキャスターでしかない場合はロッドの選択は難しい問題である。

私にとってはロッドを見たり、試したりすることは情熱であり、趣味となっている。そこで、私の鑑賞眼を披露することで、フライ・ロッドの愛好家すべてが持っていなければならないロッドに関する理解や知識のお役に立てばと願うしだいである。そしてまた、読者がこの中でロッドに関する何か新しいことを発見されればと希望するのである。

●**いかにして他から影響されずにロッドを選ぶか**　私のロッドの試験方法を説明する前に、ひじょうに重要と思われることを書いておきたい。

まず一般的にあやまって理解されている考えを一つ正しておきたいと思う。

それはリールでロッドとのバランスをとるという考え方である。この考え方は誰もが主張するが、あまりにも誇張されすぎていると私は主張してきた。過去においてはロッドは一〇フィート、あるいはそれ以上と、ひじょうに長かったので、そのような重いロッドを握った時には、リールはそのカウンター・ウェイトとしてのつりあいをとっているような幻想を生み出していた。しかし、ロッドとのバランスをとる主な役割を果しているのはラインである。実際問題として、バランスを保ちながらロッドがその最大限の力を発揮できるかどうかはラインのテーパーの形状およびその重量にかかっている。理想をいえば、リールなどポケットの中に突込んで釣りができればそれにこしたことはない。

釣道具の店でいろいろ試してみればたしかにロッドのだいたいの質やパワーや、あるいはアクションについて語ることができる。しかし水の上でのキャスティングのみが、そのロッドが個々の釣人の筋肉や神経でき具合に合っているかどうかを教えてくれるのである。一言でいえば、そのロッドが釣人を疲れさせるかどうかをきめる。一日の長い釣りのあとでイブニング・ライズが始まった時、まるで箒の柄を振っているような印象を持たせるようではいけない。この時釣人がまだ十分にそのロッドをコントロールでき、朝始めた時と同じように手首が楽々と竿を操作できるようであれば、ロッドは釣人の肉体や性格に合っているということである。ロッドを選ぶうえでこれが最初の最も大事な点である。

　ここで、これからほとんどパラボリック・ロッドのことばかり話すのをお許し頂きたい。それはこのロッドを宣伝するのが目的ではなく、これを一つの基準とし、アクションのタイプを正確に示したいからなのである。他のメーカーでも完全な満足を与えてくれる一流のロッドはたくさんある。

　私にできる初心者への最良のアドバイスとしては、予算に合わせてパラボリック・ノルマルの八フィート

良い

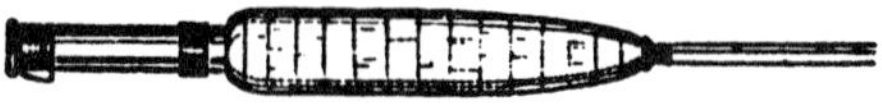

良くない

図40

半か、リッツ・パラボリック八フィート二インチか、あるいはリッツ・スーパー・パラボリック・PPP、マスター八フィート三インチ、もしくはパワープラス・PPPのようなタイプのロッドを一本選ぶことである。私がこれらのロッドを挙げたのは単なる一つの例であり、他のメーカーのロッドであってもこれらと同じようなアクションのものであれば良いと思う。

　ロッドは、ハンドルの形の良し悪しだけでも時としてひじょうに釣人を疲れさせ、手に痙攣をおこさせることさえある。長い、円筒形の、ほんの少しカーブのついた、比較的細めの直径のものは疲れをおさえ、痙攣や手のひらにマメができるのを少なくする。手が特に大きい場合はコルクのハンドルは少し太めがよい。

　リール・シートに関しては、私はリールの足を差し込むポケットとリングでできた軽いものが好きだ。余計な重さは正確さの敵である。

　ロッドはその長さに応じて十一から十三のガイドを持つべきであると思う。ロッドのトップ・ガイドはできるだけ軽くなければならない。また一番手元のバット・リングも同様である。材質はクローム・メッキされた硬いものがよい。瑪瑙《めのう》をはめ込んだガイドはもう

過去の歴史に属するものだ。中間ガイドに関しては焼き入れした細いもので、ブロンズ・メッキしてあるものかクローム・メッキしてあるものが良い。

フェルール（ロッドの接続部分）はロッドの質に及ぼす影響が大きいので特別の注意をする必要がある。ニッケル・シルバー、ブロンズ、あるいはクロームのメッキのものだけが使用に値する。フェルールのバンブー材が入る部分はあまりきつく締めすぎてはいけない。フェルールのすぐ上でチップ側が折れる危険がある。フェルールのオスのほうはごく軽く円錐状に傾斜がついているのがよい。長い間使っているとこの部分が擦り減ってくるからで、それをさらに深く差し込むことによってカバーするためである。

良いロッドが満たすべき第一の条件は、バンブー材の生産地にかかっている。最も良いのはトンキン・ケーンとよばれるもので、ハーディのパラコーナやピンゴーナは、この材料で作られている。

トンキン・ケーンは約二〇パーセントの水分を含んでいる。これを加工前の乾燥と火入れにより五％から七％ぐらいにまでおとす。水分を完全に取除くのは竹を炭素化してしまう危険を冒さない限りは不可能である。

正しい火入れは、バンブー繊維が炭素化されるぎりぎり一歩手前まで火入れすることである。この微妙な火入れ管理によってしなやかで軽く、しかも折れにくいバンブーができ上がる。だからこの管理法は各メーカーの企業秘密であり、これを明らかにする権利はもちろん私にもない。

材料についてさらに話すと、バンブーの中には茶色に染められているものがあるが、これは材料が火入れされているという外観のみせかけを作るためのものである。このごまかしを見つけだすのはなかなか容易なことではない。材料によっては同じような火入れの工程を用いても違った色に仕上がることがある。同じ品質であっても色がより濃くなったり、薄くなったりするわけである。ということは、一本のロッドのある部分の色が他の部分と少し違っていたり、あるいは面によって色の違いがあることが、すぐにそのロッドを欠陥商品とする結論を引き出せないということである。だからさきほどごまかしと言ったのとはむしろ反対に、ブラウンに染めあげるのはすべての面を同じ色に仕上げ、より魅力的な外観を得るためとも言える。

ロッドの各部分で竹の節が同じ位置で向い合わせになっていてはいけない。最悪の場合でも六本の材料のうちの三本の同じ位置に節がある場合、それが一本おきにばらまいて置かれていなければならない。

前にも述べたとおり、ロッドで一番大事なのは穂先の部分である。替え穂がある場合、ロッド・アクションを変えたくなければその二本の穂先は厳密に同じでなければならない。

●ロッドを選ぶ時期　シーズンが開幕し、何日か釣りをしたあとがロッドを選ぶのによい期間である。この時なら、腕も手首も正確な判断をくだすことができるようになっている。シーズン初めにしばしば私は自分のロッドが欠陥品じゃないかと思うことがある。どうもバイブレーションが多い、などと感じるのだ。そこで自分のキャスティングをよく見てみると、八フィートから九フィートの柔らかいロッドを使った時、ラインにウェーブができてしまうことが分かった。これはたいていはシーズン・オフにキャスティングをしなかったことからくるもので、手首をあまりに急激に動かすために、ロッド・チップがバイブレーションを起こしてしまうのだ。そんなとき私はキャストするスピードを落とし、力を加減して、バランスを保ちながらライン・ウェーブをなくすようにしている。

●私のバンブー・ロッド試験方法　まず、太いほうの部分、バット・セクションを肩の高さまで持ちあげ、銃で狙いをつけるように構えながら六つの面を目で検査する。こうすると六面が完全になめらかであるか、あるいは凹みがあるかがすぐにわかる。

つぎに竿全体の一つ一つの面を検査する。特にハンドルの近くとロッド・チップの近くに注意する。それぞれの面の幅は同じでなければならず、接着剤のはみ出した筋が見えてはならない。六つの三角片の貼合わせ部分は目でみても分からないくらいに完全になっていなければならない。

竿全体にわたって三角片の貼合わせをチェックする。どこにも接着剤のはみ出しがあってはならない。

ロッドがこうした注意深く、厳しい検査に合格すれば、最新の技術で作られた、ひじょうに丈夫なロッドを手にしたと確信して良いだろう。

つぎにロッドのアクション、言いかえればロッドの性能について調べてみよう。

●バンブー・ロッドのアクションの質をどう見きわめるか　私は自分では、やわらかいロッドがひじょうに好きである。しかし、もちろんこれは弱いロッドという意味ではない。その曲がり具合が、ショート・キャストからロング・キャストまでのいろいろな負荷に応じて連続的なカーブを示し、しかもつねに一定のプログレッシブ・カーブ（等比級数的カーブ）を示すものがよい。このようなロッドは柔らかくても、ひじょうにパワフルなロッドである。

このことを判断するにはロッドのトップ・ガイドに細紐を結び、そのもう一方の端をある一点に固定してみるとよい。そしてロッドを手に持ち、ロッドが作り出すカーブに注意しながらそれを徐々に最小から最大まで曲げてみる。この時、カーブが連続した、段のつかない、また不揃いなへこみなどのないカーブで、トップからバットまで少しずつ角度を落としてゆく一定したプログレッシブ・カーブであればよい。つぎにロッドから紐を取り外し、ハンドルをしっかりと握って、手首を使わずに前腕だけで鋭く一振りし、ロッドが静止するまで観察する。もしチップのバイブレーションがあまりひどかったり、静止までの時間があまり長かったりする場合は、ロッドが弱すぎるのか、質がよくないか、火入れがされていないか、あるいは火入れに欠陥があるかのどれかである。

ロッドを強く一振りした時、ロッドのチップから全体の長さの三分の一ぐらいの所にカーブのブレーク・ポイント（破断点）ができ、折れ曲がるようなカーブを描く。しかし、これはあたりまえで、欠陥品ではない。もし、このブレーク・ポイントがもっとチップに寄ったところに出ればそれは穂先が弱いことに起因するチップ・アクションのロッドであると言える。その反対にブレーク・ポイントが竿の中央、あるいはバットに近いほうに表れればそれはロッド全体が柔らかすぎるか、あるいは真中が弱すぎるということである。

ほとんどの釣人は手首でロッドを規則的に振ってみるだけで満足してしまうが、それでは正確なことは何も分からない。

●バンブー・ロッドのチップの均一性　ロッド・チップ（穂先部。二本継ぎのロッドは穂先部をチップ、穂持部をバットという）の均一性を試すには左手でオスのフェルールをつかみ右手でチップを持って曲げてみる。そしてまわしてみる。もし、六面のうちどこかの面が特に弱いようであればそれははっきりと指に感じられる。つぎに手首を使ってチップを強く振ってみる。これによりその直径に対して、どの面が一番硬いか、どの面が一番しなやかかを容易に比較することができる。

何本かの同じロッド、あるいはほとんど同じようなロッドの中から一本を選ばなければならない場合は、全部のロッドを継いで、チップの先端を机のふちに置き、ハンドルの下のはしを床に置いて全部の竿尻を一列に並べる。こうするとロッド自体の重みでチップは先に近い位置で軽く曲がる。このカーブの大きさがチップのパワーの違いを明確に示してくれる。一センチか二センチの差でもパワーの差を示すのには十分で、これはキャスティングをした時にははっきりとした違いとなってあらわれる。ロッドの均一性をみるためにはこのテストを一本のロッドの六つのそれぞれの面に対してやってみる。一級品のロッドでは面ごとのカーブの差が約二センチ以上あってはならない。

これで今や読者もエキスパートと同じに、一本のロッドを評価することができるようになった。しかし、それでも実際に使ってみて初めて分かる欠陥というものもある。

●変形および疲労　竹というのは植物であるため、いかなるすばらしい製造工程を経ようとも、そのもとの繊維を改良することはできない。そこでスプリット・バンブー（割った竹材）の製作に必要な、良質の繊維のある材料をより分けるにはひじょうに厳しい吟味をしなければならない。しかし、それでも最終的には、ロッドがカーブ・テストをとおり、完成品に仕上げられ、釣人が実際に水の上で使った時でなければ本当の品質は分からない。

スプリット・バンブーはその弾力性や破断限界に関しては鋼鉄のバネと同じような性質を持っている。ロッドにその性能の最大をつねに要求しつづけることは早く疲労を起こさせることとなり、それは大なり小なり、顕著な永久的な変形となってあらわれてくる。同様のことは長い間使ったロッドにもいえる。あらゆる手入れをしても、疲労して弱くなったことが曲がりという形で出てくる。鋼鉄のバネに起こるのと同じように、竹の組織が破壊されてしまうのである。

接着剤の欠陥によってチップの変形が起きるのはかなり例外的なことである。今日使われている接着剤は六つの三角片を完全に一体化してしまう。

特別に良い品質のロッドであっても、数時間曲げたままにしておくと、その曲がり方がロッドの最大カーブの半分以下であっても、変形してしまう。これはその後正常な形で何時間か休ませてやれば、元に戻り、釣りをしている最中にまた曲がってしまうということはない。繊維がその正常な状態に戻るからである。

ある場合にはロッドはその持主よりも長生きする。また他の場合にはそのロッドの質がどうであれ、ひじょうに早く変形してしまう。これはキャスティングをする時に手首がひねられるためか、あるいは魚をネットまで導く時のロッドの握り方が悪いからである。たくさんのロッド・チップがこのようにして壊されている。

接着部のはがれは特にショックと捩れからおこる。キャスティングのスタイルが不適当（親指がハンドルの真上ではなくて横に置かれている場合）だとか、バットとチップをはずす時に抜けなくてジョイント部をねじる（夜ロッドのチップを抜かないでそのままにしておいたような場合）ことによる。私は一日の釣りのあとでは必ず竿は抜いておくようにしている。

ロッドのバットに近い部分の軽い変形は仕方のないことである。キャスティング・パワーの最大負荷が最後のフォワード・キャスト中におきるからである。

●私がスプリット・バンブーを研究し始めた動機　私がスプリット・バンブーをいじりだしたのは一九一七年、ニューヨークのリッツ・カールトン・ホテルでのことである。毎晩管理室で夜勤をせねばならず、ほとんどの時間を与えられた中二階の小さな事務所で過ごしていた。その頃、ホテルから五〇メートルほど離れたところに大きなスポーツ用品の店、アバークロンビー&フィッチがあり、毎日のぞいていた。行く度に店の売り子はわざと忙しそうな風をしていたが、それにくじけることなく通い続け、ほんの少しの間に店頭にある商品については彼らよりよく知るようになった。
しかし、一カ月百ドルの私の給料では、それらの店の良いお客になることはとうていできず、レベルを下げて四丁目の質屋にしばしば顔を出し、ここで数ドルで、たぶん高くても十ドル位だったろう、釣竿を買って自分の欲望を鎮めたのだった。そして今度はアバークロンビー&フィッチへ行き、えらそうにしてロッド・バーニッシュやラッピング・シルク（ガイドを巻くための絹糸）やフェルール用のセメントを何セントかで買った。

私は自分の事務所を仕事場に変えた。これにはホテルの支配人もひじょうにがっかりしたが、それでも大目に見てくれた。なにしろ私はリッツ・ホテルの持ち主の息子だったからである。その仕事場でロッドの塗装をはがし、フェルールを取りはずし、弱くなったチップを短くし、そして、ふたたび全部を組み直し、白いひじょうに細いシルクで巻きなおした。この白いシルクはあとでバーニッシュをかけると透明になり見えなくなる。ロッドは生き返ったのだった。それから私は自分の傑作をあの大きな店の売り子たちに見せた。彼等は面くらったが、興味を持ってくれた。こうしてたくさんの竿に次々と新しい生命が吹込まれた。

ある晩、支配人が次の日曜日に釣りに行こうと誘ってくれた。その結果、私の作った竿のうち一本が彼のお眼鏡にかない、彼の気に入った。この日以来、私はロッドに関してはホテルの客のあらゆる注文に応えることになった。そしてアバークロンビーでの私の買物はかなりの量になった。もう質流れ品だけでは間に合わなくなってしまったからである。店員は最後には私のことをよく知るようになり、新しいブランク（未完成のロッドの素材）やそれにつける付属品を売ってくれた。リッツ・カールトン・ホテルの地下にある鍵屋の仕事場の旋盤は私のコルク・グリップを削るのに使われた。こうして私は自分の大きな夢、カナダへの最初の魚釣りに行くためのお金を貯めることができたのだった。そして不幸なことに、この悪い病は私にとりついてしまい、釣人に不可欠の自由を得るために、ホテル・マンとなる修業をやめる原因となってしまった。

一九二七年、私は十年間滞在したアメリカを離れてヨーロッパへ帰った。スプリット・バンブーをいじるのは相変らず続いた。〝オ・ボール・ドゥ・ロー〟誌のロジェー・ピュジョーが、トゥールに近いアンボワーズにある、ペゾン・エ・ミッシェル社へ行ってスプリット・バンブーの仕事場を見せてもらったらいいと言ってくれた。それから一ヵ月後には、私はそこの技術顧問になった。

●プロトタイプの完成。基本的条件および仕事の方法　たぶん自分自身のロッドについて語るのを忘れていたと思うが、私の考えるようなフライ・ロッドの完成には、ロッドの製造とキャスティングのメカニズムを完全に把握することと、また釣師の豊かな経験が必要であった。すべての時間を釣りと工場とで過ごし、しかも、ヨーロッパだけでなくアメリカの事情にも通じていなければならなかった。いかなる場合にも仕事が個人プレイになってしまってはいけない。一般的なキャスティング技術を知り、そして、一般的な技術上の欠点を知るためにひじょうに多くの時間を水辺での釣人の研究にあてる必要があった。情報網を持ち、つねに新しいことを知り、傾向を把握し、この分野でのひじょうに数少ない専門家と親密な関係を保ち、そして魚のたくさんいる第一級の川に実際のテストの場所も持たなければならない。

この最後の点に関してはフランス・キャスティング・クラブの会長のエドゥアール・ヴェルヌの寛大さと友情のおかげで彼のリール川の釣場を使わせてもらうことができ、またオーストリアのトラウン川での私のたびたびの滞在の折には便宜を計ってもらうことができた。

それとこの仕事に私と同じぐらい情熱を燃やす協力者も持つことができた。ペゾン・エ・ミッシェル社のアンボワーズ工場の製造部長エドアール・プランテとキャスティングの世界チャンピオンであり、私の親友であるピエール・クルーズヴォーである。われわれが良い結果を得られたのはひとえにこの協力者たちの完全な相互理解のおかげであった。たぶんクルーズヴォーは世界でも最初のフライ・ロッドのテスターであろう。彼は平均して一年に六百時間以上のキャスティングをした。

アメリカの大きな銃砲製造業者、ウェーザービー社は、狩猟用のライフルの製作に関して、もはや職人的方法は近代的機械化には太刀うちできないことを立証した。スプリット・バンブーの製造も同様であり、私は機械化には積極的であった。火入れ、三角片のカット、接着は機械的な仕事である。専門のエンジニアによる特別に開発された完璧な機械の誕生を待つだけだった。過去の偉大な職人たちというのは、機械的な知識のない器用な物つくりであったのだ。彼らは機に応じてできる範囲で彼ら独自の機械を作り、その器用さ、熟練によってそれを使いこなしてきた。たとえばスプリット・バンブーを扱うことにかけては芸術家なみの職人の一人はスライド台に竹材を固定し、その台に沿ってスライドするようになっているごく小さな二台の回転鋸でそれを三角に切り裂いていた。回転鋸は細い帯の助けを借りて作業者の手で移動できるようになっていた。この職人的方法にとってかわったのは最終的にはフライス盤で、一分間に千二百回転まで回転数を上げることができた。

こうして作業の正確さと加工の均一性は金属のフライス盤加工と同程度にまでに達した。しかし、ロッド製作の過程の一部は依然として専門家の経験と熟練に頼っている。それは原材料の選択と、いったん貼合された六角棒のより分けである。

●私の試験および完成のための方法　最初のプロトタイプのための基本的な設計図をつくり、出来上ったプロトタイプをあらかじめ設定されたカーブ図表（正常なカーブの最小、最大を示すもの）で研究する。私が「円錐の縦方向への移動」と名付けたひじょうに簡単な、早い方法（ちょっとした秘密）による寸法の最終決定。新しいプロトタイプの作成。この時、その場合に応じてチップかバットにアクションを変えたバリエーションを何本かつくる。

選択のためのテスト。曲がりの感じをみるために目かくしをしてこれらのプロトタイプをラインをつけずに振ってみる。

ラインをつけてのクルーズヴォーによるキャスティング・テスト。その時プランテと私はカーブとバイブレーションを観察する。すべてのロッドは二五メートルのキャストが可能なものでなければならない。

ゆっくりしたストローク、早いストロークでのテスト。

ライン・ウェーブのテスト。

風に向かってのテスト。

プレゼントの正確さのテスト。一般的な釣りの距離に置かれた的へ五十回キャストし、チップが右か左へそれないかどうかを見る。

標的に対してのスピードのテスト。タイムを計りながら五十回キャストする。

それぞれのプロトタイプにはテストの結果を書いた

調査票がつけられる。これらの調査票の研究は最終評価のためのひじょうに正確な指標を与えてくれる。

われわれがすでに良く知っている条件下での、実際の川でのプロトタイプのテスト。

三本のプロトタイプを継いで、リーダーをつけたラインを水の上に一五メートル出しておく、そしてクルーズヴォーと私で、一本ずつ前のロッドの感覚が消えないうちにすぐ次のロッドを振る方法で試してみる。これはひじょうに重要である。読者がロッドを選ぶ時、あるいはラインを比較してみる時にもこの方法を用いると良い。

最終的な選択が行われたら、可とされたロッドは一シーズン実際に釣りに使われなければならない。これは上手、下手を問わず、できるだけたくさんの数の釣人によって試される必要がある。そして、ロッドを試した釣人が、何分かしてすぐにロッドを返してよこすかわりに、ずっとそれで釣りを続けたいと思うようであれば、われわれの努力はほぼ終ったということである。

アクションのタイプというものはたくさんあるわけではない。それはたった一つで、その硬さは長さによって変るが、使い方がどうであれチップからハンドルまでどこにも最小限の弱さもなく、全体が徐々にカーブを増してゆくような曲がり方で働かなければいけない。アクションは相対的により強く、あるいはよりやわらかくすることができる。しかしカーブはどのロッドにも同様に段のつかない連続したものでなければならない。このアクションこそ、私が「パラボリック（放物線状の）」と呼ぶものなのだが、名前自体は単なる言葉のあやで、ロッドのカーブは放物線とは何の関係もない。この名前が商業的に使われだしたのは一九三七年からである。それ以来われわれはパワーを落すことなくしなやかさを増すことを研究し始めた。数々の失敗の後、最終的に一九四九年スーパー・パラボリックＰＰＰ（Puissance Pendulaire Progressive）（等比級数的振子状の力）という六つのモデルからなるシリーズを完成させた。

私は前に、硬さあるいは軟らかさは竿の長さによって変らなければならないと言った。ロッドのスピードはその長さに反比例するからである。（つまり短かければ早く、長ければゆっくりということである）

［ショート・ロッド］＝ラインの往復は地面に近いところで行われる。スピードが落ちてラインが後ろの地面に触れたり、フックが引っ掛かるのを避けるため、ラインの前後への移動はよりスピードをつけて行う必要がある。

［ロング・ロッド］＝ラインはより高い位置で前後運動をする。そのためスピードが落ちることはそんなに支障をきたさない。キャストはゆっくりでよい。しかし、キャスターの手首が要求する場合はより早く振ってもかまわない。

軟らかめでしかも弱点のないロッドは、硬めのロッドより手首の動きに敏感に応えてくれる。ロッドは硬いほうがアクションを起こさせるのに腕全体を必要とする。

私が良いフライ・ロッドに要求すること

1　持った時にできるだけ軽いこと。

2　どんな動作にも即座に応えてくれること。そして手首の最小の動きにも敏感であること。

3　ゆっくりでも早くでも、また思うとおりにあらゆる距離にキャストできること。もちろん、ロッドの長さが変れば、この条件は多少変化する。

4　ロッドが曲がれば曲がるほど力が増すこと。

5　ロッド・チップの上部にバイブレーションがおきないこと。

6　大きな力のあること。しかし張りのある軟らかさ。

7　風に対してひじょうに効果的であること。（釣りをする日の五〇パーセントは風がある）

8　フライを正確にプレゼントできること。

9　キャスターの労力を最小限に抑え、あらゆる釣りの条件に適応可能であること。

ハンドルは次のような条件を満すデザイン——

最大の握りやすさ。

最少の疲労。

次の三つのグリップを可能にする——

サム・オン・トップ。（アーム・アクション・グリップ）

親指を少し横にずらす。（リスト・アクション・グリップ）

フォアフィンガー・オン・トップ。（インデックス・アクション・グリップ）

ガイドの数と位置は次のようなことを考えて決められたもの。

a　キャスティングのあいだロッドの最適カーブを変化させない。

b　ラインの滑りに対する最小の抵抗。

c　いかなる時でもたやすくラインがつかめる。

●寸法を指定した特別注文のロッドの製作　寸法を指定してロッドを作らせるということは、正直に言ってまったく馬鹿げていると思う。ロッドをバランスよく仕上げ、最適のアクションを得るには次のことが必要になってくる。

1、たくさんのプロトタイプの製作。

2、実際の釣りにおいてのきめ細かなテスト。

それ故、たった一本のロッドのためにそれだけの仕事をし、値段をつけることは不可能となる。

●理想的なアクション、PPPについて説明　ここに興味深い例が一つある。

PPPの三本のロッド、七フィート一インチ（二・一六m）のウェーディングと、七フィート・九インチ（二・三六m）のベビー・ゼフィール、そして八フィート四インチ（二・五四m）のゼフィールはチップもバットもまったく同じに作られている。七フィート一インチのものはバットに直接ハンドルがつけてある。七フィート九インチのものは同じブランクに、ただ取りはずせる九・四五インチの長さのハンドルを差し込むようになっている。八フィート四インチのものは一三・七八インチのハンドル（コルクとリール・シート部は一〇・六三インチ）ようになっている。だからそれらのロッドのパワーは同じはずである。しかし実際には七・一フィートはウルトラ・ラピッド（ひじょうに早い調子）、七・九フィートはラピッド（早い調子）、八・四フィートはセミ・ラピッド（やや早い調子）のアクションとなっている。

それぞれのロッドはその長さに適合した硬さを持っている。そしてチップはできる限り長くしてある。チップへの荷重（フェルールやガイドによる）はそれがいかに小さなものであってもアクションにはひじょうに大きな影響をおよぼす。フェルールはチップ・トップに近くなればなる程より荷重されるということになる。ヘビーライン（重いライン）の端から一六ヤードの重さはメディアム・ライン（中ぐらいの重さのライン）の同じ長さより一グラムから二・五グラム重いだけである。

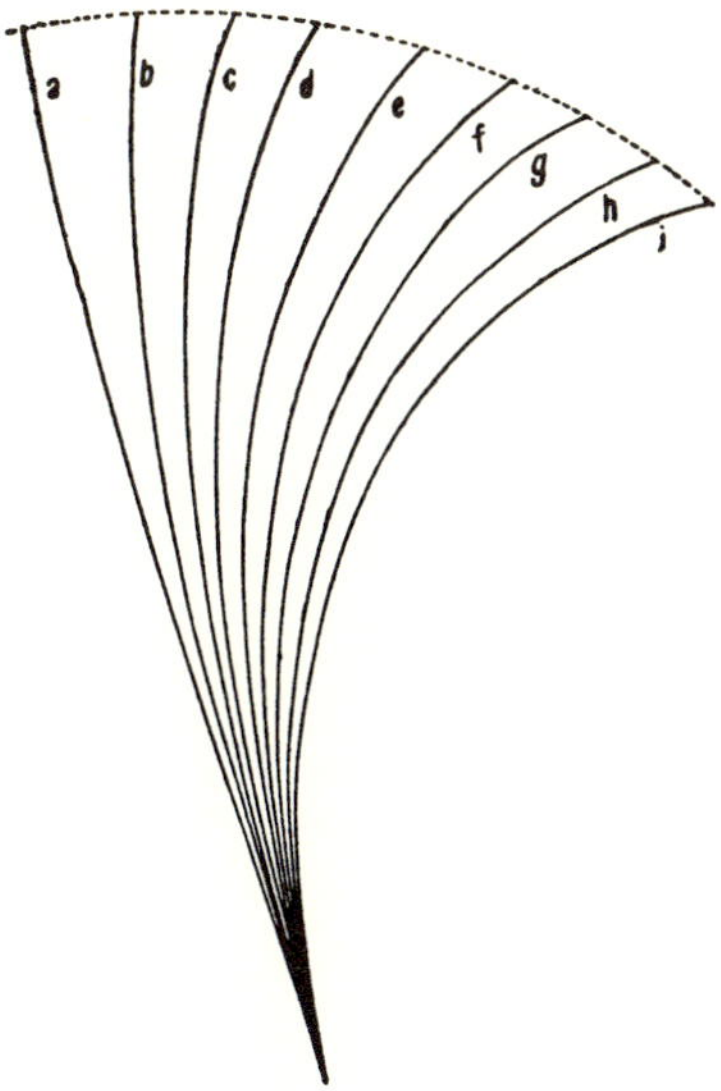

図41

ファリオ・クラブの曲線図表。
この図の中に示されている曲線、a、b、cなどはキャスティング中のいろいろに異なった負荷に応じたロッドの曲がり具合を示している。これを見るとロッドに最も負荷がかかった状態でも、ロッドの曲線にはどこにも弱点が認められない。曲線は完璧になめらかである。
このロッドではしなやかさや、反発力に加えてなめらかな曲線をつくることで、静的にも動的にもすばらしい性格を持ち、ひじょうに効力あるものとなっている。
このロッド・チップの描く軌跡はだいたいロッドの長さの二倍を半径とする円の弧に相当し、これはキャスティングをするうえでひじょうに重要である。

それにくらべフェルールの重量は五グラムから七グラムである。だからフェルールは位置を下げれば下げるほどロッドのチップは軽くなり、アクションはよくなる。理想的なアクションを得るにはロッド・チップはできるだけ長く、フェルールは一カ所のほうがよい。しかし、ロッド・チップの長さは携帯の便を考えるとある程度限られてしまう。そこで、私は最大のパワーを維持しつつ、軟らかさと硬さの間の完全なバランスを持った理想的な、あるいはほとんど理想的なアクションを探し続けてきた。

ある一定の長さの中にこのアクションを導入するかわりに、私はまず最適の長さを探すことを選んだ。そのためには八フィート半とか九フィートといったスタンダードな長さをあきらめざるを得なかった。カーブ図表でのテストや実際の釣りでのテストで八フィート五インチが探していた長さであった。そのうちわけは次のようになる。

ロッド・チップ　五四インチ（約一三七㎝）
バット　四六インチ（約一一七㎝）
全長　八フィート五インチ（約二五六㎝）

こうして最終的に、当時鱒とグレーリングの釣りに関して私のすべての要求に合ったロッド、ファリオ・クラブを作ることができたのだった。

五十年間の研究とロッド・デザイン

［目的］＝完全なるＨＳ／ＨＬ（ハイ・スピード／ハイ・ライン）キャスティングを可能にするＬＦ／ＬＬ（ロング・フレックス／ロング・リフト）フライ・ロッド。
［方法］＝反発力を最大にため込む最大の曲がりを利用する。

私が最初にフライ・フィッシング、そしてキャスティングやロッド・アクションに興味を持ったのは一九一六年から一九二七年までのニューヨーク滞在時であった。そのころ入手できたフライ・ロッドは百パーセントの有効性をもっていないと感じていた。正しいキャスティングをするには単純でやわらかなアクションでなければならないのだが、それにはほど遠く、当時のロッドは持主のテクニックを壊してしまうほど悪い設計であった。

そこで私は完璧なアクションを約束してくれる材料と設計理論を研究し始めた。研究が終ったのは一九六八年十二月のことである。

六角のバンブー・ロッドの主な短所はロッド・チップの弱さと、バットの相対的なしなやかさの欠如である。一九〇〇年からの二十五年間にできたロッドには中央部が弱すぎるものがある。このような道具ではフライフィッシャーは持っている自分の能力を十分に発揮することができない。

この頃のロッド・メーカー、特に設計者はこうした悲しむべき事実の責任者であった。彼らは、ロッドはその長さ全体とその曲がり具合で、いかなる時も、ショート・キャストであろうとロング・キャストであろうと、またゆっくりしたキャストであろうと早いキャストであろうと、ライン、リーダー、フライにパワーを伝え、キャスティングを容易にすべきだということを認識していなかったのである。

その頃のロッド製作はもっぱら勘に頼っていた。そして新しいモデルといっても製作者とその顧客の一人との間柄だけのもので普遍化されなかった。ロング・フレックス／ロング・リフトとかハイ・スピード／ハイ・ラインのようなフライ・キャスティングに関する科学やメカニズムの解明は知られておらず、製作者自身は中級のキャスター以上のものではなかった。ロッドの設計に関しての専門家はいなかったのである。

専門家はロッドの製作やフライ・キャスティング、そして釣りに人並み以上の知識を持ち、またインストラクターとしてビギナーが必要としていること、初めてフライ・ロッドを握った時の反応などについて深い経験を持っていなければならない。

自動車レースの中核をなす人たちといえば、設計エンジニア、製造エンジニア、そしてテスト・ドライバーである。ロッド・ビルディングにも同様のチームが必要だろうと思う。そしてそのチームの中の一人は世界でも有数のフライ・キャスターでなければならない。私が設計したロッドはプロトタイプから完成品まですべて、一九三〇年の初めからずっと私に協力してくれているピエール・クルーズヴォーによってテストされた。

一九六七年まで私はおもにスプリット・ケーンに集中して開発を進めた。われわれはそこで生じてくる数々の問題を解決した。しかし竹材における曲がりのしなやかさの欠如はロッド・パワーをある程度以上改良することを不可能にしていた。そしてアクションをハンドルの中にまで下げることができなかった。同じパワーを持つバンブーとグラスのチップを比較するとバンブーのほうが例外なくグラスよりずっと重く、ロッドが長くなればなるほど重過ぎると感じるのだった。そのうえバンブーのバットは反応がにぶいのでフル・パワーをラインに伝える能力に劣る。こうしたロッドはそれがいかによく設計されていようとやはり不利である。しかしながら六〇年代前半ぐらいまでのグラスファイバーのロッドもやはりわれわれが探し求めていたような品質に欠けていた。その点では当時は最高級のバンブー・ロッドのほうがすべてグラスファイバーで作られたロッドよりも優れていたのである。

竹とくらべるとグラス・ロッドはやわらかくしまりのないアクションだといつも言われてきた。確かに最近まではそうであった。しかし、グラスは曲がりやすい性質とともに驚くべき反発力があり、曲がる範囲が長い。この新しい材質はロッド・チップからバットまでの完全なパワー・コントロールを可能にし、バンブーよりずっと軽い。

だから今日ではグラスをうまく使えば軽くてひじょうに力のあるロッドができるのである。

五〇年代の中頃、パシフィック・ラミネーテッドが製造したブラック・ハーネルというグラス・ロッドがヨーロッパの市場に出た時、私は八フィート二インチのパラボリック・ケーンのバット・セクションにその長いグラスファイバーのトップをつないでみようと思って九フィートのグラス・ロッドを買った。そしてグラス・トップと同じようにするためにバットは黒に塗り上げた。実際、結果はとても良く、軽いスプーンでさえ投げられるほどであった。

このチップはウエイトの違う三種類のラインを扱うことができた。これはバンブーのチップでは決してできないことである。しかし、バンブーのバットはあまりに硬すぎて最大の力が引出せず、またグラスファイバーというこの人工の材質にも期待したほどの結果を得ることができなかった。

オール・グラスのフライ・ロッドはチップ・アクションで、私にはフライ・フィッシングのための理想的なアクションからは遠いものと感じられた。それでも私はわれわれの作ったコンビネーション・ロッドのバットに白い絵具で頭蓋骨と骨をX型に組み合わせた印を書き、スプリット・ケーンの死ぬ時が来たことを象徴して、私のロッド・メーカーに見せたのだった。

つぎにわれわれはグラスのバットと重いバンブーのチップを組み合わせたロッドを作ってみた。これがヴァリオパワーと呼ばれるものである。結果は驚くべきものであった。そして八フィート六インチのすばらしいライン・リフトの力を持ったバンブーとグラスのコンビネーション・ロッドとして製品化された。このロッドは多くの大平洋岸のスチールヘッド・フィッシャーから今まで作られたもののうちでの最高のロッドと評価された。従来のロッドではフライのプレゼンテーションがうまくいかなかったり、フライの着水時に水中へ突込む力がたりなくて、これを補うためにダブル・ホールが必要であった。ヴァリオパワーは比較的短いものでもこのテクニックをはぶくことができた。

このモデルに使われたバンブーのチップは偉大なアルベール・ゴダールがセミ・サイド・キャストで一五〇フィートを投げた時に使ったオール・バンブーのドライ・フライ、ディスタンス用、一三〇グラムのロッドである。それほど力があるにもかかわらず、ロッドは手に持っても特別重くはなかった。

グラスファイバーのすばらしい特性はピエールと私にバンブーとグラスのコンビネーションよりももっと軽く、しかももっと力のあるオール・グラスのロッドを設計できることを理解させた。われわれとしては今までの自分たちのチップに対する考え方を大事にしつつ、ロッド全体のアクションをささえるテーパーの中にそれを組み入れていこうと思った。

私は自分が仕事をやめるまでに、何とかして市場に影響されない前進的な考えを持ったロッド製作会社を見つけたいと思っていた。営業的にはチップ・アクションのほうが売れると人々は話していた。チップ・アクション全盛だったのである。われわれがロッドの設計のこまかい点まで理解しているという事実を分かってくれる人を私は探していた。

一九六七年『ザ・ロンゲスト・デイ』の著者であり、有名なニューヨークのXキロ・クラブのメンバーでもあるコーネリアス・ライアンがリッツ・ホテルに滞在した。われわれは会い、釣りについて語りあった。私は彼をティール・オー・ピジョンというわれわれがすべてのロッドのテストをやる池へ連れて行き、そこでわれわれのロッドを試してくれるように言った。

私はLF／LLやHS／HL、そしてキャスティング機構の重要性を説明した。彼はすぐにこれに興味を示し、最初のキャストから自分のアクションはとても良くなったと後で話していた。

夜遅くなってから、われわれはリッツのバーで二本のシーバス・リーガルを空け、さらにいろいろなことについて語り合った。とつぜん彼が言った。「シャルル、君はヨーロッパで時間を無駄にしてるよ」

彼はちょっと言葉を切り、そして考えを整理した。

「君の理論はとても進んでいて、絶対にアメリカへ行かなくちゃいけない。ぼくは君のためにぴったりの男を知ってるよ。ガルシア・コーポレーションのトーマス・レンクはぼくの友達だ。君のことを彼に話してもいいかい」

私はコーネリアスに私の理論はもうずっと前に彼の国に紹介されていること、ただチップ・アクションのロッドのみがアメリカの市場で受けいれられると確信している営業組織に、私の理論が負けてしまっていることを話した。

その時の話はそこで終ってしまった。しかし、翌年

ノールウェーのノウスタ川へ釣りにいった時、連絡があって私は滞在を途中で打ち切り、山を越えてモデルボのラエルダルまでトム・レンクに会いに行った。私は彼に私のロッドを試してもらい、この最初の出会いはカルフォルニアのサンタ・アナのコノロンの工場へ私を招待してくれるという話で終った。

一九六八年十二月私はコノロンに着き、先にこちらに来ていたピエール・クルーズヴォーと落ちあった。彼はうかない顔をしていた。ここではみんなとても親切だが、LFLL／HSHLロッドが彼らのチップ・アクション・モデルを駆逐するに違いないと分からせるのは簡単なことじゃないよと言った。

トム・レンクは言った。

「シャルル、私が君の理論を受けいれたのは知ってるだろ。だけどピエールの言うことは正しいんだよ。奇蹟を起こして、あいつらを納得させられるかどうかは君にかかっているんだ」

技術的には何の問題もなかった。われわれが必要とする協力を得られるかどうかは、すでに確固とした地位を築いているチップ・アクションのロッドと彼らの間の心理的な絆という壁を打ち破れるかどうかに懸っ

ていた。実際にはわれわれは誰の気持を傷つけることなく、これを行うことができたのだった。

二日間でわれわれは六本のプロトタイプを作り、最終的には七フィート一インチと七フィート一〇インチのすばらしいフライ・ロッドを作り上げることに成功した。トム・レンクはその二本を試してみて即座に彼のキャスティングの距離を一〇フィートほど伸ばした。ここで最も重要なことは彼がロッドを無理に振回したり、特別に余計な力をいれてその距離に達したのではないということである。

誰の意見にも耳をかすトム・レンクの柔軟な精神、すばらしい知性と理解力に感謝をしなければならない。彼の協力はフライ・ロッド製作の理論に関する私の五十年の研究を満足すべき結果として完成させてくれ、実際に完璧なキャスティング・マシーンとしてのロッドを作り出すことを可能にしてくれた。

最後に親友であるピエール・クルーズヴォーとディック・バーネスにも感謝したい、彼らがいなかったら私はきっとやりとげることができなかっただろう。

●リッツ・ガルシア　LFLL/HSHLロッド　キャスティングとそのメカニズム、ロッド製作およびロッド・アクションについての正確な知識、それにドライ・フライ、ウェット・フライ、およびニンフでの釣りにおけるたくさんの実際の経験、そうしたものがあって初めて釣人が必要とするロッドを作りだすことができる。またそうしたものが全部揃い、そのうえちょうど良い材質を手に入れることが必要である。私の人生においては長い間そうした良い材料は存在していなかった。コノロンを初めて訪問した時、私は格好の材料と長年の研究の成果を引出す鍵を見付けたのだった。

コノロンの工場で使われていたグラスのブランクで作り上げられたロング・フレックス・ロッドは長いラインのリフトを可能にした。またラインがキャスターの前後に伸びる時、ロッド・チップがラインに負けない反発を持っている。そしてこのようななめらかな力の伝達は、ロッド・バイブレーションが過去のものであることを意味している。

現代のグラスはバンブーよりずっと長いフレックス(曲がり)を持っている。そして曲がれば曲がるほどパワーを貯めこむ。棒高跳ではバンブーのポールのかわ

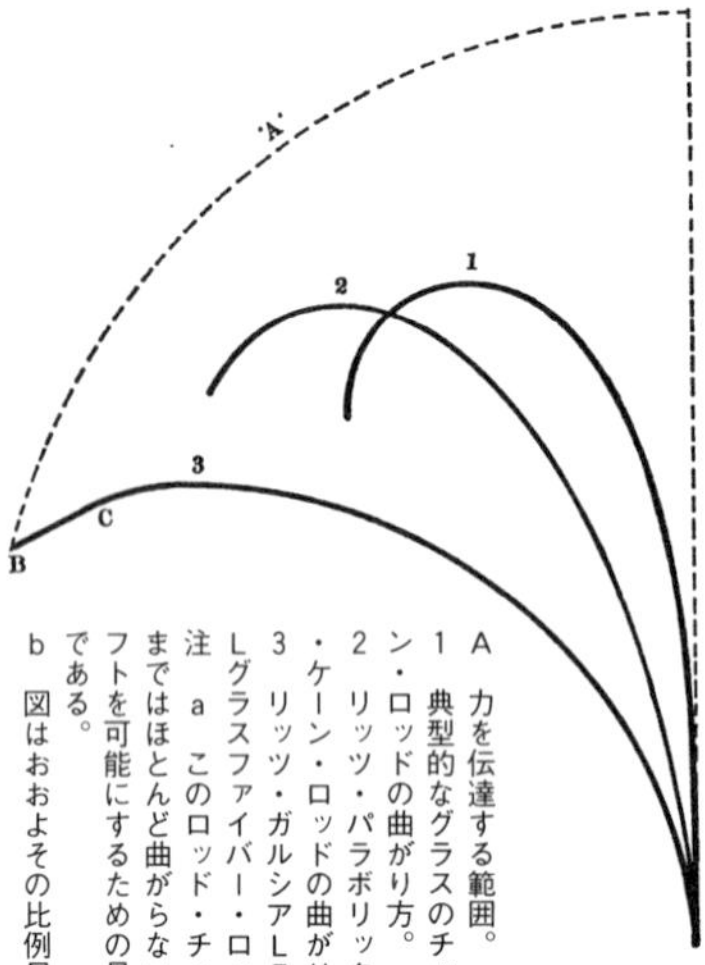

図42

A　力を伝達する範囲。
1　典型的なグラスのチップ・アクション・ロッドの曲がり方。
2　リッツ・パラボリック・スプリット・ケーン・ロッドの曲がり方。
3　リッツ・ガルシアLFLL／HSHLグラスファイバー・ロッドの曲がり方。
注　a　このロッド・チップ、BからCまではほとんど曲がらない。ロング・リフトを可能にするための最も重要な特徴である。
b　図はおおよその比例尺を表す。

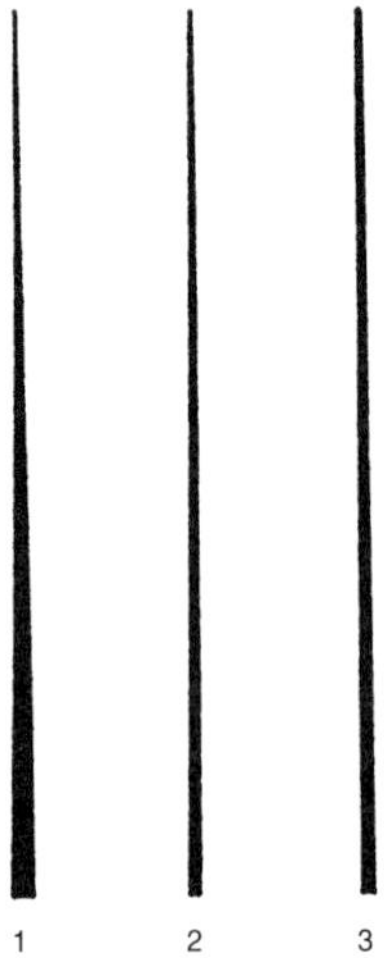

図43

ロッド・テーパーの断面図。
1　典型的なチップ・アクションのグラス・ロッド。
2　リッツ・パラボリック・スプリット・ケーン・ロッド。
3　リッツ・ガルシアLFLL／HSHLグラス・ロッド

りにグラスファイバーのポールが使用できるようにルールの変更がなされて以来、世界記録は何度も書き換えられた。今やフライ・ロッドにおいてもスーパー・パワーが可能になったのである。理想的なロッド・アクションを探し求めるフライ・フィッシャーで、この新しいロッドの誕生により、フレキシビリティー（しなやかさ）とパワーが増し、バイブレーションがなくなったことを知らないものはないだろう。

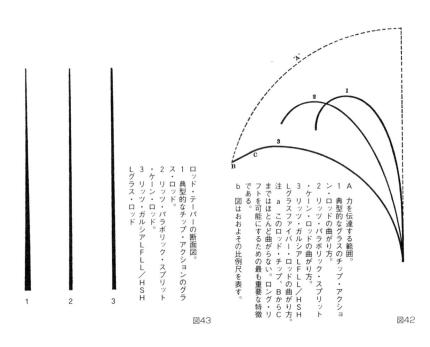

今日（一九七一年三月一日）では、たくさんのプロトタイプを作り上げ、そしてテストを重ねた結果、われわれは六フィート六インチから、エクステンション・バットをつけた八フィート一〇インチまでのLFLL／HSHLオール・グラスのすべての機種を設定することができた。これらはあらゆる種類の釣りをカバーすることだろう。

これらのロッドはすべてノールウェーのナウスタ川およびヨルストラ川、フランスではノルマンディーのチョーク・ストリーム、そしてドイツのアルゲン川、レッヒ川でテストされた。そして、一本として私を失望させたロッドはなかった。大きな反発力のおかげでラインはよく伸び、キャスティングの距離は長くなった。その驚くべきスピードはラインを高く保ち、フォルス・キャストの時のライン・ドロップを減少させた。これらのロッドは例外なく手の中で心地よく感じられ、あらゆる距離での釣りを完璧なものにしている。

これらのロッドのロング・リフト、パワー・フレックス（強い反発力）、そして驚くべき早さのライン・スピードは直接的効果として、フォルス・キャストを三〇パーセント軽減する。そのため、他の性能の悪いロッドを使った時よりもフライはより長い時間水の上にあることになる。また初心者のキャスターにとってはこのロッドはキャスティングを学ぶのを容易にしてくれる。

より長いラインをリフトできるということはロッドの力を伝達する範囲がより長いということである。ロッドの基本的設計が正しければ、この範囲がより大きいという特徴はタイミングの誤りをより楽に直してくれる。新しいリッツ・ガルシアのロッドアクションは、チップ・アクションのロッドや曲がり部分の短い材料で作られたロッドよりもより積極的に働くことを約束してくれる。たとえばリッツ・ガルシアの八フィート二インチのフライ・ロッドは一六・五メートルのラインをリフトする。あるアメリカの最高級ロッドの最大のライン・リフトは一三・四メートルである。われわれの八フィート五インチのモデルは一九・二メートルをリフトする。スタンダードな設計のアメリカのロッドの最高級品の一つは一七・三メートルが絶対的な限界であった。

われわれはスプリット・ケーン・ロッドが横方向にブレることを発見した。これはまちがいなくバンブーの繊維はグラス・ファイバーより柔軟性に欠け、より単一性に欠けているという事実に根ざしたものであろう。リッツ・ガルシアLF／LLシリーズのロッドにはどれもこうした欠点は見出せなかった。そして平均的なフライ・キャスターがこれらのロッドを振った場合でも、みんなナロールーブのラインをキャストした。これが実際の釣りにおいて正確さを得るために最も重要であるということは特に強調したい。一言でいえば他のタイプのロッドでこれほど釣人に有利なキャストをしてくれるものはないのである。

このように正しい設計によって高い性能と適切なテーパーが与えられた場合、グラスは理想的な材質であるというだけでは言い足りない、今やロッドを作るにはこの材料しかないといえる。しかし、それは他のもっと軽い、より反発力のある材料が機に応じてフライ、ベイト、あるいはスピンキャスティングのロッドに使われることはないだろうという意味ではない。すでにそうした材料があらわれ、私も試してみた。そしてそれらの材料でフライ・ロッドを最初に完成させる人間の一人になりたいと希望している。しかし、それは将来のことで、現在のところグラスがロッド製作に君臨することはまちがいない。

何年かの苦心した研究と実験のあとで私はここに書いたような結論を得て、ヨーロッパの釣人たちとリッツ・ガルシアのロッドを試してみた。次にこの人たちの貴重な意見を載せておく。

イギリスではハンプシャー州のネーザー・ワーロップに親友のダーモット・ウイルソンを訪ねた。われわれはイギリスの典型的な美しいチョーク・ストリームの流れる背景の中、ミルハウスの後ろにあるキャスティング・プラットフォームから全機種を試してみた。ダーモットは批判的な言葉を一言も口にしなかった。

「アクションは理想的だ。まさしくこうあって欲しいと思っていたとおりだよ。これは別に海を越えてやって来た古い友達を喜ばせようとして言っているわけじゃない。今までこんなにも正確に、しかもデリケートにフライをプレゼントする楽しさを味わったことはないね」

フランク・ソーヤーもやはりこれらのロッドをテストした。彼はあとでこう手紙に書いてきた。

「あなたの新しいロッドが気に入りました。そしてこれらのロッドにはすばらしい未来があることを予見します。これは私のテストした最初のグラス・ロッドですが、軽いラインが投げられしかも同時に過度の努力をせずにロング・キャストができます。私の見たところでは、これがこのロッドの最も大きな特色だろうと思います。ロッドはチップからバットまでスムースに働き、ラインとリーダーの伸びは私の望む通りです。このロッドはドライ・フライにもニンフ・フィッシングにもいいでしょう。必要とあれば、キャスティングのタイミングがつかみきれない人にとっては、より重いラインを使って、キャスティングを容易にすることも可能でしょう。私自身はスプリット・ケーンのロッドに対してまだ黒い腕章を巻く用意はできていませんが、それは私がそのことを認めたくないからという理由のようです」

［最後のテスト］＝私のロッドはヨーロッパやアメリカの最高のフライ・フィッシャーやキャスターたちによって認められたわけだが、オーストリアやバヴァリアの有名な釣師たちの試練に立ち向かわせるには不安を感じていた。それはまちがいなく最も難しいテストになるに違いなかった。

現在では前よりもずっと釣りが難しくなっている有名なトラウン川に、ハンス・ゲーベッツロイターを訪ねた。ハンスや彼の友人たちのキャスティング・テクニックは私のものとはまったく異なっている。彼らはインデックス・フィンガー・グリップを好み、ひじょうに短いロッドを使っていた。残念なことに、このフィッシング・スタイルはスイスの大部分のキャスターにも採用されているものであった。それでも、私はこの頑固な、よく知っている連中と相対してみることにした。

私がグラスファイバーのロッドを持って川へ出て行くと、彼らはなんとか半信半疑の表情を隠そうとしていることが分かった。何人かは少々驚いて、あからさまに嫌な顔をした。トラウン川はスプリット・ケーン・ロッドのメッカなのである。ここの釣人で他の材質のロッドについて考えた者はいないだろう。

彼らのほとんどはドライ・フライでの釣りが専門で、あらゆる条件で正確にフライをプレゼントできた。私はロッドを差し出して試してくれるように頼んだ。彼らはひとりひとり振ってみてその品質とアクションについて驚きの声を上げた。しかし、だからといってこのほうがスプリット・ケーンより優れているという意味ではないと言うのだ。

そのうち、彼らは一度フライをプレゼントしたあと、ふたたびキャスティングをするためには、左手でラインを三度か四度たぐって、ラインを短くしてからバック・キャストに移ることに私は気がついた。ふたたび十分なラインの長さが得られるまでフォルス・キャストをくり返すのだ。

そこで私は彼らに水面でラインを短くする必要はなく、ラインの長さ全部を一度にリフトし、すぐそのまま次のプレゼンテーションに移ればいいと言った。フォルス・キャストをやる必要がなければ、それが利点になることは明白であった。私の言ったことはとても信じられないという驚きで迎えられたが、実際にロッドが正確に振られると、まちがいのないことが確認されたのだった。

一人の釣人がもう一人に聞いた。

「何でこのロッドはおれたちのロッドよりずっと長いラインをリフトできるんだろう」

その言葉で、彼らに理解できないのはまさにこの点だということが分かった。彼らのロッドは最高級のバンブーのストックを持ったスプリット・ケーンの芸術家、偉大なロッド・ビルダー、ブルンナーの作ったものだった。理由がわかったので、私はロング・フレックス、ロング・リフトのメカニズムとスーパー・パワー・チップの説明をした。この時初めて彼らはこの品質のグラス・ロッドはバンブーで作るものよりも良いということを知ったのだった。

しかし、私にとって最もすばらしかったテストは、バヴァリア地方の美しいレッヒ川での釣りだった。ある輝く朝、友人のクスターマン、そしてジュニアと共に、バーブレス・フックに巻いたタップス・インディスペンサブルで、平均して二ポンド以上のグレーリングを六尾釣り上げるという胸踊らせる三十分を過ごした。それらの魚のうちの何尾かは七フィート一〇インチのロッドで投げた二七メートル以上の距離のところでかかったものだった。

そしてまた八フィート二インチのロッドも試してみて、七フィート一〇インチのモデルが川での釣りでキャスト可能なラインをすべてリフトできるロッドであり、LF／LLテクニックのためには最良のものであることを確認することができた。

ロッドに関してあまりにもたくさんのページをさいたことをお許し願いたい。たぶん読者はロッドが私にとってライフ・ワークの大部分を占めていることにお気づきになったと思う。確かにそれは私の最大の情熱をかけたものの一つとなっている。だからこそその熱中ぶりは度をこしている。しかし私はいつもまじめであったし、私の考え方は時の厳格なテストにも、鱒にも、世界の一流のフライ・フィッシャーの注意深い審判にも耐えることができた。どうか、その事実をふまえて私を理解して欲しいと思うのである。

●ラインによるテスト　一般的なフライ・フィッシャーにとっては、自分の現在持っているロッドと私のデザインしたロッドをくらべるにはこの方法が最も適している。まず自分のロッドを使い、ラインを水面に延ばし、正しく後方へリフトする。ラインを少しずつ長くしながらこれを繰り返し、一度でリフトできるラインの最大の長さまでやってみる。このラインの長さを川岸に置いて歩測する。

次に同様のラインを用い、リッツ・ガルシアのロッドでさきほどと同じことをやってみる。ただ当然二本のロッドは同じ長さで、同じぐらいの重さのリールをつけることが必要である。こうして得られたラインの長さをみれば、私の説が正当なものであり、ロング・フレックス／ロング・リフトのロッドの有効性を認めてもらえるものと確信する。

ライン

一本のロッドのアクションを生かすか殺すかはラインと釣人の腕にかかっている。

果してそのラインはそれ自体でよくバランスがとれているか？

そのラインはロッドに合っているのだろうか？

専門的な知識がない場合、これは単に手の感覚に頼る以外はなく、おおまかな結論しか持つことができない。

釣具店や製造所では二次的な意味しかない表示をするだけである。中央部の最大直径を一ミリの百分の一までの単位で表わすか、あるいはA、B、C、D等の文字で示すだけである。ラインの全重量は使われている材質（シルク、ナイロンあるいはダクロン）、仕上げ方法、そして、二五メートルであったり三〇メートル、あるいは三〇ヤードであったり四〇ヤードであったりする長さの違いによってかわってくる。

ラインの直径の表示とは別に、重量の最も一般的な表示は、レベル・チップを除いて、ラインの端から三〇フィートの重量によってフライ・ラインを分類するＡＦＴＭ番号によるものである。（この三〇フィートという長さは空中を飛行するラインの長さの平均から選ばれた）。ＡＦＴＭという略語は **Association of Fishing Tackle Manufacturers** の頭文字であり、一番から十二番まである。ライン番号の一番は最も軽いラインであり、十二番は最も重いラインである。

ラインには二つのタイプがある（図44）。

●ノーマル　ダブル・テーパー。これは三つの部分からできている。フロント・テーパー、ベリー、バック・テーパー。

前後のテーパーの形、直径の小さくなり方は同じである。

●ウェイト・フォワード　これはフォワード・テーパーともトーピドとも呼ばれ、五つの部分からできている。フロント・テーパー、ベリー、バック・テーパー、

ホールディング・ライン、シューティング・ライン。

この形のラインでは私はファイン・テーパーのもののみを使っている。これは力が弱いことはたしかだが、釣りの条件のいかんにかかわらず、考えるとおりのフライのプレーシングやプレゼンテーションを保証してくれる唯一のものである。

ロッドがオーバー・ロードにならずに耐えられる最大の重量に相当するラインの長さは「リフト」と呼ばれ、これが最大のフリー・ラインである。そしてこれがフォルス・キャスト中、空中に保たれる最大のラインの長さとなる。

●ダブル・テーパー・ラインでは　最大のフリー・ラインは、フォワード・テーパー部全体とベリー部のある長さとなる。ベリー部の長さはロッドにより変化する。

●ウェイト・フォワード・ラインでは　最大のフリー・ラインはフォワード・テーパー、ベリー、バック・テーパー、そしてホールディング・ラインの全部あるいは一部となる。

ダブル・テーパー・フローティング・ライン
(バランスの良いものは少ない)

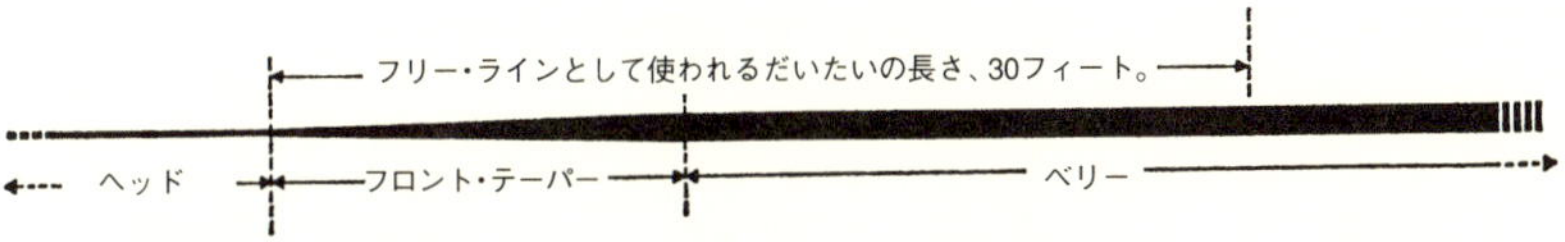

タイプ	ライト	ミディアム	ミディアム・ヘビー	ヘビー
指定：	H-D-H	H-C-H	G-B-G	G-A-G
ϕインチ	.025／.045／.025	.025／.050／.025	.030／.055／.030	.030／.060／.030

ウェイト・フォワード・フローティング・ライン

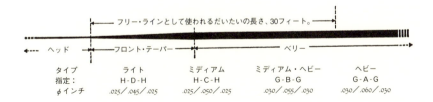

ラインの部分	ライト・ライン	ミディアム・ライン	ヘビー・ライン
ベリー・最大径	約.045インチ	.050インチ	.060インチ
フロント・テーパーの径	.025インチ ＝H	.025インチ ＝H	.030インチ ＝G
シューティング・ライン	.025インチから.030インチの間 ＝HからG		

サイズ比較表

アルファベット表示	インチ	ミリ
A＝	.060	1.52
B＝	.055	1.39
C＝	.050	1.27
D＝	.045	1.14
E＝	.040	1.01
F＝	.035	0.89
G＝	.030	0.76
H＝	.025	0.63
I＝	.022	0.56

図44

ベリーの直径が同じダブル・テーパー・ラインとウェイト・フォワード・ラインをくらべてみると、ダブル・テーパー・ラインの最大フリー・ラインはウェイト・フォワードのものより長く、ロッドのアクションはよりゆっくりしたものになることが分かる。

ウェイト・フォワードのラインのほうがライズしている魚により早くフライをプレゼントすることを可能にし、向い風に対してはずっと有効である。

フライのプレゼンテーションに要する時間を計ったところ、ウェイト・フォワード・ラインのほうがたいていわずかに少なくてすむ。

ラインのバランスはフリー・セクションの直径・重量の配分を一二・二五グラムを基準とする方程式で決定する。より重いかあるいは軽いかで、ライトかミディアムかへビーかになる。ラインのバランスというのは一つの科学で、ひじょうに経験を積んだ専門家のみが何年もの研究と試みのすえに解明することのできるものである。これは緻密な仕事であり、忍耐と、たくさんの設計図、そしてかずかずの失敗の積み重ねを必要とする。

キャスターはディスタンス用のラインやアキュラシー用、あるいは前や後や、横からの風の日に使うものとか、穏やかな天気の日に使うものとかラインをいろいろ持っている。

●ラインのテスト方法　ラインのテストは何日か実際の釣りをした後で行うのがよい。つまり、シーズン初めであればよく手慣しをしてからである。

誰かにアシスタントになってもらい、脇に立ってラインの動き全体を観察してもらう。こうするとラインを横からと縦から観察することができる。

水面からあまり高くない岸に立って、岸と平行に一〇ヤードから一五ヤードの中距離のキャストをする。こうするとアシスタントはラインの伸び、フォワード・テーパーおよびリーダーの水面へのプレーシング(リーダーのテストにも同じ方法が用いられる)、ライン・ループ(大きいか小さいか)、ウェーブ、スピード・ロス、後方あるいは前方でのラインが地面に触れるかどうかといったことを正確に見ることができる。

ラインの前方への伸びにウェーブのある場合——。

1、まず、手の使い方に柔らかさが欠けているために起こるのではないかどうかを見てみる。もし、そうであれば手の使い方を矯正する。十中八九はこれによってライン・ウェーブは改良される。ウェーブをぜんぜん起こさずにラインを前方へ伸ばすのはひじょうに難しい。これができるということは手のやわらかな使い方が完全にマスターされた証拠であり、それはひじょうに稀である。

2、後方の地面にラインを伸ばして置き、それをキャストして前方の地面にプレースさせる。もしラインの端が蛇のような形になるようなら、それはフォワード・テーパーが長すぎるのである。しかしこれは実際の釣りではあまり大きな問題とはならない。もし、リーダーがカーブして後ろに返ってくるような傾向のある場合は、フォワード・テーパーが短かすぎるのである。

3、シュートをともなった一五メートルから一七メートルのキャストを何度かしてみる。そしてラインの前後への伸びを観察する。ランニング・ラインが細すぎるとラインがからみあう危険があり、またラインの飛行中のバランスが崩れる傾向がある。最後に短かい、ゆっくりとしたフォルス・キャストをやってみる。そして前方へラインを伸ばすときはフライをほとんど水面すれすれの高さにする。これはひじょうに重要で、これによってフォワード・テーパーが太すぎる場合はその欠陥がすぐにわかる。

●フリー・ラインの重量がロッドおよびロッドのアクションに合っているかどうかの判断　フォルス・キャストをせずにラインをキャストし、毎回それを水面に落す。少しずつラインを伸ばし、ロッドをむりに振らなくてもオーバー・ロードがかかるようになるまで繰り返す。オーバー・ロードになってくれば、それは後方の地面にラインがついたり、ロッドが負けている感じ、フォワード・テーパー部が過度に落ちることなどによって表われてくる。ウェイト・フォワード・ラインではオーバー・ロードになっていると感じられるまでにホールディング・ラインがトップ・リングから外に出ていればロッドとラインはだいたい合っている。ダブルテーパーのラインではフリー・ラインの最大は約一二メートルぐらいである。

ロッドを曲げるのはラインの重量のみであり、曲がったロッドがつぎに起こす運動のみがラインを伸ばすのである。もしラインを振ってみてこの原則が得られないようならマイクロメーターでベリーの直径を測り、ラインのフリー・セクションの重量を計ってみる。この数値によりラインがロッドに合っているかどうか、またどんな数値のラインがそのロッドに適応するかが分かってくる。

左手を完全に使える上手なキャスターは中級のキャスターより軽いラインを使うことができる。軽いラインはフライをより繊細に水面にプレースできる。

早い流れの中をウェーディングしたり、サイド・キャストを要求されるような場所、またカーブ・キャストが不可欠であるような場合は私はしばしば重めで、どちらかといえばテーパーの強いラインを使う。今日ではどんな場合でも私はガルシアとか、サイエンティフィック・アングラーズ、あるいはコートランドなどの人造材料のラインだけを使っている。

左手でのフィギュア・オブ・エイトによるラインの回収は、手の熱によりいつもラインを乾いた状態に保ってくれ、グリースを塗る回数がいくぶん少なくてすむように思われる。

だいだいホールディング・ラインの最初の一メートルぐらいのところがつねにトップ・リングの中を前後に走り、左手の引きにより最大の摩擦を受ける。最初に摩耗やすり切れがあらわれてくるのはこの部分である。

要約すれば、自分のラインについてよく知ろうと努力することである。キャスティング中にあらわれる欠点はしばしばむしろキャスティングのやり方に問題がある。しかし、努力を重ねれば、最後には自分のロッドと完璧にバランスがとれるのはどのタイプのラインであるのかを知ることができるだろう。一般的には重すぎるラインを選んでしまい、オーバー・ロードをかけてロッドを早く疲労させてしまう傾向がある。

リーダー

フライに魚をライズさせるチャンスをできるだけ多くするためには、最初のキャストでリーダーの先とフライを正確にプレースさせなければならない。天候の具合がどうであれ、この原則は変わらない。ここにリーダーの役割がある。リーダーはロッドやラインと同じぐらい重要なものであり、キャスターの手からフライまで力を正確かつ忠実に伝えるものである。手からフライまでのつながり全体は、単一性と、なめらかな連続性を持たなければならない。そのため、その中間にあるリーダーは、ひじょうに注意深くそのつながり全体と調和を保って作られなければならない。リーダーは向い風に対しても効率よく正確にフライをプレゼントさせ、また静かな天気の、なめらかな水面にでも、素早い完全なプレゼンテーションをさせるものでなければならない。

ナイロンが発明されるまで、私はリーダーをあまり重視していなかった。それまでは最高のテグスの1Xから4Xまでのテーパーのついたリーダーで満足していた。しかし、このリーダーでは力が不足し、しかもキャスティングの正確さを損うということに気がついた。そこで手を加えて使ってみたが、たいした改良は見られなかった。しかも釣場ではこのリーダーはすぐに乾いて硬くなってしまうのだった。

一九三九年にロディアセタ社がナイロンの最初の見本をくれた時、私はすぐにそれを試してみた。六カ月後には蚕からとったテグスを私は完全に放棄した。長さや直径の違うナイロンで、私はラファル・ストーム・リーダーと名付けたリーダーを作りあげ、そのおかげでキャストの正確さはずっと改良された。以後、釣る魚の数がずっと増えた。

●テグス　新しい時はたぶんより強いだろう。先端をたやすく沈ませることができる。

●ナイロン　使ったあとでも同じ強さを保つ。リーダーのタイプにたくさんのヴァリエーションを作ることができる。

乾いている時はより柔らかい。
ソーキング（湿らせること）の手間がまったくない。
ナイロンのリーダーは夏の暑い時、そしてハッチが少なくライズが間遠な時でも有効な唯一のリーダーである。
釣りの間、継ぎ足しや、継ぎ変えに時間がかからない。

先端の沈みやすいテグスのリーダーが有利だとする意見があるが、それはそう信じ込んでしまっているからだろう。この説の信奉者たちの実際の釣りをたくさん観察したが、稀な例外と、何人かの名人がやった時を除いては、まったく意味がないという結論を得た。多くの経験者と同じように、最少限の労力で最大の効果を生む実際的で簡単な方法を探すほうがいいというのが私の意見だ。

すべての魚はリーダーをこわがる。一九四九年のこと、ドゥアルネネッツ湾で数百ポンドのマグロが四十五分間私のボートについて来たことがあった。そしてわれわれがボートから鰯や鯵の切り身を投げるとそれを全部食べた。しかし、釣鈎にかけた三尾の鰯と生きた鯵は口にいれるのを拒否したのだった。リーダーは非常に太いナイロンの撚り糸でできていた。

リーダーのバット部はラインの先端の直径の約六〇パーセントに相当する直径を持っていなければいけない。

ラインのテーパー・エンドは一般的には〇・〇二二インチ（56／100㎜）と〇・〇三〇インチ（76／100㎜）の間である。だからリーダーのバット部はだいたい35／100㎜と45／100㎜の間でなければならない。

リーダーは理想的にはできるだけ長いテーパーを持つのが良いのだが、コントロールが可能な範囲でなければならない。またパワーの伝達ロスを避けるため、強く、硬い部分ができるだけ長いほうがいい。これらの条件を満足させるにはリーダーの先に近い部分で急激に径を落す必要があり、全長はだいたい次のような形に分割される。

六〇パーセントの強い部分。〇・四五ミリ、〇・四〇ミリ、〇・三五ミリ。

二〇パーセントのテーパー部。〇・三〇ミリ、〇・二五ミリ、〇・二二ミリ。

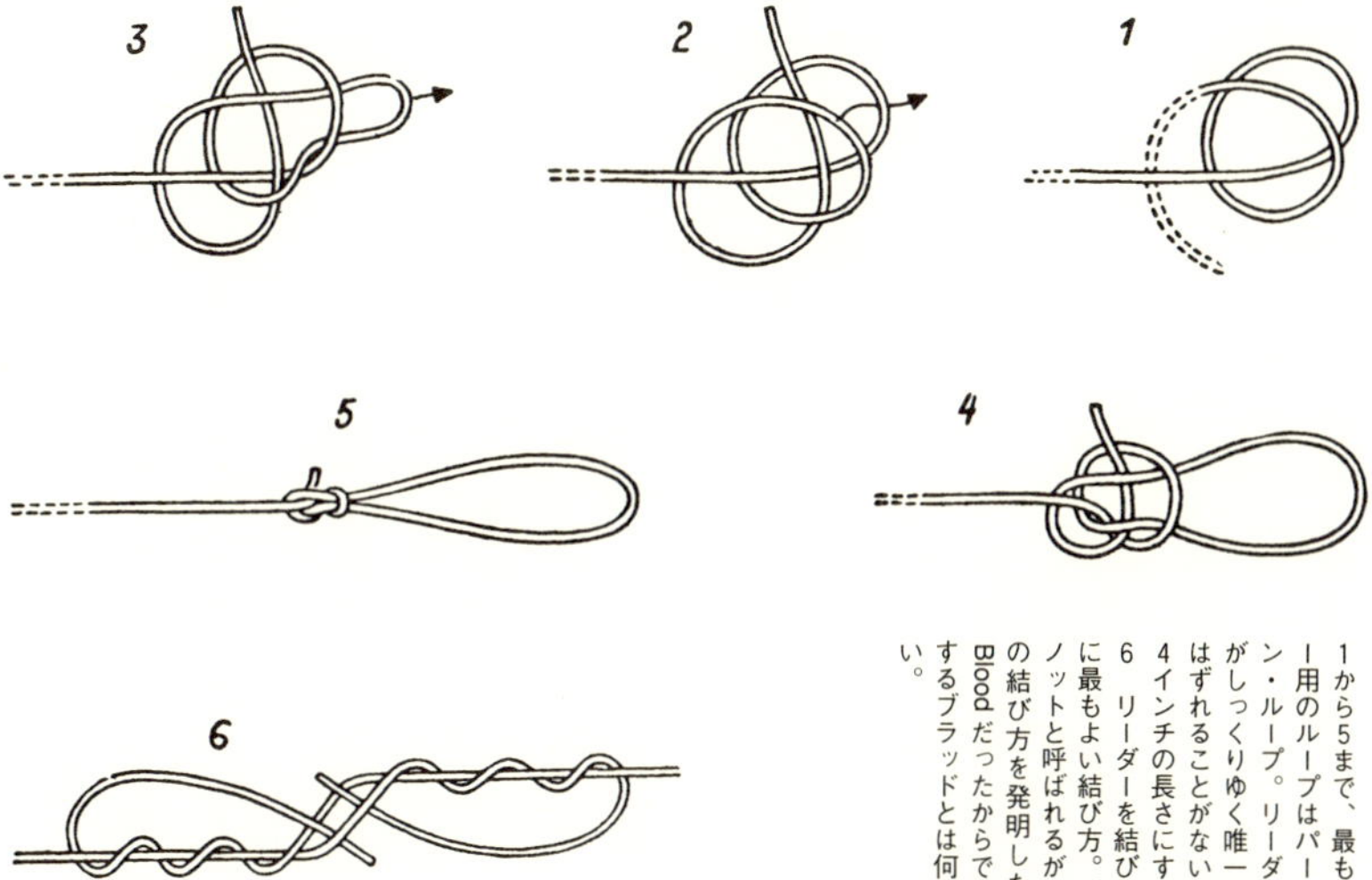

図45

1から5まで、最もよいリーダー用のループはパーフェクション・ループ。リーダーとラインがしっくりゆく唯一のループで、はずれることがない。最少3／4インチの長さにする。
6　リーダーを結び合わせるのに最もよい結び方。ブラッド・ノットと呼ばれるが、それはこの結び方を発明した人の名がBloodだったからで、血を意味するブラッドとは何の関係もない。

二〇パーセントのチペット部。〇・二〇ミリ。

リーダーのチペット部の直径はつねにフライのサイズと重さに合わされなければならない。

フック	ナイロン・チペット
No.一〇	〇・三〇ミリから〇・二五ミリ
No.一二	〇・二五ミリから〇・二〇ミリ
No.一四	〇・二〇ミリ
No.一六～一八	〇・一七ミリから〇・一六ミリ
No.二〇	〇・一六ミリから〇・一二ミリ

ラファル・リーダー（リッツの作ったリーダー・コンポジション）はその日の気候条件、ラインのタイプ、フライの大きさなどによってテーパーのつけ方を少し変更してもよい。特別な場合には、私はリーダーを短くするだけで満足している。経験を積めばその時の条件に適したリーダーがどんなものかすぐに分かるようになる。

私の友人の何人かは、熟練したフライ・フィッシャーだが、リーダーなど少しも気にせず、それでも私と同じくらいによく魚を釣る。しかし、安心して正確なプレゼンテーションが楽しめるような、そして特に釣人をいらだたせる風にわずらわされずにすむようなちょっとした工夫を、わざわざせずに放っておく手はない。

ラファル・フォーミュラーはヨーロッパとアメリカの私の友人の大部分に受け入れられた。

ときどき、魚はミッジと間違えてリーダー・ノットにライズすることがある。

ラファル（訳註　Rafale フランス語で突風の意味。フランスにはラファルという名の戦闘機もある）リーダーは古いスタンダード・タイプよりも魚にとって見えやすいと考える人がいるかも知れない。しかし、完璧なフライのプレゼンテーションはリーダーの完璧なプレーシングがあって初めて可能なのであり、魚に見えるのはフライと、ときによりリーダー・ポイントぐらいのものであろう。ラファル・リーダーはフライのプレーシングの効率を五〇パーセントは高め、リーダーが完璧にライン・テーパーおよびライン・ポイントと調和を保っているために、フライがまるでキャスティングをしている手の中にあるようなコントロールのよさを感じさせるのである。

●水面でのリーダーのテスト。手によるテスト　ナイロン・リーダーは使う前に、特に自作した場合は、端のループを鉤か釘に引っかけて真直ぐに引っ張ってやる。これによりリーダーは軽くのばされ、まっすぐになる。同時に強度もテストされるわけである。

親指とひとさし指でリーダーのループをつまみ、後ろへ伸ばし、次に腕をいっぱいに使って前へキャストしてみる。ラファルは三メートルの長さがあっても完全にのびてゆくのが分かるであろう。

●結論　リーダーというのはキャスティングのパワーをフライにまで伝達する機構の一部である。フライがプレースされる時のスピードと正確さはリーダーのテーパーの形状とそのバランスによる。

ラインのテーパーの形状とリーダーのテーパーの形状はともに重要である。

魚の警戒を最も呼びおこさせる部分はリーダーのチペットである。

いくら優れた技術、ロッド、ラインを使っていても

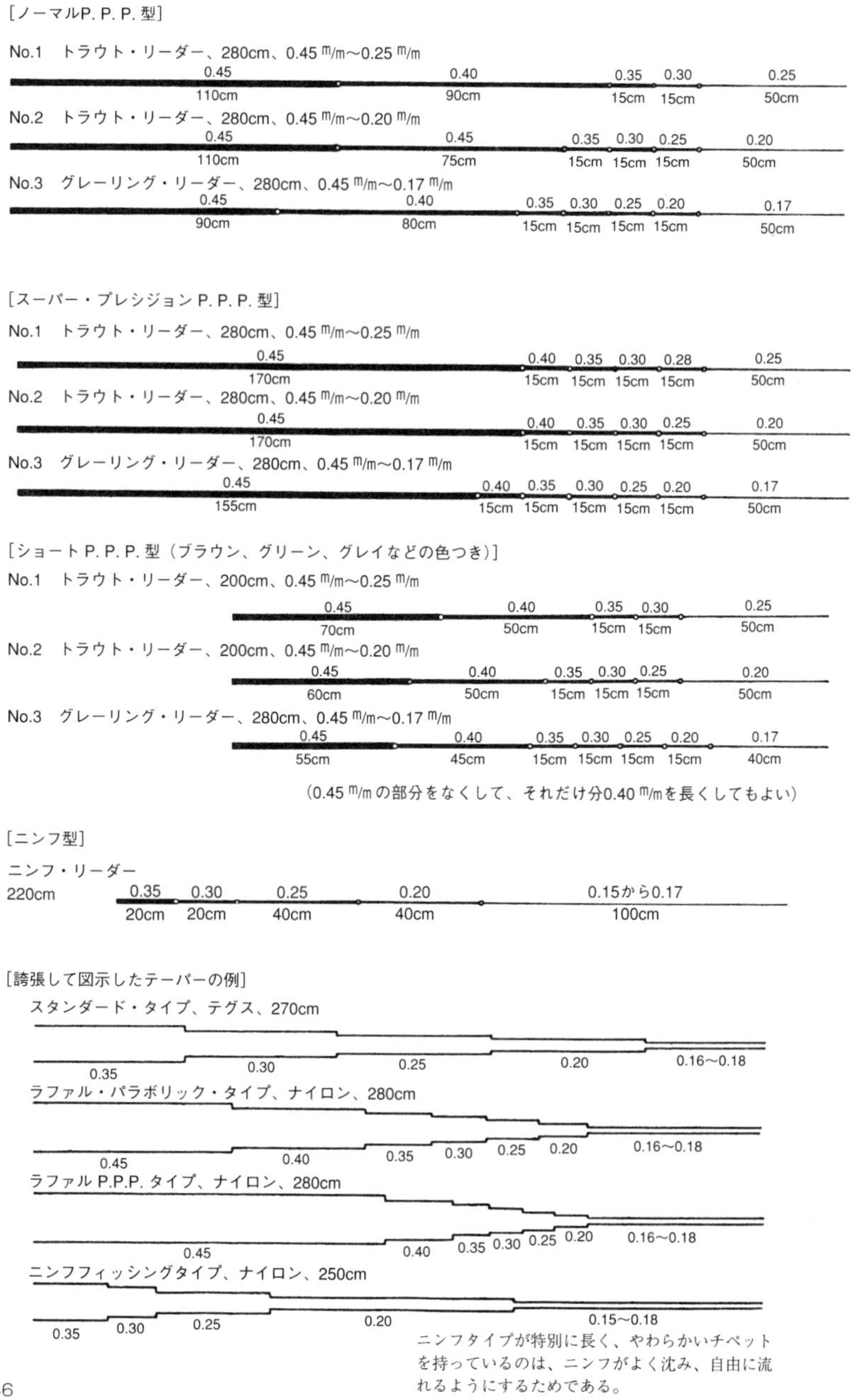
[ノーマルP. P. P. 型]
No.1 トラウト・リーダー、280cm、0.45 m/m～0.25 m/m
0.45 110cm
0.40 90cm
0.35 15cm
0.30 15cm
0.25 50cm
No.2 トラウト・リーダー、280cm、0.45 m/m～0.20 m/m
0.45 110cm
0.45 75cm
0.35 15cm
0.30 15cm
0.25 15cm
0.20 50cm
No.3 グレーリング・リーダー、280cm、0.45 m/m～0.17 m/m
0.45 90cm
0.40 80cm
0.35 15cm
0.30 15cm
0.25 15cm
0.20 15cm
0.17 50cm
[スーパー・プレシジョン P. P. P. 型]
No.1 トラウト・リーダー、280cm、0.45 m/m～0.25 m/m
0.45 170cm
0.40 15cm
0.35 15cm
0.30 15cm
0.28 15cm
0.25 50cm
No.2 トラウト・リーダー、280cm、0.45 m/m～0.20 m/m
0.45 170cm
0.40 15cm
0.35 15cm
0.30 15cm
0.25 15cm
0.20 50cm
No.3 グレーリング・リーダー、280cm、0.45 m/m～0.17 m/m
0.45 155cm
0.40 15cm
0.35 15cm
0.30 15cm
0.25 15cm
0.20 15cm
0.17 50cm
[ショート P. P. P. 型（ブラウン、グリーン、グレイなどの色つき）]
No.1 トラウト・リーダー、200cm、0.45 m/m～0.25 m/m
0.45 70cm
0.40 50cm
0.35 15cm
0.30 15cm
0.25 50cm
No.2 トラウト・リーダー、200cm、0.45 m/m～0.20 m/m
0.45 60cm
0.40 50cm
0.35 15cm
0.30 15cm
0.25 15cm
0.20 50cm
No.3 グレーリング・リーダー、280cm、0.45 m/m～0.17 m/m
0.45 55cm
0.40 45cm
0.35 15cm
0.30 15cm
0.25 15cm
0.20 15cm
0.17 40cm
（0.45 m/mの部分をなくして、それだけ分0.40 m/mを長くしてもよい）
[ニンフ型]
ニンフ・リーダー
220cm
0.35 20cm
0.30 20cm
0.25 40cm
0.20 40cm
0.15から0.17 100cm
[誇張して図示したテーパーの例]
スタンダード・タイプ、テグス、270cm
0.35 0.30 0.25 0.20 0.16～0.18
ラファル・パラボリック・タイプ、ナイロン、280cm
0.45 0.40 0.35 0.30 0.25 0.20 0.16～0.18
ラファル P.P.P. タイプ、ナイロン、280cm
0.45 0.40 0.35 0.30 0.25 0.20 0.16～0.18
ニンフフィッシングタイプ、ナイロン、250cm
0.35 0.30 0.25 0.20 0.15～0.18
ニンフタイプが特別に長く、やわらかいチペットを持っているのは、ニンフがよく沈み、自由に流れるようにするためである。

図46

リーダーが悪ければその効果は著しく下がる。

リーダーのなかのノット(結び目)はリーダーの硬さを増し、フライをプレゼントする時の正確さを増す。柔らかさが必要なのはチペット部のみであり、私の意見では約五〇センチもあればいいと思う。グリースはチペットの先まで塗ることを勧める。これはストライク(合わせ)をより敏感にし、効率を高める。私は軟らかなナイロンのほうが好きだ。そのほうが結びやすく、チペットは長い間もつ。

ダブル・テーパーの形状を持つリーダーは、風のない時にはより軽く、繊細にフライを着水させるかもしれない。しかし、私はＰＰＰタイプのリーダーを愛用している。このリーダーはフライをより強く押しだしてくれるので風の中でも突込んでゆく。そして釣りにおいてはほとんどつねにひじょうに効果のある満足をもたらしてくれる。

●**水しぶきを上げない完璧なフライのプレゼンテーションのために**　ネイル・ノットを使ってフライ・ラインの先に六〇センチの〇・四五ミリあるいは二〇ポンド・テストのナイロン・モノフィラメントをつける。このナイロンの先にループを作り、そこで九フィートのＰＰＰラファルをつないでやる。

●**タックル全体に関しての結論**　リッツ・ガルシアの七フィート一〇インチ、あるいは八フィート二インチの二本継ぎのロッドに、№６のウェイト・フォワード・ライン、そしてＰＰＰラファル・リーダーという組み合わせはバランスのとれたフライ・タックルの一つの典型的な例である。この組み合わせを使えばあらゆる条件下で釣人はフライ、ライン、およびロッドの感覚を手の中に感じることができる。そしてゆっくりしたキャストでも、ハイ・スピードのキャストでもフライを正確にコントロールすることができる。目標の距離に達するまで少しずつラインを延ばす間――キャスティング・スピードを大きく落してさえ――フライが水面を叩いたり、後方で落ちたりする危険はない。目標までラインがのびたら、リーダーをまっすぐにあるいはカーブさせて、あるいはサーペンタイン(蛇状)にプレゼントするのに必要なスピードに変化させることができる。

フライ

フライのプレゼンテーションがうまくいかないと、たとえフライが完璧な出来映えであっても、プレゼントのへたさ加減を補うことはできない。しかし、プレゼンテーションが完璧なら、フライの不完全な出来具合いを補うことが出来る。良いプレゼンテーションができる十分なテクニックを身につけたときに初めてフライの善し悪しが問題になってくる。

キャスティング技術が成功の八五パーセントを占める。

フライのイミテーションの出来映えは、ほんの一五パーセントである。

魚は何よりもまずフライのプレゼンテーションに反応し、そしてつぎにフライ自体に反応するのである。

釣人は魚よりずっと容易にフライのイミテーションの正確さについての理論に負けてしまう。

キャスティングとプレゼンテーションを完璧にすることが何よりも魚釣りに有効な免許証である。

フライの正確さを求めることは、熟練したフライ・フィッシャーがその洗練を競うためだけのものである。しかし、信じるならば、やってみることだ。各人自分の考えに基づいて。

●フライの欠点とそれを直す方法　自然の虫を魚が食うのは——

1　それが実物だから。
2　それが数多くいるから。
3　それが生きていて、動いているから。
4　その流れ方が自然であるから。
5　それはどこにも結ばれていず自由だから。
6　それらの動きと習性が虫の生活のそれぞれの段階、およびハッチへの変化に合っているから。

フライの形が不完全なイミテーションであるのは、浮かすためのハックルとフックによって必ず変形されてしまうためである。ハックルは多ければ多いほどフライの浮きはよくなり、少ないほど形はよくなる。

フライは三つの方法でのみ魚の目の前に提示される。

つまり、浮いてか沈んでか、あるいはニンフに似せた形でかである。どの場合も、フライは綱に吊りさげられたマネキン人形のように、そしてリーダーの引きと流れによってあやつり人形のような動きで、しかもたいていは倒れたり、横になったりした形でしか魚の前にあらわれない。

これらの欠点は次のような方法でなおすとよい。

（a）フライのタイイングの過程において

1　フライの構造的な特徴を最大限利用する。

2　できるだけ本物に近いシルエットを作る。

（b）戦術とキャスティング

3　フライをできるだけ魚に受けいれられやすい条件でプレゼントする。

（c）キャスティング

4　フライが自由でないということをできるだけ分からないようにする。

（d）戦術およびフライのドレッシング

5　可能な範囲で生きいきとさせる。

理想的なフライに関しての、私の考えを述べてみたい。何よりもまず私は次のことを大事にする――

浮いている時のバランス。

最適のシルエット。

釣人にとってよく見えること。

最高級のつやのあるハックル。

できれば防水性の強いボディ。

堅牢さ。

フック。手に入る限りの最高級のもの。軽く、ショート・ポイント。形はラウンド。アイは私にとってはあまり重要ではなく、アップ・アイでもダウン・アイでもよい。鈎先の鋭さは最も重要なものである。

●**プレーシングおよびフローティング中のバランス**　経験の深い釣師や、いつも魚を釣ってくる上手な釣師が一番重要な条件としているのは、フライが水の上に真直ぐにのり、ハックルやウィングを空中にピンと立てていることである。このためには完璧なタイイングが要求され、ハックルは染色されたものでないナチュラルな最高級品でなければならない。ボディーはできるだけ水のしみないもの。16番から20番のフックに巻かれたものは完全には浮き切らず、しばしば半分沈みかけることがある。

［ドレッシング］　フライのハックルとテールは、ただ単に自然の虫のシルエットを再現するためだけに作られるのではなく、同時にフライが浮いたときのバランスをよくし、水面によくのるようにする。たとえば、ひじょうに大きくブッシー（もじゃもじゃ）なバイビジブルというフライは何ということのないシルエットをしているのだが、フックのどの部分も水の中に浸っていないため、しばしばひじょうに魚を引きつけるフライである。

テールは伝統的な三本か四本のものよりも小さな平《ひら》筆のような束で、下方に向かってカーブしたもののほうがよい。私は自分のフライに関してはタイイングのこの部分につねに注意している。そして、この効果は決しておろそかにできるものではないと信じている。とにかく、このように巻いてあるフライは私に自信を持たせる。それだけでももうすでに大きな心理的効果がある。

この下に向けたテールのタイイングは最初、三十数年前、エン川の釣師M・A・J・グロ・ドゥ・マリニーが発表した。彼はこれを一九二三年に〈ペッシュ・イリュストゥレ〉誌の一連のすばらしい記事の中で書いたのだった。エン川の釣人はこの時以来、シモネも、ネも、シャルポーもみんなフライをバランスよく、水面に正しい姿勢で浮かせる唯一の方法であるとしてこのタイイング法を使っている。L・ドゥ・ボワセはこれをガリカという一連のフライの主要な特色としている。

プレスカヴィエックはその経験と知識においては並ぶ者のない釣師だが、彼はかずかずの細心の試験を重ねて、水の面に突き刺さってしまわないハックルのタイイングに成功した。そのためには、彼は少し柔らかめのハックルを選んだ。このハックルは水面に触れると端が曲がって、接水面を増やして浮くというものだった。ハックルはあまり硬いと水面を突刺してしまうのである。

彼はまたフックをつつむようにした水平のウィングのついたセッジのパターンを作りあげた。このフライはすばらしい成績を上げている。

●**釣人にとってよく見えるということ**　見やすい色でウイングを作ること。マンダリンやサマー・ダックの羽根を使ったり、二つの色を組み合わせたりするとよい。栗色は避けたほうがよい。できるだけ明るい色がよい。

●最も良いシルエット　ハックルによるシルエットの変形を最小限におさえたもの。

●見やすいハックル　染めてないハックルで、できればブルー・ダン、あるいはジンジャーが良く、このハックルのみが光を反射する。染めたハックルはできるだけ避けること。上質なナチュラル・ハックルはひじょうに少なく、また高価であるため、ほとんどのフライ製作者は染色したハックルを使っているが、これは軟かすぎる。染色したハックルは硬さがないために16番から20番のフックにのみ使われることが可能である。

●堅牢さ　フライがフックのまわりをからまわりしないようにしっかりと締めつけてタイイングされ、ヘッドでの巻き終りのスレッドがヴァーニッシュでかためられていること。

●色　L・ドゥ・ボワセは彼の『鱒釣師の毛鈎』（Les Mouches du Pecheur de Truites）という本の中で、基本的なことはフライのボディを本物の虫と同じサイズにして、しかも同じ色にすることだとしている。ランビオットと私は何度もこれが正しい意見だということを確認したが、一九五二年、ルー川、ドゥー川、そしてリール川とアンデル川で特にこのことに関して繰り返し観察してみた。そしてこの理論の正しさが証明された。魚に一番先に見えるのはフライのボディである。ハックルの色は二次的なもので、輝いていて、張りがあればよい。染色していないブルー・ダンのハックルが中でも一番良いが、今日ではほとんど入手不可能である。そこで次に良いのはジンジャー・ハックルで、これは手に入れやすいが水の上では少し見にくい。最後にバイビジブル・ハックルが良い。これは七〇パーセントのジンジャー、三〇パーセントのホワイトでひじょうに見やすく、しかも良質のものが手に入れやすい。

●フック　フックはファイン・ワイヤーで、あまり長くなく、むしろオープン・ゲイプの最高級のポイントを持ったものが良い。もし、私が好んで使うノットを用いるなら、アップ・アイのもののほうがよい。

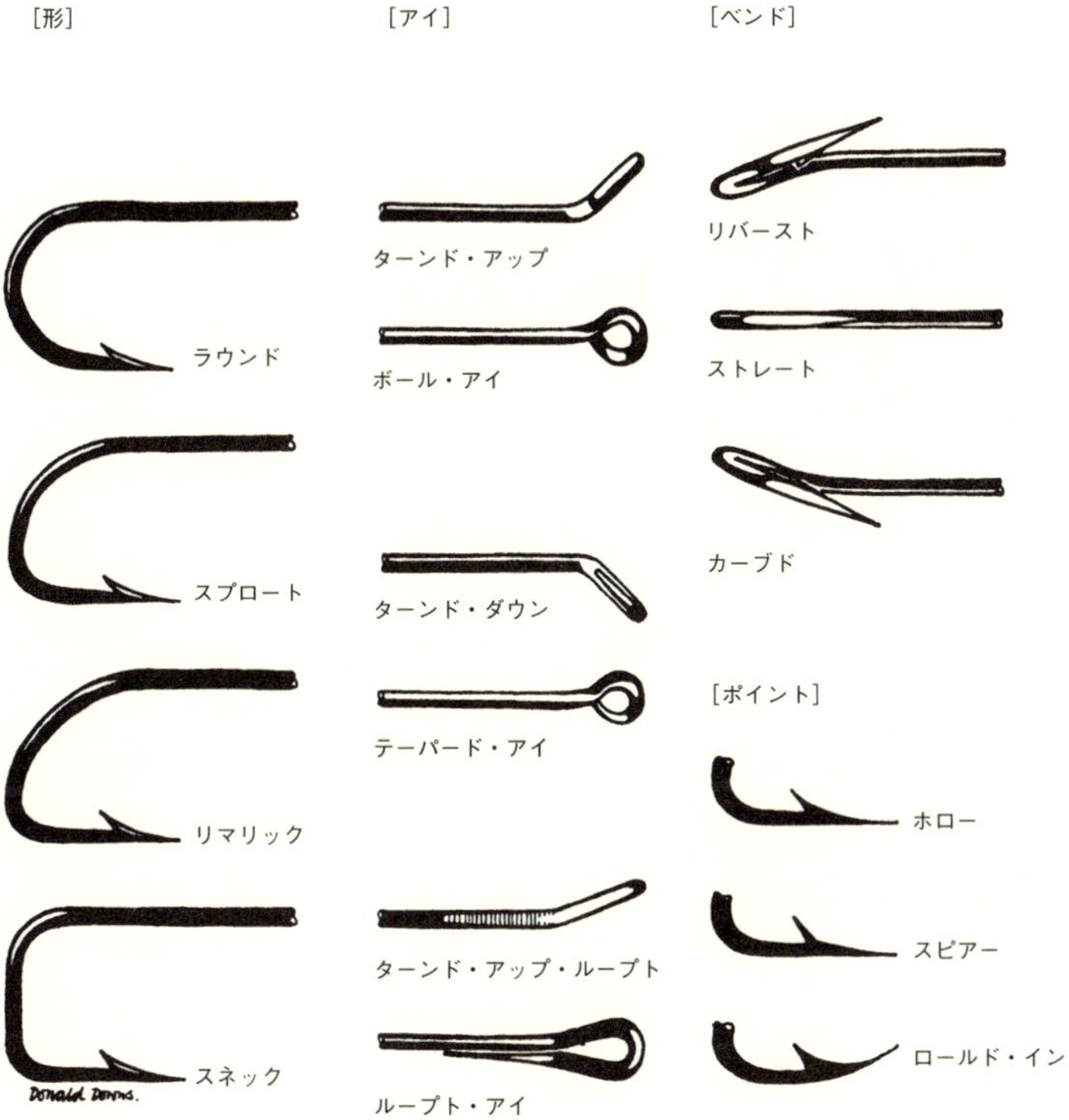

（この図と次の図はドナルド・ダウンズによる）

図47

［フック（No. 8）の長さとゲープの関係］

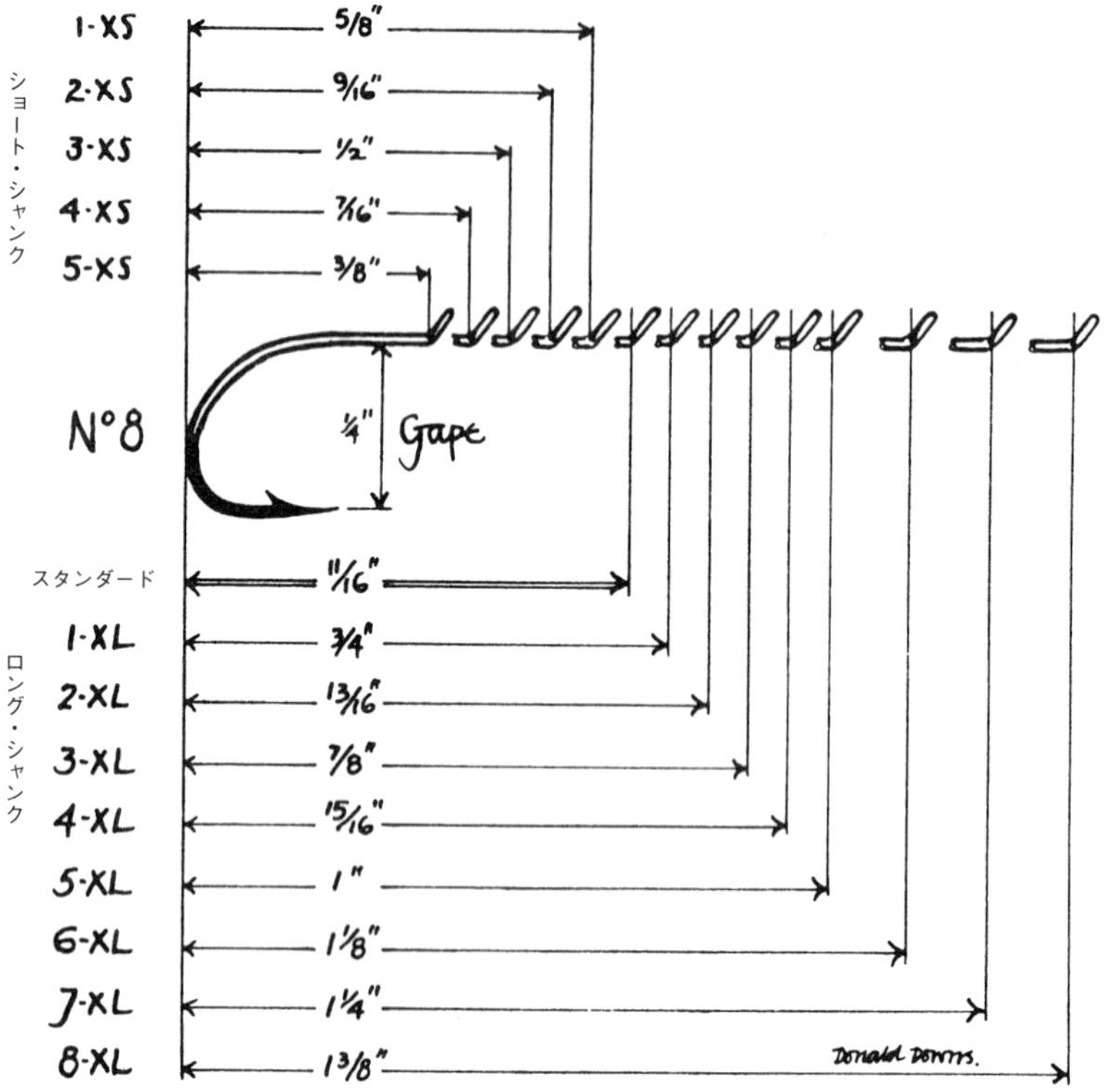

フックの寸法にはアイは入っていない。ここには示されているが、これ以外のヴァリエーションとしては、ドライ用か、あるいはサーモン・フライ用かなどというフックの用途による太さの違いがある。

図48

フックは焼きが入りすぎていると折れる危険がある。また焼きの入りが十分でないと、合わせの時や強く引いた時に開いてしまう。

第二次世界大戦前のパートリッヂのようなイングリッシュ・フックは曲がりもせず折れもしなかったが、今やこうしたフックを手に入れることはできないので、適当なフックで妥協しなければならない。しかし、タイヤーがたとえば16番のフックでフライを巻くと、最後にアイのところでフィニッシュをする時、今のフックは少し開く傾向がある。

しっかりとしたタイイングをしたり、結びをしめるためにスレッドを引くと、しばしばフックのゲープが変形することがある。同様のことは魚をかけた時にも生じる。一尾目の変形では魚を失うまでには至らないかもしれないが、二尾目ではときとして決定的となる。

ひじょうに細いワイヤーのフックを使うと、しばしば、特にグレーリングに関しては、不可能と見えるような魚でもかけることができる。

何年もの長い間、私はフックのカエシをペンチで折ったバーブレス・フックを使ってグレーリングや鱒を釣ってきた。そしてバーブレスであったために魚を逃がしたということは稀であった。初心者を除いて、すべてのフライ・フィッシャーはぜひともこれを実行してもらいたいと強く希望する。プリンス・フォン・クアドは私の意見に賛成で、ドイツの美しい彼の川アルゲンではカエシのついたフックは絶対的に禁止している。

サーモンに対してもこれを実行すべきだとはもちろん思わない。しかし小さなゲームフィッシュに対しては大きな利点がある。鱒やグレーリングならフライを指かプライヤーではさみ、魚を振り放してやるだけで傷つけることなく、簡単にリリースできる。この方法ならば魚にまったく触らなくてすみ、魚の保護の精神からも、スポーツマンとしての精神からも最も良いことだと思う。私はこの方法を長い間実行してきた。それがどのくらい魚を傷つけるものであるかを知りつつ、カエシのついたフックを使っている人に関しては軽蔑せざるを得ない。

●フライの扱い方　フライを楽に扱える方法があれば、釣人は決して無視することのできない恩恵を得ることができるだろう。

貴重なライズの時に時間の無駄を少なくする。
フライを楽に扱えるということは、いら立ちの原因をなくす。
フライのストックを良い状態で保管し、選ぶのを容易にする。

時間をかせぐためには、プラスチック製で、しかもコンパートメントが深くて風が吹いてもフライがとばないような小さなフライ・ボックスを使う。大きさは自分のポケットのサイズや型に合ったものがよい。プラスチックのものは価格が安いので、種々の用途に応じたいろいろな種類のものを用意するとよいだろう。フライ・ボックスは水に落した時浮くようになっていなければならない。私は個人用には五つのコンパートメントがついて軽い木でできた、底と蓋が透明なプラスチックの小さなフライ・ボックスを作った。磁石になった二本の大きな針が箱の中に入っていて、これでフライを取出す。この箱が二つから六つあれば、だいたいのフライを釣人が自分の好みに分けて収納できるだろう。サイズが小さいので四つは簡単にポケットに入る。

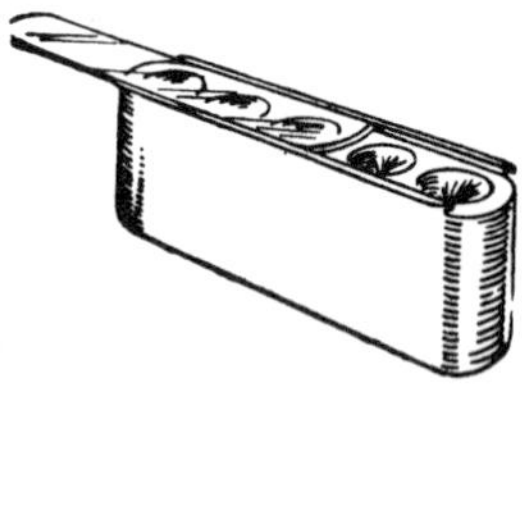

フライ・ボックスと磁石になったピン。

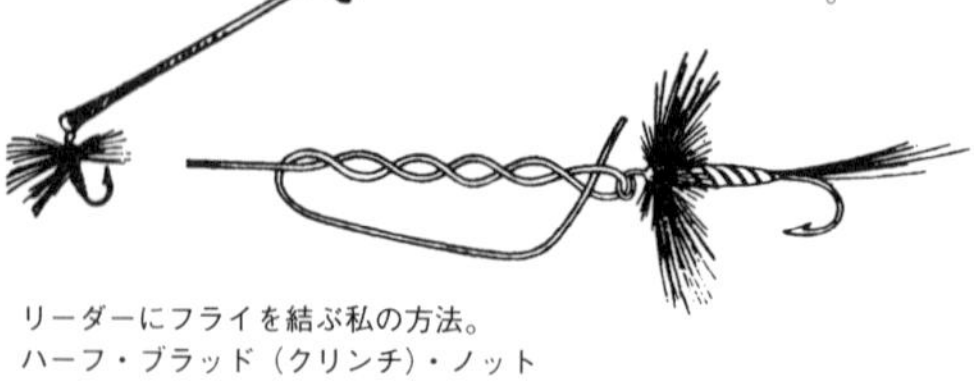

リーダーにフライを結ぶ私の方法。
ハーフ・ブラッド（クリンチ）・ノット

図49

●ノット　この問題に関してはたくさんの異なった意見がある。私自身の経験では最も簡単なものが一番良い。ナイロンの端をアイの中に通し、折返してナイロンに四回巻きつけ、それからアイと最初の巻きつけとの間に通す。こうしてできたループの中に端をもう一度通してやればでき上りで、きつく締める。これはひじょうに手早くできるノットで、フライを切りとったあとでナイロンをアイから取り去るのも簡単である。

●**グリージング**　あまりに何度も上着にしみをつけたために、私はフライ用の古いオイル・ボトルを放棄する決心をした。むしろ、ライン・グリースの容器のほうがよい。新しいフランスの製品、ルタルポン（シリコン・ワセリン）の容器は特によい。これは驚くほど効果があり、絵具のような小さなチューブか、プラスチックの入れ物に入っていてずっと使いやすくなっている。私はマッチか小さな木片の片側を平らに削り、それでオイルをフライのボディにだけつける。簡単で、早く、ハックルをくしゃくしゃにしない。良いハックルはグリースを塗る必要はない。水面に浮かせたい時はボディだけに防水し、浮力を強くするだけで十分である。

しかし、シリコンを使えばハックルどうしをくっつけずにつやをだすことができる。

ここで、私の色々な小物類を紹介しておきたいと思う。もう二十年近くいつも身近かに持っており、そして役立つものだからである。

リール、その他のための小さなスクリュー・ドライバー。先の細いプライヤー、これはフックのゲープのところをはさんで素早く、魚からフライをはずすため。簡単でハックルをくしゃくしゃにすることがない。

木の柄のついた針、これは結び目をほどいたり、アイを掃除するため。

小さな鈎はずし。鈎をはずすのが難しい場合に使うのと、大きな鱒を結びつけて生かしておく時の杭にもする。

平たいアーカンサス砥石、安全カミソリの刃の形をしたものでフック・ポイントを砥いだり、ナイフを砥いだりする。これはポイントを短くすることがない。フックのポイントをかならず砥いで、ひじょうに鋭くしておくことを強調したい。まちがいなく魚に鈎を掛ける効率が良くなる。フライをフライ・ボックスに入れる時はつねにポイントをチェックし、砥石をあてておく。ゲープもチェックしておくこと。使ったフライを入れるための空のスペースを用意しておくとよい。

●**フライの手入れ**　くしゃくしゃになり、変形したハックルは蒸気をあてる。あまりに軟らかすぎ、長すぎるドライ・ハックルは浮力が悪いわけだが、その場合はファイバーの外側と平行に下を少しカットしてやる。

●フライのパターン　トニー・ビュルナンとの共著で私が最初の本を書いた時、ユニベルサというシリーズのフライは鱒に対してはわれわれの万能のフライだった。しかし、今では私は自分の好みの中に、水の上にまっすぐに立つアメリカのパターンをいくつも入れ、使っている。そのうえこれらのフライはひじょうに見やすく、一度も失望したことがない。もちろんランズ・パティキュラーも私の好みの一つである。

　グレーリングに関しては私はそんなに急進的ではない。フライがプレゼントされるたびに、無視されることが多いので、いろいろな用途にあう種々のパターンをそろえなければならない。それらは同時に自分を安心させるためのフライでもある。たくさんのフライがそろっていると、安心して時間をつぶすことができ、フライをとりかえるうちにいらだちがおさまってくる。一般的にはフック・サイズ16番から20番の小さなフライが、鱒や特にグレーリングの興味をそそるというのは議論の余地がない。釣人の多い川では小さく、繊細なフライで釣るほうが有利である。

　私は二つのフライ・コレクションを持っており、フランス、オーストリア、ドイツ、イギリス、そして北アメリカのさまざまの川で使ってみたが、それだけで十分であった。しかし、フライの選択に関しては釣師はそれぞれまったく自由に自分の判断を持っていいと思う。釣具店でフライを選んだり、買ったり、すばらしいストックを持ったり、釣場でどれを使おうかと考えたりするのは、われわれに楽しい議論の余地を与えてくれ、フライ・フィッシングの大きな楽しみの一つでもある。多くの種類のフライの中から自分の気に入った、そして自信を持たせてくれるパターンを選べるようになるのは、多くの人にとってひじょうに重要で、真剣なことなのである。

　次に示すのは、このテーマに関しての私の個人的アプローチであって、私にとっては価値のあるものだが、他の人にとってはまったく何の意味もないかもしれない。

静かな、そして早くも遅くもない流れでの
グレーリング用のフライ

フック・16番から18番、時として20番まで落すこと

グロワール・ドゥ・ヌーブラン

スカーレット・クイル

セッジ

ラ・ルー

サルファー・ダン

セッジ

ラ・ファヴォリット

コロテルプ・ピクテティ・イマゴ

トリコロール

ブラウン・アント

コロテルプ・ピクテティ・スブイマゴ

ソーヤーズ・ニンフ No1
タイプA

オクトーバー・ダン

タップス・インディスペンサブル

ソーヤーズ・ニンフ No2
タイプB

パープル・アイアン・ブルー・ダン

レッド・タッグ

ライト・ケーヒル
パナマ
ポン・トードゥメール
クイル・ゴードン
プリュモー
ウィクハムズ・ファンシー
ネー・フライ
トリコロール
プレスカ・セッジ
シルバー・セッジ
ブルーダン
プレジダン・ビヤール
プレスカヴィエック・セッジ
シェリー・スピナー
ラージ・バイビジブル
a
b
ネー・フライ
（イエロー・ボディ）
c
d
a～d＝チューブ・フライ

もある。――セッジはこの限りではない。

●**グロワール・ドゥ・ヌーブラン**　ホワイト・ハックル、ダーク・ブラウン・シルク・ボディ。魚が自由にフィーディング（就餌）している時によい。薄暗い時間に使うように作られている。白いテール。特に夕方に用いる。

●**ラ・ルー**　ピンク・ハックル。ボディはピンク・クイル。白いテール。ひじょうに見やすいフライである。ぜひ必要というわけではない、オプショナルである。

●**ラ・ファヴォリット**　薄紫のハックル。ボディはレンガ色のクイル。ホワイト・テール。あらゆる用途に使えるフライで見やすい。オプショナル。

●**ブラウン・アント**　コーチ・イ・ボンドュ・ハックル。ボディは蟻のように二つの部分から成る。ピーコック・ハールとフェザント・テール・ハールで作り、中央にダーク・オレンジ・シルク。ペール・ブルー・ダン・ハックルを背中にフラットにつけウィングとする。

●**オクトーバー・ダン**　ブルー・ダン・ハックル。ヒーロン（鷺）・ハールのボディ、色はブルー・ダンで太く。ペール・グレイ・テール。

●**パープル・アイアン・ブルー・ダン**　ライラックおよびジンジャー・ハックル。ボディはレッド・シルク。アイビス（朱鷺）・レッド・テール。

●**スカーレット・クイル**　輝やきのあるジンジャー・ハックル。ボディは輝きのあるレッド・クイル。同じ色のテール。オプショナル。

●**サルファー・ダン**　サルファー・イエローに染色したハックル。ボディはイエロー・クイル。黄色のテール。このフライは他の色が見えなくなった時でも見える。ひじょうに暗くなった時および反射光の強い水面で使う。オプショナル。

●**コロテルプ・ピクテティ・イマゴ**　ランズ・パティキュラーのスタイル。スペント・タイプ。レッドの強いブラウンのコック・ハックル・ファイバーのウィング。メディアム・ジンジャー・コックのハックル。ボディはピーコック・クイル。ガリカ・シリーズのようなグレイ・ホワイト・テール。私の愛用するフライ。

●コロテルプ・ピクテティ・スブイマゴ　スペント・タイプ。ジンジャー・コックの短かいハックル。ボディはダーク・ブラウンのシルクで、細いシルバー・スレッドのリビング。ペール・ダン・ハックル・チップでウィング。ゴールデン・ハニー・ダンのテール。オプショナル。

●タップス・インディスペンサブル　早い流れの中でもひじょうに見やすい。

●レッド・タッグ　ゴールドのリビング。このフライが不可欠であるトラウン川を除いてはオプショナル。

●セッジ　16番のフック。白いウィング。ピーコック・ハールのボディ。ゴールド・ティンセルのリビング。ショルダーにレッド・ハックル。午後および一日の終りに良い。

●セッジ　16番のフック。ブラウン・ウィング。ショルダーにレッド・ハックル。ボディはペール・グレイ・シルク。午後と一日の終りに良い。

●トリコロール　16番。18番。ラゴー・タイプ。黒とジンジャーとブルーダンの三つのハックルを隣合わせに巻き上げてスパイダーのようにする。ゴールド・ティンセルのタグ。ジンジャーのテール。〈ひじょうに見やすい〉。高い位置に浮く。

●ブラック・アント　16番および18番。しばしば唯一の当たり鈎となる。

早い流れや、餌の少ない川ではフライのイミテーションは特に大きな意味を持たない。なによりも、大きくて、遠くからよく見え、目で追うのがやさしいものがよい。ケーヒル、ウィックハム、タップス、バイビジブル、パナマ、プレジダン・ビヤールそしてボン・トードゥメールなどの16番から12番くらいまで。12番は夕方用である。

トラウト・フライ　ハックルをぴんと立ててフライをプレーシングさせることや、あるいは稀には生きているように動かしてやるのはトラウト・フライにのみ適用されるものである。サイズが大きいのでそうしたタイイングが可能だからである。

魚が興味を示す本物の虫の大きさはいろいろなので、フライのサイズを変えて魚の忘れていた本能を呼び起したり、刺激を与えてやる。必要なフック・サイズは12番から14番、そして16番まで。メイフライ用には10番から12番。

●**ライト・ケーヒル**　アメリカのパターン。ライト・グリーン・ボディ――黄色のリビング。これの変形パターン、ステノネマ・カナデンシスはメイ・フライ用には10番から11番のフックで作り、ほかの時は14番か16番にする。

●**クイル・ゴードン**　アメリカのパターン。フックは12番から14番、そして16番まで。マンダリン（おしどり）かサマー・ダックのウィング。ブルー・ダン・ハックル。グレイ・クイル・ボディ。

●**ネー・フライ**　グレイ・ハックル。グリーン・ボディ、グレイ・テール。あるいはバイビジブル・ハックル（ブラウンとホワイト）、イエロー・ボディ。あるいはレッドかグリーンのボディに、イエローのリビング、バイビジブル・ハックル。あるいはブラック・ボディ。フックは14番および16番。四季を通じてよい。

●**ゴールドあるいはシルバーのセッジ、そしてプレスカーヴィク・タイイングのセッジ**　フェザント・ウィング、レッド・ハックル、ブラウンのシルク・ボディにゴールドかシルバーのリビング。フック・サイズは12番か14番。

●**パナマ**　グリーンのボディにイエローのリビング。ハックルは二種類を使う。レッドとサマー・ダック。それにレッド・テール。四季を通じてよい。フックは

14番、ヴァリエーションには16番を使う。

●タップス・インディスペンサブル　フック・サイズ12番、14番、そして16番。

●ラージ・バイビジブル　ブラウンとホワイトのハックル。ボディ全体に巻く。ブラウン・テール。12番と10番でメイフライの時期や夕方用。大きな鱒によい。

●プリュモー　かたいハックルを厚く巻く。スタンダード・パターンはサマー・ダック・ハックルとレッド・ハックルを巻く。それにフェザント・テールのテール。かたいハックルのコルレット（首まき）・タイプはバジャーかまたはペール・コーチ・イ・ボンドユ・ハックル、ハックルは長く硬いものにする。それにブロンズ・ピーコック・ハール・ボディ。特別な場合や大きな鱒に使う。フックは10番と12番の頑丈なもの。

●トリコロール　ラゴ・タイプ。ボディがなく全体にハックルを巻いたパーマー・タイプのフライ。フック、14番および12番。

●ブルー・ダンあるいはシェリー・スピナー　選択に応じて14番か16番。

●ボン・トードゥメール　サマー・ダック・ハックルを束ねたものを前方につけ、ウィングとする。フラットなイエローのシルク・ボディーにピーコック・ハールでリビング。レッド・ハックル。

　そして、プレジダン・ビヤールは、ヘン・フェザント・テールのウィング。ボディはグリーンでイエローのリビング。ホワイトのハックルに別のレッドのハックルを重ねる。レッド・テール。14番および16番。薄暗い中では最も見やすい。

●ウィックハムズ・ファンシー　フック、14番。シーズン終り、あるいはスモール・フライのハッチしている問、私はグレーリング用のものを使う。

●プレスカ・セッジ　12番および14番。

●ソーヤーズ・ジェネラル・スピナー　タイイング・シ

ルクはレッド。テールは、ホワイト・コック・ハックルのファイバー三本。ボディは四本のコック・フェザント・テール。ハックルは、ゲーム・コックあるいはロード・アイライド・レッド――ハックルは四回巻くだけ。

ウェット・フライ　グレーリングおよび鱒用

　全体的には、ハックルはボディのほうにねていて、色はブルーダン。輝く、やわらかいものがよい。まばらに巻く。ハックルの動きは、流れる時、フライを生きいきとさせるものでなければならない。

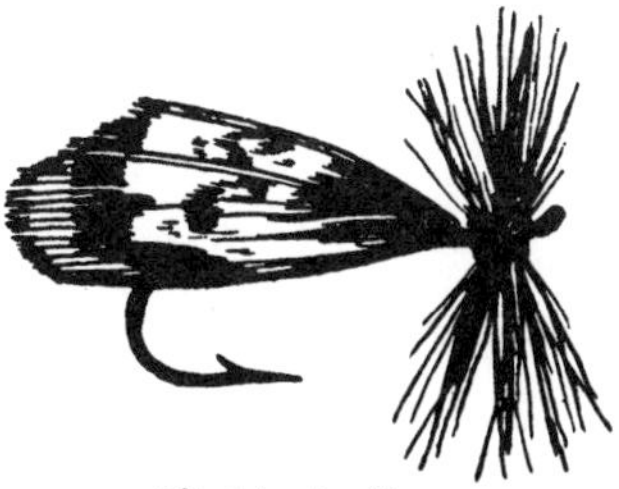
プレスカ・セッジ

図50

　できるだけ自然に流れるように軽いほうがよい。ただし、深みや沈んだ岩の後ろの渦のあるポケットを釣るような場合は時としてより重いパターンが効果的である。

［ゆっくりした流れ］＝小さなサイズ。

A　ペール・グリーンのボディでイエローのリビング。
B　レッド・ボディ、イエロー・リビング。
C　ダーク・レッド・ボディにブラックのリビング。
　フェザーを細く切りとり、小さなウィングをつける。
D　ブッチャー。

［早い流れ］＝中位のサイズ、12番。

　古いフライでハックルが大分抜けてしまったものが新しいフライよりも効を奏することがよくある。その理由は、たくさんのパターンがハックルが多すぎて沈むのを防いでしまうのに対して、古いフライはよりよく沈み、正しい深さで流れるからである。

ニンフ

●ソーヤーズNo.1　タイプA　ボディとソラックスはコック・フェザント・ファイバー。ドレッシングの下に極細の銅線を巻いて、ウェイテッドにする。そしてフェザント・ファイバーを銅線の上に固定し、銅線と一緒に巻く。テールはボディと同じ材料。フックは15番および16番。

●ソーヤーズNo.2　タイプB　ブラウンがかったイエローのコンドル・ファイバーで、前のパターンのように下に銅線を巻く。ソラックスはブルー・ピジョンのファイバー。15番および16番。

結論として、もし釣場に持ってゆくフライを最小限に抑えたい場合、ここに私の簡略化し、選びぬいた、現在入手できる染色していないハックルで作ったあらゆる用途にむくフライのコレクションを示しておく。

●リッツ・ケーヒル　ハックルはバイビジブルのように二色にする。ボディはグリーンに黄色のリビング。フックはメイフライ用には11番、スタンダードは14番から16番。

●モディファイド・プレジダン・ビヤール　バイビジブル・ハックル。ボディはケーヒルと同じ。フックは14番から16番。イブニング・ライズの少し前などの光の条件が悪くなった時、小さな、垂直に立ったブラウンのフェザー・ウィングが見やすさを確保してくれる。

●モディファイド・パナマ　バイビジブル・ハックル。フック12番、14番。

●ネー・タイプ　バイビジブル・ハックル。ボディはイエローかレッド。グリーンのボディの時にはダーク・グリズリー・ハックルを使う。フックは14番から16番。

●コロテルペスあるいはランズ・パティキュラー　パターンとしてはどうしてもなくてはならないというものではない。しかし、この二つのうちのどちらか一つはあったほうがよい。フック14番。このサイズではウィングはアップライト。16番から18番のフックを使った場合はスペント・ウィング。

●セッジ　ハンス・ゲーベッツロイターのタイプ　フックは14番、16番、18番。トラウン川では、イブニング・ライズの時には丈夫な12番、また10番のフックを使う。

●タップス・インプルーブド・モデル　バイビジブル・ハックル。ボディはほっそりとさせる。フックは14番、

16番、18番。あるいは小さなダブル・フックの16番。
●ウェット・フライ　ベルギー・パターン＝フェザー・ウィング。ダーク・レッド・ボディに黒のリビング。
リッツ・スタンダード・パターン＝グリーンのボディに黄色のリビングかレッドのボディに黄色のリビング。ひじょうに細く、やわらかい、染色したグレイのハックルのパターン。

フック・サイズ12番、14番のもの。ソーヤーズ・ニンフ。

ハックルはすべて、できればナチュラルで染色しないものがよい。

フックのパターンは、ハミルトン・テーパード・アップアイ。

フライの選択

初心者はまず美しいフライと、その種類の多さに心をうばわれてしまう。そして観察力の不足や、テクニックや釣りの経験不足から、釣れない理由を正しいフライが見つからなかったせいにしてしまう。

良いハックル、良いフック、そして完璧なドレッシングのフライはひじょうに高価である。特にハックルは値段が高い。ヨーロッパでもアメリカでも、私が完璧と思うフライを巻けるスペシャリストの数はひじょうに限られている。そのために、そうした人の手になるフライの値段は一般的な釣人が考えるものよりずっと高いのだ。

私の知っている一人、コロネル・オガレフは、すばらしいタイヤーである。またひじょうに豊かな知識をもった人であるが、創造力に富んでいて毎週新しいモデルを考えだす。そして毎土曜日、彼は客に新しいフライを売る。ウィーク・エンド・フライというわけだ。彼の考え方はひじょうに的を得ている。というのはフライは完璧であるだけでなく、こうすることによって、客や友人たちにその週末一番釣れるフライを提供しているのである。

初心者とフライの問題に話を戻そう。初心者が川にやってきて釣りを始める時、何が起こるだろう。ライズは稀で、魚はフライをじっくりと眺めて検査している。プレゼンテーションが悪いので、この初心者には成功の可能性はまったくない。彼はわれを忘れてひっきりなしにフライを取り換えてみる。しかし彼のプレゼンテーションは相変らず欠陥だらけだ。フライ・ボックスはしだいにめちゃくちゃになり、アイにリーダーの切れ端のついたフライが溜るばかりだ。そしてついに彼が待ちに待った本当のハッチの時間がやってくる。魚はハッチしたばかりの虫にとびつこうと必死になって、警戒心が薄れている。そこでこの初心者は突然喜びの絶頂に立つことができる。魚を一尾かけたのだ。彼はこれでやっと正しいフライをみつけることができたと思い込む。

ところがそのあと、ライズはますます盛んになるのに、魚はいっこうにフライを食ってはくれない。水面には本物の虫が多すぎるのだ。初心者である釣師はわれを失い、失望し、罵りながら、腕を振上げてはキャストを続け、そしてひっきりなしに水面をたたき回る。手にはマメができ、今度は自分のロッドが悪いと考える。何事もうまく行かない。川へ出かける前に頭の中に描いたあらゆる楽しみ、イブニング・ライズまでの時間を一分でも多くかせごうと、時速百キロでとばしながら友達と釣りについて語った時の熱情、そうしたものはすべて失望に変ってしまった。ところが突然、そんな時に彼はもう一尾魚をかける。あたりが薄暗くなり、リーダーが見えにくくなったせいであろう。しかし、彼はフライ・ショップで聞いた忠告を思い出し、あの話は正しく、彼は苦労のすえ正しいフライを見つけ出したと思い込むのである。

夜になって、夕食のテーブルでこの若い釣人は、昔から釣りをしている釣人に向かって正確なフライのパターンについての理論をぶつのである。彼はできるだけフライの数と種類を増やしておかねばならないと完全に信じてしまっている。こうして、早計すぎ、ちっとも熟していない彼の確信は最も危険な障害となる。

進歩の可能性をいちじるしく遅らせることとなり、不必要に金ばかりつかうことになるのだ。彼は自分のキャスティングやプレゼンテーション、そして水を観察する力を養うことをおろそかにしてしまう。先輩たちの貴重なアドバイスに従うことを拒否し、中級の釣人にしか留まれない危険がある。成功の八五パーセントは釣人の能力により、あとの一五パーセントがフライによるのだという原則を彼は知らないのである。

われわれがみんな自分の好みのフライを持っていることは確かだ。戦前、ノルマンディのリール川では、数年の間、プレジダン・ビヤールが好んで使われたフライだった。今日ではこのフライのことを耳にするのは稀である。(とはいえ、リール川の谷で最も腕の良い釣師、ブリオンヌと私の友達ボードアンは相変らずこのフライを贔屓にしている)

なぜだろう? ハッチする虫の種類が変ったのだろうか。たぶんそれも考えられるだろう。しかし、用途にあわせたフライの組み合わせの変遷、そしてタイイングの新しい方法といったものの影響が大きいのであろう。プレジダン・ビヤールはウィングがフェザー・ウェッブで作られていた。しかし、ハックル・ポイントを使ったウィングがフェザーのものよりもずっと結果がよかったために、フェザーにとってかわってしまったのである。釣人は、趣味的な面には弱いものである。しかし、つねに実用性に対する感性を忘れてはいけない。

伝統的なディバイデッド・ウィングのついた中ぐらいの大きさのフライは、フォルス・キャストの最中、音を立て、キャストにはずいぶん力を必要とする。メイ・フライのこのパターンを使った場合、ロング・キャストは不可能である。

ポン・トードゥメールというフライも同時代にひじょうに人気があったが、こちらは今でもその他位を保ち続けている。このフライはつねに正しい姿勢で水面に落ち、その帆の形をしたホワイト・グレイのウィングは水面に垂直に立つ。そのためひじょうに見やすくもなっている。メイフライの季節にはたいていの場合風がつきものであるがウィングが特別な方法で取りつけられていることも、このフライの見やすさの理由の一つとなっている。またフックの下部が水面に入るようにハックルが巻いてあり、今までのフライとは違ったシルエットを作りだしている。見つけやすさの点から、光線の具合が悪くなった時はこのフライを勧める。

その当時のひじょうに優れた釣師であり、私の良い友達であるモローは、大きなプリュモーというフライでしか釣りをしなかった。彼はそれを時に応じてドライで釣ったり、ハーフ・ウェットにしたり、ウェットにしたりしていた。彼はキャスティングをすること、釣りをすることは好きだったが小道具をいじくりまわすのは嫌いだった。

長いつきあいの私の釣りの友人たち、V、S、L、G、もそれぞれ自分の好みを持っており、その理由はいろいろである。

Vには自分の好きなフライが三つある。グリーン・ボディのモール・フライ、グリーン・ボディのダン、グリーン・ボディのベオティエール。最後のものは特に彼の気に入りで、というのは彼のフィッシング・ロッジはラ・ベオティエールという名前で、このパターンはコロネル・オガレフが特別に彼のために創ったものだからである。

Sの気に入りは、その時リーダーの先についているものである。何年もかけて、彼は初心者だった頃に買い集めたフライのストックを使い果そうとしている。


そうすればもうフライを選ぶのに頭を使う面倒がなくなると考えているのだった。ただ一つだけ彼が後悔しているのは、パナマをもっとたくさん買っておけばよかったということで、このフライは実際の虫とは何の共通性もないフライだがリール川ではひじょうに評判が高い。

Lのフィッシング・バッグの中にはつねに外科医の道具箱が入れてあり、その中に十二のコンパートメントを持った小さな箱が少なくとも二十は入っていて、全部フライがぎっしり詰っている。箱には種類分けのラベルを貼りつけてある。そしてその他にさらに大きなアメリカ製のフライ・ボックスを二つか三つと、一つか二つの普通のフライ・ボックスを持ち歩いている。これらのストックは彼にとっては保険みたいなもので、こうしておけば安心していられるのだ。彼はネーのフライが好きで、パーマー・タイプ、イエロー・ボディのグレイ・ハックルのものが特に気に入っている。ネーは彼が必要な時に、染色していないグレー・ハックルのフライを提供できる唯一のタイヤーであり、彼はネーのタイイングが好きだった。これは後にアメリカン・タイプの影響でさらに改良されることになる。メイ・フライとしては彼はライト・ケーヒルのみを使っていた。

Gには毛鈎を巻く親友の釣師が一人いて、毎年メイ・フライのシーズンのために、特別大きいフライを巻いてもらっていた。メイ・フライのシーズンが終る前にストックがつきてしまうとGは釣りをするのが楽しくなくなってしまうのだった。

そんなふうにフライの選択の違いはあっても、日並みの良い日には四人は四人とも同じぐらいの割合で成功していた。そして彼等の平均的釣果は安定していた。悪い日には四人とも同じように不調だった。ある年、私は有名なロジャー・ウーレイのタップス・インディスペンサブルを四人にあげた。四人ともこのフライでひじょうに良い釣果をあげた。

アメリカではホワイト・フェザーの大きなウィングをつけた、小さなグライダーのようなファン・ウィング・ローヤル・コーチマンや、大きなバイビジブルがイブニング・ライズのためにひじょうに人気のあるフライである。これらのフライは薄暗がりの中での釣人の目にあわせて作られている。昼間用にはケーヒル、ヘンドリクソン、クイル・ゴードンが人気の高いパターンとなっている。これらのシルエットは似かよっていて、何よりもまず釣人が喜ぶように出来ている。浮力、よく見えること、丈夫さは申し分がない。

ベルギーのプロのキャスティング・チャンピオン、アルベール・ゴダールはイエロー・ボディでジンジャーのハックルを巻いたフライが好きで、彼はフライのサイズと形に重きをおいている。また必ず光沢のあるハックルを使った最高のタイイングに固執し、テールは毛の量の多いものがいいとしている。彼はキャスティングがひじょうにうまいので、魚をだますことにかけては何の問題もない。

私の知る限りで最も釣りのうまいシモネは、二種類のパーマーフライを使う。一つはイエロー・ボディにグレイのハックル、もう一つは赤かイエローのボディにジンジャー・ブラウンのハックルのものである。彼は自分でフライを巻き、多く使うのはグレイである。彼のようにあらゆる鱒のつき場所を知っており、プレゼンテーションが完璧であれば、よくできたフライならどんな種類のものでも鱒をとびつかせることができる。

親友のピエール・デュフェーは、ルー川の古つわものだが、グレーリング用にはほとんど見えないほどの何本かのフェザーのファイバーをつけた小さなフックのフライを使う。そして、少し上にハックルを厚く巻いたソトゥーズ（跳びはねるもの）と呼ばれる二本目のフライを枝鈎としてつけ、目印としている。

ドイツやオーストリアにおいては釣具屋が最新の道具や材料を提供することに踏み切ったのが遅かったため、これらの国の不幸な釣り人たちは古いタイプのフライで満足せねばならなかった。またその選択もスタンダードなモデル、レッド・スピナー、ウィックハムズ・ファンシー、マーチ・ブラウン等に限られていた。今日ではこうした状況はなくなっている。

一九三〇年頃のトラウン川ではほとんどの鱒はドライ・フライというものを一度も見たことがなかった。その頃、私の友人ジャック・スピエールは、まだ初心者でドライ・フライ以外では釣りをしたことがなかった。ある日、彼は上トラウン地方のバッド・イシルにやって来て、最初の日にギリー（案内人、ビク持ち）を雇い、街の真中で釣り始めた。大きな岩の後ろに一尾のすばらしい魚がいて、それはビクビクせず堂々としていた。彼はギリーにその魚をゆびさした。

「あれはアドルフです。やってみても無駄ですよ。何年も前からあそこにいて決してフライをくわえないんですから」

その頃、私はタップス・インディスペンサブルに万全の信頼をよせていて、ジャックは初心者として私の忠告に盲目的に従っていた。ギリーがそう言ったのにもかかわらず、彼はとりあえず試してみることにし、タップスをその魚の上にプレゼントした。何分かあと、ギリーはその魚をビクの中へ何とか押し込もうとしたが無理だった。魚は四ポンド半あり、あらゆる釣師が試したウエット・フライには見むきもしなかったのに、この最初のドライ・フライにとびついたのだった。

プレジダン・ビヤール、ケーヒル、タップス、ブラウン・バイビジブル、ルーのホワイト、イエロー、ピンクのサルファー・ダン・シリーズなどは光の状態が悪くなった時には一番見やすいものである。私はハックルの色にひじょうに重きをおく。この年になれば人は目を大事にするものだ。オール・ブラウンのハックルは頭が痛くなる。グレイはまだ我慢できるのだが、それでもやはりバイビジブル・タイプの白の首巻きを選んでしまう。

第二次世界大戦中、ドゥー川で釣りをしていた時、釣りの仲間たちはピンクのフライでたくさんのグレーリングを釣りあげた。この色は普通はとても見にくいのだがドゥー川の広大な砂利底の色と対照的で、ひじょうに良く見えた。最初はこのフライが他のいかなるフライよりもこの時期に合ったためかと思った。しかしわれわれは無意識のうちに見やすさの点から、このフライを選んだのだった。もし、ピンクと同じぐらいよく見えるものであったらモーヴ（藤色）でも同じようにたくさんの魚が釣れたに違いない。

トラウン川では光の具合がよい時にはモーヴを使う。たぶん、川底がより暗色だからであろう。ピンクはここではあまり役に立たない。イエローのものはつねにフライ・ボックスにしまわれたままだ。この色はあまり評判がよくないが、しかし、この色にもその有効性はあり、ピンクやモーヴのものと同じだけの魚を釣らないという理由はどこにもない。ある年ずっとピンクの12番と14番ばかりで釣りをしたことがあったが、釣果の平均は落ちなかった。

次の意見には、みんなの同意を得られると思う。それは、われわれにとってはフライの問題と女の問題は同じだということだ。なぜあの釣師はジンジャー色の髪の女が好きなのか、あるいはウィックハム・ファンシーが好きなのか、あるいはブルネットの髪の女なのか、あるいはブラック・ナッツなのかを理解しようとしても無駄なことだ。そのうえわれわれは心変りが好きで、それが釣具屋の財産となり、われわれの奥方の失望となるのだ。別のパターンのフライを選ぶために釣りを中断して時間をとることや、どうやっても釣れない魚に対して少し休みをやり、その間を利用してフライをつけ換えるのはわれわれにとって心をときめかすだけでなく、魚をだます最も良い方法なのである。

私が釣りを始めた頃の恥ずかしい話をあえてしようと思う。これ以上間がぬけている者はいないだろう。川岸に立った時、すっかり興奮してしまって、度を失い、観察力も思考力もなくしてしまったのだ。

一九二〇年、アメリカのビーバーキル川で釣りを始めた頃、実物の虫に正確に似せて巻かれたフライのみが魚を釣ることができ、魚が釣れるか釣れないかはフライの善し悪しにかかっているという固定観念に、私は完全にまどわされていた。プレゼンテーションについていえば、水面をムチ打つだけで、鱒がフライをくわえるに違いないと思われる場所を探して川を行ったり来たりしていた。魚は一度も出てきはしなかった。そこで私は釣具屋の推薦するフライをすべて買いそろえた。ストックは急速に増え、ある日それはトレイの四つついた大きなケースにいっぱいになり、小さな無数のコンパートメントにつまったフライは二千を越えた。

フライを限りなく取り換えてみるのだが私には魚の釣れる正しいパターンをみつけることができなかった。夜になると使ったフライを自分のすばらしいコレクションの中へ順序正しく戻すのに時間を費やしたが、私のビクは相変らず最初の魚を待っていた。ところがある日、同じ時間、同じ流れの中で三人の友達がそれぞれのフライを使っていながら、みんな同じようにたくさん釣っており、私だけには一尾も釣れていないという事実に気がついた。夜、夕食の席でわれわれの小さなグループで一番釣りのうまいペニーが言った。

「ここに六種類のフライがある。ケーヒル、レディー・ビーバーキル、ウッドラフ、ヘンドリクソン、クイル・ゴードン、そしてイブニング・ライズのためのコーチマンだ。もし君がこのフライを使って鱒を釣れないようだったら釣りはやめたほうがいいよ。今シーズンはもうこの六種類のフライだけを使って釣ると約束してくれ。そしてもっとキャスティングに頭を使って、左手をどう使っているか考えてごらん。もし約束を守っても、君の結果がちっともよくならないようなら、ぼくも釣りをやめてもいいぜ」

これが私にとっては一つの救いになったのだった。私は自分のコレクションの大部分をロスコーの村の子供たちに分けてやってしまった。自分用にはハックルのよいもの、そして上手に巻けているものだけを取っておいた。

一九三一年、アンマー川へ初めて行った時、ウーレイの巻いたタップスを何本かもらった。友達のトリンクスが、彼はその何年か後ロッドを手に握ったままこの川で死んでしまったのだが、これは私にとっては一つの啓示であった。そのタップスはとてもよく浮き、つねに高い姿勢を保ち、水面にプレースするやいなや、すぐに目でとらえることができた。おかげで私は多くの魚を釣ることができた。翌年私はタップスの10番、14番、16番のサイズを揃え、リール川でシーズン中ずっとこのパターンだけを使ってみることにした。結果はすばらしいものだった。その次の年、タップスはたくさんの釣仲間の間で、ひじょうに人気の高いフライとなった。私は熱烈なタップスのファンとなり、一九四一年に自分のストックを使い果してしまうまで徹底してこればかりを使っていた。

戦争の間ウーレイと連絡をとることは不可能であった。マダム・ド・シャンベレも私にフライを巻いてくれることはできるのだが、当時良いフックが手に入らなかった。ある日ガスティーヌに会うと、彼はメインワーリングが破産した時に、コロネル・オガレフがウーレイやハーディーに巻かせたフライのストックを全部買い取ったと教えてくれた。何分か後、私はガスティーヌ・ルネットの店でカウンターの上に引き出しを全部並べてそれに見入っていた。しかし何ということだ。タップスは一本もなかった。店員に聞いてみて自分の疑問が正しかったことが分かった。われわれの仲間の一人、バーゲン・セールの掘出し名人がその前の週に全部買っていってしまったのだった（この文章を読んで彼がいくらかでも後悔の念を持ってくれたらと思う）。昨晩会ったのに彼はそんなことは一言も言わなかった。一体どうしようか。私は眼鏡を掛けると仕事に取りかかった。唯一の解決法は、パートリッジかシーレイのフックに巻かれた一番良いパターンを選ぶことだ。こうして私は10番から16番までのひじょうにバラエティーに富んだフライを三グロス（一グロスは一二ダース）と、グレーリング用のフライの立派なコレクションの所有者となった。その時以来一九四六年まで、状況に合わせて、この時買ったフライの中からフックやサイズのよさそうなものを選んで使っていた。そしてこのストックが全部なくなるまで特別困ったこともなかった。

一九四六年、戦争後初めてアメリカへ行った時、ケーヒル、クイル・ゴードンといったアメリカン・タイプのフライを揃えることに気を使った。

その頃、何人かの友人はメイ・フライのシーズンの鱒用としてはたいていケーヒルの10番、他のシーズンにはケーヒルかクイル・ゴードンの12番、14番を使っていた。

私は今では鱒用にはケーヒル、プレジダン・ビヤール（バリエーション・パターン）、ランズ・パティキュラーが好みで、ただボディをイエローに、ハックルをグレイにしている。そのほかにはパナマと気を落ちつかせるための少量のフライの一揃を持って歩く。これらのフライに倦きて、自分の視力がさらに悪くなる日が来たら、ヴァーヴォン大佐のようにファン・ウィング・ローヤル・コーチマンかウィングのついたメイフライだけで釣りをすることになるだろう。

グレーリングに関しては一九五二年まで、私のフライ・ボックスはクルーズヴォー、ストローブ、カヴァラスカ、ランビオット、ゴーチィエ、シーといった友人たちと同じようなもので、ルーやガリカの小さなフライのシリーズでいっぱいになっており、これらのフライはなくてはならぬものと考えていた。

一九五一年にアンドレ・ラゴーがパーマー・フライのパターンをたずさえてグムンデンにやって来た。トリコロールと呼ばれるもので、黒とブラウンそして白の三色のハックルが巻いてあり17番、15番、13番の三つのサイズが使われていた。彼はすべてのグレーリングをこのフライで釣り、結果は申し分のないものであった。

自分が怠けもののせいで、一九五二年に二ヵ月間グレーリングを釣った時、私はほとんどをトリコロールで通した。今、グレーリングを釣る時、私が満足して

使っているのはトリコロールの18番と16番、グロワール・ドゥ・ヌーブラン、コロテルプが二種類、レッド・タッグ、小さなセッジを二種類、タップスそしてオクトーバー・ダンである。

トリコロールのすばらしい効力はその浮力の良さにあるのだと思う。

アンドレ・ラゴーはパーマー・トリコロールを次のように説明している。

《このフライは全部ハックルにおおわれていてボディは持たない。トラウン・トリコロールはハックルとテールの間にフラット・ゴールド・ティンセルがほんの少量巻いてあるが、これはボディというわけではない。私の考えでは、このフライはサブイマゴの状態の水生昆虫に似ているものだと思う。ちょうどハッチしたてで、ラーバの殻から抜け出し、ウィングもレッグもテールもまだくしゃくしゃで水面ではっきりしないかたまりとなっている。グレーリングにとってはスペントと同じようにこの状態の虫はイマゴ（成虫）のようにうまく動き回らないのでひじょうに食べやすい餌である》

●アメリカのヘアー・フライ　友人のベン・ファウンテンは国際キャスティング連盟の会長を数年やっていたが、典型的なアメリカ西部のフィッシャーマンである。そして実在の虫などにぜんぜん似ていないようなアメリカのフライを使った。実際、ほとんどはひじょうに風変りな作り方だった。私はジョン・タランティーノにこれと同じフライを貰って箱いっぱい持っていたが、ベンと一緒に釣りをするまでは実際に魚に向かってキャストしたことは一度もなかった。

ベスト・パターンはディアー・ヘアー・イエロー、ディアー・ヘアー・ナチュラルそしてディアー・ヘアー・グレイ・ウルフである。ベンがこれらの三つのパターンでノルマンディーのチョーク・ストリームや英国の川を釣るのを見たが、彼はピエールや私よりもたくさんの魚を釣ったのだった。もちろんその理由を調べてみた。なぜあんなお化けのような外観が効力を発揮するのだろう。

その秘密はヘアー・フライが水面で高い位置を保つということにある。このフライはひじょうに張りがあり、よく浮き、よく見える。それはボリュームのあるおいしそうなハムのようなものだ。もちろん鱒たちの興味をさそうに違いない。

魚が正確なイミテーションについてひじょうにうるさいという説を私は承認できない。もし、そうであるとすれば、最高に熟練を積んだタイヤーであっても正確にまねなどできるわけはないし、いずれにしろフライには中心に鉄のフックがあるのだ。ベン・ファウンテンはこれらのパターンであまりにもたくさんの魚を釣ったので、彼のこの実例はマッチッング・ザ・ハッチなどということはそうしたお遊びが好きな人の気晴しだということを証明するようなものだった。私は別に反対はしないし、彼らの幸運を祈るが、自分自身の考えではマッチング・ザ・ハッチはそんなに重要なことではないと思う。

フライ・フィッシングで本当に重要なのは水の流れにマッチさせること、そしてよく見え、正しく浮き、高い位置でドライの状態を保ち、そして水面上の魚を興奮させることのできるパターンのフライを使うことである。

魚がフライに関して最も気難しく、そのため本物の昆虫の正確なイミテーションが要求されると言われていたチョーク・ストリームで、アメリカン・ヘアー・

フライによって得られた結果はあらゆる古い定説を破るものであった。こうなるとたとえうまいフライ・パターンを選んだ時でさえ、魚の生理機構について考え直さざるを得なくなった。つねに生理機構の問題なのである。

結論

いかにしてパターンを選ぶか。

〔鱒およびグレーリング〕

1　静かな流れでは、ハックルの多過ぎない小さなフライ。早い流れでは大きな、ハックルの厚いフライ。

〔鱒およびグレーリング〕

2　光線の具合を考え、見やすく、目で追いやすいパターンを選ぶ。風のある時は特にこのことに気をつける。

〔鱒およびグレーリング〕

3　フライが拒否された場合は、パターンを変える。

〔鱒〕

4　何種類かのパターンをプレゼントしてもまだ拒否される場合はサイズを変えてみる。

〔鱒およびグレーリング〕

5　深い流れでは大きなフライ。

〔鱒〕

6　拒否された場合、パナマのスペント・タイプを試してみる。このフライはいつもまったく予期しない時に意外な効力を発揮する。

〔鱒〕

7　水面で餌を食っているのにフライを追わない時は必ずラーバかニンフを試してみる。

〔鱒〕

8　イブニング・ライズにはドライ・フライのバイビジブル、プレジダン・ビヤール、ポン・トードゥメール、そしてセッジなど。最後には必ずドラッグを掛けて誘う。

［鱒およびグレーリング］

9　山岳渓流でのイブニング・ライズは最初はひじょうに小さなフライ、小さなセッジなど、それから大きなセッジ、プレジダン・ビヤールなどを使う。

10　シーズン初め、あまり小さい魚ばかり釣れる時には、バーブレス・フックを使うことを勧める。また大きな魚だけをキープし、他の魚はリリースする時もそうするとよい。

第四部　グレーリング

グレーリングとフライ

フランスにおけるフライ・フィッシングの先導的立場にあるライター、L・ドゥ・ボワセは彼の著作『グレーリング、スポーツ・フィッシングの魚』という本の中でグレーリング釣りのすばらしさについてあますところなく伝えている。そして本当の釣人のみがこの釣りの正しい価値を認めることができるとしている。

イギリスでは、ある人は、釣りとしては鱒を第一に置き、他の人々はサーモンをさらにその上に置く。グレーリングは一般的には川から駆除するためにのみ釣られる。しかし砂利底のドゥー川や、遠浅の川底をもつルー川、あるいはオーストリア、バヴァリア地方、スイス、ユーゴースラビア、チェコスロバキアなどの川でグレーリングを釣った人は、ドライの釣りの対象としてはサルモ・ティマルス（Salmo Thymallus＝グレーリングの学名）はサケ科の魚の中でも筆頭に属することをいやおうなしに知ることになる。

私は魚釣りのスポーツ的な価値というのはその魚の大きさや重さによるのではなく、その釣りが釣人に要求する集中力、熟練度、巧みさといったものの中にあると思う。何にも増して、グレーリングの釣りを私が好む理由は次のようなものである。

フライをドリフト（流す）する場所を正しく読むことの必要性。

フライが魚に受入れられるためのドリフト・チャネル（流す範囲）の幅が狭いということ。

ドラッグをかけずに長くドリフトさせなければならないこと。

フライのプレゼンテーションがひじょうに正確でなければならないこと。

リーダーの先を絶対に見せないこと。

素早いライズの後、フライについて流れ下り、後退しながらフライをくわえるグレーリングの習性。

リーダー・チペットを細くしなければならないこと。

使うフライがひじょうに小さなものであること。

ほんの少しの微風にも影響されてしまう、〇・一七五ミリ径のナイロンのリーダー・チペットの繊細さ。

口の形とフライのくわえ方の特殊性からくる合わせの難しさ。

平均的な釣果が得られるようになるまで、また意味ある観察ができるようになるまでにはひじょうに教多くの魚を釣ってみなければならない。オーストリアのすばらしい川トラウンは、そのグレーリングの豊富さからして理想的な練習場所だ。

六月はひじょうにハッチが多く、そのため就餌行動がうながされ最もよく釣れる季節である。しかし、ヨーロッパのたくさんのよい川で釣りをした二十年近い経験から、私は自分の観察したことをまとめ、正確に結論づけるためには魚がより気難しくなった八月に釣ることにした。

釣りをしている時はしばしば早急すぎる結論を引き出してしまう危険があり、また一般性を排除するようなできごとに影響されてしまいがちである。あまり夢中になり過ぎて、一般的な価値のある観察をする機会が制限されてしまうのである。

意味のある結論を引き出すためには、独断的になることを避け、専門的な知識を持つ友人の意見や、自分自身で観察した説明や熟考をベースにし、毎晩論点を明らかにした議論をして建設的な結論のみを残すようにする。疑問のある例については可能な限り後日にテストをしてみる。そしてまた仮説についいては、特別な興味のあるもののみを取り上げるようにする必要がある。

ハンス・ゲーベッツロイターは老練な釣師であり、二十年以上もトラウン川のヘッド・キーパーをやっていて、つねに私と一緒に釣ってくれた。彼は正確なイミテーション・フライへの尊敬の念から、それに影響される傾向が少しあったが、それでも完璧なプレゼンテーションをすることの実戦上の価値をつねに認めていた。釣りに関しては彼は比べるもののないくらいたくさんのことを知っており、彼が私に与えてくれた貴重で価値のあるたくさんの助言に深く感謝したい。

フライを前にした時の
グレーリングと鱒の習性の違い

鱒という魚のもつすばらしい社会的名誉や評判に関しては、もちろん私も何の異論もない。この魚の存在なくしてはフライ・フィッシングが世界中で高く評価されるスポーツにまで発展することはなかったに違いない。そして、鱒のいる川は私にいつも変らぬ喜びを与えてくれる。

私の友人のP・デュフェイは長い間グレーリングばかりを釣ってきた釣師だが、一九四八年に初めて鱒と知りあいになるためにアンデル川にやって来た。そして最初の日から彼は鱒釣りに関しても実にすばらしい才能を発揮したのだった。反対に、親友のピエール・クルーズヴォーは、鱒に関しては何から何まで見抜いてしまうのに、トラウン川のグレーリング釣りをマスターするにはたっぷり一週間が必要だった。このような例ならいくつでも挙げることができる。

もし私がフライ・フィッシャーの等級づけをするとすれば、先ず第一にグレーリング・フィッシャーマンをもってくるだろう。次がチョークストリームにおけるトラウト・フィッシャーマンで、最後にそれ以外の川におけるトラウト・フィッシャーマンである。グレーリングも鱒も釣る私の友人たちもみんな同様の意見である。

鱒

鱒は川底に待機し、あらゆる方向へライズし、水面下、あるいは中層でフライをとらえる。

本物の虫に対してと、フライに対してとでは反応の仕方が異なる。フライに対しては無関心、興味、好奇心、いら立ち、怒りなど。

行動が活発になる時間は決っていない。

グレーリング釣りのテクニックや戦術はあまり知られていないものだが、ほとんどすべてが鱒釣りに応用され得るものである。だからここでは一方的にグレーリングについてのみ述べてみたいと思う。

そして鱒に関しては鱒だけに特有な例、およびトニー・ビュルナンと共著で出した『毛鉤釣り』以降に、実際に釣場で観察したことについて述べたいと思う。

グレーリング

つねに川底におり、自分のいる場所の上を通る流れの方向に沿った細い帯状の区域でのみ、しかも自分のいる場所の後方でフライをくわえる。

本物の虫にもフライにも同様の反応を示す。フライに対してはほとんどつねに興味を示す。

行動様式には鱒よりも決ったパターンがあり、特に十時から四時まではひじょうに活発である。

性格はラテン的。衝動的。

人間が存在することから派生するあらゆる現象、および彼らの生活様式を害するあらゆる異常な条件に恐れを示す。

アプローチのためには十分用心をする。ライズがあったらすぐにフライをプレゼントしなければならないのでアプローチは時間が限られ、より難しくなる。

どのフライがよいかは一定していず、選ぶのが難しい。時として大きさやシルエットを変えただけで突然積極的に反応する。

口は大きく骨ばっている。吸入力も強い。

道具はグレーリング用のものより一般的に大きく頑丈。そのほうが風に対しては効力があり、ウィングのついたフライをうまくプレゼントすることができる。

性格はゲルマン的。画一的。

人間が存在することからくる種々の現象に対してあまり恐れを示さない。

アプローチはより簡単で、フライをプレゼントするための時間もそんなにいそがなくてもよい。しかし、たとえライズは続いていてもリーダーにはひじょうに警戒する。

ゆっくりした、あるいは中位の流れの中では16番から18番くらいまでの小さなフライのみをくわえる。また形や色も種類が限られる。

口は小さく、軟骨質で、少し下方についている。吸入力は弱い

軽く、繊細なタックルが使われ、風に影響されやすい。手首のデリケートな使い方が必要である。フライ・サイズがひじょうに小さいのでウィングを立てた

キャスト

魚がフライをくわえる範囲が360度の円形で一定していないため、スラックをあまり多くつくる必要がなく、またドラッグのかからないドリフトがそんなに長くなくてもよい。キャスティングのやり方はいろいろと選択できる。70%から90%のチャンスを得るには最初のキャストの正確さが必要である。このパーセンテージは次のキャストからは急速に落ちる。

天気が悪く、風のある時、私の場合は平均的釣果が50%落ちる。

フライをくわえる場所、フライを観察する場所、第一キャストおよび第二キャストのフライのプレーシングとプレゼンテーションの場所のグレーリングと鱒における相違

《もし山がマホメットのところにやって来ないなら、マホメットのほうが山へ出かけて行かねばならない》

フライを完璧にプレーシングさせるのは不可能である。

キャスト

絶対的な正確さが不可欠である。スラックをたくさん作ってキャストし、ドラックがかかるのを最大限に遅らせてやる。そのためにキャスティングのやり方には制限があり難しさを倍加している。最初のキャストでの正確さや、完璧なプレゼンテーションはそれほど不可欠な条件ではない。キャストを続けて繰り返してもプレゼンテーションが正しければ、つねに70%から90%の成功の確率はある。

天気が悪く、風がある時には私の釣果は0に終ることもある。

という格言は、鱒だけに言えることでグレーリングには適用できない。

グレーリングは自分の脇を流れるフライはくわえようとせず、ほとんどつねに自分の下流あるいは後方でフライをくわえる。鱒はもちろん自分のいる場所のそばでフライをくわえることが多いが、同時に上流でも

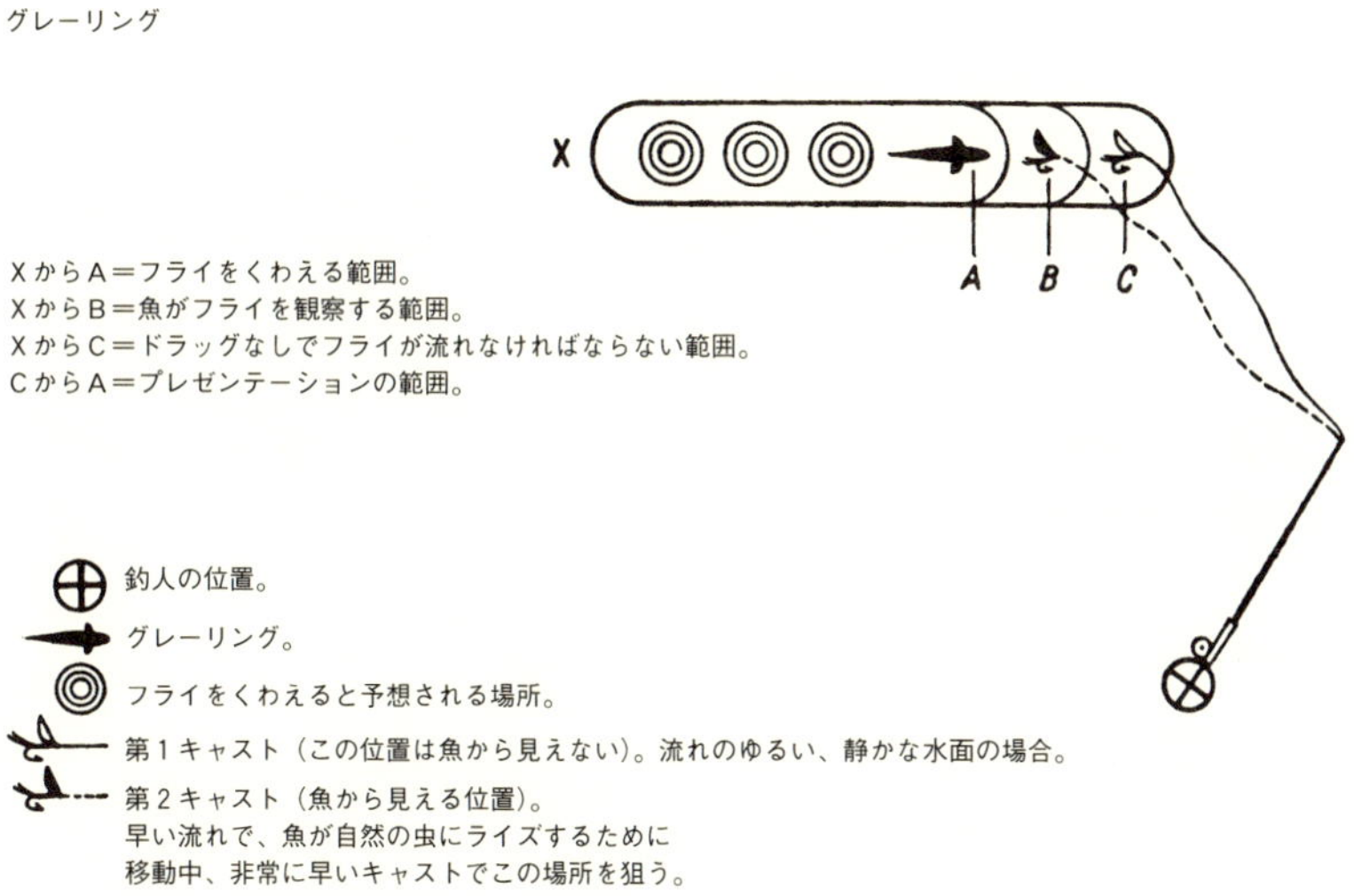

図51

下流でも、また脇でもくわえる。

グレーリングに関して活用すべき主な要素は、好奇心、フィーディング（就餌行動）中の一定して変らぬ活動、行動中は鱒よりも人の接近に対して警戒心のないこと。ねばることはしばしば効を奏する。フライのドリフトは長いほうがよい。ライズしている魚を見たからといって、即座にフライをプレゼントする必要はあまりない。（図51）

鱒に関して活用すべき主な要素は、フライをくわえる範囲の広さ、魚の予期しない反応。ドリフトの最後にドラッグをかけてやること。フィーディングしている魚を見たら、できるだけ早くその場所にプレゼントしてやること。（図52）

●グラベル・ベッド（砂利底）、**深さ最大一メートル、ゆっくりした流れの場合**　魚がライズする時にとるコースと方向は水深によって異なる。

中位の水深で、ゆっくりした流れの場合はより上流にフライをキャストしなければならない。その理由は魚のライズの仕方にある。

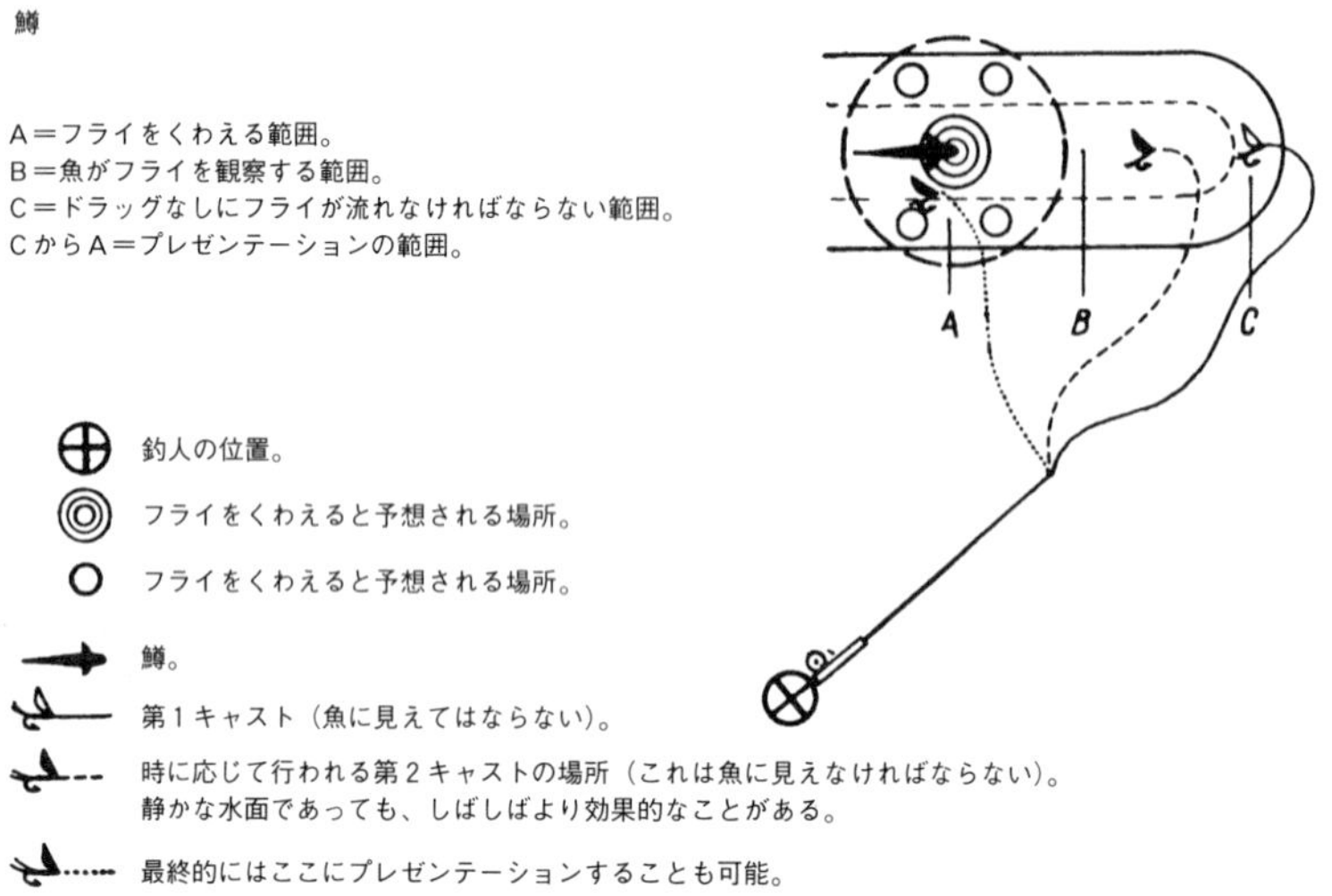

図52

図53では魚は水深一メートルで小さな石の後ろにいる。もし石がもっと大きかったり、流れが弱くて障害物の後ろにいる必要のない場合は、魚はもっと水面近くにいるのである。ライズした後に魚はゆっくりと流れ下りながら、時間をかけてフライを検査する。

●**水深のあるゆっくりとした流れおよび早い流れ**　水深が二メートルあるいはそれ以上もある場合、魚はより早くライズする。フライをくわえる場所は魚がフライを待ち構えている場所より下流となる。魚がフライを観察し始める場所も同様に少し下流にずれる。

フライを検査する機会はより制限され、より短くなる。

ライズの早さは水面の流れのスピードに大きく左右され、矢のように上昇し、次に垂直にもぐることもある。

フライをプレースさせるだいたいの場所は流れの深さやスピードによって異なる。

ライズが垂直に行われた場合は普通の合わせでは合わせ切れとなる。

図では二種の両極端のライズの軌道、普通のものと、

A＝就餌行動の限界。
B＝グレーリングの位置
C＝フライをプレゼントする位置。
D＝フライはこのあたりから魚の視野に入る。

フライがくわえられる場所。
ライズした魚の動く場所。
グレーリング。

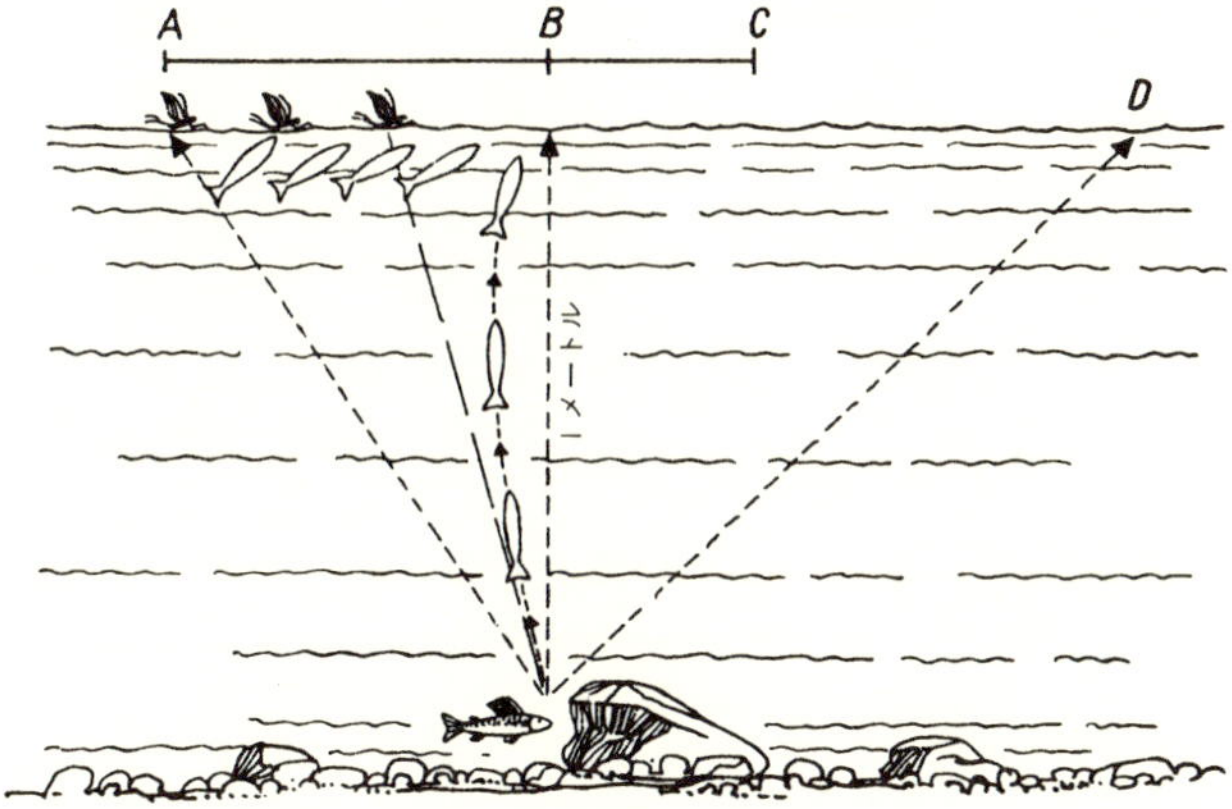

図53

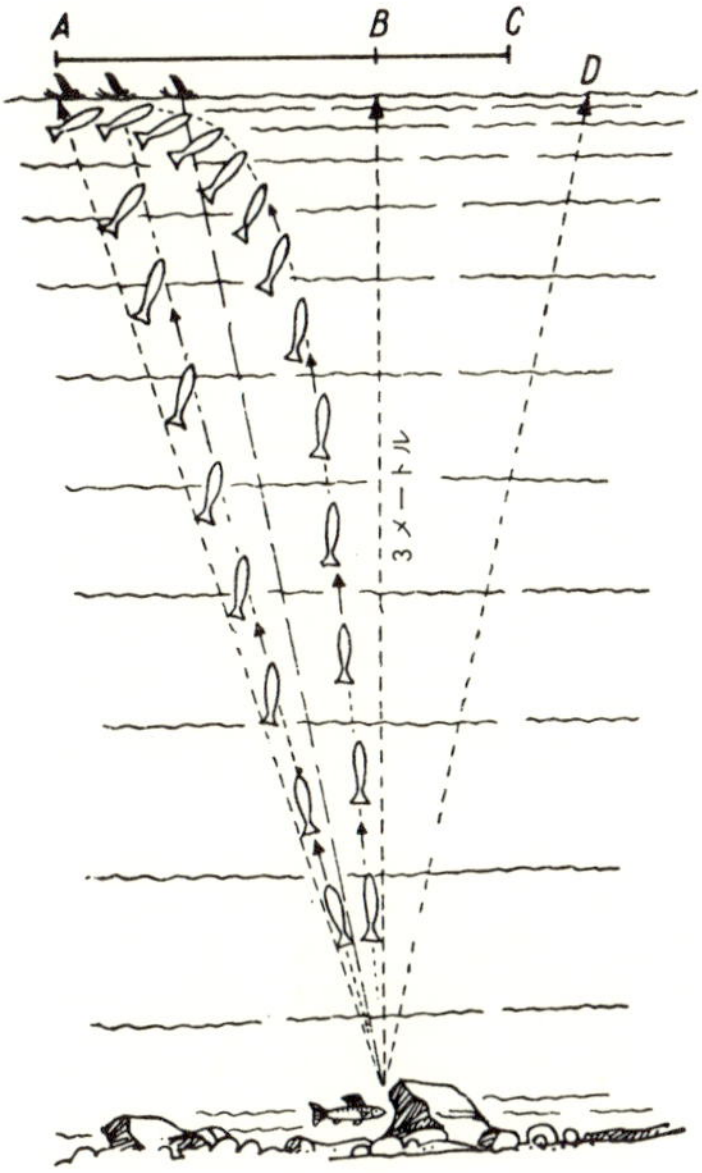

A＝就餌行動の限界。
B＝グレーリングの位置
C＝フライをプレゼントする位置。
D＝フライはこのあたりから魚の視野に入る。

フライがくわえられる場所。
ライズした魚の動く場所。
グレーリング。

図54

矢のようなものとの軌道が示してある（図54）。

●結論　グレーリングがフライをくわえる時の、自分の場所から横方向への移動の距離は水深によって異なる。水深が中位の場合（約一メートル位まで）この距離はひじょうに小さく、鱒とくらべるとずっと短い。ただし、一メートル五〇を越える水深では、時として一メートルあるいはそれ以上になることもある。

イブニング・ライズの時には、たとえばトラウン川ではセッジがハッチする間、グレーリングは鱒と同じような習性となり、就餌のために水面直下にいる。

フライに対するグレーリングの習性

●1　ゆっくりした、あるいは中位の流れで静かな水面の川では　グレーリングは自分の上に流れてくるものであれば本物の虫でも、人工のフライでもすべてを検査する。食い気のある時には何に対してでも興味を示すのである。そしていつもひじょうに注意深く選択をしているように見える。そこで釣人は、グレーリングの釣りには鱒に対するよりも、もっとひんぱんにフライを取換えねばならないと考える。そのため成功した時には正確なフライに行きついたと信じがちである。しかし、いろいろなパターンを続けてプレゼントすることにより、魚を混乱に陥れたというほうが可能性がある。たとえば、同じフライが何度も繰り返しプレゼントされ、そのたびごとにグレーリングによって検査され、そして見むきもされなくなることがある。その間にも彼は本物の虫にはライズし、あるものは拒否され、あるものは呑み込まれる。釣人はそれを見て、今プレゼントしたフライは効果のないものとしてフライ・ボックスの中へ放り込む。そして、今度は別のタイプのフライをプレゼントする。魚はふたたびひじょうに好奇心旺盛になり、運命的な間違いをおかすのである。しかし、それはそのフライのパターンだけがよかったというわけでもない。たぶん、別のパターンのものでも同じように成功しただろう。

プレゼントされたフライが拒否されるのは、フライが魚のライズする範囲外を流れてしまうとか、最後の瞬間に目に見えないドラッグがかかってしまうとか、リーダー・チペットが目立ち過ぎるというような、プレゼンテーションの誤りによる場合がほとんどである。それに対して、フライを取換えて、プレゼンテーションをしたら、新しいフライがくわえられたとしても、それはフライがよかったというより、プレゼンテーションと流し方が完璧であったという可能性のほうが強い。このフライを換えたあとのプレゼンテーションとそれまでのプレゼンテーションの違いは区別できないほどなので、ほとんどいつも釣人はフライが呑み込まれたのは正しいフライが見つかったせいだと思いこんでしまう。

グレーリングはフライを見つけると、それを観察し始め、垂直にはライズせず、自分の居場所の下流でそれをくわえるために流れながら上昇してゆく。決していそがず、最終的な検査を行った後、ゆっくりとそれをくわえる。グレーリングには、フライを吸い込む前にやっと認められる程度のためらいがあるように見えるが、しかしいつでも必ずそうであるとは限らない。食い気がひじょうに立っており、彼がテーブルに坐り、すべてのメニューが彼の気に入っているような時には検査はそんなに注意深くなく、時としてはまったくためらわずにフライをくわえる。たぶん口が小さいために、一般的には鱒よりもゆっくりとフライをくわえざるを得ないのだろう。

本物の虫にはライズしているのに、どうにも釣れないという魚をだますには、もしそのライズが規則的であるなら、魚が虫をくわえようと忙しく動いている時を狙ってフライをキャストすると、これがしばしばうまくゆく。この場合、魚は、虫をくわえて自分の決った場所に戻る最後の瞬間にだけ、流れてくるフライを目にする。もちろんこの戦術のためには、時としてラインを距離の分だけだしておいて、百回近くもフォルス・キャストをしつづけて待たなければならないこともある。魚の動きが早いため、なかなかキャストの好機がつかめないからだ。この方法だと、魚にはフライが水面に落ちてくる瞬間が見えない。実際の虫は落ちてはこずに流れてくるだけなので、フライの落ちるところが見えるのは警戒心を呼び起こすのである。だから魚は流れてくるフライを突然見つけると、驚き、本物の虫とフライの違いを見分けるいつもの検査をしないで本能的にフライをくわえてしまうのである。

しかし、ひじょうにたくさんの種類の虫がハッチしている時に、活発に就餌している魚は虫の種類を選択する。ある種類は他の種類よりも汁気が多く、味が良いことを経験が教えてくれるからであろう。魚はひじょうに忙しい状態にいる。そこへフライが突然流れてくる。フライは実物の虫とはずいぶん異なった外観をしている。ハックルがあるために形は大きく、複雑になっている。魚は当惑し、ためらうが、良い餌となるかも知れないものが逃げてしまうのではないかという恐れに、警戒心は弱められてしまうのだろう。危険を告げる要素が釣人の技術によって取り除かれている場合は、彼は誘惑に負けてしまう。鳥の羽根が、魚の目にはどう映っているかは分からないが、おそらくぼんやりと見分けにくいものとなっているだろう。

あの偉大なる先達スキューズは彼の本『フライに対する鱒の習性』（The Way of a Trout with a Fly）の中で鱒は味を見分ける感覚を持っているのではないかとの仮説を立てているが、これは同時にグレーリングも、より美味な虫を選ぶ傾向を持つことを肯定するものである。鱒はメイフライの時期には大きなメスを好んで選び、オスを無視する。

トラウン川でこういうことがあった。私のフライは何度も拒否され、ハンスはそれはフライのボディーの色のせいだと言った。そしてハエガー・ヴィエーゼが色の違うボディーのフライを使って、ハンスの言うことの正しさを証明したのだった。

魚の恐れ、警戒心、フライへの慣れ、危険の察知などは一時的にプレゼンテーションを休むことにより減少され忘れられる。フライを検査した後、拒否するようなことが二、三度続いても、魚の本物の虫へのライズが相変らず繰り返されているような場合はフライのプレゼンテーションを休むのがよい。魚のライズが完全に止ってしまったような場合には次に魚がまた行動を始めるまで待たなければならない。またこの時にフライを換えなければならないかどうかを判断するが、それは経験のみが教えてくれる。

一般的にハッチはいろいろな相を見せながら一日中続く。午後の終り頃のハッチが釣りには一番難しく、最小のフライが効果を上げる。ハッチとハッチの間に魚を釣るのはほとんど不可能である。

トラウン川のかなり早い二つの流れでのことは決して忘れられない。一つはマリエンブリュッケの堰の下、もう一つはダンツェール・ミューレの流れで、そこでは平水の時は毎日盛大なハッチが起こり、ライズはしばしば二時間近くも続く。しかしこの時グレーリングをまともにフライにライズさせることには一度も成功しなかった。フライ・ボックスのフライはハンスと私ですべて試してみた。それでもだめでわれわれは決定的な敗北を味わったが、ハンスにもその理由を見つけ出すことはできなかった。たぶんこのハッチの間、魚は生き生きと羽根を動かしている虫のみを食っていたのだろう。

魚はたくさんいても、腕のよい釣師が二人か三人いて、熱心に釣り続けると急速に学習されてスレてしまう。そして翌日その釣師が同じ場所へ行くと完全に笑いものにされてしまうのだ。私も一度ならずそうした犠牲となった。グレーリングの、忘却という能力は、濫用されると働かなくなってしまう。

ときどき、グレーリングがひじょうに微かな吸入でフライを口の端にとらえるが決して鈎がかりしないことがある。私にもこうしたことが二度あった。一度はスティリアのサルツァ川で、もう一度はバヴァリアのアンマー川であった。ドクター・トゥペがサルツァの急流の中で釣っていた時何尾かの魚が絶え間なくライズしていた。鈎にかけることは不可能だった。私も彼と一緒に釣ったが、結局同じように失敗を味わった。そこで私は一計を案じ、リーダーにひじょうに細いワイヤーでできたダブル・フックのタップスを結びつけた。このフライのおかげで私は三尾のグレーリングの口端に鈎を引っかけることに成功した。わが友人も同じようにして二尾のグレーリングを釣ることができたのだった。

アンマー川でクスターマンと一緒に釣っている時にも同様の現象があった。しばしばグレーリングはアリのようなほとんど目に見えない小さな虫をフライから何センチか離れた場所で食ったりする。おそらくこれが合わせを失敗に終らせる原因であろうと思われた。他の理由としてはグレーリングは口が小さいために、特に早くフライをくわえた時などは合わせに失敗しやすいということもある。

もし魚がある種の知能を持っているとするなら、鱒はグレーリングよりも利口であろう。しかし、グレーリングのこの劣った能力はフライを選択する際により正確な、より細かい検査をすることによって補なわれている。これはじつに疲れを知らず繰り返される仕事で、ひじょうに厳格な規律をもって行われる。ただし、一度鈎がかりするとグレーリングの抵抗はあまり利口ではない。いつもただ底に向かって引くだけで、計略を用いるようなことはせず最後には力を使い果してしまう。グレーリングはリーダーにとって危険な川底の障害物を鱒のように利用することを知らないのである。ランディング・ネットを前にしてもグレーリングは何の反応も示さない。神経が弱いのに違いない。手で掴んで鼻先を指ではじいてやると動かなくなり、やっかいな鈎をはずす仕事を楽にしてくれる。石で囲った生簀に入れても鱒のように飛び越して逃げようとはしない。

また、釣人の姿が見えたり、釣具が見えてもたいていはライズを続ける。鱒の場合はたとえ魚の後ろで軽くフォルス・キャストをしただけでも全力で逃げてしまう。もちろん、グレーリングも下流から釣人がウェーディングで近づいてきて、それに驚かされた自分の仲間が下流から逃げてくるのが見えた場合は、すぐに恐怖にとらわれて逃げだしてしまう。

●2　早い流れ。深い水深。深みや水の溜ったところ。堰および落込み　水深があり、流れがゆるい場合には一定の法則はない。魚は気難しく、小さなフライしかくわえない。しかし、すべては魚のいるタナの深さによって異なってくる。フライのタイプは一般的にはあまり重要ではない。というのは静かな水面、あるいは波立ちが少ない水面でフライがよく見える場合でも、流れがあれば魚は急いでフライをくわえなければならず調べる時間があまりないからである。

早い流れ、巻込みのある深み、堰、落込みなどでは使用されるフライのタイプの重要性はずっと小さくなる。魚にはおぼろげなシルエットしか見えず、しかも魚の視野はひじょうに狭くなっているからである。フライは早く流れ、魚は流れにさからってひじょうに早くライズしなければならない。そして素早くくわえなければならないからである。フライはハックルを厚く巻き、釣人の目に見えやすいことが必要であり、しかもグレーリングが容易にフライを見つけ追ってゆけるように、フック・サイズは10番、12番、14番といったものがよい。原則的には魚はドラッグが掛からない限りあまりフライを警戒しないが、正確に彼が就餌している場所以外ではフライをくわえない。

早くて浅い流れでは一般的にグレーリングをだますのは容易であるが、それでもリーダー・チペットには警戒する。水面は波立っているために魚の視界の中では物の輪郭をぼやけさせ、魚がフライのパターンを見分けるのはひじょうに難しくなる。そのうえ、水面の波立ちと、フライの動きは水とハックルによる光の反射できらめきを生み出し、フライに生きているような印象を与えるのである。

グレーリングがフライに早くライズする時には釣りはよりチャンスの多いものとなる。

風が水面にしわを作り始めると、ライズはゆっくりとしたものとなる。

盛んにライズしているグレーリングが突然、その活発さを失うことは稀である。だからフライをプレゼントする準備は鱒に対するようにあわてなくても慎重にやることができる。

もし魚に尋ねることができるなら、われわれのあまりに数多い失敗を避けるにはどうすればよいかを知ることができるのだが……。

フライによるグレーリングの釣り

一　ドライ・フライ

まずフライのプレーシングの絶対的な正確さを得るために、フライをドリフトさせる場所を正確に定めることが重要である。そのためには可能な限りのあらゆる手段を目印として利用する。川底の大きな石や、川底の色の変っている場所、川岸にある目印になるようなもの。目で見るだけで正確な距離を測ることのできる人はひじょうに有利である。

距離を割りだす良い方法としてはライズの下流に位置して一度魚の後ろに試しにフライをプレゼントしてみる。そして次のキャストでグレーリングのいる場所より少し上流にフライを落とすようにする。魚が見えない場合は慎重を期して魚が餌をくわえる場所の二メートルくらい上流にプレゼントする。魚が見える場合は魚より一メートル上流でよい。

トラウン川やドゥー川、ルー川のように広く、水面が平らな川では最初から正確な場所にフライをプレゼントするのはひじょうに難しい。魚がライズした場所を目で覚えていられなかった場合は、次にライズが繰り返される時まで待ったほうがよい。

グレーリングはフライをくわえるために横方向に動くことを拒否する。一般的にはフォルス・キャスト、あるいはプレーシングの時のラインの影は魚を恐れさせないが、フライより先にリーダーが見えると警戒心を起こす。しかしこれは、次にキャストしたフライにライズしなくなるということではない。フライのほうが先に流れてくれれば、十分にチャンスはある。とはいえ、最初からうまくいくのに越したことはない。ほとんどいつも経験することだが、第一投目に、フライが先に流れるプレゼンテーションができれば、まず間違いなく魚はフライをくわえてくれる。

●ゆっくりした流れ

1　できるだけ上流へのプレゼンテーションは避ける。

2　下流に向かって左側の岸に立ち、できるだけセミ・ホリゾンタルのサイド・キャストを行う。このキャストが正確に行われれば左側へのカーブ・キャストが、特に中位の距離では楽にできる。右へのカーブ・キャストはマスターするのが極めて難しい。

3 カーブ・キャストができないような場合には下流四十五度方向へのキャストをし、フライが着水する寸前にロッドの先を持ち上げてやる。こうしてできたスラックが延びてゆくに従い、ロッドの先を下げてできるだけ長い間ドラッグのかからないドリフトを確保する。

4 釣人はつねに魚より少し上流に位置すること。

●**早い流れ** ゆっくりした流れの場合と同じ方法。ただし3のキャストは、下流へ向かって四十五度の代りに百パーセント下流に向かってキャストする。またパラシュート・キャスト（五八頁のパラシュート・キャストの項参照）も有効である。流れが早くなればなるほど下流に向かってのダウンストリーム・キャストが有効になる。

●**ボートからの釣り** 私はトラウン川上部でよくボートから釣りをした。この釣りはひじょうに魅力的だが、同時により難しいと言える。あらゆる距離へのキャスティング・テクニックについて深い知識が要求される。フライのプレゼンテーションの場所に目安をつけるやり方はウェーディングしながらの釣りと同じで、ボートからは川底がよく見えることを利用する。この有利さを最大限に活用して、川底のすべての大きな石を目標とする。釣人の位置が高く、比較的に遠くへキャストするのでバーティカル・キャスト（オーバー・ヘッド・キャスト）かセミ・バーティカル・キャストがよい。そしてスラックをかけて長いドリフトを確保するために手の中に余分のラインをためておく。これでたいていはカーブ・キャストの代りになる。

流れの方向に気をつけておく、水深のあるところにはしばしば渦がありフライのドリフトの方向を変えてしまう。

移動するボートからの釣りは全力で走る競争のようなものになる。特にボートより上流の魚を狙う場合は顕著で、ボートが追い散らした魚がボートの上流の射程距離内でライズしている魚に急を告げてしまうからだ。毎秒が勝負である。ボートの移動はつねにキャスティングの距離を変えてしまい、釣人に標的への最大の集中力を要求する。それにいつもドラッグが早めにかかってしまう。シュートをしなければならないし、ひじょうに早くラインを出さなければならない。すべてが巧妙さと、早さと、即座に距離を目測することを要求する。

●ストライク（合わせ）　もし、神経質になりすぎて合わせが強すぎるようなら、手首を使わずに腕を伸ばしてラインを張ってやるようにする。手首をブロックしたまま前腕で竿先を軽く空へ向かって上げるようにするのだ。下流に向かって釣っている時にはこの動作はさらにやわらかくしなければならない。しかし、この動作の強さや早さはキャストの距離に合わせていろいろに変化させる必要がある。ロング・キャストをし、特にラインにたくさんのスラックがある時にはしばしばかなり強く合わせなければならない。勘の良い釣人なら手首を使って合わせることもできるが合わせ切れの率はより高くなる。

二　ウェット・フライ・フィッシング

たくさんの友人たちはウェット・フライでのグレーリング釣りを軽蔑するが、私は反対だ。それはたぶんこの釣り方にも多くの学ぶべき点があるからで、私はこの方法に次のような利点を認める。

ほとんどどこの川でも、時間によってはウェット・フライのほうがドライ・フライよりも良い成績を上げる場所がある。また、風がひじょうに強い時とか、食いの悪い時にはウェット・フライでの釣り方を選んだほうがずっとよい。

水面で餌を食おうとしない魚を相手に神経をいらだて、風や具合の悪い光線と戦ったあとで気持を落ちつかせるにはこの釣り方は一番良い方法で、すばらしい時を過すことができる。

ウェット・フライのテクニックを理解し始めると魚のいる場所を探すのはじつにおもしろくなってくる。やってみればみるほど、この方法はトレインにしたフライ（枝鈎をいくつかつけること）を水の中に流しながら散歩するだけというものからはほど遠いことが分かる。繊細さといろいろなコツを要求され、すべてを見抜く眼力と、ドライ・フライの釣りよりもさらに早い反射神経が必要とされる。

この釣り方があまり高く評価されていないのはほと

んどの釣人が正しい道具を使用せず、また先入観なしにまじめにこの釣り方を学ぼうとしないためだろうと思う。

ウェット・フライ・フィッシングにおいては竿はもはや飛ばすためだけの道具ではない。しかし、フライに対する魚のごく小さな反応をも即座につかまえる極度に敏感なアンテナを持った受信器のようなものである。

●**第一の規則**　フライかあるいはリーダー、もしくはラインの先端から決して目を離してはならない。特に魚を見ようと努力すること。

私の方法の一部はフランスのエン川の釣師たち、特にポン・デンの二人の有名な釣師、ボーとルシエにより完成され、実践されている方法からインスピレーションを受けたものである。彼らの道具は、チップにホワイト・バンブーを使った天然の竹製の六メートルから七メートルの長さのロッド、レベルのシルク・ラインを巻いたリール、リーダーはホース・ヘアー（馬素）で多い時には十本もの小さなフライをつける。ラインと仕掛けの間にはしばしば合わせのショックをやわらげるためのゴムひもを結ぶ。ロッドは両方の手であやつられる。ロッドの長さ、ラインの細さと軽さ、そして馬素のリーダーと小さなフライのおかげで、リーダーだけを水面に垂らして釣ることができ、ひじょうに良い感度を得ることができる。

キャスティングをする時にタイミングのうまくとれない人はウェット・フライのキャスティングをやるとよい。

●**第二の規則**　ロッドをつねに高く、できるだけ垂直に近い位置に保持する。

●**第三の規則**　ラインに対する水の抵抗を最小にし、状況がよく見えるようにするために、ラインを短くしてできるだけ近くで釣る。

川を底まで探り、しかも扇状に釣ってゆくためにひじょうにゆっくりと釣る。

魚のいそうな場所を短いラインのみで探りきることができない場合は一つの場所で三種類のキャストをする。ショート・キャスト、ミディアム・キャスト、ロング・キャストで、これは六メートル、八メートル、一二メートル位の距離へ行い、それから下流へ一メートルか二メートル移動して同様のキャストを繰り返す。流れの真中に立って釣っている場合には右側を探ったら次に左側を探るようにする。

●**ドリフト**　つねに流れに対して直角にキャストする。それからフライを水になじませ、ラインをできるだけ張らないようにして、流れのスピードで沈むようにする。流れによっては、水の中あるいは水面でわざとドラッグをかけてやるのもよい。

●**ストライク**（合わせ）　フライがどこでくわえられるかは分からないので、つねに注意を怠らないことが必要である。初心者はたいてい合わせが遅すぎる。というより、ラインの先に魚を感じた時に合わせるのだが、たいていこの時には魚は鈎を感じて口を開き、フライを吐き出して急いで逃げ出している。魚のスピードに対して合わせが強すぎると、鈎先が魚の口の中の滑らない部分をとらえにくくなる。

合わせは遅れないようにしなければならない。魚の当りは、ラインが張られるような感じで表われるので、その時前腕でロッド・チップを垂直に立てて合わせる。ひじょうに慣れている場合を除き、手首での合わせは危険である。

しばしば通常のドリフトを終ってラインが張られ、その力がフライに伝わった時に、魚がくわえるということが起こる。考えられる可能性としてはこの時まで魚はフライについて来ていて、それが動かないのでくわえようという決心がついていないのだが、ラインによってフライが引かれるとその動きを本物の虫の動きと間違え、「やはりこいつは本物で、しかも逃げようとしている」と考えるのではないだろうか。

ラインに細工をすることはしばしばひじょうに役立つ。リーダーの先端から三メートル位のところに黄色のペイントでマークをつけると、注意を集中するためのよい目印となる。

リーダーはひじょうにやわらかでなければならない。そのためにごく細いものを使用する。これはフライにドラッグがかかったり不自然な流れ方になるのを最少限におさえるためである。リーダは扱いやすくなければならず、そのためにはラインの先端とリーダーのバット部のバランスがとれていて接続がスムーズになっていなければならない。

フライは二つか三つで十分で、フライの数を減らすだけでリーダーのもつれを著しく抑えることができる。

●ウェット・フライを上流にキャストして行うハイ・スピード・フィッシング　この方法は波立った早い流れ、岩の多い川、あるいは藻のあるような場所で、ハッチがあって魚がライズしている時にドライ・フライに代えて行うことができる。時として魚がヒレを見せて、ハッチするニンフを食べていると思われることがある。そうした時はショート・ラインを使い、ライズしている魚に向かってロール・キャストする。下流へ向かってフライを引いてくる時は引くスピードをいろいろ変えてみるとよい。ひじょうに早く引くこともよい。このやり方だと、ごく近くを釣るので、流し終ったらまたすぐ、そのままロール・キャストをする。これは条件さえよければ、短時間でビクをいっぱいにするとても良い方法であることをつけ加えておく。しかし乱用しないで欲しい。
興味深い方法であるが同時に決してたやすいものではない。T・B・トーマス大佐はこの種の釣りに関しては最もうまい人の一人だろう。

●タックル　ラーバ、ニンフ、そして水に落ちて流れる虫には14番、16番などの小さなフックがよいが、ゆっくりした流れを除いては私は10番、12番といったウェット・フライで良い成績を上げている。ゆっくりした流れでは13番、14番位でボディーに極細のコパー・ワイヤー（銅線）を巻いてウェイテッドにしたものを使っている（フライの項参照）。
光るフライはすばらしい効果を上げる、また、ティンセル・ボディーのものとか、テールにちょっと赤が使ってあるものもよい。

最大径が一・〇一六ミリ以上のものでない限りは私はウェイト・フォワード・ラインを選ぶ。ロッドはよりよく働き、キャスティングはずっと楽で、風のある時には特に有効で、しかもすばらしく感度がいい。

●結論　タックルはあらゆる反応をキャッチできるように、できるだけ敏感なものがよく、またできるだけ自然に近い状態でフライを流せる、ひじょうにやわらかなものがよい。

三　非常に早い流れでフライを沈めて流す釣り方

●ラーバ、ニンフ、あるいはウェット・フライ　時として グレーリングは水面と水面下の両方で、あるいは時には水面下のみで、川底からハッチするために上ってくるラーバやニンフ、あるいは流れに押されて水中を漂ってくる虫を捕食している。そこで、沈んで流れるフライが必要になるわけで、特に近距離で、岸近くや、ポケットなどを釣る。

テクニックとしてはほとんどドライ・フライの釣りと同じである。フライにドラッグをかけずに魚のところまでドリフトさせる。ただ水面下を必要に応じた深さで流し、時にはフライを部分的に沈めただけで流すということもある。フライのプレゼンテーションは上流へ四十五度か、あるいはスラックをかけて下流へも行う。フライを沈めるためには少しいきおいをつけてキャストするか、長めのキャストの時はロッド・チップを水平に川下へ振ってやる。これはリーダーを沈めるためにも必要な動作である。この釣り方の最大の難しさはストライクを取ることで、たとえ魚が見えたとしても合わせはデリケートに、しかも素早くやらなければならない。

●当りのとり方　ニンフの釣りと同じである（ニンフの項参照）。

●フライ　時と場所に応じて、ラーバ、ニンフ、ウェット・フライなどを用いることができる。

楽に沈むタイプを選ぶ。しかし、流れの中で自然に沈んでゆく程度のものがよく、あまり急速に沈むような重さのものであってはいけない。ハックルは水の圧力で動きがでるような柔らかいものがよい。

●非常に早い流れ、巻き返し　巻き返しのある大きな岩の後ろを釣ることはしばしば効果的で、特に他の場所で魚が積極的でない時は有効である。ラーバ、ニンフ、あるいはウェット・フライを巻返しの渦にとられたかのように急速に沈めてやる。これは川底や岩の下にいる魚の興味をそそるものである。

このような場合はしばしばフライにウェイトをつけることが必要で、ストライクは目で見て行う。

四　取込み

グレーリングは完全に疲れ切るまで抵抗する。疲れさせるまでに長い時間がかかり、口が切れたり、鈎が外れたりする危険があるので、時には強引さも必要である。不必要な危険をおかさずにグレーリングを早くランディングするための最良の方法は次のようなものである。

魚はできるだけ早く水面まで持ってくるほうがよい。こうするとグレーリングはずっと早く疲れる。ジャンプした場合はラインを張っておく。水面へ魚を導いてくるには、魚のバランスを失わせなければならない。それには竿を下げ、左へ魚を倒し、つぎには急に右へ倒すようにして魚の重心を失わせる。こうすると魚は抵抗するために流れを利用することができず、その間にラインを手繰り寄せる。もし必要ならこの作業を何度か繰り返す。魚の方は自分のバランスを取り戻し、流れにもたれかかろうと努力するが、そのために逆に疲れてしまい急速に水面に浮いてくる。浮いたら魚は水面に維持する。一度疲れてしまうとさらに抵抗を試みるグレーリングは稀である（ただし、魚が釣人の脚の間をくぐり抜けるのは注意しなければならない）。手で魚を掴み、鈎を外して、できるだけ丁寧に水に戻してやる。この作業にあまり時間をかけ過ぎると魚を殺してしまう危険がある。手で掴むと魚は暴れて最後の抵抗を試みることがある。その場合は鼻面を指先で弾いてやると、魚には何の危害もないがおとなしくなり、つまむのが難しいひじょうに小さな鈎も簡単に外すことができる。この仕事をするには先が長く、細くなっているペンチを使うとよい。時間もかからないし、ハックルをくしゃくしゃにせずに済む。もし、フライの寿命を縮めたくなければこれはひじょうに有効である。

魚がひどく暴れるのは、鈎が口の奥深くに刺った証拠である。フライが唇の端や、舌、あるいは口の一隅に掛かった時は抵抗はそれほどひどくはない。もちろん、人間と同じように、魚の抵抗力、巧妙さ、闘争力などには個体差がある。

グレーリングの釣りに関する観察

ここまでに述べてきたことをさらに実感のあるものとするために、実際の釣りの例を挙げ、そこで行われた観察を書いておくのも無駄なことではないと思う。

●**第一の例**　トラウン川最上流、ハルシュタット湖の流れ出しで、モーリス・ストローブ、フレディ・カバラスカ、ピエール・クルーズヴォーと私の四人は四時から六時半まで釣っていた。

ストローブとピエールと私は、流れがそんなに早くはなく、中心部で最大の水深が一・五メートル程の広い平らな部分から釣り始めることにした。両岸は小石が敷きつめたようになっている。ライズは規則的にたくさんあった。簡単に釣れるだろうと考えながら取りかかったが、どうしようもないのだ。フライを食わせるのは不可能だった。嫌気がさして、私は降参してしまった。トラウン川の釣場監視員のチーフ、ハンス・ゲーベッツロイターが私に対岸の浅瀬に沿って流れが早くなったところでいくつかのライズがあるのを教えてくれた。

「一緒に来てみてください、リッツさん。あの魚なら釣れますよ。流れが早いから上流に向かって釣らなきゃだめですが、魚には気づかれないので、きっとうまくいきますよ」

何分か後、活発にライズを繰り返している何尾かの大きな魚の後ろに私は陣取った。陽が落ちてきて水面のフライを見つけ、目で追うのはひじょうにつらくなり、最初のキャストは正確さに欠けていた。しばらくして、やっと距離をつかむことができ、正確にキャストすると、五尾のグレーリングが釣れ、私はそれを水に戻してやった。ハッチは終りに近づいており、魚にとっても視度は悪くなっていたに違いなかった。それに魚はハッチを追ってイブニング・ライズのまっただ中だったので、私の最初のキャストは悪かったにもかかわらず魚への影響はなかったのだ。

ストローブは忍耐強く、決して敗北を認めない男だが、同じ場所に留まり、一尾のすばらしいグレーリングに引きつけられていた。その魚は自分の上を流れてくるほとんどの虫に急いでライズし、くわえるのだが、ひじょうにキャスティングのうまいストローブのフライ、ヌーブランは完全に無視していた。ウィックハムズ・ファンシーも同じ運命を辿ったが、三十一回目のプレゼンテーションでついにそのグレーリングはフライをくわえた。グレーリングに関しては粘ることがしばしば効を奏するが、この魚が突然意見をかえたのにはたぶん他の理由もあったように思われる。

1　最後のプレゼンテーションは、魚が本物の虫をくわえるために移動している間に行われ、ウィックハムズ・ファンシーは魚が自分の位置に戻ったばかりの時に見つけられた。

2　魚もやはり人間と同じように絶対に誤りを犯さない存在ではなく、同じ動作を繰り返してるうちには誤ってフライにライズしてしまう。

3　三十一回目のプレゼンテーションがハッチのステージ（段階）が変った時に行われ、そのためにわれわれには分からない何らかの理由により、フライに対する反応が変った。そして魚はとにかくフライをくわえてみようと思った。

フレディはもう少し上流の小さな支流との合流点にいた。水面は波立っていて魚の視度を減じていた。グレーリングたちは二つの水流が合わさるために虫がまとまって流れる筋におり、それは岸からすぐそばだった。魚はひじょうに活発で、その動きは岸からよく見え、正確に釣ることができた。ハッチの初めの頃、われわれのフライは無視されつづけていたにもかかわらず、その好場所にいたフレディはグレーリングを釣り始めてからまだ二年にしかならないのに、ひっきりなしに魚を釣り上げていた。

●第二の例、もう一つのフレディの勝利　岸に近いところでは浅く、沖では水深二メートルの水面がなめらかな場所でストローブとピエールと私は注意深くスーパー・ハッチを釣っており、結果はまあまあというところだった。フレディはボートを持ち出し、流れの中央にアンカーを打った。結果としては、フレディは場所も変えずに十六尾のグレーリングを釣り、われわれは三人で二十六尾だった。しかし彼はスポーツマン・シップを守って、彼の釣っていた場所ではフライはかなり容易にくわえられたことを打明けてくれた。それに反して、われわれの釣っていた中位の水深の場所では、魚は注意深くフライを選び、プレゼンテーションが完璧な時しかくわえなかった。流れの深いところでは魚は川底からライズしてくるのにより長い距離を泳がねばならず、それはより労力を必要とするもので、同時にフライを調べる時間はより短いものとなる。

●**第三の例**　ハガー・ヴィーゼ川のハムシュトック・ミューレのすぐ下に川幅五〇メートルほどの水面のなめらかな、ウェーディングでの釣りに理想的な場所がある。一五〇メートルの長さにわたってグレーリングは平均してどこにでもおり、一日中ハッチとライズは多かった。ハンスが私に言った。

「リッツさん、あの夢中になってライズしている魚は、フライ・ボックスにしまったままになってるフライを試してみるには理想的ですよ。やってごらんなさい、彼らはあなたをあざむくでしょうが、いろいろなフライを試してみるのはとてもいい勉強になりますよ」

昼食ののち、午後の最もおもしろいハッチを釣るにはすぐに仕事に掛かったほうがよいとハンスが言った。

十五時までライズは間遠で数は多くなかったが規則的だった。虫の種類は多くなく数も少なかった。正確にプレゼントするとフライは毎回くわえられた。タップスでも、フェヴァリットでもレッド・タグでもグレーリングは釣れた。ハンスは私を見て何も言わず、もっぱらライズや見える魚を私に指さしていた。私は彼に言った。

「どうだい、グレーリングは気難しくないよ。今釣った四尾は三種類の別々のフライをくわえたぜ」

「Warten sie, es wird kommen, und sie werden bei allem was heilig ist schwören!（見ててごらんなさい、そのうち神という神を呪いたくなる時がきますから）」

突然、魚の動きが活発になり、ライズはメトロノームのように規則的になった。フライは何度も無視された。自然の虫も人工のフライも通る度ごとに検査されるということは、魚が食物の選択にひじょうにうるさくなったことを示していた。この時を待っていたハンスは私のフライ・ボックスを貸してくれと言った。そしてまずパープル・アイアン・ブルー・ダンを取出した。これは簡単に無視された。次はコロテルプ・ピクテティ（ガリカ）そしてスカーレット・クイル、オクトーバー・ダンなどすべて18番のフックに巻いたものを次々と選び出した。どれもみな同じように無視された。そこで今度は私も名前を知らないウーレイのいろいろなフライを試してみた。ハンスは次から次へとフライを差し出して私をへとへとにさせた。ほとんどの時間は〇・一七ミリのナイロン・リーダーで結び目を作るのに費やされた。これではもう釣りではなく指の器用さの試験のようなものであった。突然ハンスが声を上げた。

「たぶんこれだと思いますよ。魚が興味を持っているのはむしろボディーの形のような気がするんです。ごらんなさい。魚はあなたのフライを段々近くに寄って検査してるでしょう。自然の虫に対しても同じようにしてますよ。白い虫が食われてますよ。ダーク・ブラウンのボディーのグロワール・ドゥ・ヌーブランでやってごらんなさい」

このフライで狙った最初のグレーリングはフライをくわえるように見えたが最後の瞬間に拒否した。ハンスは私の流し方が右に寄り過ぎていて、そのグレーリングが餌を取る範囲を少し外れていたと言った。私は二分待ち、もう一度フライを投げた。そしてやっとヌーブランはくわえられたのである。その後六回キャストしてさらに三尾のグレーリングを釣った。それからはまた無視につぐ無視だった。ハンスはフライ・ボックスの中をかきまわし白いウィングのついたスペントのパターンでガーネット・レッドに白い帯の入ったボディーのフライを渡してくれた。ボディーはかなり太いものだった。これはロジャー・ウーレイが20番のフックに巻いた傑作の一つだ。それでは二尾のグレーリングを釣り、それから何度か無視され、その後もう一尾釣った。この経験を結論づけるために私は他のパターンも試してみた。これは完全に無視された。そのパターンとは、ボディーのまったく異なった、ヌーブランやウーレイのスペントとは何らの共通点もないものだった。そこで私はふたたびヌーブランをつけ、さらに二尾のグレーリングを釣ってその日を終りにした。

ストローブは五〇メートル程上流にいたが、持ち前の頑固さから休みなくキャストを続けていた。フライが何度も無視されたあと、彼は次々とパターンをかえ、ヌーブランをつけた時、やっと最初の一尾を釣った。

夢中になって彼は叫んだ。

「シャルル、グロワール・ドゥ・ヌーブラン万歳だ。ジェラール・ドゥ・シャンベレ（フランスのフライ・タイヤー。シャンベレ夫人もまた有名なタイヤー）万歳だ。これは今日の唯一のフライだよ」

この体験から、魚の反応はハッチの相が変れば、それに応じて変るということを結論づけなければならないだろう。ハッチの最初は比較的容易で、一番盛んな時にはひじょうに難しくなり、そしてハッチが終りに近づくとまたかなりやさしくなる。

グレーリングがひじょうに気難しくなった時には、フライの色と形を重視する必要があるように思われる。われわれの成功の鍵はヌーブランとウーレイズ・スペントの太めのガーネット・レッドのボディーのフライであった。

何日か後ハムシュトックの上の水路で同様の体験があった。

●第四の例　テレジェンタールで十一時頃、プレゼンテーションに注意をしながらいろいろやってみたが、

フライは無視されるばかりであった。私は魚を見ながら釣っていた。まだフライに興味を示さないが、その魚は可能性があるというのがハンスの意見だった。彼は鋏でハックルを短くし、少し沈めて流すために水の中に突き刺すようにプレゼントしたほうがよいと言った。流れの早さは中位で、小さな渦ができていた。当りをとるのに神経を集中して、フライが流れている間に魚が動いたら、次に魚が止った時が合わせの瞬間であることをハンスは助言してくれた。彼の意見は適切で二尾のすばらしい魚が昼食のためにキープされた。これはニンフ・フィッシングの応用である。

トラウン川のいくつかの場所ではハッチの最高潮の時間にはいくらフライをキャストしても無視される。しかし、たとえば五十回も同じ魚にキャストを続けると魚のライズはほとんど自動的になってきて、まるで目をつむったままこの動作をするようになり、最後にフライをくわえてしまうことがある。そのため、このような条件では、そしていつもこれは三時から五時の間という同じ時刻に起こるのだが、休みなくキャストを続けるということが結果を約束する唯一の方法であ

ることは議論の余地がない。魚が喰っている虫と似たフライを使っている限りはフライを取換える必要はまったくない。

●**第五の例**　ラドル・ミューレで一尾の美しいグレーリングが規則的にライズを繰り返していた。私は注意してそれをドライ・フライで狙ってみた。プレゼンテーションは正確で完璧だった。三度フライが無視された後キャストを中止した。私の位置からみると、その魚は定位している場所から二メートル下流で虫をくわえていた。それまでのキャストは魚に警戒心をぜんぜん与えていなかった。魚はライズを続けていた。魚の場所までの正確な距離に必要なラインをリールから引出し、左手に持って、私はしばらく待ち、それからキャスティングを開始した。しかし今度はラインを水面にプレースせずロッドを前後に振りながら空中に保っておいた。そして魚が頭の上を流れて来た虫を追ってライズするために下流に移動するのを見た瞬間に、魚のいつも待機している位置の上流一メートルのところにフライをプレゼントした。すぐその後で魚は自分の位置に戻り、フライが彼の上を通り過ぎてしまう最後の瞬間、一秒の何分の一かの間に私のフライを認めた。そしてフライはくわえられたのだった。

初めのキャストでは、魚にはフライが着水するところから、流れてゆくところ、そしておそらくリーダーまでが見えていたのに違いない。それらがフライを無視する原因になっていたのであろう。プレゼンテーションのタイミングが変ったことにより、魚はそのフライがすでに何度か繰り返されたフライであることを理解する間もなく、不意をつかれてくわえてしまったのである。

●**第六の例**　サルツァ川のスティリアに、流れが早く、水深の浅い美しい場所が百メートルばかりある。私はそこで上流に向かって釣り上り五尾の魚を釣った。パイプに火をつけ、次は下流に向かって、しかもショート・キャストで釣り下った。九尾の魚が釣れた。リーダーより先にフライを落す正確なプレゼンテーションは魚がフライをくわえるチャンスを増加させる。これは可能な限り応用したい、ひじょうに効果のある釣り方である。トラウン川でドクター・ダンカンはほとんどどこの方法で釣っている。両岸が木におおわれ、横から釣ることが不可能な場所にひそんでいる魚を釣るにはこの方法で長いドリフトをしてやるとよい。

●**第七の例**　トラウン川のミッテラウの対岸、ゆるい流れの中で私の正面にすばらしいライズがあった。その中の一尾で規則的にライズを繰り返している魚に私は狙いを定めた。最初の二回のキャストはあんまり直線的すぎた。私は二メートル程上流へ移動して、三回目のキャストをした。今度は位置を変えたので、楽にサイド・キャストでリーダーを左へカーブさせることができ、魚はすぐにフライをくわえたのだった。私の場合は魚の上流、あるいは魚の正面に位置しないとカーブ・キャストの成功はおぼつかない。

●**第八の例**　これもまたトラウン川での例であるが、ストローブは、まだ太陽が高い時間に、浅くて水面の平らな場所に立込んで釣っていた。彼は岸から一〇メートル離れて、ライズはないが、藪と藻のある岸沿いの浅いところを狙った。そして六尾の美しい魚を釣り上げた。ピエール・クルーズヴォーと私は、太陽のいっぱい差した、小石があって活発な魚のたくさんいる場所を釣っていた。しかし、フライは無視されるばかりで他の場所を探さねばならなかった。トラウン川ではこのような場合がとても多い。天気がよくて、太陽が川いっぱいに差している時には岸近くの浅くて影になった場所を釣る必要があり、その場合はフォルス・キャストを最小限にして、最初のプレゼンテーションを正確に繊細にやらなければならない。

●**第九の例**　一九五一年、トラウン川のシュタイヤーミューレでハンスとドクター・シュバルツアウゲルそしてもう一人の友人と私は、小石の多い川底のゆったりした流れを釣っていた。すばらしいハッチがあり、ライズは断え間なく、たくさんの魚がいた。しかしまた無視されるフライも多く、釣れた魚は少なかった。二時間後ドクターは九尾のグレーリングを水に戻し、われわれを完全に打ち負かした。

　シュバルツアウゲルはひじょうに熱心なそして根気のよいキャスターであった。彼は機関銃を撃つようなスピードで釣り、自分の前にライズがある限りはやめようとしない。ハッチが盛んでフライが繰り返し無視されるような時には、グレーリングは神経質に虫を選択するようになっており、特にミッジや小さな羽蟻だけを食べていて、そうした魚が稀におかす誤ちにつけ込むには彼のような熱心な釣り方は有効であった。たいてい、五月、六月にはグレーリングはフライなら大きいものでも小さいものでもすべてをくわえる。しかし、今年はこの時期にも大きな虫のハッチはなかったのだった。

一九五〇年八月、われわれがトラウン川で釣りをしていた時にはヌーブランやルー・シリーズのパターンは効力があった。一九五一年にはコロテルペス、レッド・タッグ、小さなセッジ、レッド・アントなどがよく、ヌーブランはほとんど何の効果も上げなかった。

●第十の例、ボートでの釣り。川底の魚。トラウン川のアステッカーで　ピエール・クルーズヴォーと私はアステッカー・ダムの下で釣っていた。ボートは片側の岩の壁から二〇メートルくらいのところにアンカーを下ろして固定した。壁に沿って堰からの分流が流れ込んでいた。そこは二メートルくらいの水深で流れはかなり早かった。五時三十分にイヴニング・ハッチが始まった。グレーリングの一団がひじょうに規則的にライズしていたが、そのライズ・リングの場所は一定していなかった。そこでわれわれは動きまわっている魚を相手にしなければならないと考えた。これは水深を考慮すると、少し異常なことだった。しかし、フライは何回かくわえられてこの考えが正しかったことが証明された。

ピエールはボートの中のA（図55）におり、規則正しく数の多いライズを狙って、とてもよく魚を釣った。しかし、ハッチして流れる虫のかたまりがときどき途切れるためか、あの鱒族の魚の気まぐれのせいか、活発に動いている最中に規則的にライズが止まることがあった。こうした現象はたくさんの釣人がよく出合うことである。

私はBにおり、その下流には三尾から四尾の魚が同じ場所に川底からライズしてきていた。私のフライのほうがピエールより頻繁にくわえられていいはずなのに、フライはプレゼントされる度に無視された。魚は川底におり、私はピエールのラインとからまないようにキャスティングの度に角度に注意を払わなければならなかった。ピエールにおもいきりキャストをさせて

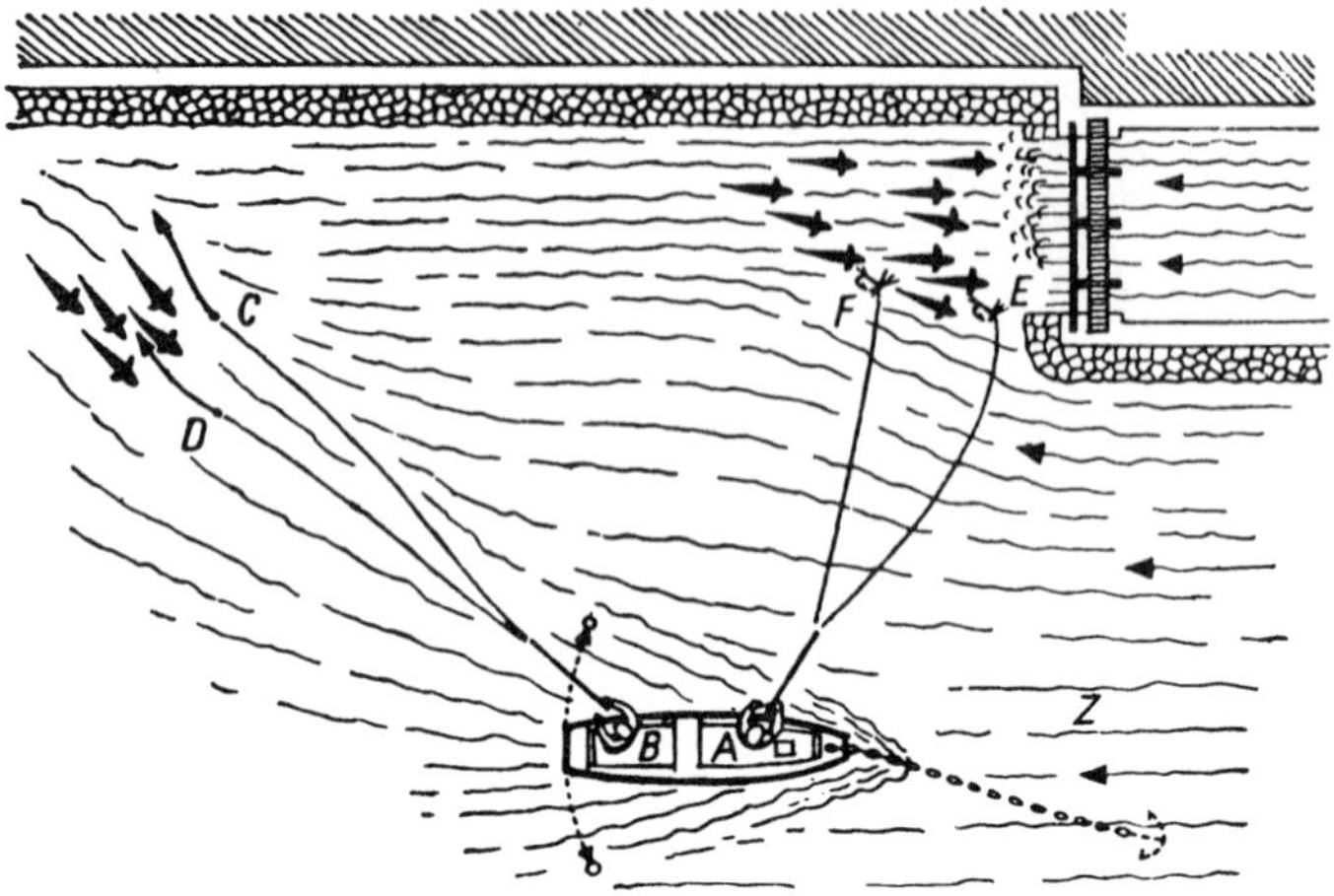

グレーリング

実際の流れの方向

ボートの振子状の動き

A　ピエール・クールズヴォー
B　シャルル・リッツ
C　リッツはここへフライをプレゼントしたが無視された。
D　誤りを訂正し、ここへプレゼントしてフライはくわえられた。
E、F　ピエール・クールズヴォーはここへフライをプレゼントしていた。
彼はむしろ上流のZの位置からここへキャストすべきであったろう。

図55

やるためには、私は自分のラインを後方へ高く保つか、あるいはピエールがフライを流している間にキャストとプレーシングを行うのだった。

突然、私はフライが無視される原因を発見した。われわれが狙っている二つの場所はそれぞれ同じくらいの水深であったが、私の方の流れはピエールの場所とは違って岸と平行には流れていなかった。岸に対して斜めに、しかも少しジグザグに流れがよれていた。たぶんそれはボートが舳先の方にアンカーを入れてあるだけなので尻が左右に振れてできる渦にも影響されているのだろう。そのことを頭に入れて二度ほど試してみて、私はうまく流すために必要な方法を見つけた。そしてルー・シリーズの万能鈎、フェヴァリット・モーブで七〇〇グラム、九〇〇グラムそしてもう一尾は約一キロの三尾のすばらしいグレーリングを釣り上げた。ハンスはすべての魚を川へ戻したが、ピエールと私が同時に魚を掛けた時などは、彼がピエールの魚を放し終るまで私の方は魚を水の中に泳がせておかねばならなかった。

グムンデンのトラウン川の上部は戦争のせいで水深のある流れではグレーリングの密度がひじょうに低くなっており、ハンスはもとの状態に戻るには三年から四年はかかると見積っている。

私の釣った場所では、魚は川底から早いスピードでライズしてこなければならず、そのためにフライを調べる時間が短くなるという利点があった。ピエールが釣っていた場所ではフライがくわえられる機会のパーセンテージを上げる方法はなかった。彼のところはハッチの虫が多くて魚はいちいち川底に戻ったのでは動く距離が長くなりすぎるので、一度虫をくわえると次の虫をとらえるためには底まで行かずに途中でUターンをしてライズしてくるからだった。これはひじょうに少ない例である。就餌活動があまりに盛んなため例外的にグレーリングが鱒と同じように、中層に居場所を決めていると思わせるようなことがあるが、今回はそういう訳ではなかった。流れの早い場所ではグレーリングは鱒とは異なり、つねに強い流れと戦わなければならないような場所は避けて必ず川底にいる。

とはいってもピエールのところの魚はフライをよく調べやすい場所にいた。それにピエールの魚のライズの位置は少し上流であり、私のは下流であった。

●結論　グレーリングはつねに自分の待機している場所からしかライズして来ない。しかし、ハッチがかたまって起こった場合、特に中位の水深の場所では、魚はライズしたあと強い水流という抵抗があり、もとの位置に戻るにはかなりの努力を要求されるので、ライズの後もとの位置に戻る途中でもう一度ライズして来てもう一匹虫をくわえ、ダブル・プレーを行うのである。ハンス・ゲーベッツロイターも、イブニング・ライズの時を除いて、流れの中層に待機しているグレーリングは決して見たことがないと言っている。

●第十一の例　サルツァ川のスティリアで、底にいるべき魚が水面を泳ぎまわっていた二つ目の例を見た。対岸の、岩にかこまれた美しい淵、直径二メートルくらいのくぼみの中でいくつかのライズが規則的に繰り返されるのが見えた。私は水の中へ入ってできるだけ近づいてみたが、その場所の水面の流れの性質を詳細に観察することは不可能であった。一時間近くの間私は中位のタップスをキャストし続けた。この場所では光の具合でこれが可能な唯一のフライであったし、それにサルツァ川では一般的にはフライのパターンが自然の虫に似ているかどうかはあまり重要ではなかったからである。最終的には最後の十五分で二尾のグレーリングを釣り上げた。やっとのことでドラッグのかからないキャストの方法を見つけたと思ったのだが、これは部分的には正解であった。

翌日、私は対岸に渡って淵をくわしく調べてみようと思った。淵の上には二メートル程の岩が張出していた。そこで岩の上に腹ばいになると驚いたことには目の下には自然の水族館が展開していて、深さ三メートル程のところに一ダースばかりの大きなグレーリングが右に左に、上に下に、しかし底まではゆかずに泳ぎ回っていて、この場所に流れ込んでくるすべての虫を腹いっぱいつめ込んでいるのであった。ここでは流れは大きな渦巻のようになっていて、真中に直径が一メートルにちょっと欠けるくらいの表面のなめらかな場所があり、そこがすぐにドラックがかからないでフライが浮いていられる唯一の場所であった。これを見た時、昨日セミ・パラシュートのキャストでスラックラインを投げて、送込んだタップスを二尾のグレーリンクがくわえたのはまさしくこの場所であることが分かった。

さっそく淵に張り出した岩の上で最適な場所を選び、魚に見られないようにキャストをすると、魚全体が危険を感じて隠れてしまうまでに私は五尾のグレーリングを釣ることができた。この水族館の中では流れはゆるい渦のようになっており、水面から水深一メートルくらいまでは魚は疲れずに、どこへでも楽に移動することができ、勝手に好きなところにいるように見えた。

●第十二の例　ドゥー川でのある日の午後、リリアトンの川底が小石になっている場所で釣っていた。黒い雲が空を覆っていた。フェヴァリット・ローズはプレースしたあと見つけるのが難しかった。風がフライを持ち去ってしまって、すぐ見失ってしまうのだ。光ははがね色に反射してとても具合が悪かった。ライズは多く、規則的で、魚にフライを届かせるのは楽だったが、狙った魚がライズする度にフライがくわえられたと思って合わせても、それはから合わせに終った。がっかりして、まったく偶然にハックルがサルファー・イエローのサルファー・ダンを試してみた。これはとてもよく見えた。そのおかげで今までのキャストでフライがライズしている魚の就餌範囲内に落ちていなかったことが分かったし、私が合わせたライズは自然の虫を狙って行われていたものであることが分かった。それでキャストを矯正し何尾かの魚を釣った。

●第十三の例　アンマー川にて。

第二次世界大戦前、アンマー川では小さなフライは目で追うのがむずかしいため、13番か12番に巻いたフライしか使わなかった。しかし、それでもすばらしい釣果を約束してくれていた。

しかし、一九三九年以降はルー川、そしてドゥー川では、グレーリングには16番や18番といった小さなフライのみが有効であった。そこで、トラウン川での経験から今度はアンマー川でも、ルー・シリーズの小さなフライを使って私のアンマー川での釣果をさらによくし、またクスターマンに一手教えてやろうと思っていた。

ミュンヘンからオーベルアメルガウまでの鉄道に電力を供給する発電所のはずれの流れに、われわれは四時に着いた。何回か空しい努力をしたあと、流れの早さと見にくさから、私は小さなフライを14番のものと取換えなければならなかった。それに小さなフライはちっとも魚にライズしようという気を起こさせないという印象を受けた。私は小さなマスを二尾釣っただけでグレーリングはちっとも姿を見せなかった。一時間程釣ったあとクスターマンに会った。彼のビクの底には四尾の大きなグレーリングと二尾のマスが横たわっていた。これらはすべて12番のフックに巻いたタップス・インデスペンサブルで釣ったものだった。そこでメイフライの季節にノルマンディーで使うケーヒルを使ってみることにした。これはアメリカのパターンでハックルはひじょうに硬く、光沢のあるライト・ブラウンで、ボディーはライト・タンのファーで巻いてあり、フック・サイズは9番というものだった。それから何分かの間に三尾の大きなグレーリングがこのフライをくわえたのだった。

その理由は以下のようなものであろう。アンマー川はトラウン川よりもカゲロウの類も、ラーバの種類も少ない。流れはより早く、川底は石と砂で藻と泥は少ない。魚はあまり餌のより好みができない。流れが早いせいで魚はたいてい深いところ、しばしば淵の中におり、ライズはより早い。

それにクリスタルのような水の色と反射光は目をと

ても疲れさせ、小さなフライを使うにはむかない。

トラウン川から数キロのところにあるアルム川はアンマー川と同じ条件を備えており、フライの問題も同じである。

こうした種類の川では流れの上のフライを目で追うことがむずかしい。その場合はフライが落ちたと思われる水の筋を見るようにするとよい。ときどき魚がライズしてフライがそこを流れていることを教えてくれるが、これで合わせるとたいていは遅すぎる。むしろキャスティングをやり直して、確実と思われる時にのみ合わせるようにしたほうがよい。

アンマー川のグレーリングが大きな餌を好んでいることは疑う余地がない。大きなフライとしてはウィックハムズ・ファンシーもよいが、ウールあるいはファー・ボディーのものが浮力にまさる。

時期さえ良ければ釣果は平均よりよいものになるが、成功するには最小の誤りも避け、フライをプレゼントする前によく研究し、その戦術を磨かねばならない。ここでは大きなグレーリングは天候や水況が良い時にだけライズする。彼らはひじょうに用心深い。そして必ず決った場所で餌を食う。プレゼンテーションの正確さは完璧でなければならず、キャスティングの技術をマスターしておくことは絶対に必要である。ときには数回しかプレゼントしないうちに警戒心がおき、突然ライズが止んでしまうこともある。魚へのアプローチには細心の注意をはらい、釣る位置に立つには最大の慎重さを必要とする。

この種の釣りに関しては専門家のクスターマンは、たしかにここではこれらの条件を満たさねば釣りにならないと言っているし、またその事実を何度も私に証明してみせてくれた。

●第十四の例　私の釣った一番すばらしいグレーリング、それは一九三七年、アンマー川でのことだった。

この川には深さが数メートルに及ぶ大きな淵がいくつもある。水面は何本かの強い流れで構成されていて、流れの加減でハッチの時水面に浮いている虫は中心へ巻込まれてしまう。そのため淵の中の魚は流れ下ってくる虫よりは淵の底に豊富にある餌を食っていて、ごく稀に、しかもわずかの間しかライズしない。

釣りによいのはスイスから来たグリュンドレー――彼はひじょうに酒が好きで、モーストという梨とリンゴから造ったスイスのシードルをたくさん飲む――の農場のあるところだった。しかし、良い天気が一週間続いた後でなければ水が多すぎて魚はライズしてこなかった。

好条件がそろったある日のこと、クスターマンは「地獄の穴」と呼ばれる淵の上に張り出した岩の上に登り、何尾かの大きなグレーリングがライズしていると教えてくれた。魚が水面で活発になるのは、ふつうは昼頃から時には夕方であったが、夕方この地獄の穴に近づくには浅瀬を三つ渡らねばならないので不可能であった。浅瀬と言っても通れる幅が一メートル位しかないところがありその両側は深くなっていた。

私のいる場所からは、反射光がまぶしくてライズを見分けるのはとても難しかった。そこで場所を変えることにしたのだがつねに流れに引き込まれそうな危険があり、ウェーディング・スタッフ（水の中を歩く時に使う杖）が唯一の頼りだった。それでもなんとか岩の後ろの流れの弱まった所へ辿り着くことができた。あまり居心地が良くなく、また安全でもなかったが、あのモンスターのようなグレーリングの一尾を釣ってみたいという気持が、私をその場所にとどまらせた。クスターマンがライズを二つ示したが私には見えなかった。そこで彼はライズの場所の目安を教えてくれた。

まずサイド・キャストで最後にシュートをきかせて狙ってみた。フライはすぐにリーダーに引かれてしまった。不安のうちに五分が過ぎた。私の目は光に慣れてきて、かすかなライズを二つ、見ることができた。それは水輪にもならず、素早く、小さなしぶきが飛ぶだけだった。恐ろしい流れは腰まであったが、ライズを見るためにはつま先で立たなければならなかった。一センチといえども貴重だからである。パラシュート・キャストをするとドラッグをかけずにフライを三メートル程流すことができた。私は乾電池のようにピリピリと緊張で震えていた。さあ、来るぞ！　今来るかさもなきゃ永久に来ないかだ。私の大きなタップス・インディスペンサブルは精いっぱい働いていた。ドリフトは完璧だった。フライはまるで雪崩にでも乗っているかのように流れを全速力で下っていた。私はできる限りラインのスラックをたぐり込んだ。クスターマンが叫んだ。

「食った！　でかいぞ！」

私は合わせる。何も起こらなかった。手に何の抵抗もなくリーダーは切れてしまっていた。茫然として、恥ずかしくなった。その時クスターマンの声が聞こえた。

「強く合わせすぎます。ラインを張るぐらいのつもりでいいんです。少し待って、またやってみてください。まだチャンスはありますよ」

私はリーダーを新しいものと取換えた。ところが二度目も同じ結果だった。もう釣りをやめてしまおうかと思った。その時、私の親友であり先生でもあるフランスの有名な釣師の一人、ドクター・ルネ・トゥペが、かっとした時、冷静さを取戻すためにはパイプがいい、と言ったのを思い出した。そこで次のライズを待ちながら、パイプに火をつけた。これは私の神経を鎮めるための最良の手段であった。

クスターマンがまた叫んだ。

「さあ、やってみなさいよ」

私は、すぐにキャストを始めた。突然ロッドがぐいっと曲がり、折れそうになった。私はやっとのことで竿を立てた。リールは悲鳴をあげ、それから何も手ごたえがなくなり、ラインがたるんでいた。何ということだ。また合わせ切れか。その時、私の左手、数メートルのところで一尾のお化けのように大きい魚が水から跳び上った。私のロッドは引伸ばされ、次には折れそうに曲がった。ありがたい！　うれしさの戦慄が身体中を走った。私は天国にいるような気がした。地獄よさらばだ！

ところが私がいくらおさえようとしても、グレーリングは全力で流れを下り始めた。もしとめられなければすぐにリールは空っぽになってしまう。一つだけ方法があった。このいまいましい流れを魚と一緒に下ることだった。我を忘れて私はあらゆる危険を冒していた。これが釣りをする最後の日になるのではないかと思ったことが二度あった。ギリーのフィッシャーが岸を跳んで水の中へ走り込んできた。

「リッツさん！　私が行くまで待っててください。動いちゃいけませんよ、下にもう一つ淵がありますから。今そこへ行って一カ所だけ通れるところを教えます」

魚はさらに走りまわり、バンブー・ロッドはみしみしと音を立てた。ラインの残りはまだあるのだろうか？　私のグレーリング用のリールにはバッキング・ラインは巻いてなかった。それに、魚があまり強く引きすぎると、フライが口の軟骨質の部分に刺さっていない場合は肉切れをおこす危険があった。フィッシャーが私のところまでやって来る間に、グレーリングは流れの真中を下り続け、鈎を外そうとしてすばらしいジャンプを二度やった。その度に私はロッドを立て、そしてリーダーを切られないようにするためにすぐに竿先を下げた。

ようやくフィッシャーがやってきた。彼のおかげで片方の目で魚を監視し、もう一方の目で川底を見ながら下流の右側の岸に辿り着くことができた。岸近くでは流れはゆるやかで底も浅かった。両足でしっかり立つことができたので、ロッドを右に、左に倒し魚の平衡を失わせ、魚がバランスを取戻し流れを利用して再び闘い始めるまでの間に、ラインを少しずつ引寄せた。魚はやっと止ったが、そのあともう一度走った。しかし、今度はもう終りが近いことを私は感じていた。それはただ支えてさえいればよかった。クスターマンを探すと、彼はすぐ後ろにいて大きな笑みを浮かべていた。

「シャルル、最低三ポンドはありますよ。だけど急いで、時間を掛けないでランディングしたほうがいいでしょう。できるだけ魚を寄せて、流れのゆるいところへ引っ張ってください」

私は彼の言うとおりにし、ランディング・ネットに魚を導いた。魚はとても重くてほんのちょっとの流れがあっても寄らなかった。三度失敗して、魚を自分の方に引寄せることなど問題外であることが分かった。時間はどんどん経ち、私は自分の不甲斐なさにまたいらいらしてきた。ただ一つの方法が残されていた。フィッシャーにネットを持たせて一〇メートル程下流に立たせ、そこへ魚を流してやるのだ。四回目にやっとフィッシャーのネットは私の最もすばらしいグレーリングをすくい上げた。それは、クスターマンがいつも釣りの帰りにソーセージを買う肉屋のはかりの上で、正確に四ポンドと二・五オンスあった。

クスターマンは私の最初の二尾の合わせ切れの理由を説明してくれた。あの魚は数メートル下の川底から全速力でライズして来て、フライにとびつくと即座にふたたび下へ潜ったのだった。合わせは二回とも魚が下を向いて降りて行く時に行われた。だから手首を軽く動かしただけの合わせでもリーダーは切れてしまったのだ。たぶん、ラインを軽く張ってやるぐらいの合わせが魚とのつながりを保つ唯一の方法だったのだろう。

●第十五の例　フライを動かすことの有効性。

第二次世界大戦の前、いろいろ貴重な情報を得られると思って有名なフライ・タイヤーのロジャー・ウーレイをイギリスのタットベリーに訪ねた。この訪問の最中、彼はフライの動き、フライを部分的に動かすことの有効性を示してくれた。

以下がその驚くべき実例である。

ウーレイがその理論を試し、完成させたのはタットベリーの近くのトレント川であった。堰からの小さな流れの尻に何尾かのグレーリングがおり、毎日彼の投げる美しい創造物にライズし、そして決って、そっぽを向いた。何日かこれを観察した後、彼は一つの結論に達した。魚がフライを食わない原因はフライが動かないことからくるのではないだろうか。グレーリングは水面でもがきまわる虫に特に興味を示すように見えた。

ある夜、仕事場へ帰ると彼はひじょうに長く、硬いハックルだけを使った新しいフライを巻いてみようと思った。翌日、彼はこの新しいパターンを正確に、繊細にプレゼントし、目に見えないほどのロッド・チップの動きでフライを生きいきと動かしてやった。フライはほんの少し引かれると、長いハックルが曲がり、震えた。そして何尾かのグレーリングが彼の天才的なアイデアの上にとびついたのだった。

そこでウーレイはグレーリングと鱒用にライフ・ライク（生命感のある）シリーズのいくつかのパターンを完成させ、彼の客から高く評価された。戦争前、コロネル・オガレフはメインワーリングでそれを売っており、私も何度か気難しい魚にはこのフライですばらしい効果を得ることができた。

第五部　鱒

鱒とフライ

　フライで鱒を釣る技術については、すでにたくさんの本を才能ある人たちが書いているので、ここではそうした本の中にすでに書かれたようなことを、ふたたび取上げるつもりはまったくない。

　ここでは長い実戦——特に自分が演技者であり証人であったノルマンディのチョーク・ストリームでの経験——の間に、現場で得た例をあげながら、特殊な場合についての考察にとどめたい。

　鱒釣りでは、グレーリングとは異なった、この魚に特有の用心が必要である。すでに言われ尽していることだが、私自身の経験からも成功の第一条件は、とにかく釣ろうとする魚を驚かさないことである。これはいくら慎重にやっても慎重すぎるということはない。

　釣人やその道具は絶対に魚に見られてはならない。そのためには四つんばいになることも嫌ってはならない。鱒に見えるのはフライだけということが重要なのである。それもフライが流れ始めてから見えるようにしなければならない。

　釣人の姿が見えること、音を出すこと、そして震動を与えることは絶対に避けなければならない。太陽の位置は大きなハンディキャップになることもあれば、逆に切札になることもある。アプローチを容易にする自然の障害物はできるだけ利用する。

有名な室内装飾家であり、釣師であるアンリ・ルールマンがある時、アンデル川の支流、川幅はないが大きな鱒のたくさんいるラ・リウール川に招待してくれた。そこでは悪いキャストは鱒に対して半鐘を打鳴らすようなものであった。われわれは用心して水から数メートル離れて川に沿って歩いた。良いライズが見えると、四つ足でキャストする場所まで這ってゆき、ライズしたら最小限のフォルス・キャストですぐフライをプレゼントできるように身構えて、次のライズを待つのである。もし一般的に釣人がするようにして釣っていたら、三尾に一尾の割合ではなく十尾に一尾ぐらいの割合でしか魚を釣ることができなかっただろう。

ステヴァンソンはリール川でも最も古い釣師の一人だが、完璧な紳士で、土地の釣師が大股で気楽に川岸を歩いてくるのを見ると隠れてしまう。そして膝当てをつけて小さな支流に入るのだった。そのほうが型のよい魚を釣るチャンスが多かったからである。彼は賢明で、偉大なスポーツマンである。

鉄のスパイクのついた靴やウェーディング・スタッフは鱒を恐れさせる。グレーリングはこうしたことに関してはわりと無頓着である。

魚の目から隠れることは不可欠であるが、それだけでは十分ではない。成功するためにはフライのプレゼンテーションがひじょうに重要である。最初のプレゼンテーションの正確さが何よりも要求される。原則として、フライは魚の少し上流に落ちなければならないが、そこでも絶対的な決まりがあるという訳ではない。魚の上流へのプレゼントが無視された場合、すぐ鼻の上、横、あるいは後ろへのプレゼントがしばしば効を奏する。

フライが水の上にある限りは、いつでも、どこでも合わせられるように身構えていなければいけない。フライは魚の下流まで流し、それからラインを張って軽くドラッグをかけ、さらに一メートルほど流してやるとよい。この時に突然ライズすることがある。

合わせに関してはたくさんの議論が交されている。素早く合わせるほうがいいというものから、ひじょうにゆっくりのほうがいいとするものまでいろいろな意見がある。しかし、状況が要求する場合は即座に合わせられるようにしていなければいけない。

チョーク・ストリームでの鱒の餌

川底がチョーク質（石灰岩質）のチョーク・ストリームでは水草が多く、鱒の餌の量は最高級レストランの食糧倉庫に匹敵する。魚は餌を選ぶのに困るくらいである。彼はメニューの中から食欲と、美食欲をもっともそそるものだけを選んでいる。これはうまかろうとまずかろうと出された料理はすべて平らげてしまう山岳渓流の鱒とはまったく反対である。

一日のうちのある時間、鱒はその時の活動の状態によってこれと決めた餌以外を完全に無視することがある。鱒は安楽が好きで、ちっとも努力をしようとはせず、セルフ・サービスの食堂で食べるよりは、テーブルに坐ったままで食事をしたいからなのだ。たとえばリール川やアンデル川では鱒は鞘翅目のような堅い虫は見捨てて蜉蝣《カゲロウ》目のようなより軟らかな虫を選ぶ。そしてより翅脈の厚い雄のヴュルガータより、雌のダニカのほうを選ぶ。貝類および甲殻類も彼らの主な食事となっている。ラーバの状態の毛翅目は鱒に評判がよくて、特にイブニング・ライズの時間にこの虫がハッチする状態が好かれている。鱒がカゲロウの類を食っている時に甲虫のイミテーション・フライをプレゼントすることは、食卓に莢《さや》をとり忘れたインゲン豆を出すようなものである。キチン質のあまり多くない虫を選ぶという傾向は、魚が虫を飲み込む前に口の奥でかみ砕くか押しつぶすというところからくるのか、あるいはそのほうが味がよいからということなのだろう。

次に挙げるのは消費量の順番に並べられた食料倉庫のリストである。

［甲殻類］＝淡水エビ。

［蜉蝣目］＝ラーバの色々な段階のもの。そして羽根のついたダンあるいはサブ・イマゴの状態のもの。同様にスピナー、あるいはイマゴのもの。生きているものあるいは死んで羽根を拡げて浮いているもの。あるいはある種（コカゲロウ属）のように川底へ卵を生みつけに行く途中のもの。

［毛翅目・トビケラの類］＝川底を這いまわる時に。またケース（巣）を捨てて、ハッチのために水面に上る時

に。

［積翅目・カワゲラの類］＝このストーン・フライおよびウイロー・フライはチョーク・ストリームには多くない。

［オールダー・フライ（センブリ）］＝川底の泥の中で生活する第一段階の幼虫や、あるいは土の中で蛹になるために川岸へ這い上る途中の状態で魚の胃の中に見出される。成虫は地上性の虫である。

［鞘翅目（甲虫類）］＝この種類のうちのあるものは水中で生活する。他のものは水面近くを動きまわり、鱒に一呑みにされる。

［スマット］＝極小の虫。

［モスキート（蚊）］＝ラーバ、ニンフなどの水中生活をする段階で、また羽根のはえた段階で捕食される。

鱒の胃の内容物を調べた数々の実験によれば、チョーク・ストストリームでは、鱒が活動している時には水中あるいは水面近くでとられたラーバが三分の二を占め、羽根のはえた成虫は三分の一を占めるにすぎない。

このように食べる物が豊富にあると、釣人にとっては解消すべき問題が二つ提示されることになる。まず一つはどんな時間にどんな料理がよいかということであり、二番目は鱒の気に入るフライを差し出すための最良の方法は何かを見つけだすことである。

ドライ・フライの信奉者ならまず鱒に差し出す料理を自分のドライ・フライの種々のパターンの中から選ぼうとするであろう。そして、それが失敗に終った場合はその理由をキャスティング、あるいは戦術のせいにしてしまう。鱒の拒否が続く時、そうした釣人はドライ・フライの中から鱒のその日のメニューとはまったく異なるものであっても、次から次へとあらゆる種類を引っ張りだしてきては何とかくわえさせようとねばるか、あるいはもっと状況が好転するのを待つかの方法しかない。

彼らに私の考えを押しつけるつもりはもうとうない。しかし、なぜ失敗を認め、それを熟慮が足りないせいにしないのだろうか。なぜウィングやハックルの少ない浮きの悪いフライを使うことを頭から軽蔑するのだろうか。観察や予見する能力、わずかな変化をとらえる目の働き、そして熟練が最高度にまで要求される、より難しい釣り方から得られる楽しみや満足を自分から制限してしまうのだろうか。一言でいえば、鱒が羽根のはえた虫や、水面に浮いた虫に見向きもせず、ラーバを餌としている時にニンフでの釣りを試してみようとしないのだろうか。

　この方法はグレーリングに関しての項ですでに書いたように、ドライ・フライとも、また沈めて流すフライの釣りとも相通じるところがある。

　ドライの釣りであろうと、ウェットの釣りであろうとつねに有能で親切な先生を見つけることは可能である。しかし、ニンフ・フィッシングについて十分な知識を持っている人は少ない。

　ドライ・フライでの失敗の原因を理解できるようになれば、その時からフライ・フィッシングの興味は倍加される。そして、「必要な戦術を見つけたぞ」と独り言できるようになればすばらしいことではないか。

ニンフ・フィッシング、鱒およびグレーリング

　ニンフ・フィッシングはたくさんのすばらしい本の中で十分に取りあつかわれているが、その内容の多さ、主題のひろさ、複雑さ、得られた観察の多彩さといったものがドライ・フライ・フィッシャーにこの釣りを試してみることを気遅れさせ、毛嫌いさせてしまうのだろう。

　偉大な釣師であるスキューズ、モトゥラム、アメリカ人のナイト、バーグマン、そしてソーヤーといった人々がこの釣法を考えだし、この釣りをすばらしいものにしたのである。そしてわれわれは彼らの努力の恩恵にあずかれることに感謝しなければならない。

　これらの人々の書いたものを読んで、私は何度もニンフで鱒を釣ろうと試みたが、理想的な条件のもとでも例外的にしか成功しなかった。たいていの場合本から得た知識はあまりにも理論的すぎ、川岸に立つと実

際との違いに混乱してしまうのだった。こうした状態はイギリスの川でソーヤーの釣りを見るまで続いた。

本物のニンフは二つの異った段階で捕食される。水中を移動するラーバという活発な状態の時と、変態のために水面までやって来て、ラーバの皮から出てサブイマゴになるまでのほとんど動かない状態の時である。

魚はいかにしてニンフをくわえるか

[水深のあるところ]

魚は次のようにしてラーバを捕える。

1 水草や川底の泥の中で。

2 ラーバが移動している最中に。

3 ハッチのために水面に上って来て、水面を破ることができずにふたたび降下してゆく時。

4 水面直下で、ハッチするために水面を破る前、ニンフが水輪を作る時。この時はドライ・フライで釣っても効果がない。

[水深のないところ]

1 草の中を探り回ってラーバを食う。この時、魚の尾鰭は水面にあらわれ、これはテーリングと呼ばれる。

2 隠れ家から出て来たニンフを水草の上で追いかけて。このような状態の魚の活動は水面の盛り上り、あるいは魚が虫を捕えたあとでUターンをする時にできる小さな渦となってあらわれる。これはバルジングと呼ばれる。

3 水草の切れ目に待機して。このような時は魚は自分の活動範囲の中に流れてくる虫を捕えているのである。

[虫の状態]

虫は完全に水の中に沈んでいる。

水面下数センチのところ。

羽のはえた状態に変態するために水面に浮いている。

[応用すべき戦術]

状況によっていろいろに使い分けなければいけない。

1 基本はまず魚がニンフを捕える場所の見当をつける。

a もし魚が見える時は、止っている状態、きらめき、反転、移動、口の開けしめなどを観察して、その習性を理解する。

b 魚が見えない場合、水面の渦、乱れ、あるいは釣りをしている時はリーダーの沈んでいる部分の動きが突然止ったり、急に早くなったりすることで魚の状態の見当をつける。
2　魚のいる場所が分かったなら、次はどのようにしてニンフを捕えているかを観察する。
a　テイリングをしている状態の魚を人工のニンフに振向かせることはほとんど不可能である。
b　魚がバルジングの状態にある時は、魚はその居場所を変えたばかりなので、釣りにくい。
c　理想的なのは魚が水草の後ろ、あるいは流れの中に動かずに居を定め、水面の虫には興味を示さずラーバを規則的に捕食している時である。

キャスト

プレゼントはひじょうに正確にやる必要がある。キャストはまっすぐ上流に向けてか、上流へ四十五度の角度でか、あるいは完全に流れと直角に行う。時にはほんの少し下流に向けて行うこともある。

ニンフのプレゼントに関しては、ニンフが完全に沈み、魚のすぐ前まで自然に流れてゆくのに十分な時間と距離を考える。

一九五二年七月十日、フランク・ソーヤーの釣りを見るために私はソールズベリー近隣のチョーク・ストリーム、エーヴォン川のネーザーエーヴォンへ行った。彼は四十歳ぐらい、赤毛の大柄な男で、とても気持のよい謙虚な現実主義的な人柄だった。一九二七年以来、イギリス軍の士官クラブのリバー・キーパーを務めてきた。

川は数キロの長さがあり、鱒とグレーリングがいた。着いたのは十四時で、われわれはすぐに釣りにでかけることにした。

●水深のあるところで、リング（水輪）を釣ること　最初の場所は約一・五メートル程の水深のゆったりした流れで、小さなリングだけが見える、間遠だが、規則的なライズであった。私はこれは魚がミッジを食っているせいだろうという印象をもった。ソーヤーはラインを取出しながら、このリングは鱒が水面下でニンフを食っているせいだと説明した。彼は上流に向かってキャストし、狙った水輪の二メートルほど上にニンフを落した。ニンフはすぐに沈んでいった。視界はとてもよく、リーダーの浮いている部分がよく見えた。彼はニンフを流しながら機に応じてリーダーを短くしたり、長くしたりした。そして、リーダーの水と接している部分に視力を集中することが大事だと説明した。魚がニンフに触れると、ごくわずかでも当りとなってこの部分にあらわれてくるからであった。突然、彼は竿先をわずかに上げ、つづいてデリケートな合わせをした。ニンフが食われたのだ。もちろん、私には何も分からなかった。が一尾の美しい鱒がかかっており、彼はそれを取込むと言った。

「ニンフが食われずに魚の上を通りすぎたと思ったので、フライを生き生きとさせるために軽く糸を張ってやったんですよ。これがしばしばニンフをくわえさせるための誘いになるんです」

われわれは次の魚を釣りにかかった。今度は私にもリーダーの水面に沈む部分が突然早く動き出すのを認めることができた。それにつづいて、ごくわずかな合わせがあり、そして一ポンド半のグレーリングが釣り上げられた。三尾目と四尾目も同じやり方の犠牲となった。しかし、またしても私には何の変化も見えなかったことを白状しなければならない。ソーヤーによれば、急にリーダーが引かれるというような動きは見られなかったが、リーダーの流れるスピードが遅くなったというのである。

彼が釣り上げた魚の何尾かはほとんど水面でニンフを食っていた。目に見える水輪がその証拠で、ニンフはハッチするために水面を破ろうとしている状態であった。しかし他の魚はニンフの他の段階のものを食っていた。水面の輪は魚の存在と、そのだいたいの位置を示すものである。

一般的には水面近くにいない魚は水底にいる。そのため、ニンフを魚のいる場所に届けるためには、水の中に深く沈むものがよい。ニンフを魚のいる場所のそばに正確に流すためには水流の速度と、ニンフの沈みの速さを知っておく必要がある。流れの速さという要素は一定の場所では変化しないものであるから、ニンフの沈ませかたを、ニンフを換えるとか、フライを着水させるプレーシングの位置を変えることによって調整する。ニンフが食われたことはリーダーの流れるスピードや沈むスピードの変化によって表われる。

約一時間の釣りで私の先生は八尾の魚を鈎に掛け、そのうちの二尾をバラした。このすばらしい釣果は、彼がこの釣り方の神髄を心得ており、しかもひじょうに熟練しているという事実を示している。

私が釣る番になった。目はすでに疲れていたし、光線の具合は前ほどよくはなかった。しかし、釣りをするにはまだ十分だった。一体どうしたらいいのだろう。やってみても、私の合わせはつねに神経質すぎた。それでも結局、先生が一緒にいてくれたおかげで、五尾の魚を掛け、二尾のグレーリングを釣り上げることができた。一通り釣り終った時、私は自分がすでに自信を持ってこの釣り方を実践していることに気がついて驚いた。オーストリアのグレーリングとハンスのことを考えた。彼らがこんな私を見たらどんなにびっくりすることだろう。

●浅い流れでの目で見ての釣り　「今度は目で見ながら釣ってみましょう」とソーヤーが言った。

「これは最後にとっておいたんです。というのはこれが一番エキサイティングな釣り方で、素早い反射神経を要求されるからなんです」

われわれは下流へ歩いて行った。すぐに、砂底の小さなへこみでニンフを次から次へと捕食している一尾の美しい鱒を見つけた。ソーヤーは鱒がわれわれには見えない餌へ突然、素早く動き、それをつかまえる時に腹を返すことを解説してくれた。しまいには私にも

餌を食う時に頭を軽く動かすことや、尾の振り方や、口の内側などが見えるようになってきた。師匠はそこで三尾の鱒を釣り、つぎに私にやらせた。最初の二尾はみごとに失敗した。合わせが遅すぎたのである。三尾目はニンフが捕食範囲に達する前に、ニンフめがけてはっきりと動いたので、心がまえをする余裕ができた。われわれにはリーダーは見えなかったので魚の動き以外には目やすとなるものは何もなかった。こうした場合には、目で見ることは第一だが、同時に第六感の働きも多分にあるように思われる。

この釣り方では合わせは最高の反射神経を要求される。キャストはひじょうに正確でなければならない。ドライ・フライと同じ正確なテクニックが必要だし、それに思った場所へ流し込むためのフライの沈む速度の計算を加味しなければならない。鱒は簡単に警戒心を起こすので、最初のプレゼンテーションがひじょうに重要である。

ソーヤーはもう一つの別な場所で釣ってみることを提案した。

「私がコンクリートの板で作った堰があるんですが、そこの大きな木のところへ行ってみましょう。グレー

リングと鱒のコロニーが見られますよ。あそこなら魚を観察するにはもってこいです。この光線の具合なら魚のどんなわずかな動きでも見ることができるでしょう」

そこへ着くと魚に警戒心を起こさせないためにわれわれは水際から離れて木の幹の後ろに隠れた。他ではまったく見たこともないような光景が目の当りにあった。数尾のひじょうに大きな鱒を含む二十尾ほどの魚が群をなし、絶え間なくニンフを食っていた。われわれの側の岸のそばには三尾のグレーリングがおり、フランクはそれを一つも失敗せず次々と釣り上げた。しかし何という反射神経の早さだろう。私にニンフをくわえるところがみえたのは最後の魚だけだった。それから彼は鱒を二尾掛け、そのうちの一尾は二ポンドの重さがあった。そしてまた、これらの動作は他の魚をぜんぜん驚かさずに行われたのである。というのは第一投目がドライ・フライと同じように正確だからで、かけた魚はすぐに下流に導びかれ、そこでランディングされた。

そのうち私にもグレーリングが虫を食うところが見えるようになり、次に大きな鱒が虫を食うところも見えた。私の目も慣れてきて、グレーリングを一尾釣り上げた。合わせの瞬間には魚は少し浮き上った。

六、七メートル先のところに一尾のすばらしい鱒が見えた。そこで、その魚にむかって慎重にプレゼントした。魚の口の中の白いところが見えた時、すかさず合わせたが、それでもすでに遅かった。同じ魚に向かって何度かねばってみたがもう駄目だった。鱒は用心深くなっていた。それで別の二尾の鱒を狙ってみた。最初のやつは、キラっと光ったのが見えただけだった。二番目の魚は右に素早く少し動いた。私は合わせ、掛けることができた。ソーヤーもよろこんでくれた。

それからは何も起こらなかった。魚たちはもはや私のフライには何の興味も示さないようだった。しかし、ソーヤーは彼の熟練振りを証明するために、少し時間をあけたあと、私の狙った大きな鱒を釣り上げた。その時はニンフが食われた瞬間が見えたわけではなく、六感に頼って合わせたのだとソーヤーは打明けてくれた。

魚がニンフを食っている時の就餌活動の集中度と、この釣り方の信じられぬ可能性にはまったく驚嘆してしまった。この日の釣り、そこで受けた感動、そしてまったく新しいことをそこで発見し、学んだという満足を私は決して忘れないだろう。またその秘密を喜んでしかも熱心に公開してくれたソーヤーに対して永遠に感謝したい。

夜になってエイムズベリーの宿屋でソーヤーはニンフ・フィッシングの技術のすべてを語ってくれた。それを以下に述べてみよう。

まず種々の条件が都合よく整っていることが必要である。ニンフ、ラーバ、そして魚が活発であること。水位はむしろ低いほうがよく、釣人に有利な光線のある場所を選ぶ。イギリスのチョーク・ストリームでは七月が良い時期である。

ソーヤーは二十年以上、水生昆虫の特に水中での生活を観察してきた。虫の毎日の生活を卵から、ラーバ、ニンフにいたるまで研究した。そして水中で彼らが泳ぐ様子、水草から水草に移る時の動作、テールを推進の手段として使い、それによって楽々とスピードを得る時にどのように鰭をボディにつけているかなどを見ることに成功したのだった。ソーヤーの意見ではスキューズは特にその観察をハッチ寸前の動き、そのために水面近くでの動きに集中していたようだという。この理由から彼のニンフのパターンにはボディからレッグを離してつけてあるが、これはフライが沈むのをさまたげるためである。ソーヤーは、オリーブ・ニンフ（コカゲロウの類）が移動する時、泳ぐために頭の後ろに拡がった脚を魚は見つけようと期待しているわけではないと主張している。これらの脚をあらわしたハックルを省略することはフライの形をすっきりさせ、水面へのプレゼンテーションをよりたやすくする。そしてまた沈み方が生き生きとする。スキューズは水面にひじょうに近いところの、ニンフが動かない状態を手本にした釣りをしていたとソーヤーは考えている。それに対してソーヤーのほうは水中、たいていの場合はとても深いところで釣る方法をとっている。

ニンフの群れは小さな魚のように、ときに水面に向かって上って行き、次に一フィートほど沈み、それから川底めがけて意を決したように素早く泳いでゆく。この動作はハッチの前に数度繰り返される。これらの虫は水中生活の最後の二週間、一つの隠れ家から次の隠れ家へ、あるいは水草から水草へと渡り歩きながら、川底の広い場所を移動する。水草の間にじっとしている鱒を観察していると、そのまわりでニンフがこうした動きをしているのを全部見ることができる。
ソーヤーは重さやパターンの違う一連のニンフ・フライを創り出した。それらはボディに極細の銅線を巻いて重さの調節がはかられている。このやり方によれば、釣りに利用可能の、水生昆虫のさまざまな動き方をうまく真似ることができる。しかし、たとえばブルー・ウィングド・オリーブのように、ハッチする時にはときどき脚を拡げる動作を交えながら水面に向かって泳いでゆく習性を正確に再現するのは不可能である。彼らは水面に近づくと水面直下を漂いながら痙攣的にからだを震わせ空気に達しようとする。この瞬間の脚とからだの動きが魚の注意を引くものなのである。そのために、ただ虫のパターンの正確な再現だけでは魚に食い気をおこさせる生きた感じをだすことはできない。ソーヤーは二つのパターンの数種類のサイズのみで十分であると考えた。

●タイプA　オリーブおよびアイアン・ブルー（マダラカゲロウの類）のグループ。これらは水面に卵を生んだあと、水中を流れる雌のスピナー、スペント・オリーブ・スピナーを鱒が追っている時に使うとよい。フック・サイズは15番と14番。

●タイプB　ペール・オリーブ（コカゲロウおよびウスバカゲロウの類）（ライト・ペール・ウォータリー）とセントロプティラム（ウスバコカゲロウの類）のグループでやはりひじょうに効果がある。この二つのパターンは六種類エフェメリダエ（マダラカゲロウ科）の特性を兼ねそなえたものであり、魚は間違えてくわえてしまう。フック・サイズは16番、15番、14番。ウエイトは釣ろうとする場所の水況によって加減する。オーストリアではしばしば、チョークストリーム用に作られたソーヤーのニンフよりはずっと重い13番に巻いたハンスのパターンを使った。しかし、あまり重くしすぎることは禁物で、フライが垂直に沈んでしまってはいけない。

水を満たしたコップにスキューズのニンフを落すと、それは水面に浮いてしまうのに比べ、ソーヤーのニンフはすぐに底に沈む。これらのフライの重さはリーダーの浮力に打ち勝つように計算されている。

ソーヤーに関して私が気に入っているところは、彼はとてつもなく正確な理論を持ちながら、自分がそれに酔っていないというところである。彼は単純化を求め、実践に必要不可欠なもののみを研究する。そして特に、リーダーのタイプとかフライに重量をつけるとか、水生昆虫の各成長段階における動き方の再現といった、プレゼンテーションの方法に重きをおいている。また彼は実際にロッドを持って、自分の考え方が正しいことを証明することもできるのである。彼にとって、ニンフというのはロッドの命令に即座に応える極小の潜水艦のようなものであった。最後に第六感、予見といった熟達の極致は実践と忍耐によって得られるものであることを彼は教えてくれた。

この釣りについてこのあと書くことがあるとすれば、ソーヤーの釣り方が鱒族の住むたいていの川に適用できることの証明だけである。

次に述べるのはバヴァリアとオーストリアにおける私の実際のテストの報告である。

七月二十四日、私はポーリングのクスターマンのところにいた。ここの小さな川で戦前、私はドライのタップスで十五分間に十四尾の鱒を釣ったことがあった。昼食のあと私は同じ流れへ出かけてゆき、一時間ちょっとの間に九尾の鱒と一尾のグレーリングをソーヤーのタイプAのニンフで釣り上げた。水位は中ぐらいで、合わせはリーダーに表われる変化で行った。七月二十六日、私はグムンデンでハンスと一緒になった。午後、彼にソーヤーの釣り方のデモンストレーションを行ったが、もちろんソーヤーがやったようにうまくはゆかなかった。最初のプレゼンテーションで私は大きなグレーリングを釣り、すぐにその後二尾目を釣った。六時頃条件はずっとよくなった。グレーリングは水面のすぐ下で餌を取っていた。そのためほんの少しの時間で友人たちがドライでライズを狙って一尾釣る間に六尾釣った。

翌朝、われわれはハムシュトックミューレへ行った。今度はハンスの番で、グレーリングはぜんぜんライズしていなかったが彼は見釣りで十尾釣った。彼の驚くべき視力がひじょうな助けになったのだろうが、それにしてもこれはすばらしい釣果であった。

それからボートに乗って堰の下の水を被った砂洲のあるところへ釣りに行った。ここは昼頃の風のない時には魚を観察するには理想的な場所であった。たくさんいる魚の中から釣ろうとする魚を選ばなければならないほどであった。しかし、魚はひじょうに用心深かったので、確実に食うと思われる魚だけにキャストし、六尾釣った。ニンフでの釣りはまったく、あらゆる点から見て、とてもおもしろい釣りであった。それからさらに三日間、われわれは同じように良い結果を得ることができた。ハンスなどはいそいで自分の新しいパターンを作り上げ、タイプC、トラウン・ニンフと名付けたほどだった。ボディをレッド・シルクで巻いて、黄色のシルクでリビングし、ウェイトを十分に巻き込んだもので、フック・サイズは13番、14番だった。

八月二日、上サルツァでのこと。昼食のあと、私は杉の木蔭で昼寝をしていた。正面には大きな岩の壁が垂直にそそり立っていた。ストローブとバッチとエメールの話す声が聞こえ、それはだんだんと大きくなって、しまいに私は目を覚ましてしまった。彼らは岩壁に沿ってライズをしている二尾の鱒を、ドライ・フライで釣ろうとやっきになっていたのである。しかし、いかにフライのパターンを取換えようとも、その鱒たちは鈎に掛かってこなかった。最後に、このドライ・フライの信奉者たちは私にニンフでやってみろと誘うのだった。一回目のキャストは魚の就餌範囲の外だったが、二回目に流している時に突然、三尾目の、見えていた魚よりもっと大きな奴が暗い穴からとび出してきて、全速力でトラウン・ニンフにとびついた。その魚は一キロ近くもあり、この場所としては上等の部類だった。

グシェーダーではまだ他にもいくつもの実例があり、それぞれ異なっていて興味深いのだが、中でも特に注目すべきものが一つある。

ストローブと私がサルツァ川に沿った道を歩いている時、道が川の上へ三メートルほど張出している場所へでた。川はこの場所ではおだやかで一メートルぐらいの水深があり、川底にはたくさんの岩があった。われわれのいる岸の一〇メートルから一五メートルぐらいのところに三尾の大きな魚がじっとしているのがよく見えた。空は晴れていたが太陽光線は強くはなかった。ストローブは一番近い魚に狙いをつけ、小さなタップスをキャストした。プレゼンテーションは完璧であるにもかかわらず、フライは繰り返し無視された。彼にニンフのついた私のロッドを渡すと、彼はそれを魚の一メートルほど上流にプレースさせた。フライが落ちるのとほとんど同時に魚は鈎のかえしまで呑み込んでしまった。この場所にいるグレーリングがフライをくわえるのを見たのはこれが初めてだった。今まではここの魚は決して釣れないものと決めてかかっていたのだった。二番目の魚はバラしてしまい、三番目の魚はキャストに警戒心を持ち、フライを無視したあと、逃げてしまった。

ここまでの記述は少々長いものであったが、どうしても省くことのできないものである。ニンフに興味を持つ人にとってはこの釣法の有利さは疑うべくもないだろう。そしてまた、すべての優れた釣人は、ソーヤーの推薦するパターンのニンフで武装してこの釣り方を試してみるべきだと思う。

私の考えでは、この釣りはフライ・フィッシングの技術の頂点だと思う。

[モンスター・ニンフ]＝ソーヤーズ・キラー・バグは10番、12番のフックのシャンクにグレーのウールを巻き、ひじょうに太いボディーを形づくったものである。極細の銅線を巻いてウェイテッドにしてもよい。私は何年もこのニンフを使って釣りをし、良い結果を得ている。特にポーリンガー・バッハではよく使ったが、一九七一年、レッヒからポーリンガー・バッハへの途中の最後の滝のところでストックが完全になくなってしまったことに気がついた。フライ・ボックスの中には必要なフックとグレイ、レッド、イエローのウールがいくらか入れてあった。そこで自分でいくつかのソーヤー・タイプ・ニンフを巻き、少量のマニュキュア液で巻き終りを固定した。それは見るからにひどい出来であることを認めなければならないが、オーストリアとバヴァリアでの十日間の釣りのあいだ、私はそれを鱒とグレーリングに使い、十分に効果があった。魚は夢中になってこのフライに突進し、四年間いつも使っていたフライと同じような釣果を得ることができた。

ポーリングの村の中に、川が浅く平らになっているところがあり、そこでは動き回っている魚が見えた。キラー・バグを投げてやると、三〇センチほど沈むか沈まぬうちに、また時にはそれが水面を破るとすぐに、二尾か三尾の魚がこの予期しないうまそうに見える料理の一切れに競走してくるのだった。六尾のマスが一度に振向いて来たこともあり、同じような経験はレッヒでもトラウンでもまた他の川でもあった。

フライあるいはニンフのパターンを一つだけ使うという制限があるとしたら、この特殊なタイプはあらゆる状況下で魚を釣り上げるものであると私は信じる。

見かけがひどいものであろうとなかろうと、このウールでできたニンフは楽しく使えるものである。私はこのニンフでドライ・フライでの釣りと同じくらいに釣りを楽しむことができた。またこのフライはあらゆるウェット・フライのパターンの代りに使うこともできると思う。

これ以上に簡単な擬餌鈎はない。たぶんこのニンフはスタイルが悪いといわれるかもしれないが、しかし鱒やグレーリングにはそんなことはどうでもいいのである。どうかこの毛鈎を自分で一本か二本巻いてみて欲しい、そして次の機会に試してみて欲しい。

私のフライについての記事を読んでフランク・ソーヤーは、モンスター・ニンフとは少し恐い気がしますね、しかし、鱒がそれをくわえるためにあらゆる角度から突撃してくるというのは十分に想像できることですと言った。

われわれのところでも、今やそうしたニンフが必要になっている。鱒は一日中活発に餌を追っているが、釣る段になるとこれがもう悪魔のようにずる賢くなって、容易にだまされてくれないからだ。

水草の多い川での釣り

六月の中旬頃から、また早いところではメイフライの時期が終る頃から、チョーク・ストリームでは水草が繁り始め、盛期には水面のほとんどを被ってしまう。水草が刈られる前、あるいは釣場管理上正しく刈られた場合は刈られた後でも、鱒はしばしば水草の茂みと茂みの間の、狭い水路の近くに居を定めている。そこは餌を取るにも、休むにも第一級の場所なのである。時には鱒はほとんど水面と同じ位置の水草の中にひそみ、好みの虫が流れてくるとゆっくりと鼻先を上げ軽く吸い込む。まるで虫が真直ぐに口の中へ入ってゆくようである。短く餌を吸込む音が聞こえ、かすかな水輪が見えることもある。鱒は唇の端で餌をとらえ、尾は水草の中に入れたままにしていつでも隠れ家に逃げ込めるようにしている。水草が多いため餌となる虫も多く、鱒は贅沢に餌を選んでいるのでライズは間違である。こんな場合は岸から釣ってもほとんどの場合、フライは無視されてしまう。そして、やり方によっては最もおもしろい、しかも釣果も上がる釣りを台なしにしてしまう。

手ごわい釣りになりそうなライズは、しばしば二〇センチから三〇センチの幅の細い水流の真中あたりや水草の茂みの端でおこる。それらはゆるい水輪となってあらわれる。キャスティングには極度の正確さが要求される。それでも水草の茂みの端のライズを狙う時以外は、岸からではほとんど不可能である。水草がラインかあるいはリーダーの一部を引っかけてしまうので、たいがいはフライにドラッグがかかるのが早すぎるか、正常なドリフトが短かすぎる結果となってしまう。

魚を鈎にかけるのに成功した場合でも、重心を失わせ、水面に引きとめる前に魚は水草の中に潜ってしまう。そのうえ、ふつうのやり方では横切らせる水草の茂みが多すぎる。ウェーディングで攻めなければならないのはこうした時である。ただし、動作はゆっくりと慎重に行う必要がある。できれば深さの十分にある流れを選び、まっすぐ上流にキャストしてひじょうに近くを釣る。水草の茂みがあるおかげで鱒に警戒心をおこさせずに近くまで水の中を歩いてゆくことが可能だからである。ロッドはかなり長めで、リーダーは短いほうがよい。フライは魚のいる場所の五〇センチから六〇センチほど上流にプレースさせ、いつでも合わせられるように、左手でライン・スラックを取っておくように注意する。そして魚をかけたらロッドを頭の上まで持ち上げ、全速力で引寄せる。垂直に出来るだけ早く、力強く引くことで魚の重心を失わせ、隠れ家へもぐり込むスキを与えない。しばしばウェーディングは腰のあたりまで行うことがある。

ロッドは長いほうがフォルス・キャストの最中、後ろの障害物を引っかけなくてすみ、フォルス・キャストによってフライはよく乾き、よく浮くようになる。腰のベルトに二メートルぐらいの細ひもで生かしビクを結びつけておくと、中に魚を泳がせておくことができ、しかも魚を釣るたびに岸に上がらなくてすむ。

メイフライでの大物釣り（ここで言うメイフライはカゲロウ一般ではなく、モンカゲロウ等の大型カゲロウをさす）

五月の末、ノルマンディーではたいていいつも風が吹いている。大きな魚を釣るには、ライズがありしだい、風がやむのを待たずに、即座にどんな距離にでもキャストできなければならない。そして、魚をかけたら、すでによく茂り始めた水草があるので躊躇せず強引に引寄せなければならない。強く、丈夫なタックルを使うことが成功への最大の鍵であり、不幸にしてふだんより多くなる魚のバラシのパーセンテージを下げる唯一の方法である。

●**タックル**　最低九フィートの、力のある長いロッド。私の場合は九フィート半のロッドを使っている。ナイロンリーダーはチペットが〇・〇二五ミリ、あるいは〇・〇三〇ミリ。

●**フライ**　ディヴァイデッド・ウィングのパターンで風に向かってキャストするのは不可能である。大きなケーヒルあるいはメイフライ、大きなスペント・ウィングかバイビジブル、あるいはひじょうに長く、硬い良質のハックルのアメリカンフライのスパイダー・タイプ、極端に硬いプリュモー・タイプ、あるいは大きなパナマとプリュモーなどがよい。

●**フック**　魚を強く引っ張るためにフックは肉に深くささることが必要で、大きなフックが不可欠である。最高の品質の10番のフックが良い。リーダー・チペットが〇・〇三〇ミリなので弱いフックでは簡単にゲープが開いてしまう。

●**戦術**　大きな魚を釣り上げるには、少々優雅さに欠けるとはいえ、強引な方法をとらなければならない。だからといってやさしいわけではない。むしろ忍耐のいる、神経をいら立たせられる仕事である。しばしばひじょうなロング・キャストを強いられる。いずれにしろ、できれば魚にはあまりたくさんの釣人の手が届くようなところにはいて欲しくないものだ。ロッドは長いほうが魚を水面に浮かせるのが楽だし、また突風が吹いた時のラインさばきがよくなる。それに風によってコントロールがひじょうに難しくなるフォルス・キャストの最中でもフライを顔面に受けることをふせいでくれる。

数をたくさん釣ろうとしないこと。大きな鱒のいる場所に留って、詳細に観察をする。特に大きな鱒のライズは数が少ないので、それを無駄にしないように、可能性の高いライズだけを狙って最初のキャストでフライを確実にプレゼントする。

ライズのない時にフライをプレゼントするのは避けること。

鱒がフライをくわえない時、スペントが水面でもがくのを真似てフライを動かしてやる。長くて、やわらかいハックルを使うとしばしば風が吹いただけでも振動して効果をあげる。

●**欠かせないこと**　リーダー・チペット、フックのゲープおよびポイントを三十分ごとに検査する。魚を釣ったあとは、必要とあれば医療器具を研ぐのに使うアーカンサス・ストーンでフックを研いでおく。

風のある時はバスク・ベレーをかぶって耳を隠すか、あるいは幅広のつばのついた帽子をかぶってラインのかえりから身を守ること。

最初のプレゼンテーションが無視されても、もしそれが大物であるなら釣れるまでねばることがしばしば効を奏する。つねに必要な距離の分だけのラインをリールから引き出しておいて、ふたたびライズがあった時、あるいは風が落ちた時にすぐキャストできるようにしておく。

鱒に攻撃を仕掛ける前には、合わせの場所付近の水草およびランディングする場所をしっかりと頭に入れておく。

大きな障害は風である。そのためにはセミ・ホリゾンタルかあるいはほとんど垂直のオーバー・ヘッド・キャストを行い、フォワード・キャストとバック・キャストのコースを分ける。また腕は身体から離して真直にし、フックが顔面めがけて飛んでくることや、リーダーにノットができるのを避けなければいけない。キャストの最後には十分なシュートを行う。

アクルーの流れ

リール川で最も美しく、最も魚の多い場所はなんといってもアクルーの流れであろう。私はそこが世界にも例がない流れであり、テスト川やイッチェン川あるいはワイリー川の一番良い場所よりもすばらしいと思っている。この流れは自動車道路の橋から始まり、バリコルヌ島まで鉄道に沿っている。もし、あのスキューズが彼のロッドでこの広い、見事な流れを探ったらきっと彼はここを「ニンフ・フィッシングの天国」と名付けたことだろうと思う。

川幅は広い。最初に三〇メートルの長さの第一の大きな支流があり、木の橋の手前で一〇〇メートルの長さの第二の支流を形づくり、それは三五メートルもの幅のある広い流れとなって、もう壊されてしまって淵だけが残っている古い堰で終っている。この流れはどこも何年にもわたって釣り続けられているのだが、魚の密度は少しも低下していない。川の中はずっと水草やクレソンの繁みが続き、ほとんど切れ目がない。夏になるとそれらの水草は水面まで伸びて、その間を細くなった、たくさんの水流が流れている。深さはどこでも一メートル五〇センチを越すことはない。川の上部と第二の支流の最初の部分は早い流れだが、残りはほとんど中ぐらいかあるいはゆるい流れとなっている。ここを歩いていてライズに出会わなかったことは一度もない。

季節と場所によって、ここではドライ・フライでもウェットでもニンフでも釣ることができる。釣りの技術を試すには格好の場所である。これだけ恵まれていても、魚は時としてひじょうに気難しくなる。特に鉄道の家の対岸が顕著で、それには二つの理由が考えられる。最初の理由は、ここは釣人がひじょうに多く、四月の終りからは鱒がスレてしまうこと。第二の理由は、一日のうちのある時間には水の透明度と光の関係で、岸近くの魚を釣る時を除けばラインを見えないようにするのが不可能だからである。

流れの上部と下部はシーズン初め、ウェット・フライにはとてもよい。しかし、ドライ・フライが効果を上げるようになると、水草が茂ることもあってこの釣り方では良い釣果は望めなくなる。いずれにせよウェット・フライはシーズン初めだけしか許可されてなく、しかもこの時期には特に小さい鱒がウェット・フライで釣れてしまうのであまり濫用してはならないという条件付きである。この時期には大きな鱒はまだ底におり、水面で餌を取るにはハッチが盛んになる季節を待っているように思われる。

川幅の広いことと、たくさんの対流のあること、また早さの違ういろいろの流れのあることから、川の中央部にいる魚やあるいは対岸にいる魚を釣るにはキャスティングの技術に熟練していなければならない。

ここでのイブニング・ライズは夢の中にでてくるような光景である。川は全体が沸騰しているようになる。しかし釣果はそのわりにはたいしたことはない。というのはライズが規則的で密度が高いにもかかわらず、ドライ・フライで釣れる魚は二十回のキャストに一尾か、ひどい時には四十回のキャストに一尾だからである。そのうえ、水面はひじょうに見づらい。できれば光を背にして立ったほうがよい。あるいは、ウェーディングしながら釣ればひじょうに良い釣果を上げることができる。法律では太陽が沈んだ後の釣りは禁止されているので、いつも一番良い時間に釣りをやめねばならない。だから最後の三十分間はいっときも無駄にできない。幸いにして昼間も、慎重に、そしてせっせと釣れば必ず成果を得られる。ただ、良い場所ではライズの数の多さと、頻度の高さが釣人を興奮させ、休みなくキャストをさせてしまう。そのため魚は短い時間のうちにフライに慣れてしまうのだ。

しばしばここでは岸に二〇メートルから三〇メートル間隔で三人か四人の釣人が見られ、また時にはもっと短い間隔で釣人が立ち並ぶことがある。キャストが繰り返されても鱒はライズを続けるが、欠陥のあるキャストを何度かやるとそれだけで簡単に魚はライズをやめてしまう。キャストをしても繰り返しフライが無視される場合は、我慢してキャストをやめ、つぎにまたライズが盛んになるまで待ったほうが結果としてはよいだろう。

この流れの中でひじょうにおもしろい場所は、時としてニンフでの釣りがすばらしい成績を上げる場所、特に鉄道の家の前の流れの静かなところとか、また鉄道と平行の岸沿いなどである。ここでは多くの場合、鱒はハッチのある決まった段階の虫にのみ興味を持つ。川底から水面まで移動中の虫、水面に着いた状態の虫、また水草から水草へと泳いでいる虫などである。そうした場合には鱒は水面を流れてくる虫には見むきもしないのだが、ちょっと時間が経つと今度はラーバを無視して水面の虫ばかりを食うようになる。また他の時には沈んで流れ、最後にドラッグがかかったフライにのみ興味を示す。ライズのない時間が十五分を越えることは稀である。

メイフライの季節で、魚が活発なある日の午後、私はフランスの偉大なフィッシング・ライター、ドゥ・ボワセと鉄道の家のところにいた。そのときは、フライをいくら投げても無視されっぱなしだった。水生昆虫の生態についてくわしく、また名匠ドゥ・シャンベレの巻くガリカ・シリーズの創作者でもある彼は、すばらしいフライのコレクションを持っていて、その中からぴったりのフライを探そうとやっきだった。水面にはひじょうにたくさんの種類の虫が見られた。メイフライの季節は始まったばかりで彼の使うフライのパターンはまさしく水の上に見られるカゲロウとそっくりであったが、フライは執拗に無視され、しばしば彼のプレゼントしたフライのすぐそばでライズが起こっていた。何尾かの魚は目で見ることができた。ライズはとても小さく、あるいは単なるえくぼのような水の凹みだけだった。私はまた水の中で魚の腹がきらめくのにも目をとめた。明らかにこれは魚が、羽を伸ばす前のニンフを食っているのだった。9番の重いフックに巻いた、少量の黒のハックル、ピーコックのボディに金と銀のティンセルでリビングしたルマルシャンというウェット・フライを私は取出し、それを渦の二メートルほど上にプレゼントし、ロッド・チップをあおって十分に沈ませた。そしてスラックをたっぷり与え、さらにスラックを出して流し、魚のいる場所に目を注ぎ、神経を集中した。魚の腹の白いところが見え、そして水が軽く動いた。即座に、しかしごくやわらかく私は合わせた。リーダーがぴんと張り、ロッドが曲がり、魚はジャンプし、もぐり、草の中へ逃げ込んだ。それで終り。逃げられてしまった。そのあと、またすぐにもう一尾掛け、もぐられたが、私は魚を引っ張り出した。魚は下流に走り、上流に走り、ジャンプをし、頭を振り、尾を死に物狂いに動かす。狂乱と絶望のあらゆる表現のあと、やっと魚には疲れが見えてきた。

そしてロッドが状況を支配した。水面を滑らせてくると、ランディング・ネットを見て最後の抵抗を試みる。しかし、最終的には、十分に太り、赤い点の入った八〇〇グラムの魚体が草の上でばたんばたんと跳ねた。

二十分間に私は六尾の大きな鱒を釣り、私の勧めで同じような釣り方にかえたドゥ・ボワセも何尾かを釣った。それから水面にはより大きな水輪ができ始め、ウェット・フライの無視が始まった。食事の方法が変ったのだ。やっとドライ・フライがメニューとなり始めたのだった。親友ドゥ・ボワセのガリカはその威力と栄光の頂点をきわめた。私のタップスもまた彼らのメニューに合ったに違いないことが証明された。

同じ時間、われわれより七〇メートル上流、中ぐらいの流れのそば、早い流れの正面で一人で釣っていたジャック・スピエールもパナマですばらしい釣りをしていた。

チョーク・ストリームでのイブニング・ライズ

たくさんの釣人にとって、これはもっとも貴重な時間である。もっとも釣果が約束され、もっともいらいらさせられ、時としてもっとも失望する瞬間なのである。

ハッチの最初の時間に簡単に成功したあと、ライズはどんどん多くなるのにフライが頻繁に無視されるようになると、釣人はもう冷静さを失ってしまう。そして休みなくフライをつけ換えるので、状況はさらに複雑なものとなり、また許しがたい時間のロスをすることとなる。

こうした時は一つのメソッド、経験に裏づけられた作戦に従って釣ることにより、イブニング・ライズをずっと楽しく、また釣果のあがるものとすることができる。陽が落ちてきたら、タックルを検査し、ラインを乾かしてグリースを塗り、太陽を背にした岸に位置を占める。これがライズの位置を確認し、フライのプレゼンテーションをよくし、フライをくわえさせる機会を増す唯一の方法である。

最初のライズがあったらすぐにフライをプレゼントする。しかし気難しい魚にあまり固執しないこと。可能性のありそうな魚をできるだけ多く狙ってみる。無視されるパーセンテージが増してきたら、これは一般的にはイブニング・ライズが始まった時に起こるのだが、リーダーをカットするか、あるいはできれば前もって用意しておいたより短いものに取換えてリーダー・チペットを強化する。約六フィートぐらいの長さで、チペットは〇・〇二五ミリ、最大〇・〇三〇ミリのものにする。そして先から七五センチぐらいのところに太い〇・〇三五ミリぐらいのナイロンで枝鈎を一本つけ、計二個のフライをつける。

●フライ　フライはできるだけいつも水面にあるほうがよい。正確なフライのパターンを探すことは特別必要ではない。良いプレゼンテーションをすることや、最初のプレーシングを正確に行うことは二次的なものであり、フォルス・キャストの回数はできるだけ少なくしたほうがよい。フライは完全に浮いていても半分沈んでいても同じように良く釣れる。ドラッグが掛かることは時としてひじょうに効果がある。暗くなっても枝鈎のついていることがプレーシングの不正確さを補ってくれるだろう。

対岸のライズの水輪はすぐに見えなくなってしまうので、特に大きな鱒がいると思われる時は対岸から釣り始める。

ハッチが盛んになったら、同じ間隔で規則的なライズを繰り返す魚に固執するほうが効果的である。二尾か三尾の鱒がすぐ近くにいる時にはひと流しでそれらの魚全部を狙うようにする。またフライを生き生きと動かしてやることもよい。絶対にいらいらしないこと、機械的に行動することが最大の効果を上げる。

初心者、中級者、そしてまた鳥目《とりめ》の人にとってもっとも簡単で、うまくゆく釣り方は次のようなものである。リーダーは六フィートのものを使い、チペットは〇・〇三〇ミリにし、かなりハックルの多いウェット・フライをつけて絶え間なく水面にたたくようにする。しかし、距離はあまり長くしてはならない。ウェット、あるいはセミ・ウェットの釣り方である。

経験を積んだ釣り人は前もって狙いをつけておいた大きな魚を狙ってみたいと思うだろう。その場合はその魚を相手に徹底的にねばってみる。たぶん一尾も釣れないという危険をも冒すことになるが、玄人らしく釣ったという満足と慰めが残るだろう。

帽子のまわりに、一つか二つのフライを結んだ予備のリーダーをつねに巻きつけて持っておくとよい。暗闇の中で、もうフライを結ぶのは不可能であっても、リーダーを取り換えることはまだ可能なことがあるからだ。または完全に用意した竿を二本持って行ってもよい。

これらのやり方は絶対的なものでも、決められた規則でもない。しかし、しばしば、釣れなかった一日の最後に見せ場をつくることができるし、あなたの奥方の微笑みのある出迎えを保証するものでもある。というのは彼女たちは決って「何尾釣れた?」と質問するからだ。

フライを操作することの有効性

ブルゴーニュ地方、オーブ川の上流部は小さな川だがたいへんに大きな魚がいる。その証拠にはオーギュスト・ランビオットはパナマで三キロ半のブラウン・トラウトを釣り上げた。

あるカーブで一尾の鱒がライズしていた。小石の川底で水深は五〇センチぐらい、高いアシの根元だった。あたりには身を隠すための草の茂みも、一本の木もなかった。下流に向かってキャストしてもうまくはいかない。同じような場所で前にやった二回のプレゼンテーションでは、魚たちをすぐに追いやってしまったからだ。太陽は輝いていたし、岸が高かったので、ラインの影が見えてしまい、またラインが垂直に落ちるせいで、魚に不意打ちをくわせることは不可能だった。

川岸のある場所で、私は突然自分が魚の真上にいるのに気がついた。私は動かないようにして観察した。

その鱒は活発で油断なく身構えていた。虫は少なく、鱒はあらゆる方向にライズして餌をとる態勢だった。私はゆっくりとした機械的な動作で一か八かやってみることにした。黄色ボディーのグレーのフライをダッピング（キャストせずに、ラインを短くして、竿先から真直に水面に毛鈎を落すやり方）でパラシュートのように落し、そして少しだけ流した。私はそれを何回か繰り返し、鱒がもう我慢しきれなくなったと思われる状態までもっていった。この作戦がどのくらい効を奏したかは、まったく忘れがたい光景だった。最初、鱒はほとんど動きもしなかったのに、フライが見える度に彼の反応はだんだんと強くなった。最後のプレゼンテーションを一メートルほど上流にした時、鱒は前と同じように動かなかった。私はとても心配になった。待ちすぎたのだろうか。あるいはフライを見破られてしまったのだろうか。フライは彼のライズの範囲に入ってきた。しかし魚は尾を動かしもしない。フライは鱒の真上まで流れてきた。しかし相変らず何も起きない。次の瞬間、突然バシャというすばらしい音とともに魚は虎のようにフライに跳びかかった。今度は鱒が私を興奮させてしまった。合わせはあんまり強すぎ、鱒はすぐに自由になった。その魚には自由になるだけの資格があった。神の摂理があるなら明日また会おうじゃないか。

二日後、午後の終りに私は黄色ボディのグレイのフライを回収し、そして鱒をランビオットと一緒に食べた。ダッピングでの釣りはあまりスポーツ的ではないかもしれないが、この場所で可能な唯一の方法であった。キャスティングのチャンピオンであるゴダールは、しばしばフライをドリフトさせたあと最後に軽いドラッグを与える。そしてまた、魚が見え、いら立っていると思われる時にはふたたび流してやり、しばしば良い結果を得ている。

ウール川に一人の靴職人がいる。彼はこの地方の名人の一人なのだが、ちょっと変った、しかしひじょうに効果のある釣り方をしている。

彼は少量のハックルでフライを巻くが、巻き方はどうでもいいといった風のものである。もちろん、何年にもわたって釣り続けてきたそのあたりの川については、手の平のようによく知っている。そして魚を釣り始める前には必ず彼はフライを唾で濡らし、それを魚の少し上流にひじょうに正確に、しかも繊細にプレゼントする。フライがちょうど魚の前まで流れてくると、彼は竿先を軽くあおりフライを水面よりちょっと沈めて、一メートルか二メートルさらに流す。これは彼の独創的なテクニックであるが、そのすばらしい釣果は、この方法の効果的なことを証明している。

ダッピングという方法は、あまりスポーツ的ではないとしても、たくさんの職漁師によってよく使われる方法である。しばしば彼らの釣る川はせまく、木が茂っていて、いきなり魚の鼻先にフライを落すようなやり方でしか釣ることができない。場合によってはダッピングのような釣り方も認められるべきものであり、またひじょうに教訓に満ちた、夢中にさせるものでさえある。

一九四六年のこと、ルー川の流域にあるフージェールの川へ釣りに行った。そこは私の親友、ブザンソンのドクター・ティスランとピエール・デュフェイの川であった。

大きな堰の上にタービンに水を送っている水路があった。幅は二メートルから三メートルで深さは一、二メートル。流れの早さはゆっくりしており、両岸は木

におおわれて、長さは二〇〇メートルほどあった。

朝食の時、デュフェイは私に言った。

「今日は暑くて、陽の光が強いですよ。大きい川のほうじゃあまり釣れませんね。鱒は夕方にならないと動かないし、ご存知のようにこの季節じゃグレーリングはライズしませんしね。竿を持ってついて来てみてください、あのタービンへの水路に大きい鱒がいるのをお目にかけますから。流れは釣りをするには難しくて、はたしてうまく釣れるかどうか分かりませんが、魚は一見に値しますよ。その場所へ着いたらできるだけ震動させないように歩いてくださいね。特に姿を見せちゃだめですよ」

われわれは舟で川を横切り、大きな堰の左岸に上陸した。それから水路の終点のタービンに続く小径を歩いて行った。そこはまったくの森の中で、川岸には一メートルごとに木がはえていた。何歩か行った時一尾の鱒を認めたが、フォルス・キャストをちょっとやっただけで魚は逃げてしまった。それから一〇メートルほど上のこちらの岸の切株の根元でライズがあった。後ろにラインを伸ばす場所がないので自分の位置からそこまでキャストするのは不可能だった。私は五メー

トルほど前進し、膝をついて、リバース・キャストで水路の上にラインを伸ばすことにした。ところがラインは伸びたとたんに引っかかってしまった。後ろを見ると一本の木の枝が小路の上に張出していて、どうすることもできなかった。にやにやしながら見ていたデュフェイが言った。

「ここじゃダッピングでしか成功しませんよ。もし、それに値するような魚だったらやってごらんなさい」

私は一本の木のところまで這って行って、その後ろに隠れながら伸び上ってみた。二メートルほど上流に幅広く、分厚い、ルー川の鱒と同じような模様をつけた鱒が水面にいて、岸から数センチのところでライズしていた。彼は自分の範囲に虫が流れてくると軽く移動しながら目で追い、餌を選んでいた。私は岸から離れて、合わせを垂直にしなければならないので、鈎がかりが難しいと考えて、大きいフライを選んでリーダーの先につけ換えた。ケーヒルの12番を10番にしたのだ。それからダッピングをするためには長すぎるリーダーを短く切り、ふたたびもとの位置にもどった。鱒は一メートルほど下がってきてほとんど私の足下にいた。きっと私が見えていたに違いない。じっとしたまま彼が自分の場所に戻るよう祈った。

鱒はゆっくりと流れに身をゆだねて下がると止まった。私はリーダーの結び目を、トップ・リングのところまで引上げた。突然、鱒は最初の自分の位置に戻った。鱒が興味をもつかどうか、私はフライをおろしてみた。けれど魚は警戒し、また私の足下まで来てしまう。私は竿を上げた。どうすることもできない。近すぎるのだ。待つことにする。しばらくして、やっと鱒はまた切株のところに戻った。今度はフライを着水させずに、上げ下げしてちらつかせてみた。鱒は興味を持ち、少しずつ興奮してくる。もし、警戒心を忘れるほどに鱒を興奮させることができればフライをくわせられるに違いない。ケーヒルが鱒のライズの範囲に達する度に、私はそれを引っ込めた。最初にフライを流した時には鱒はぜんぜん動かない。二回目には軽くそわそわする。三回目は軽く動く。そして今やフライをくわえたいといういら立ちがはっきりと表現されていた。しかし、太陽が水面に差し込んでしまった。幸いにして、雲がやってくるのが見えた。あれが太陽を隠してくれるだろう。さあ今度は完璧だ。太陽は陰った。用心してフライを落とし、流しっぱなしにする。

バシャッと音がした。最高級のライズだ。私は合わせず、ロッドの先を軽く上げるだけにする。そうして鈎をくい込ませてからすぐに竿先を下げ、対岸の草の茂みめがけて突進してゆく鱒にラインを送り出してやった。しかし次はリーダーが切れるのを覚悟で魚をとめなければならない。草の茂みから抜き出すには魚は重すぎた。鱒は水面を破り、中央へ出て下流へ走った。私はロッドを返してやっと向きを変えさせることに成功した。魚は重心を失い、それで寄せてくることができそうだった。デュフェイは私のランディング・ネットを持ち、岸が高いので腹這いになった。ネットを持ち上げると、それは一キロ以上のすばらしい魚だった。しかし危ういところだった。鈎は口の端に刺さっており、傷口が開いて外れる寸前だった。

障害物があり、その場所の条件がキャスティングの可能性をすべて奪ってしまうような時には、魚の鼻先にフライを落して釣るやり方も認められてよいであろう。こうした場合でも魚を釣ろうと試みると、それは開けた場所での釣りよりも難しく、教訓に満ちたものであることがある。そのうえ、これは自分自身を抑えることを学ぶための良い試練でもある。

視力の良い釣人の有利性

アンデル川の分流点の一つに逆流があって、長さ四メートル、幅五〇センチほどの渦ができている。三時に×の位置で（図56）鱒が一尾規則的にライズを繰り返していた。何度も試してみたが最後にはあきらめなければならなかった。逆光で、とても見にくく、フライは無視されるばかりだった。しかし、魚は大きくて私は午後の終りにまた戻って来ることに決めた。

六時にこの場所に帰って来てみると、魚はまた食卓についていた。今度は光線の具合も悪くなく、たぶん先ほどの成功しなかった理由も分かりそうだった。鱒は目に見え、それは狙うに十分値するものだった。五〇〇グラム以上はありそうで、とても活発だった。魚の輪郭が水面下すぐに見えるところにプレゼントしてみる。何も起こらない。私はキャストをやめて注意深く観察してみた。鱒が水面を割ってライズした。しかし何ということだ。魚は頭を下流の方に向けていたのだ。そこにはゆるい逆流があり、巻き返しのまん中では水はほとんど止っていた。そして鱒は小さい流れの側から流れて来て、大きい流れに引き込まれる前に二度か三度回って巻き返しの中央に入って来る虫だけを食っていた。しかし、すぐにドラッグが掛からないようにフライをプレゼントするにはどうしたらいいのだろう。いろいろなキャストをやってみたが、どれもみなだめだった。魚はしばしば木から五〇センチほどの岸よりでライズしているように思われた。そこでケー

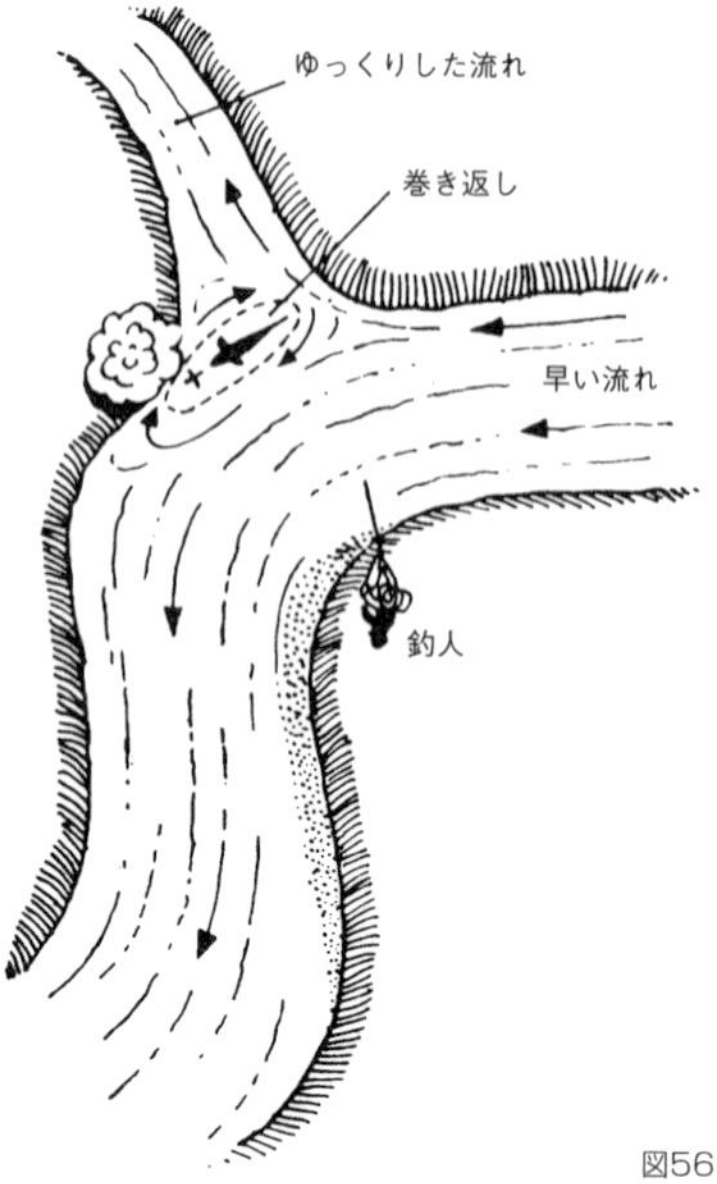

図56

ヒルを木の幹の下の方を目がけて強くシュートしてみた。二度目にフライを木の幹にぶつけることに成功した。フライははね返って五〇センチほど下に落ち、うまい具合に逆流に乗って、巻き返しの中央の水の止ったところへ運ばれて行った。そして、すばらしいライズがあり、八〇〇グラムの鱒をランディングできた。最初に釣った時には私のフライは魚の後ろにプレゼントされていて、おそらく魚はフライを認めさえもしなかったに違いない。

釣人に見える就餌中の魚は、一般的には釣ることの可能な魚である。

釣りをしている時、私は自分が中ぐらいの背丈なので、それなりの見え方しかできないのに気がついていた。一八五センチのオーギュスト・ランビオットを何度羨やんだか分からない。彼には、一七二センチの私に見えない魚が見えてしまうのだ。

リール川でメイフライの時期、広い流れの中央、水草の茂みと茂みの間の水流で大きな鱒がかなり規則的にライズしていた。風があって状況をさらに複雑にし、どうしてもフライをくわせることができなかった。私がキャストをしているすぐ後ろに、高齢者の釣人専用

のベンチがあった。私はここに上り、何分か後にはひじょうに大きな魚が水路に流れてくるカゲロウを追い、種類を選んでいるのまでを観察できた。そこで釣場から下り、水面から一メートルもの高さに伸びている草の茂みの後ろに身を隠した。だからその魚は餌を追って動いた時にしか私の姿を見つけられないはずだった。幸いにして、私の位置は魚より少し下流だった。

　次のライズがあった時、私はケーヒルをプレゼントした。彼は浮いてきてフライを調べ、前と同じように最後に無視した。しかし、フライを無視した原因はわかっていた。水流の中には二つの違う早さの流れがあり、近いほうは早く、遠いほうはゆるやかだった。そのせいでフライが流れきるまえにドラッグがかかってしまうのに違いなかった。魚は自分のいる小さな範囲の中で動きまわって餌を選んでいた。さっき、高齢者用の高い岸に上るまではこうした重要な細部は目に見えていなかった。急にライズをやめない限りはこのすばらしい鱒は必ず掛けられるという気がしていた。新たにまた何度かライズがあったが、私は風のやむのを待った。正確なプレゼンテーションをし、スラックを与えてやるにはどうしてもそうしなければならなかった。

　最初のプレゼンテーションは、悪いことにちょうど鱒が大きなカゲロウに気をとられている時だった。キャストのあとですぐにまた風が吹きだした。風が吹く度に鱒は静かになったり、活発になったりしていたが、私はさらに待たなければならなかった。次のキャストで私のフライはちょうどよい時に落ち、本物の虫と競いあうこともなかった。フライはすぐに食われ、私はロッドを空へ向かって上げ鋭く合わせた。そして腕をいっぱいに伸ばして、合わせと同時に魚の重心を失わせた。魚には一度潜られたが、そのあとは水面に引止め、水草の中に突込まれるのを避けることができた。こちらの岸に沿った大きな流れの中に導くには、水草の茂みを二つ横切らせねばならなかったが魚はとても重かった。私は岸へ跳びあがり、後ずさりして岸から離れると、左手で大いそぎでラインをたぐり、そのまま地面に落しておいた。岸沿いの流れは早くて、片手でロッドをたてて鱒を水面に維持し、片手でランディングをするのはかなり難しかった。私は膝をつき、三度目にやっと成功した。その鱒は幅広く、短く、小さな頭をしていて、金色がかった緑色に、彩やかな朱点を散りばめた見事な姿をしていた。

ストーキング（こっそりと獲物に忍びよること）

一箇所に腰を据えてねばる釣人でもその時の水況に適応した方法で釣れば、しばしば、最高の釣果を上げることがある。彼らの成功の理由の一つは、一箇所で同じ方法を繰り返すためにその場所の専門家になってしまうということである。この釣り方に関しては、私は二人の釣り仲間、ジャック・スピエールとポール・ドルムイユを例に挙げることができる。

ジャック・スピエールはいつも私についてきた、勤勉な生徒であったが、免許状を得るや、自分に一番合った方法をみつけ、そればかりをやるようになった。残念なことに、彼は一九一四年から一八年の戦争中、毒ガスにやられ喘息になってしまった。しかしこの勇敢な男は稀有な冷静さに恵まれた優れた金融家であり、すばらしい理論家である。こうした彼の特質が、釣りを始めたのは遅いにもかかわらず、急速に技術を習得させたのだった。始めた頃から彼は釣り用のベンチ、もしくは一つの場所に留って釣ることを好んだ。季節、時間、光の具合によって彼は最も良い場所を選ぶことを知っていた。腰を据えるとまずあたりを観察した。そして狙うべき魚の見当をつけると、大きいのだけを選んで、あわてずに一尾また一尾と仕事にかかるのだった。

彼のキャスティングはとり立てて言うほどのものでもなく、リーダーとラインの先が一緒に落ちたりしたが、正確で、決して遠くを釣らなかった。

フライについては、彼はフライ・ボックスの中にあるものなら何でもよかったが、ハックルの厚い浮力のあるものが好きで、特にパナマをよく使った。もう何年もの間リール川を一緒に釣り歩いたが、彼の釣果はいつも最高のうちの一人だったし、それにきまって大きな魚ばかりだった。

ポール・ドルムイユは疲れを避ける必要からやはりこの派に属していた。私はメイフライの季節のある午後のことを決して忘れない。彼はガブリエル島のそばにある幅五メートル、長さ四〇メートルほどの流れの早い小さな支流のそばに腰を据え、夕方帰って来た時

には平均五〇〇グラムのすばらしい鱒を十五尾持っていた。彼はそんなにしばしば釣りをしないし、しかも釣果を競うために釣ったことは一度もなかったが、それでもこの日の最高の釣果を上げた一人であった。

こうした忍びの釣りの典型的なものは、自分の側の岸寄りだけを専門に釣る釣師にも見られる。私自身の好みからすると、この方法は魅力にとぼしく単調すぎると思うのだが、しかし、ひじょうに効果的で、たくさんの釣果が得られる。

彼らは自分の側の岸寄りをひじょうに注意深く釣り上がる。できるだけ木の後ろに身を隠し、魚をうかがい、そのつき場を結果が得られるまで徹底的に狙うのである。キャスティングは短く、その釣果はつねに平均より上で、しばしば竿頭となる。この方法が有利なのはチョーク・ストリームではたくさんの魚が岸のウロ、エグレの下にいるからである。釣人は魚に気づかれずに近づくことができる。魚にとっては上から流れてくるフライを食うには、自分の隠れ場所から出るという危険を冒さなければならないが、そういう場所からではフォルス・キャストにも気づかないのである。リーダーが上から水面に直角に落ちるという欠点はそ

んなに決定的とはならない。

親友のペンドルトン（愛称ペニー）の例も山岳地方の川での釣りには興味あるものであろう。

私が釣りを始めた頃のある日、仲間と四人でビーバーキル川へ出掛けた。七月の朝のことで、魚の就餌活動は事実上ないに等しかった。われわれは水に向かってキャストを繰り返し、五〇〇メートルにわたってあらゆる良さそうな場所を探っていった。ライズはぜんぜん見られず、フライに飛び出してくる魚もなかった。ペニーは一メートル平方ほどの大きさで、いかにも魚のいそうな、渦巻く淵の後ろの岩に上がった。そして、渦に巻き込ませて一メートルか二メートル流し、また次のキャストに入り、それを繰り返した。ペニーはいつも人指し指をグリップの上にのせて、短いキャストをしていた。二時間ぐらいの間、彼はこの方法をずっと続けた。ひじょうに注意深くライト・ケーヒルか、もう少し色の濃いクイル・ゴードンをプレゼントしていた。プレーシングとドリフトは完璧であった。

昼にわれわれが一緒になった時、彼はどれもこれもが五〇〇グラムぐらいの四尾の立派な鱒をビクに入れていた。

彼は淵が魚にとっての良いつき場であることを知っており、フライをその限られた場所に何度も何度も流すことにより鱒に好奇心を起こさせ、いら立たせ、そしてライズさせることに成功したのだった。魚があまり活発でなく、釣人のテクニックと忍耐力が優れている場合は、この方法が効果的であり、同じようなが例がいくつもあることがそれを証明している。

鱒が食卓についている時

　メイフライの季節の終りの頃、アンデル川でのある日、魚は気難かしく、気まぐれだった。ハッチは雄が圧倒的に多い時期で、ランビオットとデュフェイ、ガイヤールと私は小さな魚を何尾か釣っただけだった。

　夕方七時頃、私は橋の下流の深みの尻にいる大きな鱒を狙ってみることに決めた。水面にはたくさんの虫がいて、特に死んだ虫が多かったがライズは少なかった。

　私は一本の大きな木の正面に位置をとった。ここには午後二尾の大きな鱒がいて狙ってみたが成功しなかった。川は少し活気づき始めたところだった。何度かキャストしてみるととても小さい鱒とやっと五〇〇グラムぐらいの鱒が何尾か釣れた。八時頃状況が変化した。イブニング・フライが飛び始め、水面に浮いたり、水面を走ったりしていた。そしてやっと、ゆっくりして、かすかな、しかしひじょうに正確なライズにつづいて小さな美しい水輪ができ始めた。私の狙っている大きな鱒の一尾が食卓について、ポタージュがつがれる前の空腹をまぎらわすためにパンの端くれをかじりだしたのだった。私は注意深くあたりを調べてみた。他に三尾の会食者がいた。

　経験からすると攻撃するには最良の瞬間が二つある。パンが食卓に並べられ、空腹がその頂点に達し魚がガツガツ食べ始める時、そして二番目はデザートが出されてコーヒーから食後酒までの間だ。四つの規則的な大きなライズの音があった。もう一刻の猶予もならない。会食者たちは水草の茂みすれすれにおり、私は数メートル下流のその場所に狙いを定めてプレゼントした。何度かライズがあったが鈎がかりはしなかった。そしてライズは止った。きっと今は料理の皿を取換えている時間に違いない。とつぜんまた魚の動きが活発になる。やってみるがまたしてもフライは無視された。私は水面を観察してみた。何ということだ。今日のは普段のメニューとはまるで違っている。あらゆる種類のサンドイッチがあり、温かい料理、冷たい料理、凍らせた料理、エビ、ロースト・ビーフ、野菜サラダ、お菓子、小型のケーキ、アイスクリーム、等々がある。そして会食者たちは絶え間なく動き回り、自分の好きな料理を選んでいる。もう一度やってみよう。しかし手ごたえのない合わせが繰り返されるばかりだ。私の人工の鶏料理はエビ料理や生ハムやサラダの脇に落ちる。そしてすぐ呑み込まれるのは、人工でないほうだ。今度はフライをエビ料理の横にプレゼントしてみる。しかし、その時消えてなくなるのはまったく別のところにあるロースト・ビーフだった。彼らの動きに合わせるのは不可能だ。唯一のチャンスは食事の終り、食卓が片付けられて食いしんぼうどもが最後の肉片を探しまわる時だろう。それに暗闇が味の好みという問題を解消してくれるだろう。それにしてもあきらめがつくようにもう一、二度やってみよう。やはりだめだった。どうしようもない。待つことにした。彼らに人間の存在を忘れる時間を与えておこう、そしてあとで楽しいおもいをさせてもらおう。

九時頃（訳註　フランスでは夏時間になると、太陽に対して二時間時計を進めるので、日本なら七時頃）、会食者たちの活動はずっとおだやかになってきた。さあ用心、今こそが好機だ。そら、あそこにまだ食い足りない食いしんぼうがいる。私は彼に羽根の一切れを送り、彼の鼻先の空の皿にそれを落してやる。さあ、これでどうだ。おまえのその食いしんぼうの報いで、今夜おまえは栄光の一生をわれわれの食卓で終えるのだ。彼は私のフライにとびかかり、心ならずも宴会の場所を離れ、手綱のとりことなった。

その夜、夕食に出された一二五〇グラムの鱒はその日唯一の大きな魚だった。

結論　メイフライの季節の終り頃、ひじょうに用心深い大きな魚が運命的な誤ちを犯す可能性が最も多いのは、夕方のハッチがほとんど終り、視界がひじょうに悪くなり、ハッチの最後の虫がやってくる時間である。

釣りも狩りと同じように

素早く撃たなければならない

リール川のカテイヨンの発電所に水を送っている水路は深さ二メートル、一〇メートルから一二メートルの幅で二〇〇メートルほど続いているが、ここには大きな鱒がたくさんいる。そこには長い水草がゆれ動いていて、中にはたくさんの餌が棲みついている。流速はほどほどというところで、酸素は十分にとけ込んでいる。最少の労力でうまいものにありつこうとする大きな魚が住んでいるのはこういうところである。ここではライズは少なく、魚が水面で餌を取るのはメイフライの季節の間か、例外的にイブニング・ライズの時だけである。

五月の終り、午後の四時頃、上流へ行こうとしてこの付近を歩いていると、アイザック・ウォルトンの同国人に会った。彼はボンド・ストリートの仕立て屋が完璧に仕立てた、ベージュのツィードのニッカー・ボッカーの上下を着、スカイブルーのオックスフォード・シャツの開いた襟元からは、黄と赤の絹のスカーフをのぞかせている。帽子はフィネアス・フォグ製、コーディングのブーツというういで立ちであった。また左膝には革の膝当てがついている。そして帆布のポケットのついたすばらしいクリール。地面には、たくさんの飾り巻きをひろげ、メノウ入りのガイドのついた大きな竿が横たえてあった。そばにはコハク色の網をつけた、磨き上げられたアルミニウムのランディングネットがあった。

この非の打ちどころがない紳士は、川に沿ってところどころに設けてある川を見るためのベンチの一つに腰を下ろしてリーダーを直している最中だった。リーダーはもちろん英国製のテグスだ。前の晩ヴェルヌは私に言っていた。

「ミスターXを招待したから、もし水路のところで彼に会ったら、その辺の鱒は放っておいて他所で釣ってくれよ」

私は彼に近づき自己紹介をした。

「どうですか?」

「だめだね」

ちょうどその時、向こう側の岸に沿って水輪が拡がるのが見えた。そのうえ、それは前の日私を馬鹿にして水草の中へ鈎を外して逃げ込んだ奴だった。私はそのことを彼に説明した。

「それじゃあなたの魚ですよ。どうぞやってくださ い」

「とんでもない。あなたの番ですよ」

彼は辞退する。私はさらに勧める。心の中ではそれほどでもないのだが。最後に彼はその魚を狙ってみようと決めた。幸い魚は規則的にライズを続けていた。彼は際限のないフォルス・キャストを繰り返すとラインを伸ばし始めた。それはまた純粋に古典的なスタイルだった。ロッドはゆっくりとメトロノームのように振られ、ラインは完全な8の字を優雅に描いた。そしてフライをやさしく、正確にプレースさせた。しかし、鱒はもうライズをやめていた。フライは無視される。またやってみるが、魚は見むきもしない。私の神経は火のようになっていた。本来ならあの鱒はもうずっと前に私のランディング・ネットに収っているべきなのに。幸いにして他の魚が一尾水草の大きな茂みの真中でライズし、口の端でダニカをくわえた。そしてまたライズをし今度は他のカゲロウを呑み込んだ。スローモーションの写真のようなすばらしい光景が再び展開し、この釣師のラインは一センチずつ伸びて行った。今度もまた遅すぎた。鱒は水草の中にもぐり込んでしまった。私は気分が悪くなり、繰り返される失敗の原因を彼に説明したい気持をどうにか抑えなければならなかった。そのうえまたすぐ手の届くところで別の立派な鱒が二尾、盛んにライズを始めた。しかし、それでもどうしようもなかった。落ちつき、ゆったりした態度という英国風の分別があくまでも離れずネットはいつまでたっても乾いたままだった。

「あなたの国の魚はどうもイギリスのフライが好みじゃないようですな。あなたのポン・トードゥメールを試してみてくださいよ。ノルマンディーじゃあのフライは評判が高いようですね」

私は交代するためのこの言い訳をずっと待っていたのだった。そこで素早く攻撃を開始し、この招待者に二尾の鱒を掬い上げる慰めを与えて差し上げた。そのうちの一尾は昨日のもので一二五〇グラムの重さがあった。

私はこの紳士に何か言っても、もう気を悪くさせるようなことはあるまいと判断した。

「この国の鱒は住んでるわれわれと同じような性格で、せっかちなんです。テーブルに着くと料理が出るまで待たされるのが嫌いなんですね。われわれと同じで皿の中に料理が盛られるや否やとびつくんです」

「なるほど。フランス人は食欲旺盛ですからな。ハッハッハ。ありがとう。貴重な御忠告に感謝しますよ」

私のしたことは正しかったようだ。夜になってヴェルヌがその日のみんなの釣果を彼の釣りノートに記帳する時、その紳士は私のデモンストレーションから意義あることを引出したのだろう、私にウィンクをして報告した。

「六尾、全部で四キロ以上」

魚を誘惑するには虫をつかまえるのに必死になっている時を狙わなければいけない。この瞬間はそうたくさんあるものではなく、無駄にしてはならない。それは何秒か、あるいはたまには何分かしか続かないものなのだ。だからフォルス・キャストは最少限にして、一秒をも惜しんでフライを送ってやる。ただし、それはあわてて釣るということではない。

就釣行動が活発になる時間

メイフライの時期やイブニング・ライズ以外でもしばしば三十分かそれ以上にわたって魚が悪魔に取りつかれたようになることがある。鱒は狂ったように餌にとびつき、こんな時にはどんなフライでも食ってしまう。この極端な活動がしばしば十一時から十五時までの間に起こるというのは驚くべきことである。しかしこうした状況は稀なものではある。

アンデル川でこうした場面に二度出会った。一度はオーギュスト・ランビオットと二人で、二〇メートルほど離れた二つの支流を釣っていた時のこと、二人は十四時頃同じ時間に二尾のその日の一番大きな魚を釣り上げた。極端な活動は二十分しか続かなかった。

バヴァリアのポリンガー・バッハのクスターマンのところでは私は記録をつくったことがある。

三メートルの幅で、一メートルほどの深さの水路があって、そこにはブラウンとレインボーがおり、下流の淵にはいくらかのグレーリングも入っていた。十二時四十五分頃、朝何尾かの魚を釣ってクスターマンの小屋に昼食に帰る途中、小屋から一〇〇メートル位のところへ来た時フィッシャーが叫んだ。

「見てごらんなさい、リッツさん。魚が狂ったようになってます。水面がライズでわき立ってますよ」

もう一度言うが、幅は三メートル、水深は一メートルのその場所の広さではそこに住める魚の量はたかが知れているはずだった。私はロッドを出し、五〇メートルの距離を、正確に十五分間で規定以上の寸法の鱒を十四尾釣ってフィッシャーのビクに収めた。私は釣りをやめ、好奇心からスプーンを投げてみた。それも同じように、投げて動き出す度にくわえられた。四回投げて私は手を止め、パイプに火をつけて観察してみた。

ハッチは少なかったが魚は水面で、底で、中層で、あらゆるところで餌を食っていた。これはまったく気違い沙汰としか言いようがない。十三時十分、あらゆる動きは突然止った。そこで私はまだ釣っていない場所で目に見える魚を相手にしてみることにした。フライの拒否、逃走、フライの無視、逃走、逃走の連続だった。さっきの大運動会の最中には彼らを驚かすものは何もなく、私は姿を隠す用心などまったくしなかった。それにバラした魚は一尾もなかった。すべての魚はしっかりと鈎掛かりしていた。彼らはまったく何のためらいもなくライズしていたのだった。

その次の年、私は一カ月のうちで月の上弦と下弦の間の四、五日が最も大きく潮の動きがあることを知って、八月の三、四、五、六、七日をバヴァリアのアンマー川で釣りができるように予定を組んだ。残念なことに七月三十一日と八月一日に嵐が来て、急な増水があった。川の流れが元に戻ったのは八月四日以降であったが、主流の水が澄んできたのは三日であった。この流れは川というよりはたくさんの淵のある山岳の大きな急流であった。潮見表との関係についての明確な結果を得たいと思って、まずドゥヴォン・リュプレックス（ルアーの一種）の九グラムを使って、一般的には魚がかたまっていると思われる淵の中を釣ってみることにした。経験からドゥヴォンでの釣りでは、魚がうまくくわえないためのバラシが多いことも、また後ろをついてくるだけでくわえないことが多いことも知っていたが、それだからこそうまくいった時には違いがはっきりすると考えた。フライでやった時には反対に失敗の原因がそれぞれ別々で、そこから正確な結論を引き出すのは難しいと思われたからである。朝遅くなってから私は川の主流にある大きな淵を探ることから始めた。そしてその結果をノートに書いておいた。

八月四日　水曜

ハルプアマー川。バロメーターは好天に止っている。北西の風。友人と私は二キロほどの流れを釣り上って行った。十二時から一時の間、鱒はひじょうに良く食い、各キャストごとに釣れた。一時頃魚の食い気がなくなり、われわれも昼食にした。二時にふたたび釣りを始め、まず下流へ向かって行き二つの最良の淵を探り、次に釣り上って今朝釣らなかった流れを探った。結果はとてもひどいもので、いくつかの淵ではまったく当りがなかった。

八月五日　木曜

アンマー川。バロメーターは好天をさす。西の風。われわれは二人で、フライではかなり良い釣果があるが、ドゥヴォンではたまにしか釣れたことのない大きな淵で釣った。使った道具は、リールはフルーガー・シュプリーム、ドゥヴォン・ルブレックス九グラム。十二時半に釣り始め、いくつか当りがあったが、バレてしまった。私は滝の左側の部分をやってみた。たくさんキャストして、注意深くあらゆる場所を探ってみたにもかかわらず、当りはなかった。一時になると、魚は怒ったように食いつき始めた。八回キャストして八尾をネットに納めた。私と同じ時間にクスターマンもやはり五尾の魚を釣った。われわれは淵の魚を全部釣り上げてしまわないために釣りを中断した。二時四十五分、ふたたび戻って来て釣ってみると連続して二十回投げて二回当りがあり、二尾ともバラしてしまった。われわれが釣っている間、一五〇メートル上流で、フライには最適の場所の一つに残って観察を続けていたギリーは、一時十五分から一時四十五分までの間にひじょうに強いライズがあり、同時に四十ものライズが見られたことを報告している。

八月六日　金曜

アンマー川。バロメーターは好天。北西の風。われわれは大きな淵に腰を据えた。一時三十五分に釣り始め二尾の鱒を釣った。一時四十五分、十回キャストして十尾の鱒を釣った。次の四十五分間で私は場所を変えずに十四尾の魚を釣った。二時半になると魚の活動はまったく停止してしまった。

八月七日　土曜

バロメーターは好天。北西の風。今日がわれわれの選んだ最後の日であり、天体の影響はより弱いはずであった。私は小さなあまり良さそうではなく、魚もたくさんいるとは思われない淵を試してみることにした。ここではドゥヴォンでは釣れたためしがなかったし、フライでもほんの少ししか釣れていなかった。私はドゥヴォン・ルブレックスをセットする。二時十五分から数多くのキャストを繰り返したにもかかわらず二尾の小さな魚を釣っただけだった。二時四十分から三時まですばらしい釣り。六回キャストして五尾の魚を得た。一尾は鈎が外れてしまった。全部で十尾の魚を釣ったが、これはこの淵の魚全部であったろう。

ここまでの成績をまとめてみると——

第一日目は、十二時に釣り始め、八回キャストして八尾。

第二日目、一時四十五分からの釣りで十回のキャストで十尾。

第三日目。二時四十分から六回のキャストで六尾の魚。うち一尾はバレてしまった。

これでみると三日間の釣りで、四十五分ずつのずれはあったが全部で二十四回のキャストで二十三尾の魚を釣り上げることができた。そうなると月が魚に何らかの影響を与えていることは疑いの余地がない。二十四回のキャストでバラシがたった一尾ということは、魚が例外的にルアーをよく追ったということで、ルアーの釣師なら誰もそれを否定しないだろう。

私のノートにもう一つ他の例がある。

八月二十六日　木曜　スティリーの湖でのことで、バロメーターは上り、風は北西で、水は透明度が高く、隠れ場所がないので釣りをするには難しいところだった。筏から釣っていたので私の姿は魚からはまる見えだろう。私は小さなスプーンやミミズをキャストした。最初に釣れたのは岩魚で、それから二尾の立派な鱒を続いて釣った。その後、二回当りがあったが鈎がかりはしなかった。五時十五分から六時の間だった。五時三十分に岸からフライで釣っている一人の釣人があらわれ、四ポンド以上もあるブラウンと長い間ファイトしたあげく逃げられたと話した。

この結果はかなり例外的なものである。というのはこの湖では太陽が上って、風がなくなると、ひじょうに魚が多いにもかかわらず釣りにならないからだ。

何年か前、アメリカのニューヨーク州北部、マホパック湖で釣っている時にも同じような現象が見られた。六月の太陽が輝いている十二時四十分から一時までの間にプラグで二十分の間に八尾のブラック・バスを釣ったのだった。

ノールウエィのアアロ川で、一九五一年九月の月曜日、シー・トラウトだけを狙っていたのだが〇・〇二四ミリのモノフィラにスプーンという仕掛けで十二時から一時の間に二四ポンドのサーモンを釣った。次の水曜日二七ポンドのサーモンがまた釣れたが、それも十二時三十分から十三時三十分の間だった。

天気が良く、バロメーターが安定しているか上りかけている時は、私は可能な限り水辺で昼食をとることにしている。しばしばこれが釣りに最高の時間となるのだ。釣師はどうも「猫がいないと鼠が踊り出す」というあの有名な諺を忘れがちである。

私の真似をしてみるかどうかは読者次第だが、無視できない事実が一つある。それはイブニング・ライズを除けば、あの稀ではあるが、ひじょうに集中した活動が起こるのはいつも真昼間だということである。

ひじょうに大きい鱒を釣ること

ある夕方、私はピエール・クルーズヴォーと広い流れの岸に隠れて大きな魚を狙っていた。岸に沿って水草のないひらけた水流があり、岸から三メートル離れたところには規則的な間隔で水草の茂みがあった。突然小さな水輪がみえた。あまり確信はなかったが一つの水草の茂みのそば、一〇メートルほど上流にキャストしてみた。一時間ほど前から魚はあまり食い気がなかった。フライは流れてライズの場所に達した。ところがそれからさらに二メートルほど下流でフライは突然くわえられたのだった。合わせると魚は水草に沿って流れを強引に下ってきた。もしここでラインを引こうとすれば、スラックがありすぎるので私が魚を止める前に魚は水草の中にもぐり込んでしまうだろう。もしまた抵抗を感じなければ魚はフライを吐き出してしまうだろう。私はロッドを立てながらおもいっきりのスピードで左手でラインをたぐった。ラインが張ると今度は強引に攻撃に移った。その時見えたのは水草の中にもぐり込むことができないぐらいの巨大な鱒だった。幸いにして私はその鱒を短い時間で支配下に治めることができ、ピエールが遅れずにランディングにかけつけてくれた。魚は二キロあり、チョーク・ストリームの鱒としては見事なものであった。

この描写は少々夢物語のように思えるかも知れないが実際にあった話である。この大きな鱒を失わずに済んだ私の半分無意識の動作は、それまで同じような条件でたくさんの魚を失ったという経験が教えてくれたものである。

大きな鱒を釣るための技術というのは、ラインを張って、強引に攻撃するというところにある。冷静さを保ち、鱒が自由になるために次にどういう行動にでるかを予想することが重要である。

実際的なアドバイス

一　いかにして魚を水草から出すか

しばしば水草の多い川では、鈎がかりした魚はすぐに水草の中にもぐり込んでしまう。こうした場合は次のような戦術がよい。

a　すぐにロッドを高く立て、次にロッドを水平に寝かすようにして引っぱってみる。

b　ラインの方向と正反対の位置に立ってaの動作を繰り返してみる。

c　それでもうまくいかない場合、ラインにたるみを与え、少し待ってそれから急激に引っ張ってみる。ラインがゆるむと、魚が水草をくわえて抵抗していたような場合には、引っ張られていることを感じなくなるために水草を放す。また、ラインが水草にからまっていない場合には茂みから自分で抜け出ようとする。

これが考えられる戦術のすべてであるが結果は必ずしも保証できない。

二　視線の高さおよび方向

岸から釣っている時と川の中をウェーディングして釣っている時の視線の高さおよび方向の違いは、キャスティングの距離に影響を与え、最初のキャストの時には大きな誤差となってあらわれる。

岸から釣っている時にはたいていキャストが短くなり過ぎるきらいがある。反対にウェーディングしている時にはキャストが長くなり過ぎる傾向になる。

水面に対する視線の角度が大きいほうがキャスティングの精度は増す（図57）。

キャスティングのアキュラシー競技ではプラット・フォームからキャストする形式での試合のほうが良い結果を得られると、クルーズヴォーは指摘している。しかし、もちろん競技では選手は釣りをする時のようにはキャストしないということも考えておかねばならない。フォルス・キャストの間、彼らはフライを何度も標的の上を通して距離を計ることができる。視線の水面に対しての角度が大きいと、フライのプレーシング時にはラインのカーブが誇張して見え、少し後に返ってくるような錯覚を起こさせる。しかし、釣人の目の位置は水面から高いほど魚がよく見える。背の低い釣人はそれだけ背の高い釣人よりも魚を見つけにくい。

三　対岸の木の枝に掛かったフライをどのようにして外すか

対岸で木や枝が川の上に張り出している場合、しばしばフライがその木や枝に引っ掛かってしまうことがある。軽く引いてみてフライが外れない時、空中でラインが水の上にある時と同じようなロールキャストをやるとフライが枝から外れ、リーダーを切らずに済むことがある。

それには次のようにやる。

a　ロッドを一時の位置にかまえ、ラインが自分の後ろに落ちるぐらいまでゆるめてやる。そしてロールを作った時、輪が空中をラインに沿ってフライの引っ掛かった場所付近へ進んでゆくようにするため、ロッドをかなり高く保持する。

b　ロッドの先を急激に九時の位置まで振り下ろす。ロールが軌道を描き始めたらロッドの先を十一時まで上げる。これでうまくゆかなかったら二度か三度繰り

水面に対しての釣人の視線は、
より垂直に近いほどキャストが正確になる。

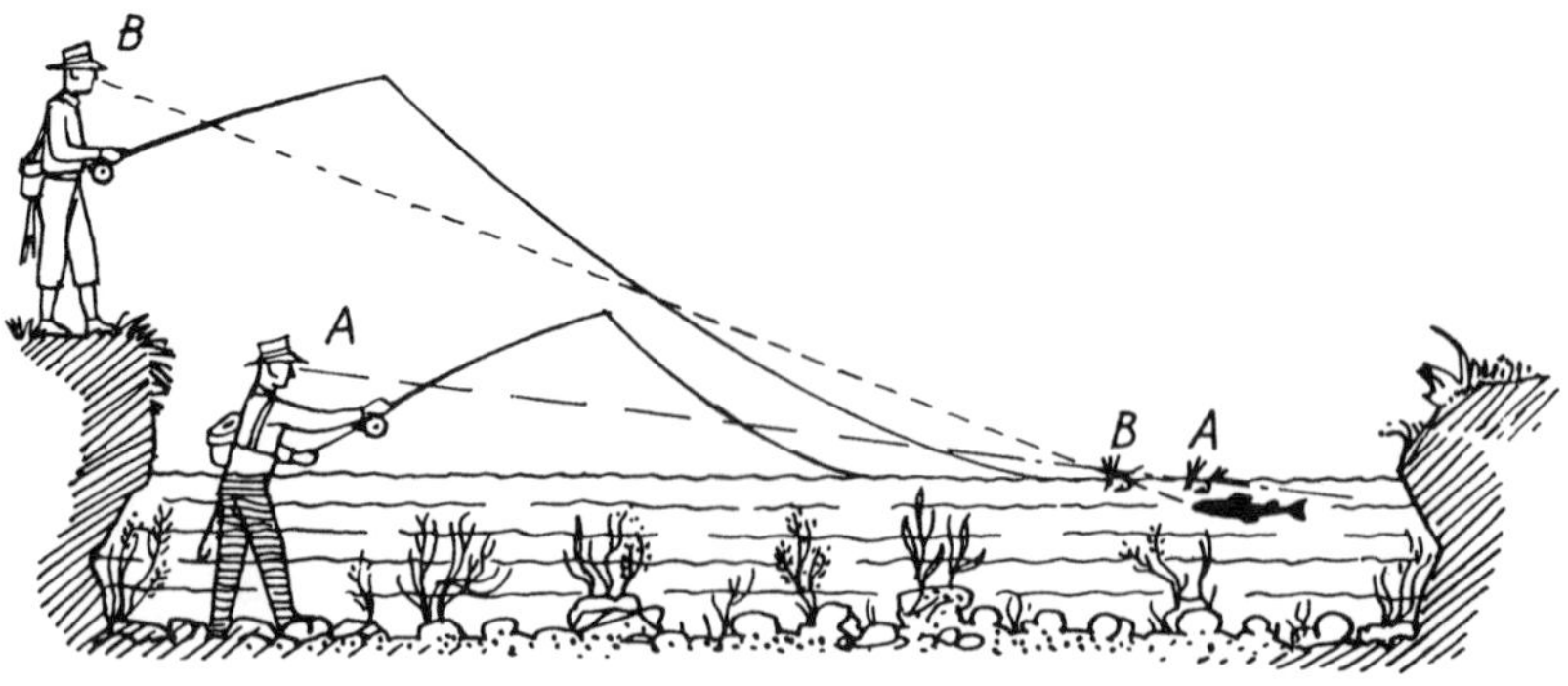

図57

返す。

ロール・キャストを試みる前にラインを引いた時鈎先が木の中に突刺さったのでなければ、だいたい三度に一度はフライを回収するチャンスがある。そのため、フライが引っ掛かったのを感じたら、ラインを強く引くことや、ロッドの先で強くあおることは避ける。

フライのかかったのが近くならば、ラインを軽く張り気味にしてロッドのグリップの上の部分をたたいてやるとよい。もしフライがロッド・チップの届く範囲である場合は、ラインをずっと手繰り込んでフライのところまでトップ・ガイドを持ってゆき外すようにしてみる。

こうしてフライを回収したあとは必ず、ライン、リーダー、鈎先を検査すること。

決してロッドでラインを引っ張らぬこと。特にロッドで強くあおらないこと。バンブーのセクションがはがれたり、チップ部が変形したり、あるいはひどい時には折れたりする。しばしば変形や折れは、あとで釣りをしている時にやってくることがある。そして釣人は自分の使い方は棚に上げておいて、不当にも製作上の欠陥のせいにしてしまう。


前か後ろでフライが地面の草に掛かった時でも、決してロッドで引っ張らないこと。それはロッドを殺すことである。

チップの先から出ているラインを直接に手に持って引くこと。

四　釣人に起こりうる事故の種類

鱒釣りやグレーリングの釣りは門外漢が考えるほど楽なことでもないし、危険がないというわけでもない。ここで、釣人に起こりうる事故を種類別に分けて簡単に述べておくのも不用ではないだろう。

1　水辺で——
a　有刺鉄線。破傷風の危険があるのでアナトキシン（薬品名）を用意する。
b　乾いてぐらぐらした石の壁。
c　危険な牡牛。木に登るか、川に飛び込む。
d　マムシ。水から出る時手の置き場をよく見る。草や茂みの中に落したものを探す時は注意をする。解毒剤を用意する。
e　すずめ蜂、古い柳の木にあいた穴の中。もう少し小さいものとしてはアブ（ルー川）、蚊（オーブ川）

がある。北の方の国では蚊とブラック・フライ、防虫剤を持ってゆく。

f　オーバーハングした川岸。増水によってできたもの。(ドゥ川、オーブ川、エン川等)足を踏み出す時に気をつける。

g　石なだれ。エン川のゴルジュや、山岳渓流において。幸いなことに稀である。

h　濡れた板。橋や堰などで。ゆっくりと歩くこと。特にゴムの長靴をはいている時には気をつける。

i　腐った板。橋などで。

j　薄氷。いたるところ。

k　水生動物の巣穴。リール川、アンデル川、シャラントンヌ川など。

2　水の中で――

一般的に水の中を歩いての釣り、ウェーディングにはつねにある種の危険があり、用心と注意が要求される。何よりも絶対に守るべき原則は、川底に残るほうの足がしっかりしているかどうかを確かめないうちは次の足を踏み出さないこと。年齢や肉体的条件のせいでウェーディングに不安を感じる時は、棒を背中に斜めに背負って行き、難しい場所では三本目の足として使う(ウェーディング・スタッフ)。

a　流砂あるいは泥沼あるいは泥。岸から水の中に入ろうとする時、しっかりしているように見える川底がずぶずぶと沈むのに驚かされることがある。溺れたり、足を折ったりする危険があるし、またそこまでに至らなくても不本意に風呂に入らねばならないハメに陥る。前もって棒で探ること。

b　水深の変化。川の中をウェーディングしていると、上流にダムがあったりして突然水量が変化することがある。

c　ウェーダーをはいて急な流れの中を釣り上っている時、前方に越せないような深い場所のあることがあり、帰ろうと思っても流れの圧力や渦のため川底が見えず元の場所に戻れなくなることがある。

d　ゴルジュの中を釣り上ったあと、帰り道がないので川の中を徒渉しながら帰って来なければならないことがある。そんな時、夕立ちがあると短時間のうちに急に増水する危険がある。徒渉の場所についての正確な知識がない時は決して冒険をしないこと。

e　石灰岩のオーバーハング。ルー川やエン川のような石灰岩質の川では、オーバーハングになった場所が釣人の重みで足下から崩れることがある。

f　花崗岩のスラブ。イオンヌ川やキュール川。すべすべで傾斜のついたスラブの上に立つのは不可能である。

g　青粘土。エン川やカナダの太平洋岸の川。しばしば上に薄く砂が被っているが、薄氷と同じぐらいによく滑る。

h　川底の穴。いたるところにあるので気をつけること。前を見ないで進まないこと。特に知らない川底は気をつける。

i　フックつきのウェーディング・シューズ。どんなことがあっても使用しない。ラインがこのフックに引っかかる。

j　ボートからの釣りでは、岩に衝突しないように。

k　狩猟のシーズンは流れ弾に注意。

3　釣り道具による危険――

a　フライ。キャスティング中に目や耳やギリーあるいは釣仲間の顔に飛んでくる危険。後ろにキャストする空間があるかどうかを確認すること。ボートからのキャストでは特に注意する。

b　フック。触っている時に指をささないように。風の強い時には耳、顔、目に注意。身体に刺さった場合、フックを途中から切って外す。ペンチを用意すること。

c　フライでサーモンを釣る時。大きなサーモン・フックを使うので風の時は注意する。特にダブル・ハンド・ロッドでのキャスティングの経験のない人と一緒の時。ひじょうに危険で、失明する恐れもある。スキー用の眼鏡を掛ける。

d　ギャフ。転んだ時、障害物を越える時、あるいは単に使用している時の危険。つねに先にカバーを被せておく。

e　森の中を歩く時。決してリーダーの先を手に持たないこと。ラインが木の枝にひっかかった時フックが手にささる。

f　スプーンあるいはドゥヴォン。バックラッシュが起きた時、猛スピードで返ってきて頭にぶつかることがある。

g　道具をなくすこと。岸近くに置いたランディング・ネットが水に落ちる。目印をつける。留め金のところに赤か白の布切れをつけておく。

h　ポケット。

フライ・ボックスや他のタックル用。フィッシング・コートなどの胴についたものは深くしておかなければならない。フタ付きがよい。そうしないと屈んだり、上半身をまげた時に中のものが出てしまう。

i　ロッドの保護。

ひらけた場所を歩く時でも、あるいは木立ちの中でもつねにチップを後ろに向けて持つ。これによりロッドの破損をかなり防ぐことができる。

j　決してロッドを地面に置かぬこと。

特にラインにグリースを塗ったり、リーダーを結んだりしている時。釣仲間が踏みつけてしまうこともあるし、その仲間というのが馬や牛のこともある。

k　ラインやリーダーを地面に落したままにしておかないこと。

一緒に連れて歩いている犬がこれにからんでしまうことがある。毎年、犬の好きな友人たちが私のところに修理してくれとロッドを持ち込んでくる。しかもそれはもう何年も続いている。

l　ウェーディングをしている時に、フライ・ボックスを開ける際は風に背を向ける。

アンデル川、ラドゥポン付近（チョーク・ストリーム）。

左下の二枚の写真は、何十年もの
フライ・フィッシングで変形して
しまった手。
（上）カンパーニャ氏のひとさし指
（下）世界チャンピオン、アルベール・ゴダールの親指。

左頁について
（上）ニューヨーク州のサーモン・リバー
（中）ブリティッシュ・コロンビアのディスカヴァリー・パセージでコーホー・サーモンを釣っている〈フィールド&ストリーム〉誌のアル・マックレーン。
（下）名川ビーバー・キルのドライフライ・ウォーター。

モーリス・シモネ

フランク・ソーヤー

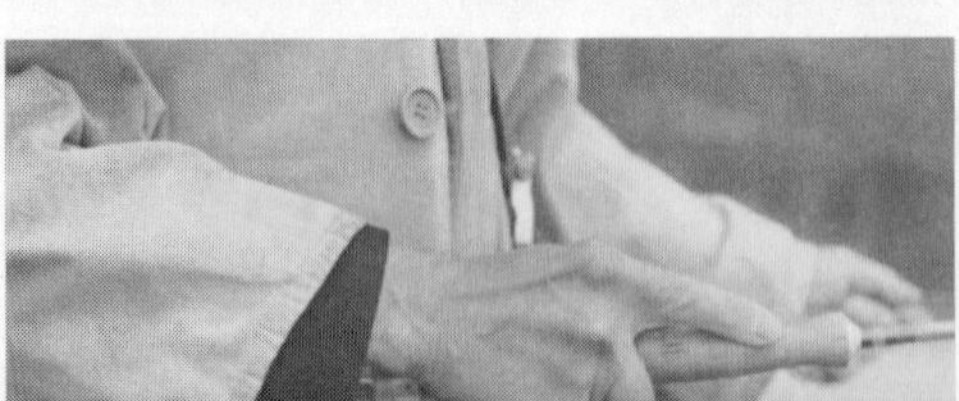

ビデル・スミス将軍。第一級のフライ・フィッシャーマン。

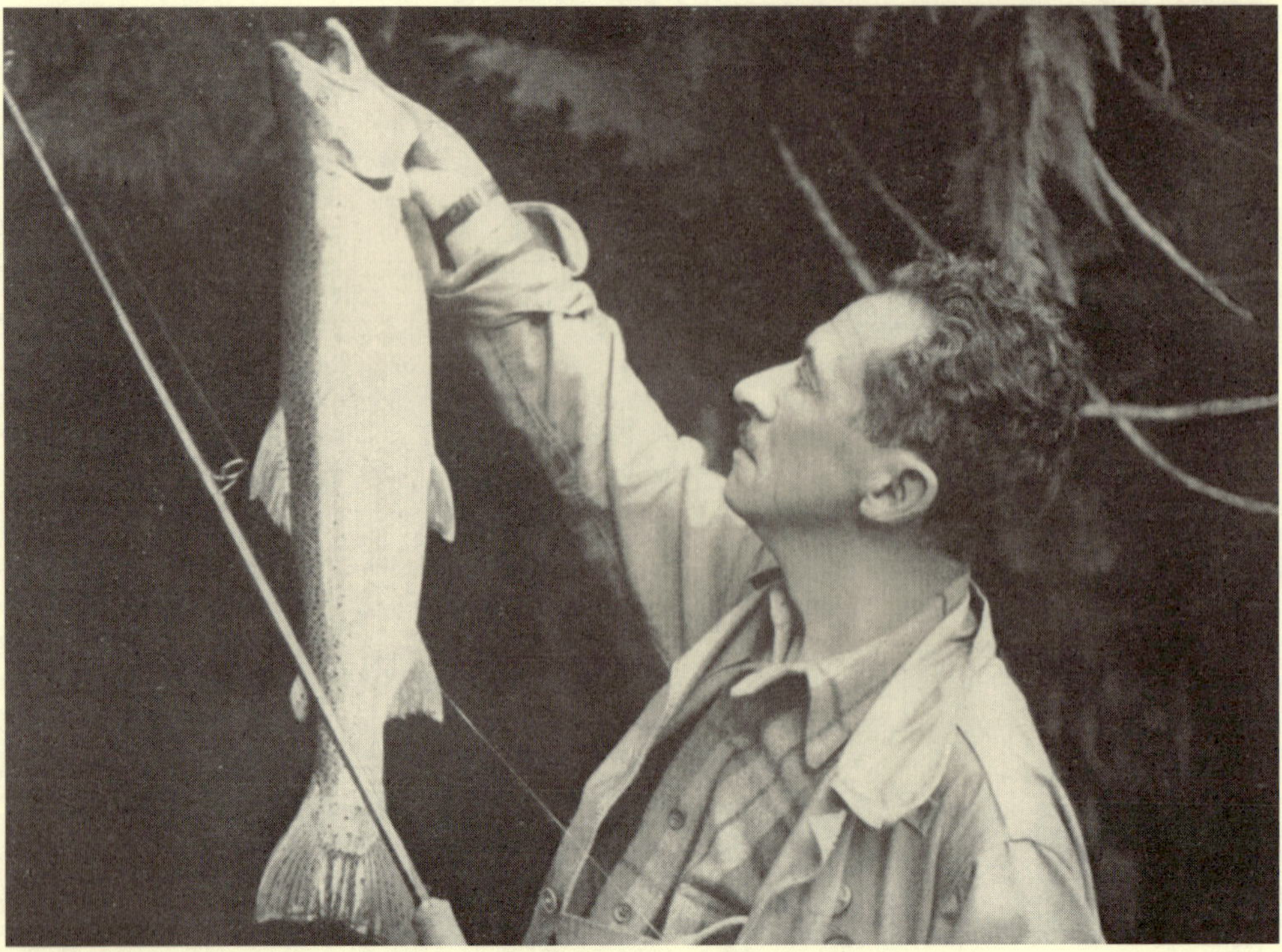

バンクーバー島。スタンプ川で釣ったスチール・ヘッドを持つ著者。

海から溯ってきたレインボー・トラウト（スチール・ヘッド）。

マラングフォスの「鮭の水族館」。

マーブル・トラウトの釣り。ユーゴスラビア、ソカ川のヘッド・キーパー。

アアロ川で、いつもたいてい鮭のいる場所。

エン川の流れ（シー・トラウトのいる大きな瀞場）。

エン川での１時間の釣果。20ポンドと13ポンドの２尾のシー・トラウト。

1952年のミス・スウェーデン。エン川で釣れた21ポンドのシー・トラウト。

マラングフォス上流のマルセルフ。

アアロ川。デニソフのコレクションからの4尾の巨大な鮭。重量は53ポンド、54ポンド、54ポンド、58ポンド。
長さは136センチから144センチまで（ボール紙に鮭の輪郭どおりに彩色してある）。

アルタ川のブラッドストローム・プール。

アルタ川のお気に入りのガイドと一緒の著者。1959年。

アルタ川の1954～5年の記録をもつ鮭。49ポンド。

38と1／2ポンドの鮭を掛けたところ。

道具をかついで運ぶように用意し、ボートを空にしてサウツォーの早瀬を横切って引いてゆく。

ダニューブ川系だけにみられる鮭族の一種、イトウ（Hucho hucho）。
60ポンドあるいはそれ以上にまでなるが、フライで釣れるのはたまで、
しかも小さいものばかりである。

1957年7月にバヴァリアで釣れた48ポンドのイトウ。

モニック——今ではマダム・リッツ——と彼女の「馬鹿な鮭たち」のみごとな釣果。
となりはエーリング。1970年ノウストラ川で。

第六部　一緒に釣った釣師たち

シモネとのエン川の一日

　モーリス・シモネはシャンパニョールの近く、ジュラ山脈の小さな村、ネイの靴職人である。彼はエン川のすばらしい漁区の一つを個人的に守りつづけており、フライの釣りに関しては別格の釣師である。

　人間的魅力に富んだ生粋の土地っ子で、がっしりとした体格をしている。年をとってもかくしゃくとしており、濃い灰色の口ひげの下に気だてのよさがうかがえる。喋る時は、太い眉の下に隠れた灰青色の目にいたずらっぽい光がまたたく。六十歳になっても、管理をまかされた、木の多い岩だらけのゴルジュの中を流れる六キロの川を、夜も昼もくまなく歩き回る。そして密漁者の恐怖のまととなっているのである。

　一九三三年、彼は私の最初の先生の一人であった。

　一九四五年に、オーギュスト・ランビオットと、ドクター・ティクシエと私はエン川へ行ってシモネが釣っているところを見たいと思った。

　水辺で一緒についてまわる光栄を得た釣師たちの中でも、シモネは私に一番深い印象を残した。彼とゴダールとを比較することはできない。彼らが釣っている川はそれぞれに性格の違うものだからだ。中ぐらいの距離の釣りに関してはシモネにかなうものはいないし、遠距離に関してはアルベール・ゴダールの右に出るものはいないと思う。

シモネのウェーディングでのドライ・フライの釣り姿はすばらしい夢の中にでてくる光景のようだ。

一般的には山岳渓流の鱒は、虫の量やハッチの少ないことから、チョーク・ストリームの鱒より釣りやすいのだが、エン川には釣人にとっては最良のチョーク・ストリームよりも多くの克服すべき困難がある。水は澄みきっており、流れは早い。そしてこの川の鱒はひじょうに警戒心が強いからだ。

われわれがシモネに会いに行ったのは七月だった。川は水位が低く、ひじょうに澄んでいた。いやな風が吹いており、太陽は照りつけ、水面には虫は少なかった。これらの条件は、ここ、コンテ地方の川の性格を典型的に示していて、条件としては釣りにくいのだが、シモネにはまったく苦にならないようだった。一九〇三年以来、同じ川で釣り続けて、彼はどんな天候のもとでもうまく釣ることを学んだのだった。一九四五年現在で、彼は釣師としての経歴を通してだいたい十万尾の魚を釣ったという。そのうちの三分の二は鱒で三分の一がグレーリングである。

●彼の道具　ロッドは一〇フィート。これはバック・ハンド・キャストとセミ・ホリゾンタル・キャストをしやすくしている。バットと中間部はアッシュ材でできており、チップはブラック・バンブーである（訳註　ヨーロッパに自生する竹。ここでは六角に貼合わせたものではなく、竹をそのまま使ったもの）。重さは三〇〇グラムから最小限に見積っても二五〇グラムはあると思われる。このようなロッドを、昼食のために十五分休む以外に一日八時間振り続けるには一体どのくらいの力が必要かちょっと見当がつかない。とにかく信じ難いことである。

この前に彼を訪問して以来、私は彼のためにアンボワーズの工場で一〇フィートのスプリット・ケーンのロッドを作らせた。長さの割には、十分なスピードを持ち、しかも軽いロッドというのが私の望みだった。もちろん、そのためにはいろいろの問題があった。プランテとともに、色々な試作の後、われわれはシモネを完全に満足させるロッドを作りあげた。しかし残念ながら、このモデルはシモネ以外には愛好者を見つけられないだろうと、私は深く心配している。

彼の使うリールは普通のものだが、ラインを早く巻き取るためにドラムが大きい。ラインはダブル・テーパー。

フライに関しては彼は二つのパターンだけを使う。レッド・ボディにジンジャー・ブラウンのハックル。もう一つはパーマー・タイプのイエロー・ボディにブルー・ダンのハックルを巻いたもの。両方とも彼が自分で巻く。彼の家の中庭の鶏がハックルを提供する。フック・サイズは12番。テールは扇形に広がり、下方に向かってカーブしている。ドライ・フライに関しては正確なボディの色に重きをおいており、特にグレーリングを釣る時には入念に色に注意を払う。

リーダーはナイロン製でラファル・タイプの二メートル八〇から三メートルのもの、チップは〇・〇二二から〇・〇二五ミリである。

水の中で釣るために彼はウェーダーをはくが、その消耗は驚くべきものである。それも水が冷たい時だけで、それ以外はふうつのズボンをはき、今もってリューマチにはかかっていない。

ラインにグリースを塗るのは釣りを始める前に一度だけ。フライには決してグリースを塗らない。フライはフォルス・キャストによってつねに乾いた状態に保たれている。


ビクの代りに、彼は穴もフタもない亜鉛の大きな箱を背負う。魚を乾燥したままで保つためで、深くウェーディングする時でもその恰好のままである。この道具はジュラ地方の川ではブイユと呼ばれている。背負い紐には丸環がついており、太い木の柄のついた丸い手網がそこに差し込まれる。こうすればランディング・ネットはすぐ手の届くところにあるというわけだし、またその手網のひじょうに丈夫にできた輪の部分を持って、柄をウェーディング・スタッフの代りに使う。柄の長さ八〇センチ、輪の直経五〇センチ。
●彼のキャスト　彼はキャストを最も単純な形に省略している。セミ・ホリゾンタルかバック・ハンド・キャストで、その両方とも絶対的な完璧さをもって行われる。水面へのフライのプレゼンテーションは並ぶもののないほど正確である。左手でのラインのホールはない。理由は簡単で一〇フィートのロッドではそれは不必要だからである。彼にわれわれの八フィート半のロッドを試してもらったが、どうも彼の手にはなじまなかった。彼のフォワード・キャストはラインがまだ後ろでへアピンカーブを描いている時に始まるからである。これは長いロッドを使っている時には正しいやり方なのである。ごく稀にはオーバーヘッド・キャストを使い、最後は必ず小さくシュートする。

●**彼の戦術と考え方**　シモネは早い流れでは上流に向かってキャストすることを好み、水流のゆるいところでは流れを横切るようにキャストする。キャストはできる限り短く行う。用心深く近づき、フライの水面へのプレーシングはデリケートで軽く、早い。そして決して魚に警戒心を起こさせない。震動を起こさないために歩く時は足をそっとおく。できるだけ川の中央に位置を占める。つねにリーダーより先にフライを流すために右側の岸を狙う時にはバック・ハンド、左側の岸はセミ・ホリゾンタル・キャストを使う。

彼は、フライを無視する魚には長くかかりあわない。アプローチとフライのプレゼンテーションが完璧なので、それらの欠陥でフライが拒否されることはきわめて稀である。三回フライをプレゼントしてもまだ魚がくわえない場合は、その時その魚は釣れないものであるとする。彼はそうした魚は時間をつぶすには値しないと考えている。

より早く合わせができるように、彼はラインを右手の中指でおさえている。合わせと同時に魚の重心を失わせ、水の上に魚の頭を出させ、水の中にふたたびもぐるのを楽に防げるという理由からも彼は長いロッドを好んでいる。

大きなものを除いてたいていは魚を素早く寄せる。魚は水の上を滑らせ、手元まできたらネットを水の中に入れて掬い上げる。

ランビオットは時間を計ってみたが、合わせからランディングまで六秒以上かかることは稀であった。鈎がかりの悪いものは寄せる時に、最後には肉切れしてバラしてしまう。もし鈎がかりが悪く最後にはバレてしまうものであれば、ゆっくりやったところで同じ結果である。

シモネは何よりも目で見ながら釣るのが好きである。見える魚は釣れたのと同じだと言う。そして岸近くの魚、特に影の中の魚をたんねんに探す。太陽が照っている時には少し時間をかけ、静かな、開けた部分を観察する。条件はどうであろうと、彼がよく知っている魚のつき場所は必ずやってみる。つき場にいる魚でも、尻ビレと背ビレを震わせている魚は警戒心を起こしていると彼は言う。フライをプレゼントしても無駄である。

魚がバルジングやテイリングの状態だったら、水面のすぐ下で餌をとっている時でも、彼の釣果が低下することはない。ふつうの方法で試した後、今度は戦術を変え、同じ魚の鼻の真上にフライを流してやる。五〇センチ右でも、五〇センチ左でも、あるいは上流か下流でもフライは無視されると彼は考えている。あるとき、一尾の大きな鱒に十四回フライをプレゼントしたがまったく無視され、十五回目には直接に鼻の上にフライを落して釣り上げたことがあるそうだ。

シモネのすばらしい能力は次の点から成立っている。

1　目の良さ。彼はほとんど見分けられぬくらいの水の色の違いを区別し、魚がいるかどうかを見つけ出す。魚のいそうな場所に目を止め、素早く魚を見つけ、正確な位置を判断する。オーストリアでもバヴァリアでも、アメリカでもこうした能力を持った釣人に会ったが、しかしシモネくらいこの能力を発達させている人はいなかった。

2　アプローチの完璧さ、およびウェーディングをしている時のすばらしい安定性。エン川は場所によって川底がひじょうに滑りやすいのだが、彼は川底をまるで道を歩いているように歩き、足の先に目がついているのではないかとさえ思わせる。決して足を踏みはずさないし、小石に足先をぶつけて震動を起こすようなこともない。

3　フライを流す場所を正確に読む能力。狙いをつけた場所に正確に、ひじょうに軽くフライを着水させるので、魚はフライが水面に着いて、ちゃんと立った段階で初めてフライを見つけるのである。フォルス・キャストは決して魚の視野の中で行わない。水深が三〇センチもないような場所でも同様である。

4　バックハンド・キャストの正確さ。

5　釣果を上げるために、釣りの動作を必要最小限度のものにとどめる能力。

6　自分の川に関しては、あらゆる石に至るまで完全に知っているということ。

7　魚を保護することの本能的認識とスポーツとしての規則を厳しく守ること。体長が制限以下の魚が釣れると片手でリーダーをつかみ、もう片方の手を水の中に入れて魚をつかみ、それから鈎を外し、放す前に自分で動きだすのを確認する。

彼の釣りを見た日はときどきつむじ風のような強い風が吹いた。しかしそれも彼の繊細で正確なフライのプレゼンテーションをさまたげるものではなかった。

夕方になってイブニング・ライズが始った時でも、私は釣りをしたくなかった。それほど彼から学ぶことがまだ残っているように思われたのだった。

その日シモネは十五尾の魚を釣った。そしてランビオットは三尾だった。しかし、そのランビオットでさえ平均釣果ではいつも私よりもいいのだ。

エドゥアール・ヴェルヌの釣り方

親友、エドゥアール・ヴェルヌは人をもてなすのがうまく、幸せにも二つの宝物の持ち主である。その二つの宝物は合わせると、釣人にとってはひじょうに稀にしか手に入れることのできないすばらしいものとなる。それは最も美しい鱒の川と、とても釣りのうまい夫人である。ヴェルヌ夫人が楽しそうにリール川のすばらしい流れを釣り歩くのを見るのは、私にとってはいつも大きな喜びだ。彼女は大きな鱒を探し、たいていはうまく釣り上げてしまう。それだけではなく、つねに彼女について まわるイギリスの狐狩り用の犬たちはペゾン氏とミッシェル氏にも幸福をもたらすのである。この美しい犬たちはラインにからまり、ロッド・チップを折ることにかけては名人の域に達し、そのおかげで毎年修理のためにアンボワーズの工場に持込まれるロッドの数は増加し、工場の修理部の売上げを著しく伸ばしたのであった。

一九三〇年以来私がたくさんのフライロッドの試作品をテストし、完成させることができたのは、エドゥアール・ヴェルヌと彼の川のおかげであり、私は彼のいつも変わることのない親切に感謝したい。

ヴァルヴィルにある彼の釣場はその広さといい、変化に富んでいることといい、そしてその鱒の豊富さにおいて世界に類のないロッド・テストの場所になった。そこはヨーロッパでも最も美しいチョーク・ストリームの釣場である。

エドゥアールはチョーク・ストリームでの釣りについてたくさんのことを私に教えてくれた。彼の釣りの記録帳をみると、彼がほとんどいつも竿頭であったことがわかる。彼はトランプの天才のクルバーソンがブリッジについて知っているのと同じように、自分の川について知っており、ハッチの時は魚たち、特に大きな鱒が一番活発な場所に座を占める。彼はそうした場所選びを季節に合わせて行っていた。そして、何よりもまず光のあまり差さない場所を好んだ。

長年の経験で場所選びの目安を知っており、たとえばメイフライの季節には流れの早い場所は避けた。大きな鱒はその時期にはまだ動きが鈍く、早い流れの中へ出てくるのはもっと後になってからだった。そこで彼は流れがゆるくて深い場所、人工の川やせまい水路などを選んだ。

定期的に監視をするために、大きな魚のいる場所はすべてリストにしてあった。年によっては魚の居場所が変わることはあったが、彼は水を読む能力に優れていて魚たちをすぐに発見した。

ここで釣りが最もおもしろい時期は五月十五日以前、五日から十五日までの間だと彼は考えている。

彼はアップ・ストリームで釣ることを好む。ロング・キャストの時だけは別でその場合は流れと直角に釣る。キャストは決してラインをまっすぐには出さず、つねにスラックを少し与えている。魚を見つけ、どのようにライズしたかを見ると、彼はすぐに攻撃をかけ、ひじょうに早くフライをプレゼントする。ライズの状態や場所が分からない時には確実に分かるまで待つことを選ぶ。魚がフライの脇で餌を食うような時は、さらに五、六度フライをプレゼントしてみて、それでもだめなら時間をおいて後で戻って来ることにする。

何よりもまずスポーツらしく釣ることを大事にして

いる。活発な鱒を見つけると、それがゲームの始まりで、彼はそれを釣らなければ気がすまない。

フォルス・キャストは最小限におさえる。

水面に流れる虫が少ない時には、遠くから狙い、ライズを釣る。そんな時はほんのわずかなミスも情容赦なくフライが無視される原因となるので、あらゆる用心をしなければならない。

シーズン初め、最初のライズがあらわれる頃は、彼はリーダーにテグスを用い、良い成績を上げている。メイフライの季節にはチペットは〇・〇二五ミリのナイロンを使う。

シーズンになると川にはしばしば八人から十人の釣人が来る。二十年この川で釣り、そうした人たちを見つづけたことは、私にとって釣人の平均あるいは一般性を観察する良い機会となった。エドゥアールはひじょうに洞察力に富んだ観察者であり、またとても記憶力がよく、釣りをしている時、他の釣人が技術的に躊躇したり模索している時には、即座に貴重なアドバイスを与えるのだった。

彼の合わせは少し強いように思われるが、しかし、それは特に草木の多く茂った場所で釣ることに慣れてしまっているためであろうと思われる。

彼はウェット・フライやニンフでの釣りを軽蔑する完全なドライ・フライの信奉者である。そして、自分の釣場を情熱をもって管理する大の自然愛好家である。

アルベール・ゴダールとのアンデル川での三日間

一九四七年五月十五日～十八日

一〇〇グラムから一三〇グラムのフライ・ロッドでのディスタンス・キャストの世界チャンピオンであるゴダールは、同時にヨーロッパ大陸での最高の釣師の一人でもある。

一九四七年のこと、オーギュスト・ランビオットは五月十五日から十八日までのメイフライのシーズンに、ゴダールをアンデル川のラドゥボンに招待し、私が彼の釣り方を見る機会を作ってくれた。

子供の頃、彼はしばしばみの木の枝で釣りを始めた。そして、住んでいる町ブイヨンのそばを流れるスモワ川の岸辺での誘惑に負けては学校をサボっていた。十四歳で彼はすでに数千の鱒を釣っていた。

ゴダールはプロのチャンピオンであり、今では主に釣りのコーチと釣道具の販売で生計を立てている。そのためにゴダールは、彼の釣り方を観察しに来る人に強い印象を与えなければならないと意識している。しかし彼の技術はまったく卓越していて、そんな配慮はほんとうは必要ないのである。

●ゴダールのキャスト　彼はストレートなロング・キャストを好む。ゴダールのキャストには大きな特徴がある。ラインが前から後ろへの軌跡を描く間、ロッド・チップは十一時から二時へ、高、低、高という軽いカーブを描く。この動きによりラインのループはほどけてゆく時にかなり高く上ってゆく。これは特にロング・キャストの時には有利である。この動きに左手の軽いホールが加わり、必要に応じた修正をする。こうして、キャストを修正する釣人はきわめて少ないが、それはラインのスピードが落ちかけた時に左手でラインを引いて、ラインの一部を引き戻してやることの有効性を知らないからで、左手を使わないと、ラインは後ろで地面に触れてしまう。

どんな時でもなめらかに動くように、そして、急激で不規則な動きを避けるためには、できるかぎり手をリラックスさせておくということをゴダールは特に重要視している。彼はロッドを親指と人指し指で支え、ハンドルを全部の指で握りしめるのは前と後ろへのストロークの最初の部分、つまり力とスピードを伝達するための正確な一瞬のみである。これによって、あまり強く握りしめることからくる疲労を避けることができる。

ラインを伸ばし、水面に落すときには、彼は親指で強く下方に押すような手首の動作を加える。そしてロッドは九時よりも下、八時ぐらいの位置でとまる。

フライを乾かすのに彼がアマドゥー（ブナの木にできるスポンジ状のきのこ。フライの水気をとるのに使う）や、他の方法を用いるのは稀である。たいていフォルス・キャストを繰り返して乾かしてしまう。このときはリーダーが伸び切る寸前、つまりまだ最大一フィートぐらいのループを作っている時にロッドを反対方向へ動かし始める。こうすると鞭で音を出す時のような効果を生み、フライがよく乾くのである。フライからは小さな水滴がはじきとばされて霧が見える。これにはひじょうに正確なタイミングが必要である。

彼はつねに三巻きか四巻きのラインのコイルを左手に持っており、ショート・キャストの時は別としてプレゼンテーションの度にそれをシュートする。フォルス・キャストは最小限に抑えられている。

ロッドを垂直に振り下ろす彼のオーバーヘッド・キャストはひじょうに正確であり、二〇メートルのキャストでも、フライを魚の頭から半径五〇センチ以内に落す。キャストは早く、ラインはかすかに音を立てる。そしてラインの軌跡はほとんどまっすぐである。

彼のリバース・キャストもまた普通のキャストと同様に完璧である。彼がキャストする時、まるでロッドの先で目標に狙いをつけているような印象を受ける。

ゴダールはサイド・キャストでの遠距離に関してはまさに最高のうまさを誇っていると思う。パリでのC・C・F（Casting Club de France）の最後の競技会で私は彼を近くから観察することができた。プラット・フォームに上る前、彼は硬いロッドに重いラインをつけて練習していた。前後へのストロークの度に用いるダブル・ホールはごく近距離でも用いられ、これは最少の距離でも最大のパワーを得るためである。プラット・フォームに上り、ロッドを与えられると、それは練習に使っていたものよりずっとやわらかだったので、彼は即座にスタイルを一変し、より長くロッドを引っ張るようにして、すばらしいキャストを展開した。

●彼の考え方　肘を身体につけたキャスティング方法は信用していない。

カーブ・キャストの信奉者ではない。彼の器用さはこの技術を使わずにすんでいる。

フライの流し終りに軽いドラッグをかけてやることをためらわない。

決して急がない。魚のライズが止った時、またライズが始まるまで待つ。

フライを垂直に落すことを選ぶ。空から落ちてきたフライを見る鱒はそれを飛んでいる虫と思い、興奮し、就餌行動を促進すると彼は考えている。そのためフライをいかに着水させるかに最も苦心すべきだと主張している。しばしば彼はロッド・チップを軽く動かしてフライを生きているように見せる。これはベルギーの釣人の特技でもある。

彼はフライを調べにライズしてくる魚はよく見えると言っている。

合わせはデリケートで、ロッドはかなり低い。遠距離の場合はロッドはほとんど水平で、合わせる時にはロッド・チップを上流へ向ける。

●道具　ゴダールは短いロッドが好きで、長くても八フィートから八フィート半、硬い調子のもの。ラインはひじょうに繊細にフライを着水させられるようにほとんどテーパーのない細いものを使っている。リーダーは徹底的にナイロンのみを使い、長さは三ヤード、チペットは〇・〇二二から〇・〇二八ミリである。また〇・〇一八ミリにまでおとすことさえある。しばしばリーダーをお茶で染めて栗色にする。

●フライ　アメリカ式のドレッシングが好きで、黄色のボディにジンジャーのハックルのものをよく使う。見やすいハックルで品質の良いフックに巻かれたものならどんなフライでも使うが、完璧なドレッシングに固執する。またフライのサイズを重視する。

●ゴダールについての観察　彼のすばらしい成功の主な理由。

1　ライズのあった場所を正確に見きわめ、それを見失わない驚くべき能力。

2　キャスティングを完全に支配しており、そのために比類のない正確なプレゼンテーションを可能にしている。特にロング・キャストにおいてそのすばらしさが発揮される。
3　すぐれた視力と卓越した冷静さ。加えて子供時代から、生涯の大部分を川の岸辺で過したプロの釣師のみが獲得することのできる才能。
4　リバース・キャストのうまさ。
5　彼の親指の異常な大きさ。たぶんこれが世界でも例のないグリップを可能にしているのだろう。ドライ・フライ・スタイルでの遠投競技において、ゴダールの黄金時代には、いかなるキャスターも彼を破れなかったことを頷かせる。

戦後のある年のC・C・F（Casting Club de France）の競技会で、彼の右手を見せてもらったことを覚えている。その手は親指の締めつける力の強さからできた乾いたマメや、赤く変色したマメがたくさんできていた。

彼のキャスティングを手本にすることは、特に川岸から遠距離の魚を釣る場合など、ひじょうに役立つことだと思う。ただし、彼の方法のみを独占的に行わねばならないという制限はつけないほうがいいだろう。

彼のやり方でひじょうな正確さを得るためにはまずキャスティングの名手になり、そしてタイミングの完全な把握と、強い手を持たなければならない。ゴダールのキャストの有利なところはラインが後方で高く上がることである。しかし、彼のやり方で水面にフライを着水させるとドラッグをかけずに流す距離が制限される。

フライを乾かす彼のやり方は私の好きなものであり、またシモネも同様の方法を用いるが、これには鉄のように頑丈な手首を必要とする。時間のかからない方法ではあるが、疲れやすく、ロッドが良くなかったり、タイミングが正確でない時にはやっかいなものとなる。

フライを垂直に着水させることはある意味では魚を驚かさずにすむがそれは魚の視野の限界をよく知らなければならない。

●全般的な結論　釣りにおいて、魔術師は存在しない。特にアンデル川の魚を相手にする時はなおさらだ。この川で他の釣人たちの尊敬を受けられるのは本当の巨匠たちのみである。

ゴダールは流れをロング・キャストで釣ることにひ

じょうに優れている。一日目と二日目、下流の静かな場所で釣っている時、魚は水面すれすれに飛んでいる虫を唇の端でそっと食っていて、彼とてもわれわれ以上に釣ることはできなかった。三日目、彼は釣りの条件を詳細に検討し、午後をずっと城の支流の一つで釣り、ライズを狙ってすばらしい成績を上げた。

ゴダールはまさに巨匠であり、ドライ・フライ・フィッシングの名手である。これから先も彼と同じほど偉大なキャスターが出現するかどうかは疑わしい。

トニー・ビュルナンの釣り方

作家のトニー・ビュルナンが釣りをするのかと、首をかしげる読者もいるだろう。もちろん彼は立派な釣師である。しかし、彼は蝶のように飛び回るのが好きで、岸辺にじっとしてるよりあっちへ行ったり、こっちへ行ったりする。そして釣りにおいても彼の文学と同じようにタッチの軽さを愛する。フライを雲や花の映っている水の上に落とせば、もうそれだけで幸福で、自分が釣った魚の大きさよりも、イブニング・ライズの時の銅色に染まった水面の水輪に心を奪われる。絵よりも額縁の良さが必要なのだ。

彼は見えた魚には固執して必ず釣り上げずには気がすまないという性格の釣人ではない。そうした意味では彼には欠けているところも多いのだが、ひじょうにたくさんの魚を釣る。

キャストに関して言えば、ドラッグについての強迫観念があり、カーブ・キャストでフライをプレゼントする。しかし、彼は素直でない魚をライズさせる巧妙なやり口も心得ている。フランスの中央山地やピレネーで毎年何週間も釣っているのは決して無駄ではなく、彼はわざとフライを引きずって魚を引っ張り出すのだ。

彼はいつも一種類のパターンしか使わないと言っている。ボディがグレイで、時により少し明るかったり、暗かったりで、太さもまちまちであるが、特別な特徴はない。朝はひじょうに小さいサイズを使い、夕方は大きなものを使って成果を上げている。とはいえ、彼はいつもあらゆるパターンのいっぱいに詰ったフライ・ボックスを十個も持ち歩いている。しかし、プレゼンテーションのやり方がフライの形や色よりもずっと重要だと考えているので、それらのパターンは時々気まぐれに試してみるだけである。

短所は、忍耐心がなくすぐ場所を変えたくなることで、風や茂みやリーダー、フライ、葦などが彼に敵意を示している日には、まったく手のつけられぬような精神状態になる。

哲学者の域に達した釣師がみんなそうであるように、彼もぐちをこぼすほどには自分の成功を自慢しない。

いずれにしろ水辺にいるだけで彼は幸福なのだから。また、小さな、あるいは中型の、苦もなくいくらでもかかってくるような、彼の目には価値のない魚を何十尾も釣るくらいなら、午後いっぱいを何も釣らずにキャストだけを繰り返しているほうがよいとさえ言う。彼はこの論理を押しすすめて、もう完全に釣り上げたと思った大きな魚が足下で、リーダーを切って逃げたり、巧妙に鈎を外して逃げたりした場合にも決してくやしがったりはしない。しかし、水草や牧草に何度もフライを引っ掛けたりすると、ロッドを粉々にへし折り、もう一生この馬鹿ばかしい遊びはやめだと思うほどの怒りにとらわれてしまうのだった。

道具について言えば、彼もフランスのすべての釣人と同じように、長く、重く、やわらかなロッドを使って手首を痛めることから釣りを始めた。フランスに火入れしたバンブーで作られたロッドが生れるや、彼は熱烈にこのロッドの信奉者となった。しかし、年のせいもあり、軽く、力はあってもやわらかく、彼自身が無駄だと思うほどの遠距離に楽にキャストできるロッドが欲しいと思っていた。結局トニー・ビュルナンが気に入ったロッドは、私が特別に彼のために完成させたPPP・ゼフィール・ビュルナン・タイプだった。

彼が本当のフライ・フィッシングを始めたのはかなり遅くなってからで、その前はフライ・ロッドで小さなスプーンを投げていた。そのために彼の右手は特別に強くなったが、同時にキャスティングの最中に過度に乱暴な動作が入る傾向を持つようになった。そしてまたフライ・キャスティングに必要なタイミングについての誤った考えを持つようになってしまったのである。しかし、フライ・ロッドでのスプーンのキャスティングを彼に教えた人は、同時に少しずつ彼をフライ・フィッシングへの道へ導びいた。そして、洗練された釣人や、あらゆる地方、あらゆる社会的階層の釣人との交際が多くなるにつれて、彼は自分の技術を完全にしていったのだった。

彼にとって特に有益であったのは、ひじょうにタイプの違ったいろいろな川で釣りをしたことであった。フランスや、それ以外の国で、即座に幅の広い川、狭い川、川岸の開けたところ、樹木に覆われたところ、渦巻いたところ、静かな流れなどで、彼は自分を状況に適応させて釣りをした。彼はこうして技術だけでなく、水を読む重要な力を身につけたのだった。しかし、

休むことなく歩き回り、ゆっくりと釣る釣人がたった一〇〇メートルほどしか釣っていないのに、彼は流れをもう二度も三度も釣り上り、釣り下る。こうした熱情を鎮める術はまだ獲得していないのだった。

ビュルナンは一尾の大きな魚に執着する性質でもなければ、一本のフライ、あるいはドライにしろ、ウェットにしろ、またセミ・ウェットにしろ一つの技法にのみ固執する性質でも、またライズにのみこだわる釣人でもない。彼は活動的に素早く釣りまくるタイプに属していて、すぐに結果がでるほうを好み、あまりに難しすぎると思われる問題を掘り下げたりはしない。ライズを釣るというより、場所を釣り、つぎつぎと素早く、魚がいそうと思われる場所を狙い、二、三度フライを落したら、すぐまた次の場所を狙うのである。水を読むのがひじょうにうまく、プレゼンテーションが正確であるうえ、見える魚にも見えない魚にも疲れを知らずに攻撃し続けるのでたくさんの魚を釣り上げる。しかし、持って歩くのが面倒なのと、特に殺すのが嫌なのでほとんどすぐまた水に戻してやる。

いつもウェイト・フォワードのラインとオートマチック・リールを使っている。しかし、彼の本当の特技

はラインの先にロッドの二倍はあろうという長いリーダーをつけることで、ごく僅かな空気の乱れでもプレゼンテーションは正確さを失ってしまうのだが、フライの着水が乱暴すぎることはありえない。

釣りをしている時、彼はラインのひるがえるロッドを手に持ち、次に狙うべき場所を探しもとめて優雅に歩き回る。

彼のキャストは左手をあまり使わないひじょうにクラシックなスタイルである。ラインは8の字を描いて投げられ、後ろでまだループがほどけないうちにフォワード・ストロークに移る傾向がある。最初のプレゼンテーションをもっと正確にすることもできるはずなのだが、リーダーが長すぎることが、それを妨げているのだろう。

彼は魚とそれを取りまく環境を愛する。よく魚に向かって話しかけ、場合によっておだてのこともあるし、また罵りのこともある。彼はあらゆる不運を受け入れることができ、決して意気消沈しない。

オーギュスト・ランビオット、傑出した釣師

オーギュスト・ランビオットはアマチュアの中では最もうまい釣師の一人である。どんな川ででも、つねに釣果を上げるという安定した成績は驚くべきものである。彼の有利な点と言えば、その身長の高さで、これは魚を見付けるのにひじょうに役立つし、ウェーディングをとても容易にする。彼はその身長と体重を利用して、われわれのほとんどの者が釣るのが不可能な場所に近づくことができる。トラウン川では一・五キロと二・五キロの魚を一荷で釣り、記録をつくった。

彼の釣り方は素早さと効率の良さである。そのうえ、決して不必要にことを複雑にしない。そのためには、朝起きると彼は釣りの観察や成績をすべて書き込んだ自分の釣日記と友達の日誌を参考にし、注意深くその日の作戦を立てるのである。そしてまた一日の時間の推移による光線の具合に注意をし、大きな障害となる

風にさらされないような場所を選ぶ。初めての流れに立った最初の日はほとんどの時間を下調べに費やし、魚のついている最良の場所や、大きな魚のいる場所の見当をつけておく。釣るのが極度に難しいような場所の魚には挨拶だけをしておき、やがて彼らが決定的な誤ちをおかす日がくるのを待つのである。

彼の戦術はまずフライをプレゼントする場所を正確に定め、そこへ素早く、完璧にフライを送り込んでやる。よく乾かされたフライは伸びたリーダーの先でハックルを支点に高い位置で浮く。そのためにはフライもリーダーも注意深くグリースが塗られている。動作はひじょうに素早く、しかも驚くほどの正確さで行われるので、ほとんどの場合、魚は自分の鼻の上をフライが流れ出す時になって初めて気がつくという結果になるのだった。彼はできるだけサイド・キャストを使い、フォルス・キャストは最小限にし、リーダーをカーブさせてフライを着水させる。ほとんどは中ぐらいの距離を釣り、例外的にしか遠投はしない。遠投に費やす時間で、もっと活発な魚を探したほうがよいと考えるからである。だから彼のフライはちっとも休んでいることがない。

合わせは、つねに早く、しかし決して強くない。これが彼の成功の大きな理由の一つである。

集中力を持続していられることや、意識的な規律正しさは彼をひじょうに正確な機械のようにしているが、しかし、それはロボットということではなくて、とても良い趣味をも持合わせた彼の頭脳にすべての作業が支配されているのである。そして、これらのすべての武器を備えているだけでなく、さらにフライ・フィッシングに対する熱情と楽しみは、朝釣り始めた時から、暗くなって最後の最後の魚を狙う時まで、つねに彼を元気いっぱいにしておくのだ。難しさを好み、たとえばオーブ川のように釣人の全能力を要求するような川が好きである。彼にとってはノルマンディーのチョーク・ストリームのようなものはただ単に手なぐさみという程度のものでしかない。彼のフライが魚にくわえられる確率は信じ難いほど高いので、実際にはたまにしかフライを取り換えないのに、まるでいつも正確なフライを見つけだしていると思わせるほどである。

●**道具**　彼は八フィート三インチ、二本継ぎのマスターを使っている。これは最少のフォルス・キャストでいろいろの異なった目標を狙い、しかもつねに正確でなければならないという彼の釣り方のために私が特に設計したロッドである。

　ラインはウェイト・フォワードで、ラファル・タイプの長いリーダー、そしてオートマチック・リールを使う。

●フライ　彼はフランスの川で使われるフライのほとんどを持っているが、実際の釣りでは九五パーセントは何年もの間釣ってよく試しつくされたいくつかのパターンだけで満足している。黄あるいは緑のボディのグレイのハックルのもの、パナマ、ライト・ケーヒルが二サイズ、そしてアイアン・ブルー・ダンである。サイズの小さい、グレーリング用のフライとしては、垂直に立ったウィングやスペント・ウィングのランズ・パティキュラーがあり、彼はこれを気難しい魚に使うが、そんなことは稀で、たいていはそうした魚にはフライを直接ポイントに落とし、不意打ちをかける方法で成功してしまう。彼が特に重きをおくのはその時の自然の虫の大きさである。

　昼の間は、ほとんど食い気のありそうな魚に対してのみフライをプレゼントする。しかし、それによって他の釣り仲間を邪魔するようなことはない。ときどき、彼は食い気がありそうだと狙いをつけた魚を私にゆずってくれることもある。

　彼の釣りに対する考え方と、彼のその名人としての秘訣を次に書くことにしよう。

　四十歳を過ぎたたくさんの企業の経営者たちと同じように、彼は忙しい実業家としての活動以外に何か趣味をみつけようと考えた。しかし、その趣味はあらゆるものを統合した何かでなければならず、その結果彼は釣りを始め、ウェット・フライ・フィッシングですばらしい腕前を示したあと、最終的にドライ・フライ・フィッシングに完全な満足を見出したのだった。そして、釣りは彼の肉体的、精神的状態を判断するのにひじょうに良いスポーツだと考えている。魚があまりたくさん釣れなくなったら、事業活動を減らして、彼はゴルフに専念しようと考えている。

　魚のライズが見えると、彼はそれを魚からの挑戦と受けとめ、すぐに戦いを開始する。

　彼は工場からすぐ行けるニエーブル川というたいしたことのない川で釣りの腕を磨き、いつもドクター・

ティクシエという良い仲間と一緒であった。この川は釣人が多く、また土地の人間の密漁が絶え間なく、魚が少なくて、彼にとっては深刻な問題であった。しかし、企業の経営者となるために彼は若い頃から決して平凡であることに甘んじてはならないことや、敗北を認めてはならないことを学んでおり、この原則を釣りに適用したのだった。そのために上達は早く、あらゆる技術を身につけて、完璧なフライ・フィッシャーとなったのだった。その頃、釣りに最も良い時期にバカンスをとるなどということは彼には不可能だった。そこで三月から十月まで、ほとんどライズのない川を六時間も七時間も、何キロもの間を一尾の魚を探して歩き回り、その魚が川底を離れるのに十分なほど興味を持たせるようなやり方でフライをプレゼントしなければならなかった。そしてほんの小さなモジリでも、それがひじょうに遠いものであっても、灌木や、切株や、水草などを目印としてその場所を覚えられるように目をつねに働かさなければならなかった。初期のこうした訓練は彼の釣り方に動かしがたい影響を与え、六十六歳の今日に至ってもそのやり方を変えていない。ノルマンディーの川のように魚のひじょうに多い場所ではたぶん彼はもう少しゆっくりと釣るかもしれないが、それでも退屈してしまうに違いない。

彼は友人の釣果にひじょうに興味を持つ。しかし、それは彼のほうが腕がよいと誇るためではなく、つねに他人から、たとえ、その人が未熟な釣人であったとしても、何か学ぶことがあると考えているからであった。彼の誇りは他の人を対象としているのではなく、自分自身に向けられている。そしてその誇りが特に自分の釣技の調子を保つのに役立っているのである。

彼にとってまず第一に必要なことはあらゆる場所で魚を探すことであり、狙いをつけたところへ素早く、そして正確にキャストをすることである。脚とそして頭で釣るのである。

つけ加えると、来年、彼はソーヤーの考えた、そしてすべての卓越した釣人が知らなければならないニンフ・フィッシングをやってみるつもりだそうだ。

アメリカ人の釣り

　アメリカでのフライ・フィッシングは一八六〇年頃、イギリスのフライ・フィッシングを手本にして始められ、道具も最初はほとんど英国製のものが使われていた。しかし、アメリカ人たちはすぐにイギリスのフライのパターンは自分たちの国の虫に全然似ていないということに気がついた。それにニューヨーク近郊、あるいはペンシルバニアの川の条件は、イギリス南部の川とはまったく共通点がなかった。ビーバーキル川、エソパス川、ウエスト・ブランチ川そしてトビハナ川などは流れが早く、水草の茂みはほとんどない。気候は冬は寒く、夏は暑く、そこにいる虫はどちらかというと大型で、数は多くなかった。大きくて深いプールがあり、そこはつねにウェーディングをして釣らねばならなかった。

　アメリカ人の実利的な感覚はそれらの川で使う道具

類をすぐに彼ら流に変化させていった。フライはより浮力の強いもの、そしてひじょうに見やすいもの、ロッドはより軽く、反発力の早いものとなった。

　アメリカの釣りには三人の先駆者がおり、これらの人々がアメリカにおけるフライ・フィッシングの変遷の主なる荷い手となっている。先ず釣り全般においてはヒューイットがおり、そしてジョージ・ラ・ブランシュとセオドア・ゴードンがいる。ラ・ブランシュは軽業師のように誰もやらないことをやってのけ、彼の本『急流でのドライ・フライ・フィッシング』はアメリカの釣の本の傑作の一つとして残されている。セオドア・ゴードンはアメリカの主なフライ・パターンの創作者であり、あの有名なクイル・ゴードンはその典型的な例である。

　その後、中西部（ロッキー）や、大平洋岸の釣人たちの影響があらわれ始めると、若い層の中に新しい型の釣人が出現した。彼らはドライ・フライやニンフ、バックテイル、そしてストリーマーなど、いろいろな方法を試みた。というのはたくさんの大きな魚、特にレインボー・トラウトは大きな淵の底におり、それらが水面で餌を食うことは稀だったからである。

ヨーロッパの釣人が彼らについて最も学ぶべき点はフライのタイイングの方法であろう。ドライ・フライに関してアメリカ人は一つの規則しか持っていない。それはひじょうによく見えること、そしてそのためには水面にまっすぐに立つことである。

彼らはバックテイルやストリーマーを完全に使いこなしており、またスキューズのニンフ・フィッシングの方法とは違う、ニンフを沈めて流す釣り方が、あまり餌をより好みしない魚のいるアメリカのいろいろなタイプの川で実用化されており、これに関しても彼らは完全に名人の域に達している。このニンフ・フィッシングにおいて重要なことはニンフが魚の近くを通るようにするためのプレゼンテーションの正確さである。アメリカ人はしばしばウェット・フライやニンフなどでひじょうに深い場所を釣る。

幅が広く、流れの早い大平洋岸の川には普通のサイズの鱒ばかりでなく、大きいレインボーやスチール・ヘッドがおり、そのため道具は力のあるものでなければならない。私にしてみれば、一〇フィートから、一三フィートのダブル・ハンドの軽いロッドがいいと思うのだが、アメリカ人たちはむしろ片手で使うロッドを好む。そのせいで、遠投をするためにはひじょうに長いシュートをしなければならない。

アメリカのロッド・メーカー、ウィンストンは超軽量化を研究し、その結果、中空のスプリット・バンブーのロッドの製作に成功した。これは本当にすばらしいもので一〇フィートのロッドがスタンダードの九フィートのロッドと同じぐらいの軽さである。

ロング・シュートをするために、スチール・ヘッド・フィッシャーマンは腹のところにバスケットをつけていて、シュートをする分のラインをそのバスケットの中に溜めておく。今ではまた便利な装置があり、それはライン・バスケットと同じように腹につける大きなドラム（図）で、それにシューティング・ヘッドとモノフィラメントのランニングという組み合わせのラインを巻く。この装置はシングル・ハンドの軽いロッドで一〇〇フィート以上のキャストを可能にさせる。

アル・マクレーンはアメリカの雑誌〈フィールド・アンド・スト

リーム〉誌のフィッシング・エディターであるが、彼はアメリカの新しい世代の典型的なフィッシャーマンである。彼の釣りの方法を分析することはひじょうに興味深いと思う。この新しい世代の釣人たちはみな第一級のキャスターであり、スポーツマンであり、そしてアメリカではあまりよく知られていないグレーリングの釣りのようなものにでもすぐに適応することができる人たちである。

潮見表を実用化した、われわれの時代の最も偉大な釣師の一人であるナイトについてはここでは触れないことにしよう。私の意見では彼はむしろ、ひじょうに洗練された種々の要素を兼ねそなえて持っており、マクレーンの例ほどには典型的ではないからである。

一九五〇年、文豪ヘミングウェイの息子、バンビ・ヘミングウェイ（ジャック・ヘミングウェイの愛称）がリール川の鱒を釣りにやって来た。彼は典型的な西部の釣師であったが、最初の日からすばらしい能力を発揮した。彼のテクニックはマクレーンとまったく同じものだった。この二人はともに秀れたスポーツマンであり、完璧な、そしてひじょうに現代的なフィッシャーマンであった。

●アル・マクレーンの釣り方　私は〈フィールド・アンド・ストリーム〉誌のフッシング・エディターたちとはほとんど知り合いだった。ダン・ホランド、レイ・ホランド、テッド・トルーブラッド、そして若いアル・マクレーンである。

マクレーンは青春時代をニューヨーク州の農場で過ごし、最初は農夫であり釣師であったが、その経験はすぐに彼を川の生活のあらゆる秘密に興味を抱かせることになった。彼はインディアンの血を受けついでいたのだ。まだ若かったのでドライ・フライだけでの釣りにこりかたまるなどということはなかった。ひじょうに力強く、しかし猫のようにしなやかで、とてつもなく釣りにとりつかれていた。そして、生れながらの釣人が持つすべての自然の才能を身につけていた。第二次大戦の間、負傷し、勲章を貰ったが、ドイツにいる間はありあわせの道具で魚を釣っては、彼の中隊に食料の補給をしていたという。

一九四八年、チョーク・ストリームでの釣りを学ぶために彼はリール川とアンデル川にやって来た。

最初の日、私の得意の場所、アクルーの流れの土手でロッドを継いだ。私が最初のフォルス・キャストを始めた時、彼はもう、腹に黄色のストライプの入った背中が黒のアメリカン・タイプのニンフを一尾のすばらしい鱒の口に引っかけていた。

彼を見ていてとても印象づけられることは、食い気のある魚を見つけると彼の目にふしぎな輝きが宿ることであった。その目は殺戮者の目になるのだが、しかし彼のように素早く、しかもうれしそうに釣った魚を再び水に戻してやることは誰にもできない。そして本当に例外的な場合を除いては、たとえサーモンを相手にしてもランディング・ネットやギャフを使うことを拒否した。

彼はストリーマー、バックテイル、そしてニンフでの深い場所の釣りの専門家である。

アメリカのニューヨークやペンシルバニアの小さな山の中にあるビーバーキル川、オーセーブル川、そしてデラウエア川などで釣る時、彼はニンフをおだやかな流れで使うことを好み、一度その場所での魚の就餌の仕方を理解すると、ドライ・フライの釣人の誰もが達し得ないほどの釣果をニンフで上げるのだった。彼はフライのパターンは何種類かあれば十分だという意見であるが、大きさと昆虫の色に似せることがひじょうに重要だとしている。ニンフに関してはパターンの正確な擬似性に重きをおく。それは魚はすぐ近くまできてフライを調べるからだとしている。ニンフでは特に水面の波立った場所、あるいは流れが早くなっていて大きな鱒が張りついている岩の後ろのたるみや川底を釣る。こうした場所にいる大きな魚は、昼間はほとんど水面では餌を取らないが、そのような魚のいるところにうまくニンフを送込んでやることは最高の技術を要求される。暗くなると（アメリカでは釣りの時間に関しては特別の規制はない）、大きなウェット・フライやストリーマー、バックテイルなどを流れに直角に、あるいはダウンストリーム気味にキャストして釣る。暗くなればなるほど、釣れるチャンスは高くなる。彼は音で合わせ、たくさんの大きな鱒をこの方法で釣り上げた。二・五キロ、あるいはそれを越える大きさの鱒もめずらしくはなかった。

彼のキャスティング・スタイルにはめったに見られない優雅な美しさがあり、完璧である。ショート・キャストはつねにロング・キャストよりも有効であると考えている。そして正確さを期する時には人差し指を上に乗せてグリップを握り、少しサイド・キャストぎみにする。彼は二五メートル以上を投げることができるが、実際の釣りではロング・キャストは時間を無駄にするだけだと言う。そのために魚を相手にするには三〇フィートから四〇フィートのキャストで間に合わせられるように心がける。遠投をしなければならない場合やチョーク・ストリームでキャストする時はしばしば彼は人差し指のかわりに親指をハンドルの上に乗せる握り方をする。そうした状況では、水を釣るよりも魚を見つけだすほうがより重要であると考えている。

彼は長いロッドでアクションのやわらかなものを好む。長いロッドが必要なわけは、ニンフの釣りでは、ニンフを流す間ラインのドラッグを少しでも遅らせるために、ロッドが高く保持されたほうが有利だからである。ロッドは八フィート半から九フィートで、約一三〇グラムから一四〇グラムのものを使っている。ロッドの長さは川の幅によって変ってくる。

好んで使うリールはスタンダード・リールで音のしないもの。

使用するドライ・フライはライト・ケーヒル、クイル・ゴードン、そしてブラウン・バイビジブル。

ニンフは釣りをする場所にいる虫に合わせて巻くが、つねに持っているのはグレイのもの、ブラウン、そして黒のもの。

ウェット・フライではウェイテッドにしたレッドウィング・コーチマン、マクジンティ、そしてマーチ・ブラウンを好んで使う。

リーダーはロッドに合わせて最低九フィートのもので、ラファルPPPの形式のものを選ぶ。

ラインはドライ・フライにはウェイト・フォワードを使い、バックテイルをキャストする時にはシューティング・ヘッドを使う。

ウェイダーは脇の下までくるひじょうに長いものをはき、つねに腰のあたりまで立込んで釣る。そのせいで、彼は今まで一度も狙われたことのない魚に近づくことができるのである。

彼の場合大きな魚はたいていはストリーマー、あるいはバックテイルといった種類のフライで釣った。それは相手をよく知っているからだと考えており、一度ならずそれを証明してくれた。

この種のフライを使うには、水況次第で最も適した場所を見出すことを学ばなければならない。大きな魚は、たとえば大きくて静かな淵の流れ込みのようなところに日中じっとしている。そして太陽が落ちてから三十分ほどして初めて活発になるのである。バックテイルはできるだけ水から出さずに流れの中をあちこちにジグザグと動くようにしてやるとしばしば良い結果を得られる。あるいは日中、流れの底を同じような方法で流し、しかも流れや、逆流や、渦でドラッグがからないように流せればバックテイルは大きな魚を誘うのである。ドラッグがかかったり、水からフライを頻繁に抜き上げると、魚は警戒心を起こし、ポイントがだめになってしまう。これがアメリカにおけるこの種の釣りの基本となっている。大きな魚は餌をくわえようと決心する前に一定の時間をかけるものであるのに、決心がなされる前にフライにドラッグがかかったり、引抜かれたりすることが多いのである。

マクレーンはめくらめっぽうにキャスティングを重ねるよりも、大きな魚のいそうな場所に狙いをつけることのほうを選ぶ。フライを即座に引抜いて連続的にキャストするということは、フライが底の水流の圧力で小魚のような自然な動きをするための十分な時間を与えられないという結果になり、これが一般的な誤りであると彼は考えている。

七月のリール川で釣場の上流の深い所は、われわれはメイフライの時かあるいはイブニングライズにしか釣らない。それ以外の時間にはまったく魚の活動が見られないからだ。ところが彼はこの場所で川のまんなかの底から数センチのところを大きなニンフを流して驚くべき釣果を上げてみせてくれた。しかし、私は彼が一体どうやって当りを取ったのか今もって分からない。

第七部　思い出

酋長ムース・ハート

一九二一年八月の終り、私はアメリカ、メイン州の湖でブラック・バスを釣っていた。

ある夜、釣師たちの溜り場になっているマウント・キネオの金物屋兼釣道具屋にいると、土地っ子の一人が私に言った。

「せっかくここに来たんなら、湖の北にあるカナダ国境近くの川へ行ってごらんなさいよ。ランドロックト・サーモン（陸封された鮭）が、産卵に集っていてフライで釣れますよ。行ってみて絶対に後悔しないでしょう」

ちょうど一週間ほど前にニューヨークの質屋で五ドルで買ったフライ竿を持ってきていた。その竿は自分で短くして調子を直し、きれいに巻き直したもので、私のいじった最初のスプリット・バンブーだった。竿は力のある、そしてしなやかな、しかもまったくの新品に変身していた。土地っ子の言うことはその竿を試すには良い機会だった。

そこでくわしく聞いてみると、行くのに一日、帰りに一日かかるのだそうだ。私には釣りをする日が二日残る計算になる。湖を横切るためには大きなカヌーが必要で、しかも強い風が吹かないことが条件だった。あとは食糧と、それから一番重要な、良いガイドを見付けるという問題があった。

誰かが私に言った。

「ストーブのそばでパイプをふかしてるムース・ハート酋長に連れてってくれるかどうか聞いてごらんなさい。彼はこのへんで一番のガイドだから。湖のカヌー競走に毎年優勝してるし、釣りは名人だし、ただカミさんのカラブーに六人目の赤ん坊が生れるところで、家を空けられるかどうか」

振り返って見ると、それは年の頃、三十歳ぐらいの若いインディアンで、真黒な髪を編んで下げ、広い肩の、ずんぐりはしているが、ひきしまった、彼の種族特有のすばらしい身体つきをしていた。落ちぶれた種族のかげりはどこにもなく、赤と黒の格子縞のシャツを着て、鹿皮のズボンをはき、いろいろな色の飾りビーズで刺繍されたすばらしいモカシンをはいていた。頭には広いつばのついた黒いフェルトの帽子をかぶり、そこにはいろいろな色のサーモン・フライがキラキラと光っていた。

インディアンの酋長とカヌーで未開の地へ入ってゆく、そして竿を試すことができるとは何という幸運だろう。しかし、はたして彼が行ってくれるだろうか。

心臓は高鳴っていた。私は彼に言った。

「釣りはどうかね」

彼は私を見、微笑すると言った。

「いい時、悪い時、その時その時だね」

幸い、土地っ子がやって来て助け舟を出してくれた。

「酋長、このフランス人は釣りに行きたいんだとさ」

彼はまた私を見、つま先から頭のてっぺんまで調べて、カナダのフランス語で言った。

「湖で魚、捕まえたいのか?」

話のきっかけとしては不十分だと思われたので私はつけ加えた。

「それにフライ・ロッドを試してみたいんだけど」

彼に見せるために私は宝物をケースから取りだした。それがすぐに彼の興味を引いたことを私は見逃さなかった。竿をつないで彼に渡す。慣れた手つきで彼はそれを二、三度曲げてみて、次にあらゆる角度に回して調べ、それから銃をかまえるようにして試した。

「銀色の魚をつかまえるに、いい棒っ切れだ」

どうやらうまくいったようだ。私の竿が欲しくてたまらないという様子がみてとれた。というのは私にそれを返さず、そこにいた他の連中に試させていたからである。会話の続きがまた始った。

「おまえ、フランス人、おまえの狩場にゃたくさん魚がいるか？　おれ、バッファロー・ビルとパリにいた。きれいな女たくさん、たくさん飲む、いい火の水、フランス・ブドウ酒」

「酋長、私はスイス人だ」

「そうかい、大きい穴のあいたチーズ。おれもチューリッヒにいた。しゃべるのだめ、わからない、たくさんの山空にとどく」

「おまえは毛鈎の釣りが好きだろう。私の竿が気に入ったようだね。私が作ったんだけど、まだ何も釣ってないいんだ、おまえの銀色の魚で試してみたいんだけどね。それが釣れるところへ連れてって貰えないかな」

彼は返事をする前にじっと私を見つめた。そしてためらいながら言った。

「だめだ、女が小さい酋長生れるのを待ってる」

「もし行ってくれるんなら、ほんの一日か二日でいいんだ。ただ竿を試してみるだけなんだから」

「残念だな。いい棒っ切れだけど小さい酋長生れるまでは魚つかまえられない」

絶望的だった。魂の中で何かが死んだようだった。私はそれ以上無理強いはしなかった。

しかし、また希望の光が見えた。彼がふたたび竿を手にとり、眺め始めたからだった。残念だが少々の犠牲はやむをえない。

「もし一緒に行って、魚を釣らしてくれるなら竿はおまえにやるよ」

急に彼は目を光らせると、立ちあがり、ドアにむかって歩いて行った。まずいことをやってしまった。彼を侮辱したのにちがいない。インディアンは誇り高く、自尊心が強い。特に、酋長はそうだと聞いていたのに、何というヘマだ。

「待っててくれ、おれ帰ってくる」

この時、土地っ子が私に目くばせをした。そしてニヤリと笑うと指を一本唇にあて、何も言うなという合図をした。

扉がバタンと音を立てて閉まった。彼はたぶん友達にでも会いに行ったのだろう。けれど土地っ子はこう言った。

「脈がありますよ。彼のことなら知ってますが、あなたの竿に感謝しなさい。ずっと前から彼はああいう竿が欲しかったんですよ。だけど子供はたくさんいるし、カミさんは病気がちだしで、必要なドルがたまるまで古いブリストルの鉄の竿で我慢してたんですよ。ところがその竿も去年チップを折ってしまって、傘に使ってある鯨の骨を二本しばり合わせて代用してたんです」

三十分ほど待っているとムース・ハートはにこにこしながら帰って来た。

「まじない師に会った。月三つだけ出かける良し。よければ明日朝六時に桟橋に来い」

翌日、私は大きなカヌーのそばで待っていたムース・ハートと一緒になった。彼は空を眺め心配そうだった。

「天気悪い。湖とても早く渡る。あぶない」

彼は私の貴重な竿を手に持っており、それはだいじそうに毛布で巻いてあった。カヌーにはぎっしりと物が積み込んである。テントや寝袋、食器類、大きな斧が二本、舟を押す竿、そしてそれら全部にかぶせる防水布。彼は私に櫂を一本渡し、出発した。

旅の間、われわれは色々な話をし、そして親密な友人となった。そこでいよいよ大事な質問をする時がきたと思った。

「酋長、その銀色の魚だけど、キャストしなくちゃ

フライを食わないのかい。トローリングじゃだめかね」

「ぜんぜんだめ。おれたち釣りに行くとこ、キャストしなくちゃ」

「ニューヨークでフライをキャストしたことはあるけど、いつもブラック・バスの竿でばかりなんだ」

彼は私を眺めた。けれど驚いた様子はまるでなかった。

「魚たくさん食う。やさしいよ。おれ初めての人に釣らせる、慣れてる。もっと強くこぐ。はやく。嵐くるよ。湖わたるのにあと一時間だけ」

風が強くなり、嵐が爆発した。大きな波がわれわれの乗った頼りない小舟の脇腹をなめる。二人ともまるで気が狂ったように漕ぎ続けた。波をかぶり、雨に打たれて身体はしんまですっかり濡れてしまった。やっと昼頃、われわれは陸地に近づいた。ムース・ハートは左手の方に白樺にかこまれた美しい川が流れ込んでいるところをゆびさした。その強い流れは川の中のたくさんの岩に怒ったように白泡を立てていた。

「櫂をはなして、おれ竿でおす、そのほうがはやい」

彼は立ち上ると大きな竿を手に持ちカヌーを押した。岩の間を選んでゆく熟練ぶりは信じられないほどだっ

た。

二時頃、軽い食事をし、さらに三マイルほど川を遡るとそこにすばらしいプールがあった。インディアンは私に竿を継ぐようにと合図をした。

「ここ見る。初心者用の魚たくさんいるよ。前に坐れ」

われわれはそれぞれの位置についた。舟のまわりではサーモンがひしめき合い、ジャンプをし、水面には水を切るヒレが見えた。私は釣り始め、キャストを続けたが成果はなかった。しばらくすると突然、すばらしい当りを感じたが、その大きな魚は「オット」と声を上げた。驚いて振り返ると、私のフライ、シルバー・ドクターはムース・ハートの耳に引っ掛かっていた。彼はニヤリとすると、一言もいわずに、乱暴にフライをむしり取った。そしてリーダーから切取り、それを自分の帽子に刺すと、耳まで被り直した。

「早く、他のフライをつけて、あそこを釣る、左の方、大きな魚いる」

あいた口がふさがらなかった。私は黙って、彼の言うことに従う。さらに何度か失敗を重ねたあと、彼の帽子にもっと良いフライがないかどうか聞いてみた。


一つくれればその代りに私のをいくつかと交換しても良い。ところが彼はそれを断わり、笑いながら私を見た。

「初心者にはどんな毛鈎もみんないい」

それからさらに二時間、しつこく釣り続けた。おかげで私の下手くそ加減と、いくつもの合わせそこないがあったにもかかわらず、五尾のすばらしい魚を釣り上げることができた。一番小さいものでも一キロ以上あり、一尾は三キロを超えていた。私は疲れて、しかもずぶ濡れだった。時計は五時を指していた。夜になる前にキャンプの用意をしなければならない。われわれは釣りをやめ、川を下り、三〇〇メートルほど下流の白樺林の中に開けた場所を見つけた。

夜になって、火のそばで二人でパイプをふかしている時ムース・ハートは言った。

「明日ビーバー・ホールを釣る。とてもきれいな大きな魚たくさんいる」

そして帽子を脱いで私のフライ、シルバー・ドクターを示しながら、「帽子につけるときれいだね。見てごらん、パルマシェーヌ・ベルは耳。パルマーは鼻、ズールーはほっぺた、ブラック・ビューティーは首。

たぶん、あした帽子にもう一つか二つ増える」と言った。

女がその気になると……

一九二四年、私はエリザベートを連れてベレンガリア号でニューヨークへ帰るところだった。夜、ディナーのあと、大きなサロンのソファーで音楽を聞きながらハバナの葉巻を吸うのが習慣になっていた。私と同じように六十歳くらいの紳士がいつも同じ場所に坐っており、やはり葉巻の愛好家のように見受けられた。私よりずっと社交的なエリザベートはすぐにその紳士と言葉を交わすようになった。

「トーマス・D・レナードさん、あなたはあの有名な竿と同じ名前を持っていらっしゃるのですね」

「あれは私も好きな竿でして、サーモン釣りにはあの竿しか使いません。けれど残念ながら私はただ姓が同じというに過ぎないんですよ」

サーモン！　何ていうことだ！　私の夢、私の渇望の的だ。カナダでフライでサーモンを釣るなんて……

私は即座に私の持っている一番太い葉巻、キャバナを差し出した。

「これはたいへんにありがとう。私の好きなブランドなんですがね。不幸なことに最後の箱を何日か前に吸い切ってしまって、今のところ船で売っている葉巻で我慢しなければならなかったところなんです」

「これはイギリス・セレクション一九二〇年のキャビネ・タイプです。旅行の間はずっと私に提供させてくださいい。百本入りの箱が一つあるんです」

大成功だ。私は彼の弱点を探り当てたのだった。

「どこでサーモンをお釣りになるんですか。もちろんフライでですけど」

「私はニューヨークの電話会社の社長とアンティコスティの北岸の向い、セント・ローレンスの北岸のロメーヌ川の釣りのできるところのすべての権利を持っているんです。あと一と月ほどして、六月十日からそこへ行きます」

今日のところはそれだけで十分だ。慎重にやらなくちゃいけない。大西洋岸でのこうした川は、みんなが探し求めているのだ。良い川はひじょうに少ないので、権利金がべらぼうに高い。しかし愛好者はその権利を

争って手に入れようとするのだった。そしてまたそうした川に招待してもらうなどということはひじょうな特権なのであった。この紳士は大事にしなくてはいけない。しかし、正直なところ三日目になってとても後悔したことを告白しなければならない。私は紳士としてのたしなみと釣師としてのあの恐ろしい欲望の板ばさみになっていたのである。

私の葉巻の消費者、魅力的で洗練された紳士は私の打明けられない望みを察しようというにはほど遠い様子をしていた。そのうえ、私自身は勇気がなくて彼にそうした気持を話す決心もつかないでいた。

しかし、女が一緒にいる時にはあらゆることが起こることを覚悟していなければならない。

明日が上陸という前の晩、われわれは一緒に別れの盃を上げることにした。突然、彼は盃を上げて言った。

「ロメーヌ川でのあなた方の最初の釣りの成功のために!」

夢を見ているのだろうか。私は耳を疑った。一体どういう態度をしたらいいのか分からず、私は彼を見つめた。

「親愛なるリッツさん、最初の日からマダム・リッ

ツは私に全部打明けてくれてたんですよ。彼女はこう言ってたんです。『釣りのこととなるとわたしの主人は普通じゃありませんの。あなたがロメーヌ川のことを口にした時、主人の目付きが変りましたわ。あれは彼が川に着いて、釣りを始める時の目つきですの。許してやって下さいね。彼はいい人なんですが、釣りに関する欲望がいつも彼を打ち負かしてしまうんです。どうかわたしのためにそれを利用して、彼の葉巻を全部吸ってしまってください。そうして頂けると助かりますわ、キャビンの中が臭くならなくてすみますから』」

それから彼はこうつけ加えた。

「あなたを七月十五日にお待ちします。シーズンとしては終り頃ですが、残念ながらこの日までわれわれのところは満員なんです」

この夜は、私が生涯でひどく痛飲した稀な夜の一つだった。そして真夜中に動けなくなった私を、頑丈で力の強い奥方がキャビンまで降してくれた。その夜は恐ろしい夜だった。その夜くらいたくさんの魚をかけ、そして逃げられたことはなかった。朝になって目を覚ました時、私はまだディナー・ジャケットのままであることに気づいた。

ニューヨークに着くと私はカレンダーを一日一日×印で消していった。そして待ちに待ったその日がやって来た。

朝の六時に出発し、自動車でモントリオールに向かう。次にケベック、そこで船に乗りセント・ローレンス川をロメーヌ川まで下るのだ。翌日の昼にわれわれはケベックの船会社の事務所に着いた。出発は六時なのでできるだけ急いでくれと言われ、すぐに船に乗る。船はニコライ皇帝の古い遊び用の大きな蒸気ヨットで、今ではケベックからアンティコスティとニューファウンドランドを通ってラブラドールまで行く貨物船となっている。そして夏の間インディアンの主な村とハドソン湾会社の出張所に補給をするのだ。

十時、船はミンガン湾に錨を下した。そこにあるのはハドソン湾会社の出張所と教会、そしてインディアンのテントだけだった。

最初にやって来たエンジンつきのボートにレナード氏が乗っていて、われわれを歓迎してくれた。川に沿って一時間ほど下るとそこにキャンプがあった。それはまるで小さな村の模型のようで、十二人のガイドとコックと召使いのための大きな小屋、そして釣具の部屋、食堂、シャワーのあるもう少し小さい小屋、それから一部屋だけの小さなヒュッテが六つ。どの部屋にも蚊よけ用の網戸がついている。すべての小屋はセント・ローレンス川に面しており、白樺に囲まれ、地面は厚い苔と湿った枯葉に被われていた。

友人はわれわれにモントリオールから来たA・ドベル氏を紹介してくれた。この釣場の他の共同株主たちはみんなアンティコスティの寄港地ですれ違った船で帰ってしまっていた。ドベル氏は年老いたカナダ人のスポーツマンで片腕だった。左腕はペンチのような金属製の腕になっている。熊狩りをしている時事故に会ったという。

レナード氏は申しわけながっていた。二日前から水況はすばらしいのに鮭がフライを追わなくなっていた。しかし上のプールへ行けばまだ釣れる魚を見つけられるだろうと彼は期待していた。

昼食のあと、われわれは荷物をひろげ、釣りの仕度をした。長いズボンをはき、裾を樵風の長靴の中に入れる。長袖のシャツを着て手首でボタンをしっかりとかける。顔と手の先には油を塗り、つばの広いフェルトの帽子をかぶり、それに蚊よけの網をかける。私の蚊よけにはパイプの柄を通すための開閉自在の穴がついていた。

われわれは一人ずつカヌーの真中に陣取った。そして、カヌーの両端にはガイドが乗って、ロメーヌ川を遡って行った。風があり、黒い虫はまだ姿を現わしてこなかった。二時間後、幅二〇メートル、長さ一〇〇メートルほどの島に着いた。

レナード氏はわれわれをそこへ上陸させた。

「ここで待っててください。三〇〇メートルほど上流へ行って来ます。支流が落込んでいる所に小さなプールがあって、たぶん上ってきたばかりの鮭を見つけられると思うんです」

突然風がやんで、われわれはあの重く、かたい身体で小さな羽根をもったいやらしい虫の猛攻撃を受けた。ほんの少しでも風があれば虫は飛ぶことができないのだ。虫は着物にとまり、次に肌にもぐり込める場所を見つけようとあらゆる方向にはい回る。肌に達するや、虫はすごい穴を開ける。私の妻などは肌が敏感でその跡は何日も残っていた。虫の攻撃はまったくひどいものだった。エリザベートが方向オンチになることはめったにないのだが、彼女は島を行ったり来たり走り出した。私もすぐにそれを真似た。じっとしていることなど不可能だ。ほんの少しでも動くのをやめれば猛攻撃がまた始まるのだった。二十分後、さいわいにしてレナード氏が戻って来た。そしてしきりに謝った。

「凪がやんだのがわかった時、私はすぐにあなた方のことを考えたんです。そこで大急ぎで帰ってきたんです。残念ながら鮭はいませんでした。明日は上のプールへ行ってみましょう。きっと最後のチャンスになりますよ」

夜になると無数の蚊が戦いの歌をうたっていて、そのうなり声はだんだんと大きくなり、あたりを満たしていった。

翌日は、またしても敗北で、われわれは早めにキャンプに帰って来た。レナード氏は心配そうだった。私の方は彼に私の失望を悟られないように注意した。夕食の時、彼は言った。

「いい知らせがありますよ。というより最後の手段ですがね。あなた方は土曜と日曜と釣りをする日数があと二日あるでしょう。それにキャンプの道具もお持ちだから、明日私と一緒にマンガンにお戻りになることを勧めますね。あの付近にはシー・トラウトがたくさんいます。ほとんどは一キロ以上です。レコードは七・五キロから八キロです。潮の差し込むたびにすばらしい釣りができますよ」

翌朝マンガンに着いて、レナード氏とドベル氏に別れを告げたあと、われわれはハドソン湾会社の出張所にエドワーズ氏を訪ねた。彼は食糧を分けてくれ、小屋から五〇メートルほどのところの浜辺にキャンプをするといいと勧めてくれた。三十分経ってキャンプの用意はすべて整った。缶詰でいそいで昼食をすますと、われわれはフライ竿と大きな鞄を持ってスティック川の川口へ向かった。

竿を継ぐ。エドワーズ氏はリーダーにウェット・フライを三つつけるといいと教えてくれていた。エリザベートは私の鱒用の竿を使うのを拒否し、どうしても彼女の一一フィートのサーモン・ロッドを使うのだと言い張った。彼女用には普通のリーダーを用意したが、彼女はまったく言うことを聞かない。

「私はもっと強いリーダーがいいの。それに小さなサーモン・フライを二つつけて。大きいのを釣るんだから」

「それじゃだめだよ。このフライがちょうどいいんだから」

彼女は拒否する。私は彼女に三番のシルバー・ドクターとジョック・スコットを渡し、自分のにはコーチマン、パルマシェーヌ・ベルそしてレッド・スピナーをつけた。

鱒は長くじらしたりはしなかった。何分かの後すぐに私は大きな当りを感じ、それに続いてブルブルという感触があり、ラインの先には二尾の魚がついていた。しかも、その魚を水から上げるためにラインを引くと、三つ目のフライが水面から出た瞬間に三尾目の魚が跳び上り、そのフライをくわえたのだった。エリザベートもまた戦いの真最中だった。魚があまりどんどん釣れるのでわれわれは魚を後ろの砂地の上に投げておいた。しかし彼らの生命力は驚くべきもので、そのうちの何尾かは跳ね回ってすぐに川に戻ってしまうのだった。そこで私は砂に穴を掘っておかねばならなかった。

突然、エリザベートの声がした。

「大きいのよ！　とても大きいの！」

彼女の竿はまるで折れそうに曲がっている。

やりとりをしたあと、やがて彼女は巨大なシー・トラウトを岸まで寄せてくるのに成功した。ところがギャフもランディング・ネットもない。仕方がないので私は凍るような水の中へ入り、やっとエラのところで魚をつかむことができた。たしかに六キロ以上はあるだろう。エリザベートは馬鹿にしたように私を見る。私の釣った魚は一・五キロそこそこだったからだ。

「あと二つフライをつけてよ」と彼女は言う。私は怒り狂っていた。しかし友よ、女がその気になった時は議論などしても無駄なことだ。時間をかけないで簡単にするために私は最初のリーダーを短くし、それに二本目のリーダーを一緒に結びつけた。そうしてやっと私は自分の釣りに戻ることができた。妻は何メートルか上流へ行き、二本の流れが合流しているところを見つけた。そこでは流れは魚の鰭で沸き返っており、つねに当りがあった。

突然、妻が私を呼んだ。走って行ってみると彼女はものすごい戦いをしており、しばらくして私の足下に鈴なりになった五尾の鱒を引き寄せてきた。彼女は魚が一尾かかった時にそのまま泳がせておいたのだ。そして二尾目が掛かった時にもそのままにしておき、全部のフライがいっぱいになるまでそうしておいたのだった。

それから三十分経つと当りは間遠になり、そして完全に止ってしまった。砂の穴はあらゆる大きさの魚でいっぱいになっていた。数はかぞえなかったが、夜になるとインディアン部落の人々がみんなわれわれのキャンプのまわりに集まり、釣った魚の分け前にあずかっていった。あとでエリザベートは酋長から感謝された。彼はどちらかといえば若いハンサムな男で、他の人たちは五フィートを越さない背丈なのに一人だけ人並みの身長をしていた。それからもちろん平和のパイプが回し飲みされた。おかげで私は一晩中気持が悪かった。

土曜日、朝八時、モーターつきのカヌーに乗って、やっとガイドが来た。その男はラフレッシュという名の、カヌーク・フランサ族で、日にやけた小さい男だった。鼻はつぶれ、脚は短く、太いふくらはぎをしていた。目はずるそうで、いつも人目を避けるように動く。これが釣りのチーフ・ガイドで、もう酔っぱらっていた。

十時にわれわれは別の一本の川の流れ込みに着き、さらにそれを二キロほど遡って五〇メートルの高さのある滝についた。十一時、私は滝の右側の岩の上に陣どり、妻は反対側に座を占めた。

私は絶え間なくキャストを続ける。いっこうに当りはない。エリザベートはもう鮭を一尾掛けた。私は彼女をいっとき眺め、それからまたキャスティングする。相変らず当りはない。フライを換える。そう考えたのはちょうどよかった。調べてみると鈎は折れていたのだ。またキャストを始める。後ろでパチンと音がした。振ってみてやっとわかった。私は後ろの岩の壁にフライをぶつけて鈎を折ることに時間を費やしていたのだ。たしかにダブル・ハンドの竿に関しては私は初心者で下手くそなキャスターではあるけれど、それにしてもラフレッシュは見ていたのだから教えてくれてもよさそうなものだ。私は彼をにらみつける。それが彼にも通じたのか、彼は簡単にこう答える。

「おれ、いつも静か。釣り人、忠告聞くのきらい」

やっと私は一尾かける。たいしたファイトもせずに寄ってきたサーモンは三・五キロで、私のガイドはおもしろくもなさそうにギャフをかけると頭を一蹴りし、カヌーの中に放り込んだ。ところが、これはスレてきたのだった。何ということだ。この間にエリザベートはもう三尾目をかけていた。私はあまり誇り高い気持ではなかった。

「だんな、おひる、食事の時間。おーい、マダム、ひるごはん！」

そして彼は彼女に舟に乗るように合図をした。仕方がない、その代り午後は早くから始めることにしよう。あと一日半しかなくて、しかも私は小さなサーモンを一尾かけただけだった。われわれが食卓につくとラフレッシュは休みを取った。

「四時にだんなを迎えに来ます。その前はサケくわない」

失望し、八方ふさがりで私もばかばかしくなって寝てしまった。チーフ・ガイドは飲み過ぎで、酔いがさめないうちはどうにもならないことがわかって、エリザベートは、二時に一人で釣り始めた。

パイプをふかしていると、妻がボートに乗って大きな魚と格闘し、早い流れに巻き込まれて水が静かになるところまで引っ張られていくのが見えた。私は大急ぎでラフレッシュを探しにガイドたちの小屋まで走って行った。

「むだなこと。サカナ四時までくわない」

「起きろ！　おれは釣りたいんだ」

ラフレッシュはまだ酔っぱらっていたが何とか櫂を持つことだけはでき、私は再び朝いた場所に陣取った。しかし、確かにまったく何の当りもなかった。エリザベートは私をからかっていた。

「また二尾釣れたわ、それからバラシが一尾。急いでここへ来てごらんなさい」

何かが私の好奇心をそそっていた。彼女はキャストもしないし、餌とウキで釣っているようにロッドを持ち、前に屈み込んで水底をうかがうようにしている。

ラフレッシュは反対する。

「マダムのところ場所ない。ここのほういい」

そして起きあがりもせずにパイプに火をつける。私は譲らず、やっとエリザベートのところへ渡った。彼女はまた一尾掛けたところだった。また大物だ。

「シャルル、滝の横の尖った岩の下の淵を見てごらんなさい。私もすぐに行くから」

何ということだ。それはまったくの見ものだった。部屋の大きさぐらいの立派な淵があり、そこにはあらゆる大きさのサーモンが泳ぎ回っていた。

私はかぞえてみる。一尾、二尾、四尾、十尾。すっかり興奮して途中でやめてしまった。そこでシルバー・ドクターをこの生簀に落したのだが、魚はまるで何の興味も示さなければ警戒心も起こさない。

「まだ四時ならない、待つ」

ラフレッシュは慰さめるように言った。

「それじゃマダムが釣った魚はどうなんだい」

「食ったんじゃない」

幸いにして、その時名人が戻って来た。

「シャルル、フライを上げてダブル・フックとつけ換えなさいよ。私にロッドを貸してごらんなさい。ほら右の方に大きいのが見える？」

彼女はフライを沈め、サケがラインの近くまでやってくると大きく竿をあおり、私に竿を渡した。まるで雷のようだ。なんという力だろう。魚は流れに向かって走り、流れの中に突っ込む。ラインを送り込まねばならず、やがてリールは空になろうとしていた。そこで私はカヌーにとび乗り、エリザベートがやったのと同じやり方をした。インディアンは私と一緒で、私を砂地に上げ、水に入ってギャフを掛けた。魚は一一・五キロのすばらしいものだった。

エリザベートは岸伝いに走りながらやって来た。

「シャルル、この川のことをよく知ってるコーウィチャンが内緒で私に教えてくれたのよ『六月初めからサーモンは大きなプールにいます。もう一週間前からフライはくわえません。だから引っかけなくちゃだめです。ラフレッシュは火の水がとても好きだから気をつけなさい』ってね」

話題の主はわれわれのところにやって来た。

「風やむ。だんな、天気変わる。明日黒い虫」

翌日、さいわいにしてラフレッシュの友人の黒い虫は一日姿を見せず、われわれは忘れられぬすばらしい一日を過した。ある時など私は滝の左側におり、エリザベートは右側にいて、二人ともそれぞれ流れに突込んでゆく鮭を一尾ずつ掛けていた。二人のラインは交錯し、二つのリールは空になりかけていた。一秒一秒が勝負だった。われわれは二人ともそれぞれカヌーに乗り、ラインのもつれを直そうとした。しかし、流れはこの作業をほとんど不可能なものにしていた。早い流れの真中で私のカヌーは妻のカヌーの方へと寄っていった。

「おれの竿を取って、おまえの竿をこっちへよこせ、それでいい！」

最後に私は自分の側の岸に上り、エリザベートは反対側の岸に上り、ふたたびラインを巻取ってギャフをかけた。

夜、魚を並べてみるとそれはすばらしい成果だった。全部で二十四尾。しかし三分の二はわが奥方の釣ったものだった。

月曜日には、ケベック行きの船がマンガンに寄港する。インディアンたちは今か今かとわれわれの帰りを待っていて、大喜びで迎えてくれた。鮭はみんなに分配された。その夜、わが奥方であるアメリカ人女性を主賓とするパーティが催され、たいまつの火とタムタムの音でみんな踊ったあと、彼女はこの部族の一員として認められたのだった。

高圧線

一九三〇年、私は友人たちとリール川のグロの釣場を借りていた。そこには何本かの支流があり、そのうちの二本は発電用のタービンを回していた。鱒はたくさんいたが釣場を借りた共同出資者も多く、特にそのうちの二人、ヴィリー・サヴァリオーと私はその距離の短い釣場に対して、あまりにも活発に釣りをしすぎていた。またメイフライのシーズンには釣人が多すぎてまるで餌釣りの競技会のようだった。

その当時、私はハーディーとペインの美しい竿一揃いを持っていて、友人たちにもそれを勧めていた。

ある日曜日、連れの一人が、釣道具屋が破算した時に在庫品の新しいフライ竿を安く買った友人がいるという話をした。そして、いい竿だから私に見せにくるという。しかもその竿はまだいくらでもあるのだそうだ。竿を見せにくる友人というのはロベールという名前で私もよく知っていた。好青年だが仕事の面でも生活の面でも楽天主義者であった。スポーツマンでも釣師でもなく、だから彼が見せてくれるというすばらしい品物も、私は品質や、性能に関してたいした期待はしていなかった。

次の日曜日、天気は良く、とても暑かった。昼食になる前にその青年はやって来た。彼は山高帽をかぶり、黒い背広に縞のズボンそして街ではく靴をはいていた。

食卓ではロッドについての大議論が始まった。

「シャルル、きみのペインにはだまされたよ、一本五十ドルもしておまけにとても壊れやすいじゃないか。ロベールの竿のほうが十倍もいいよ。これを見てごらんよ、スチール製で壊われなくて、しかもたった五〇〇フランだよ。君みたいにいろんなことをよく知って て、十年もアメリカにいたというのに金属製のロッドを振ったことがないのかい？」

問題のロッドが取出された。四本継ぎのどうしようもない代物で黒く塗ってあり、それに糊で固めた合成コルクの大きなハンドルがついていた。私は興味深く見ているふりをした。

「たしかに、ロベール君とてもいいよ。よろこんで試してみよう。売るのができるのは何本ぐらいあるんだい。喜んで五十本ぐらい買うかな。これはよい投資だよ」

私はこのがらくたについては知っているなどという程度ではなかった。カナダにいた時など一日に二本も折ったことがある。

三時頃になると仲間たちはそれぞれ自分の好きな場所へ散っていった。私はロベールを連れて、発電所のそばの島へ行った。そして彼のためにその竿を継ぎ、それで二尾の鱒を釣った。それから彼にいくつかの基本的なことを教えて、私は島の先の今朝大きな鱒がいるのを見つけておいたところへ行った。

私は目の端でロベールが何をしているかを見ていた。彼はラインを振りまわし、リーダーを竿の先にからませ、そして木の枝に引っかけた。彼は糸を切ると、新しいチペットをもらいに私のところへやってきた。チップはすでに変形をしていたが、私は何も言わなかった。そして大きなプリュモーというフライをつけてやった。

彼は発電所の裏手に戻って行った。そこは流れが強く、彼が姿を見せすぎているにもかかわらず何尾かの鱒が規則的にライズしていた。

私のいる場所の大物もやっとライズを始めた。それにかかりきりになって神経を集中していると、突然すごい叫び声が聞こえた。私が急いでかけつけるとロベールは土手の上に坐わり込んでいた。山高帽は水の中へとんでしまって、彼の手の中にはロッドのハンドルだけしか残っていなかった。

ラインを伸ばすために彼は土手の上にあがったのだが、そのせいで竿が高圧線に触れてしまったのだった。竿はすばらしい火花を散らした。彼にとってさいわいだったのはハンドルがコルクだったことだった。

闇取引

一九四一年のこと、アンボワーズ工場の責任者が電話をしてきて、サーモン・ロッドのプロトタイプが何本か仕上り、明日私の手元にとどくといった。この竿はアリエ川で試験することができるだろう。私はすでにその地方の名人とされているセザリオ氏と連絡をとってあった。

ブリウードゥからは私の架空の伯父が死んだという電報を打たせたので、これで自由圏を通る通行証が手に入った。境界線でパスポート・コントロールをしているドイツ兵が、葬式に行くのになぜ何本もの釣竿が必要なのかと聞いた。私は答える。

「**Petri Heil!**（釣り万歳）」

彼はニヤリとし、私の書類にハンコを押してくれた。

「**Ich bin auch ein Fischer!**（私も釣師なんだよ）」

八時に小さなホテルに着くと、セザリオ氏はすでにそこにいて、大きな器でカフェ・オ・レを飲んでいた。

「やあ今日はシャルルさん、あなたの伝言、受取りましたよ。用意はできてます。だけど危ういとこでした。伝言の連絡員がドイツ兵につけられていたんです。できるだけ急がなくちゃいけません。鮭はもう上ってきています。私は釣ったやつは全部ヴィシーで売るんです。昨日は二尾売りました。一万二千フランになりましたよ。けれどまだとても注文には足りませんや」

九時に出発する。彼はエンジン付きの自転車で私の自転車を引っぱっていった。

朝のうち、高熱オーブンという名の急流で彼は七・五キロと八・五キロの二尾の鮭を釣った。午後は死んだ馬という名の橋で釣った。私は新しいテレボリックの竿の動きを見ているだけで満足していた。ほとんどうまく仕上っている。最初のテストとしては完璧だ。バット部にほんの少しの手直しをするだけでいいだろう。私はノートを取る。三日目にテストは完了した。全体としてはセザリオ氏はこの竿に満足している。私にとってもこれで十分だった。というのは、彼のように力ずくで魚を寄せる男を見たのは初めてだったからである。彼が職漁師であるということも竿のテストに十分に役に立ったわけである。


夜、食事をしていると彼が言った。

「明日、あなたに鮭を釣らせましょう。鮭が上り始めると必ず一尾か二尾は入っている場所を知ってます」

われわれは朝とても早く出発した。着いたところは道がアリエ川の上に突き出したところだった。

「ここです。ほかの釣人が来ないうちに早く行きましょう。ここに誰もいないというのは稀なんです。そこに川へ突き出している岩まで続いている道があるでしょう」

しかし、下に着いてみるとすでに釣り仕度を始めている釣人が一人いた。さらに運の悪いことには、三度目のキャストで彼は鮭をかけた。それで、もうすっかり興味がなくなってわれわれは自動車に戻った。

「五キロほど下流の島のところへ行ってみましょう。気を鎮めてくださいよ、必ず約束は守りますから」

車の中で、パリを出る前にトニー・ビュルナンがこの土地の紳士で農場主であり、すばらしい釣人で魅力的な相棒になれるX氏と知り合いになるといいと言ってくれていたことを思い出した。そしてビュルナンは私がここへ来ることをすでに彼に知らせていた。

セザリオは私をすばらしい場所へ連れて行ってくれた。広さが十分にあって、魚をとり逃す危険が少なく、慣れていないものにとっては理想的な場所であった。美しい砂地で、あまり深くない中ぐらいの流れがあり、底に引っかけずにフライを流せそうな場所だった。

私は竿を継いだ。セザリオは私に立つ場所を教え、フライを落す場所と流すべき筋を説明してくれた。そしてすべての準備を完了した時、人の声がした。

「おーい！　おーい！」

振りむいてみると立派な身なりをした釣人が近づいてきて、私に声をかけた。

「リッツさんですか？」

「はい、初めまして」

「今日は！　セザリオ、元気？」

彼は続けて言った。

「すばらしい竿をお持ちですね。戦争以来そんな竿はブリウードゥの店でもヴィシーの店でも見つかりませんよ。ちょっと振らして頂けますか？」

「もちろんですとも」

彼は竿にさわり、曲げてみて、それから川岸に近より、完璧なキャストをした。そしてマルチプライヤーのリールを巻き始めるとセザリオが私のためにとっておいてくれた鮭がそれに釣れてしまったのである。私はねたみ深い性格ではないが、それにしてもこのやり方には腹が立ってきた。

セザリオは叫ぶ。

「しっかり竿を立てろ！　ラインをやるな！　力ずくで寄せちゃえ」

そしてあわれな鮭はほとんど闘う機会もなくギャフをかけられた。

魚が砂の上にあげられると二人の間で低い声で大論争が始まった。それから今度は大声で正確な目方についての議論をした。彼らは八キロということで落ちついた。

私の釣りの連れは財布を出し、この紳士に闇取引での魚の値段の半分を支払った。たぶん竿は私の持物だったというのが理由だろう。少なくとも私にはそう聞きとれたように思う。すべてはすばやく行われ、あっという間の出来事だった。

私がこの悪夢からやっと解放されたのは、夜パリへ向かう列車に乗り込んでからだった。

トラウン川の夜釣り

一九三八年、ドクター・ダンカンがトラウン川に釣場を持っており、鱒とグレーリングが、その数でも、大きさでも最高度に達していた頃、私はクスターマンと有名なハンス・ゲーベッツロイターのペンションの上の深みで忘れられない夜を過した。

八月の末のこと、私はクスターマンのアンマー川のヒュッテにいた。彼と一緒にすばらしい一週間を過したばかりだった。たくさんのグレーリングを釣り、さらにクスターマンは地獄淵でリュプレックス（ルアーの一種）を使って七・五キロのイトウを釣り上げていた。彼の兄弟が夕食にやって来て、鞄の中にいっぱいのエビガニと、その前の晩に撃った二羽の鴨を持ってきた。

十一時頃から滝のような雨が降りだした。雨は絶え間なく翌朝まで続いた。これはアンマー川の地方では珍しいことだった。たいていはイブニング・ライズの前にちょっと降るだけなのだ。

朝食の四杯目のコーヒーを飲んだあとでクスターマンがこう言った。

「川は少なくともあと二日は釣りにならないでしょう。マリエンブリュッケに電話してみますよ。トラウン川はきっとまだ大丈夫でしょうから。それに満月だから、もしハンスの身体が空いていればホプリンガーの向いの深みで夜釣りをやりましょう。魚が大きなセッジにライズするようなら、まるで王様になったような釣りができますよ」

五時にわれわれはマダム・ホプリンガーのホテル・マリエンブリュッケに着いた。ハンスはわれわれを待っていて、前の晩、鱒や大きなグレーリングのライズが活発だったことを話した。そして遅くとも七時までには出発の用意をしておいたほうがいいと言った。

鈎の焼入れの具合をたしかめ、ラインの先端を切って新しくリーダーを結び直す。これはリーダーとラインの結び目が切れるのを防ぐには重要なことである。それから私は二本の竿を継ぎ、一本はトラブルがあった時のスペアとし、大きなドライのセッジを二つ、一つは枝鈎にして結びつけた。とにかくできるだけチャンスをつぶさないようにしなければならない。トラウン川ではいいイブニング・ライズは三日に一回ぐらいしかないからだ。

時間通りにわれわれはハンスのボートに乗り込んだ。大物のいる淵を狙うにはまだ陽が高すぎた。私はボートの艫《とも》に坐り、クスターマンは前部四分の三ほどのところに、そしてハンスは舳先《へさき》に立って大きな竿を使った。われわれは左岸に沿って、最初のライズを探しながらゆっくりと流れを遡っていった。

初めのころは水面にはセッジは少なく、夕方のハッチの終りにでてくるような小さな虫だけが魚の興味を引いていた。いつもと同じように、フライはほとんど無視され、たまに釣れてもすぐにまた水に戻すようなものばかりだった。ハンスは今度は右岸に沿って下り、深みから五〇メートルほど行ったところに錨を打って水の中を観察してみようと言った。

その場所に着いた時、ちょうどクスターマンの竿の射程距離ぎりぎりのところですばらしいライズがあった。しかし、魚はずる賢くクスターマンのキャストもむなしく、フライのすぐ脇で餌を食っている。何回かやった後、大きな罵り声が聞こえ、結局合わせが不首尾に終ったことが分かった。

暗くなり始めた。ずっと上流から目を離さなかったハンスが突然叫んだ。

「行きましょう。今、ライズが三つありました。一つは昨日見た大きな鱒のいる場所の真上です」

彼は錨を一メートルほど上げ、舟をゆっくりと流れにまかせる。そしてショックを最小限にするように気をつけながら時々錨を底につけて舟をたてなおし、思う方へ導いてゆく。最後に彼は舟を停止させた。

「リッツさん、右側のライズ・リングはあなたのものです。他のライズはグレーリングでしょう」

私には何も見えなかった。ハンスはじれったそうにしている。

「急いでください。あの鱒は昨日の夜は四回しかライズしませんでした。ほら、またライズしました。今度は一メートルほど上流です」

今度は私にもそれが見えた。最初のプレゼンテーションは遠すぎた。ドラックがかかってもかまわず慎重を期してフライをさらに三メートルほど流し、それからできるだけそっとラインを引上げた。鱒はまたライズした。私はふたたびフライをプレゼントし、ゆっくりと竿先を上げ、腕を伸ばして手首の動きを最小限にした。

「来た！」とハンスが叫んだ。

合わせる間もなく私の竿は折れそうに曲がっていた。魚はライズして反転する時にひとりでに掛かってしまったのだ。これは珍しい例で、たいていは即座にフライを吐き出してしまう。リールからラインはどんどん出ていった。止めようと試みたが無駄だった。竿先は水の中に突込んでしまう。

「竿を立てて！　シャルルさん」

ハンスはいつもはひじょうにていねいで、礼儀正しさでは誰も彼の真似はできないくらいなのに、せっぱつまった気持が親密感を与えていた。

私は竿を立てようとするが、手首はまるでいうことを聞かない。リールからラインはほとんど出ていってしまっていた。しかし幸いなことにまだあと五〇メートルほどのバッキングがあった。魚の大きさは考えたくもないが、まるでトラウト・ロッドでサーモンを掛けたような印象だった。そのうち、やっと魚はほんの少し走るのをやめた。私はポンピングしようと思ったがまるで底を釣ったようだった。突然、また魚は走りだし、ものすごいショックがあって、それからラインには何の手ごたえもなくなった。

「岩で切れたんです。いつもと同じです」

ハンスはそう慰めてくれた。

日は落ちて、視度はひじょうに悪くなった。舟には小さな虫がいっぱいついた。それはセッジで、われわれの身体にも這い上ってくる。顔のまわりに集ってくるセッジを追うためにクスターマンはときどき、手でピシャリとたたく。水面は死んだ虫や生きている虫で山になった。

今度は大きなグレーリングの番だった。ハンスが左手一二メートルほどのところを指差す。二度目のキャストでクスターマンは魚を掛け、三分後には九〇〇グラムのすばらしい魚を釣り上げた。

「今度はリッツさんの番ですよ。舟のまっすぐ下八メートルのところに鱒が一尾」

ハンスが私に向かって叫ぶ。

いつもと同じように私には何も見えなかった。キャストはするが手ごたえなし。

「リッツさん、早く引上げすぎてます。それとフライが右に寄りすぎてます。リールからラインをもうひと引出してください」

彼の言葉通りにすると、すぐに手ごたえがあり、鱒との戦いが始まった。

最初、魚は川底にもぐり、そしてたいていは下流に向かって全速力で走る。ラインの圧力が魚を水面に浮かせると跳び上がり、鈎を外そうとし、そしてまたもぐるのだ。魚は舟のそばまで寄せてこられると、水面に上がるのを頑固にこばみ、しばしばこの時に竿は最大の力で引っぱられることになる。大きな魚になると竿を両方の手で持たなければならないほどの力を発揮する。

三度ハンスは私の鱒をすくおうとしたが、その度に魚はまた水中にもぐり込んだ。しかし、それも最後にはハンスの手綱が勝ちを占めた。湖からやってきた一キロ以上のすばらしいレイク・トラウトだった。身体に黒点がなくなって、全身が銀色になり、そして並はずれた強さを持つあのすばらしい魚の一尾だった。一キロのこの魚はチョーク・ストリームでの二キロの魚よりもずっとファイトする。

ハンスは水面をよく見るために舟の底に膝をついて

いる。月が上って片側の岸は明るくなった。舟は岸から一〇メートルのところに止めてあるので、われわれには釣る場所が二つあった。一つは月を正面に見て釣り、もう一つは月を背にして真暗な中で音を頼りにライズを釣るのだ。

クスターマンが岸から三メートルのところ、舟と岸の間で、二尾の魚がライズしたのを認めた。ハンスはもうほとんど腹這いになって示された方向を見ていて、言った。

「ラインをリールからふた引きして、正面の家の灯が反射している少し左にプレゼントしてください」

一キロ以上の立派なグレーリングがクスターマンによって釣り上げられた。こうして釣りは続き、さらに四尾のグレーリングと三尾の鱒が釣れた。しかし一・四キロに達する魚はまだ一尾もいなかった。

突然、ハンスが他のライズを認めた。

「リッツさん、いそいでパラボリック・コンペティションの竿を持ってください。フライを見て、もし八番のセッジがあったらつけ換えてください」

八番のセッジは一本しかなかった。私はそれをリーダーに結びつけた。

「あの真中の大岩のところへ行ってみましょう。あそこでライズが見えたような気がするんです。やっぱり、そうです。気をつけてくださいよ。ここには大きいレイクがいるんですから。三キロはあると思います。けれどあいつは一晩中ライズするわけじゃありません。老巧な食人種ですよ。あれを掛けたら、最低十五分はきびしい時を過すことになりますよ」

われわれは錨を抜いた。私は不安になりだした。ハンスはとてもゆっくりと舟を移動させた。初めは櫂を使って川の中央に向いながら上流へ上っていった。深みがたくさんあって棹は使えないのだ。それからハンスは舟をライズに届く範囲まで流れにまかせる。その間、われわれもやはりよく見るために膝をついてその場所を観察していた。魚はまたライズした。やっと認められる程度の小さなリングができるだけだった。ハンスは楽天家には違いないが、それでも彼はこれは超大物だと言う。

われわれは位置についた。ハンスの指示に従って、私はラインを肘までの長さで十五回引出し、そしてプレゼントする。心臓はとてもドキドキしていた。合わせ損ったらどうしようという考えが、私を金縛りにしている。フライはハンスの指示した水筋を二メートル流れた。私はゆっくりと竿先を持ち上げる。竿先が震え、そしてものすごい引きがきた。私は一度合わせ、もうすでに完全に鈎は刺さっていると思うが、鈎をカエシまで完全にくい込ませるために、それからさらに二度ほど軽くあおった。リールは悲鳴を上げている。

「奴ですよ！　気をつけてください。竿を高くして舟の真中に来てください。私は錨を上げます。岩から離れましょう。奴は岩の下の隠れ家に行こうとするでしょう。そうなったら終りです」

今度、初めてハンスの不安は的中しなかった。魚は全力でダムの橋の方へ流れを下ってゆく。

「魚を追ってくれ、ハンス。ラインを巻きとらなくちゃ。魚がこのまま走って、私が奴のスピードをとめる前に方向を変えたら、ラインの抵抗でリーダーが切れちゃう」

ところがラインは止った。またリーダーが切れたのだろうか。喉の奥がひきつった。いや、左手五〇メートルのところですばらしい跳躍があった。巨大なレイクが二度跳び上り、そして潜り、川底で動かなくなった。舟はその場所に近づき、ポンピングをしてやっとのことで私は魚を川底から引きはがす。魚はふたたび走り出したが、それは止めることができた。そして今度は舟のまわりを回りだした。しかし上ってくるのを四回もこばんでいる。私の手首は痛くなり、両手で竿を持たなければならなかった。最後に勝負をかける時がきた。力いっぱい引っぱって魚を上げられるかリーダーが切れるかだ。やってみると、これで魚は弱り、引っ張られるままになった。ハンスがランプで照らすと、そこには絶望的にまだ暴れ続けている銀色の巨大なかたまりが見えた。あの十五分間の不安な戦のあとで、今や、やっとハンスの大きな網が水の中に入れられた。レイクは舟底に横たわった。大きくて、力強い、年をとったオスだった。

ハンスはよろこんでヨーデルを歌う。

「レイトゥー、レイトゥー、ブラボー、親愛なるシャルルさん」

われわれは三人とも有頂天になった。クスターマンとハンスは勝利の祝福をしてくれる。

それからさらに何尾かの鱒とグレーリングを釣った。そして十時にはマダム・ホプリンガーの料理場でわれわれはすばらしい釣果を目の前にしていた。鱒とグレーリングが二十尾。全重量二一キロ、そして二キロ九五〇のレイクが一尾。

あのすばらしいトラウン川でのわれわれの最も美しい夜のことであった。

グレーリングは馬鹿じゃない

一九三八年、ミュンヘンに着くとすぐ、ローゼンハイマー通りにクスターマンを訪ねた。彼はアンマー川の彼のキャンプに、私を連れて行ってくれることになっていた。

夕食が済んで、私はリバー・キーパーのフィッシャーと、炎を上げて燃えている大きな暖炉のそばで、クスターマンの評判の高いコーヒーを味わった。

いつものようにわれわれが政治の話をするのは最初の日だけだった。あとではこの話題に戻ることは厳禁になっていた。私はクスターマンにフランスの近況について話した。そしてナチスが戦争を始めるだろうかと尋ねると、彼は黙るようにと唇に指をあてた。

「シー！　そのことはあとで話すよ」

翌日、三時頃大きな淵の流れ出しで鱒と大きなグレーリングを釣ったクスターマンが、彼のいる川の真中まで来いと私に合図をした。そして誰にも聞かれないようにあたりを見まわし、ヒソヒソ声で言った。

「まったくいやになるよ。党に入れっていつも圧力をかけてくるんだよ。そのうえ、木曜日にはハイル・ヒトラーが一人ここへ釣りに来るよ。フィクトアリエン・マーケットの私の家の隣に店を持っている太った魚屋がいるだろう。あれは熱烈なナチなんだよ。あいつを招待しなくちゃいけないんだ。この一年くらい何とか逃げてきたんだけど、もうどうしようもない。一度は招待しとかないと面倒なことが起きそうなんだ。あの連中を相手にする時は用心しなくちゃいけない。もし質問されたらスイス人で、中立で政治には興味がないって言っておけよ。われわれはそれぞれ別のところを釣ることにしよう。君は上流を『天国淵』まで釣れよ。奴は『絶望の水路』に入れることにする。私のグレーリングはかなりナチを馬鹿にするってことが分かるだろう。今日、私のほうはさんざん私を馬鹿にした橋の下のシャレ者と待合わせがあるのさ。そっちの、あの切株のとこのやつはすごく大きいと思うよ」

木曜日、われわれは製材所のそばのアンマー川の小さな橋に九時頃着いた。ウェイダーをはき、竿をつぎ、私の忠実なギリーのフィッシャーは残りの荷物を二つのリュックサックにいっぱいにした。私はチューインガムを口の中に放り込んだ。まずい言葉をうっかり口にしないためには賢い手段だ。クスターマンにも差し出したが、彼は断る。

「あぶないよ！　ナチは私がアメリカ人と仲よくしてると思うだろう」

突然、ベンツが到着した。扉が開き、中から剃り上げた小さな頭をのっけ、ぶよぶよの肉のかたまりがいっぱいに詰った辛子色の制服が出てきた。そのナチは帽子をかぶり、踵《くびす》を音を立ててそろえ、われわれに巨大な腹を見せ、腕を上げて言った。

「ハイル・ヒトラー」

われわれはお互に紹介された。ガウライター・ヘルマン・グロースマンだ。クスターマンはハイル・ヒトラーの代りに「ペトリ・ハイル（釣り万歳）」と言い、彼に釣りの仕度に着換えるように言った。そして彼には最上の場所がとってあると知らせた。

「釣り用の衣裳は持っていないんでね、それにわしは絶対に制服を脱がないから」

と彼は笑いながら答えた。そしてつけ加えて

「それに君の魚たちもわしの鉤十字を見れば、頭がよかろうと悪かろうと、ダッハウ（当時の主要なナチスの政治犯強制収容所）の囚人にならないようにするには、どうすればよいかを知っておるだろうよ」

そう言って彼は騒々しい笑い声を爆発させた。

彼はストルクの一〇フィートというものすごいロッドを継ぎ、私にペトリ・ハイルと言うと出発した。

それまで何も言わなかったフィッシャーは、大きなビクを背中にかついだ。

「行きましょうリッツさん。急ぎましょうよ。ヘルマン氏よりたくさん魚を釣らなきゃ。彼には気をつけなさいよ、まるで大きな子供みたいな様子をしてますが、私は党員でないから彼がこわいです」

昼になって食事のためにわれわれは橋に集った。クスターマンが最初にやって来て、それから何分かしてヒットラー主義者が歩いて来た。あまり満足そうな様子ではない。

「ハイル！　グレーリングはちっとも食いやしない。わしは何も釣らなかったよ」

われわれはビクを開け一ダースほどの大きなグレーリングを見せた。

「君たちはいい場所に入ったんだ。食事のあとでそこへ行きたいね」

夕方六時になってまた同じ光景が繰り返された。ヘルマン氏は何も釣れず不満足で、がっかりしていた。

「君のとこの魚は大馬鹿もんだ。みんなダッハウに送ってやる」

クスターマンは私に片目をつぶってみせた。

「ヘルマンさん、あなたの制服は釣りに向かないって言ったでしょう。考えてもごらんなさいよ、グレーリングだって馬鹿じゃないです。鉤十字を見たら口を開くのを気をつけますよ」

鱒用ケーブルカー

サルツァ川、ヴァイヒゼルボーデン湖の端のダム下には両側が岩の壁になった大きな淵があり、両岸には小径がついている。キャストするためには後ろがないのだが、右側の岸は岩壁が少し後ろに下っているので中距離のキャストだけはできる。

その淵にはグレーリングやブラウン・トラウトやレインボーがおり、大きなものもたくさんいた。

クシェーダー（一時シャンボール城の持ち主でもあった、ブルボン・パルム王朝のプリンス・エリーの狩場のあるところ）に着いた翌日、私はドクター・ルネ・トゥペをダムに連れて行った。時間は十四時でバルブは閉っていた。このバルブは毎朝十時から昼まで湖の水を放水するのと、切り出した木の筏をサルツァ川の終点、鉄道の通るヒエフラウまで流すための強い水流を作る目的で開けられる。

魚は食い気が立っていた。われわれは何尾かのグレーリングや鱒を釣ったが、大きな魚は淵の真中の深みのところでしかライズしなかった。とてもそこまでキャストするのは不可能だ。すばらしく大きい鱒のライズを見つけたが、いくらキャストしてもすべて後ろに引っかかったり、岩の壁や、ダムの管理人の小屋の屋根に当って鈎が折れるばかりだった。

トゥペはいつもひじょうに静かで、この鱒が水面すれすれを泳ぎ、自分の縄張りに入ってくるすべての虫をゆっくりと吸い込んでいるのをじっと見つめていた。

「ルネ、もしあの鱒を釣りたければ、二人でなら何とかやれるけどね。やり方はちょっと密漁風だが」

私は彼に計画を説明する。

「それにしたって別にやっていけないこともないし、やってみるだけの価値はあるよ。魚はいつでもまた放してやればいいんだし」

私は自動車に戻り、ロッドを二本とマルチプライヤー・リールを二個持ってきた。そして二本のラインの端を結び合わせ、そこに一本の丈夫なリーダーをつけ、大きなタップスを結んだ。トゥペは一本のほうの竿を持ち、ダムを横切って対岸の小径に行く。私はリールからラインを出す。こうして二人は向い合ってケーブルを張った。そしてお互にラインを張り合って用意は整った。魚に近い方が合わせをくれ、ラインを引く、もう一人はラインを出すわけだ。

ラインが鱒の近くにいった時、われわれはフライを着水させずにラインを張って試しに上げたり下げたりしてみた。とつぜん魚はフライを認め、ひじょうな興味を示した。二度ほどプレゼンテーションがうまくゆかなかったが、それでも鱒を驚かすまでにいたらず、魚は泳ぎまわりながら餌を探していた。タップスがちょうどよい場所に落ちた時、鱒はゆっくりと近づき、口の端で呑み込んだ。軽い合わせで、そのレインボーは初めてのケーブルカーの乗り心持を楽しむこととなった。

残念なことに、この鱒のファイトはたいしたものではなかった。それは長く、やせていて、たぶん病気だったのだろう。体長からすれば最低二・二五キロはあってもいいはずだが一・五キロしかなかった。われわれはそれを持ち帰ったが、とてもまずくて食べられた代物ではなかった。

二マルクの英雄

ポーリンガー・バッハ川はポーリングの町の真中を通る時には、川幅が広くなって小さな池のような形をしている。肉屋がいろいろな屑肉をここへ投げ捨てるために、近辺の大きな鱒はこの池の中を住み処としており、流れ出しのところにはたくさんの虹鱒がいた。魚はみんな大食らいになり、太っていて、あらゆる種類のメニューを口にし、その中にはパンまでが含まれていた。

私にトラウン川をおしえてくれた友人のヤコブ・ヴォーヒンガーが町の中の川で釣ろうと言いだした。まず最初はパンを持って行って流れの方から釣ることにした。固めたパンをつけた鈎を長い間流せるようにわれわれは小さな橋の上に陣取った。

魚を釣りたいという情熱を鎮めるには三十分もあれば十分だった。あんまり簡単すぎるのだ。ヤコブは言った。

「シャルル、もうすぐ朝のハッチが始まるよ。池の方を見に行ってみよう。一キロから二キロの魚が何尾かいるよ。だけどうまく狙いを定めて、確実なやつにだけキャストするんだ。あいつらは残飯をたらふく食ってるから、たまにしかライズしないし、それに底が浅いから警戒心が強いんだ。木が多いからキャストは難しいよ」

三十分ほど待つとライズが始まった。

「あそこの正面の切株の根元を見ろよ。ここから一八メートルぐらいかな、小さな水輪が見えるだろ。あれはきっと大きいよ」

私は小型のタップス・インディスペンサブルを素早く目標に向かって送り込んだ。魚はゆっくりと、そして用心深くそれを吸い込んだ。小さく合わせると大きな銀色のかたまりは水面を割り、空中に跳び上り、そして大きな音を立てて落ちた。すばらしい戦いぶりだった。上流に逃げ、下流に走り、跳び上り、もぐり、頭と尾を激しく振る。ラインは水を切り分けしぶきを散らす。しかし竿は何とか持ちこたえてくれた。そして一・五キロのきれいな銀色の魚が手網に寄せられた。

十分ほど池は静かになり、それからまたライズが始まる。今度、私の選んだ魚はさらに遠かった。フライを木の枝に引っかけずに目的の場所まで送り込むための唯一の狭い空間を狙って、私はラインを伸ばした。それなのに、やはりフライが木の枝に引っ掛かった手ごたえがした。ところが違うのだ。鈎は村の子供のもじゃもじゃ頭に刺さっていた。

ヴォーヒンガーが子供のところへ飛んでいった。

「馬鹿もん、そこにいちゃいけないって言ったろ!」

実際、釣りを始めた時から何人かの子供がわれわれのそばから離れなかった。私はリーダーを切ったが、鈎はかえしのところまで食い込んでいる。ひじょうに困ったが、子供は何も言わない。勇敢な奴だ。ヴォーヒンガーはさらにさんざん子供を叱ったが、最後に私に言った。

「床屋に連れて行こう」

床屋はフライをペンチではさみ、一息で抜き取り、そしてヨードチンキを塗った。悪いと思って、私はこの被害者に二マルクやった。大きな笑みがそのピンクの顔を輝やかせた。

「やり過ぎだよ、シャルル。五十ペニッヒで十分だ」

子供が満足した様子に勇気づけられて、私はまた釣りに戻った。鱒はゆうゆうとライズを続けていた。慎重にプレゼントをしたがこれは少し短かすぎた。そこで二度目のキャストを始めると、またさっきの子供が後ろに来ていた。

「馬鹿！　向こうへ行けったら。早く行かないとぶんなぐるぞ」

とヤコブが叫んだ。

彼を動かすことは不可能だった。ヴォーヒンガーは子供のところへ行った。私もこの子供が殴られるのをとめたいと思ってそこへ行った。むかし、フランクフルトのフランクフルターホッフでホテル業を習い始めた頃、ホテルの支配人は十四歳から十六歳ぐらいの奉公人がなにか失敗をするたびに、全員を並べて平手打ちをくわせたのを思い出していた。

「お前どうしてここを動かないんだ」

と私は聞いた。

「おじさん、ぼく、あと二マルク欲しいんだよ」

最後の希望

戦争が終った時、私には一つだけ願いがあった。それはあの美しいトラウン川と再会し、そして私に忠実なリバー・キーパーのハンスと一緒にあらゆる場所をくまなく歩きたいということであった。しかし、この希望をいかにして実現したらいいのだろう。オーストリアへのビザを手に入れることは不可能であった。

ある日、私はドイツに駐留している軍隊にいろいろのスポーツを提供する任務のアメリカの大尉と知合いになった。私はすぐさま彼の攻略に取りかかった。

「あなたは釣りをなさいますか」

「もちろんです。フライ・フィッシングが好きです」

一時間もかからぬうちに私はトラウン川のすばらしさを彼に吹き込み、そのうえ、一緒にそこへ釣りに行こうという彼の約束までとりつけた。しかし、それは一体いつのことになるのだろう。もう夏ですぐに九月になってしまう。

何日かして至急の電話を受け、私は彼の事務所へ行った。

「明日出発できますか？　ついて来てください」

彼は一つのドアを開け、私はその部屋で彼の司令官と向合った。

「トラウン・トラウン、グレーリング、トラウト！　イエス、ミュンヘン、ザルツブルグ、グムンデン、マリエンブリュッケ」

けれど、われわれが釣りをするためにあてられた時間はやっと一日半だけであった。その司令官がワシントンでの会議のために、その後ですぐ飛行機に乗らなければならないからだった。

その翌日は朝七時にオルリーを出発。会議のためにフランクフルトに二時間止る。次にミュンヘンに立寄ってザルツブルグに昼に着陸。その地区の士官たちとヒットラーの会議室に使われていた大きな家で昼食。三時に車に乗ってグムンデンに向け出発。ビュイックが一台に、缶詰や、キャンプ用のベッドやその他を満載したジープがつきそう。旅行の間、私は大尉と一緒に後部座席にいた。


「お分かりでしょうけど、ボスはブラック・バスのフィッシャーマンでフライは初心者なんです。フライで鱒かグレーリングが必ず釣れるという私の絶対的保証で彼はやって来ることに同意したんです。われわれの計画を実現するには、どうしても彼の飛行機が必要だったからです。だから、彼が魚を一尾釣るまでは彼の面倒を見てやってください」

この旅がどうなるかだいたい予想できた。まだあの川に魚が残っていてくれればよいが。この地域で捕虜になっていた男が、川には手榴弾が投込まれ、荒らされていたと言っていた。そうでなくてもトラウン川の魚は初心者にとってはやさしいと言うにはほど遠い。私に関して言えば、彼が魚を釣ろうと釣るまいと、失うものは何もない。ところが大尉にとってはこれは重要な問題で、私は彼に同情し始めた。

五時にマダム・ホプリンガーのところに着いた。彼女は私を見ると喜びのあまり涙を流した。ハンスはフランスで捕虜になっていたが、まもなく帰ってくるそうだ。もう一人のキーパー、ヴィリーは健在だった。急いでわれわれは荷をほどき、イブニングライズを釣るためにアステカーへ出発する。司令官と私は小舟に乗った。こうすれば彼も遠くまでキャストする必要はない。私は自信を取り戻した。レイク・トラウトは相変らずいたし、川はいつも通りだった。大尉は堰のところに立ち、やがてすばらしいレイクを釣り上げた。そしてすぐにまた大きなグレーリングを釣った。私は二つの流れが合わさっている一番良い場所に舟を止めた。陽は落ち始め、まわりはライズでいっぱいになった。

司令官は攻撃を開始した。すぐにラインはもつれ、リーダーを切り、キーパーの帽子にフライを掛けてしまう。私の忠告もあまり役に立たない。魚がライズする、合わせそこない。またライズ、また合わせられない。またライズ、また失敗。ライズはたくさんあるのだが合わせがつねに遅いのだ。彼はちょうど必要な時に合わせる決心をしないのだ。まったくどうしようもない。じれったいことこのうえない。私はあきらめかけていた。大尉はすでにもう半ダースほどの魚を釣っている。司令官は相変らず手ぶらだ。確実だと思われた魚が五尾はいたが、すべてセッジを吐き出すのに十分な時間を与えられるという恩恵を受けていた。彼は平静を装い、あまり喋らなかったが、満足でないことは確かだった。私は大尉がもう釣れても声を上げず、そっと魚を放していることに気付いた。私には分かった。きっと彼は私を呪い始めているに違いない。

夕食の席では会話は途絶えがちだった。最後のチャンスはスタイヤーミューレでグレーリングを釣ることだったが明日は五時には帰らなくてはならない。それに天気も悪くならなければよいが、バロメーターは本格的に下がり始めていた。

その夜は眠れなかった。グレーリング、鱒、司令官、大尉、ボウズ、嵐、すべてが目の前にあらわれた。空を見るために二度も起上がった。空は曇っていた。

八時に私は大尉と朝食をとった。将軍は疲れて十時頃に下りてくるだろう。バロメーターはさらに下がった。完全に雨になるだろう。午後までもってくれればいいが。大尉は不機嫌だ。

「もし一尾でもグレーリングを将軍に釣らせてくれたら、私も楽しんで釣りをすることができるんだけど」

「何とかやってみましょう。私は将軍を舟にのせましょう。あなたはウェーディングで釣ってください」

十一時、スタイヤーミューレでたくさんのライズがあるのを見てわれわれは勇気づけられた。しかし、いやらしい雲がすでにトラウンシュタインの上に来ていた。急がなければいけない。言うのは簡単だが、私の生徒に昨日のレイク釣り以上の才能があるとは思われない。それに比べて、大尉はグレーリング釣りにもすばらしい腕前を発揮していた。

何度もの失敗のあとで、将軍は私にも竿を出せと言い張った。私はグレーリングを釣り、三尾目を掛けた時、彼に竿を差し出した。彼はそれを受取ったが、魚は跳び上がり、鈎から外れてしまった。幸い、その次の魚のときにはネットまで寄せることができた。

「どうかわしのことをかまわんで欲しいね。わしは君のとこのグレーリングを釣りに来たんだし、それには一人でやるから」

最初のにわか雨がやって来た。そこで、その時間を利用して木の下で食事をする。それから今度はウェーディングで試してみることにした。今やライズの数は少なくなっていた。われわれは底が小石の、広い平らな場所にいた。一時間、そして二時間が経ったが成果はなかった。そのうえ、嵐が始まった。これで終りだ。隠れられるところへ逃げ込む。大尉は見るからに残念そうに竿をたたむ。ところが一番下流で釣っていた将軍はまだ釣り続けている。キーパーが私に言った。

「気をつけてください。将軍があれより下へ行くと流れの尻の大きな淵に落ちますよ」

何てことだ。そんなことになっては一大事だ。

雨はもう滝のようになってきた。彼のところに行こうと私が水の中に突進した時、突然叫び声が聞こえた。すっかり驚いて私は夢中で将軍の方へ走った。

彼はあきらめかけていたグレーリングを釣ったのだった。骨の髄までびしょ濡れになっていたが、彼は王様のように幸福だった。

トップ・ブラス（アメリカの兵隊言葉で高級将校のこと）

一九四五年、パリ。フォン・ルンドシュテット将軍の攻撃が始まっていた。アメリカ人は包囲され、ブリュッセルもあぶないところだった。

木曜日、電話によるメッセージが私のところに届いた。

「スミス将軍（戦争中アイゼン・ハワーの参謀本部長）が昼食にあなたをヴェルサイユでお待ちします。明日十一時三十分にロジャーズ将軍がホテルにお迎えに上ります」

翌金曜日、十もの事務所を通り抜け、やっとスミス将軍のオフィスに着いた。将軍はわれわれを防弾装置のついた大きなキャデラックにのせ、ホテルのそばの森の中に隠れた彼の住居へと連れていった。家は機関銃を持ったＭＰに警護され、彼等はあらゆる茂みに潜んでいるのでわれわれはまるでマキ（第二次世界大戦中の対独抵抗運動の人々）のまっただ中にいるような印象を受けた。料理人で従卒である、生き生きした目をしたフィリピン人がわれわれを入口で迎えた。サロンに入ると特にドイツ語の本がぎっしり詰まった書棚が目についた。この家はドイツ軍の占領時代はルフトヴァーフェ（ナチス空軍）の高官が住んでいたのだ。

私は将軍に、彼のために特別につくり、完璧に仕上げたフライ・ロッドを贈った。そしてバヴァリア地方の地図を拡げた。

「ここがアンマー川で私のミュンヘンの友達のクスターマンの釣場です。彼はオーバーアマーガウに釣りと狩猟のための小屋を持っていて、私は一九三〇年以来この川で釣っています。ぜひここで釣ってみることをお勧めしますね」

「必ずクスターマンには会いましょう。そしてあなたのグレーリングを何尾か釣ってみましょう」

すばらしい食事のあとでわれわれはサロンに戻った。ビデル・スミスは壁にしつらえた戸棚を開け、見事な釣竿のコレクションを見せてくれた。ペイン、レナード、ハーディー、そして名前のないすばらしいバンブー・ロッド。銃はパーディとホランド＆ホランド。将軍は忙しい任務の間でも、暇が見つかると没頭できる楽しみを持っていることが分かった。彼はほとんどの釣竿を自分で作り、そのうえ老練なフライ・タイヤーでもあった。

ロジャーズ将軍はそれまでずっと口を開かなかったが、心配そうな、何かが気懸かりな様子をしていた。突然彼は決心して言った。

「バストーニュの状況はどうでしょう」

「四十八時間後にたぶん良い知らせが聞けるだろう。さあ、仕事に戻らなくちゃならない」

夏になって、ある午後、一人の士官がパリにやって来て、私に将軍からのブローニングと薬莢を渡し、アンマー川の魚たちはビデル・スミスのフライと知合いになったと報告した。そしてクスターマンも彼の家族も元気で、彼の小屋はウィーク・エンドごとに、同盟国の軍隊のトップ・ブラスでいっぱいだったそうだ。

次の年、メイフライの季節、ビデルは風のようにパリに舞い戻って来て、二日か三日暇があると言った。

そこでリール川のヴェルヌのところと、アンデル川のランビオットとガイヤールのところへ行くことにした。彼はすばらしい釣り仲間であった。若者の熱情と誠実さを持ち、そして年齢からくる謙虚さを兼ね備えていた。彼は愛情を込めて道具を扱い、そしてライズしている魚を見ると、有頂天になるのだった。彼のたくさんのフライ・ボックスの中には、あの有名なランが彼のために巻いたフライのすばらしいコレクションが収めてあった。彼のお気に入りはランズ・パティキュラーだ。

朝、アンデル川の待合わせ場所、ガイドの家で、朝食が終ってから彼は念入りにリーダーを直していた。その時、私は一羽のカラスが木の枝に止ったのを見つけた。そこで、アメリカ製の二二口径のライフルをとり出した。窓は開け放してあって、狙いをつけて撃ったが外れた。ビデルは私を見、にやりとしてライフルを取った。

「きっと調整が悪いんでしょう。何か標的になるものがありませんか?」

少したってから、彼は家の前の砂利の上に腹ばいになって、私のために完璧なアメリカ歩兵の射撃のデモンストレーションをしてくれた。

われわれは城の支流の一つに見こみのありそうなライズを探しに行った。一尾の大きなブラウンが食卓についていた。

「ビデル、あなたの鱒ですよ。気をつけてください。できるだけ見られずに、プレゼンテーションをしたほうがいいですよ」

最初のキャストは短かすぎた。彼はもう一度キャストしたが足下の草の中に落ちたラインが、彼のカナディアン・ブーツにからみついてしまった。しかし、彼はフォルス・キャストを続け、本当のインディアン・ダンスをやりながらそれを振りほどいてしまった。顔は蒼白くなり、ひじょうに緊張していることが見てとれた。彼は自分を支配し、完璧なキャストをし、そして勝利を手に入れた。私は彼を祝福した。この時の彼の表情は本当に嬉しそうだった。

「シャルル、なんてすばらしい一瞬だったろう。アンデル川での私の最初の魚だよ、何て美しいんだ」

小休止をして、われわれは二人とも草の上に腰を下ろした。彼は釣りを始めた頃の話などをしてくれた。

「分かるだろ、シャルル、ライズしてる鱒を見た時はフォン・ルンドシュテットの全軍を相手にした日よりも不安になったよ」

オルセンと愛しきカロライン

ジャック・オルセンが、私と釣りをするためにアメリカからやって来たことがあった。そして二日間を一緒に過したあと、雑誌〈スポーツ・イラストレイテッド〉に"Ritz isn't Ritzy, but he has a cast system"「リッツ氏にはリッツ・ホテル風貴族趣味はない。彼にあるのはキャスト（カースト）制度だ」という題の記事を書いた。それにはヨーロッパの最もすばらしいチョーク・ストリーム、リール川での彼の二日間の滞在がとてもよく描かれている。オルセン氏と〈スポーツ・イラストレイテッド〉誌の好意を得てここに再録したいと思う。

シャルル・リッツはホテルの持主であり、トラウト・フィッシャーマンであり、美食家、著述家、鉄道模型愛好家であり、ラインを空中高く放り上げると、二五ヤードを一気にとばし、ブラウン・トラウトの上唇に素早く鈎を掛け、地球上から直ちにその魚を消滅させるという男である。

「私はそうしたすべてのことにおいてエキスパートというものを賞讃する気にはなれない」

次の犠牲を探してフランスのチョーク・ストリームの岸をきびきびと歩きながらエキスパート、リッツは熟考する。

「トラウト・フィッシングというのは単純なことなのだ。しかし、それについて書く人たちは自分たちを偉くみせたくて、それにまわりの人たちが彼らをあまりにほめるので、まるで自分たちがスフィンクスにでもなったと思い込んでしまう。彼らは自分たちの技術をより神秘的に、よりすばらしく見せるためにあらゆる種類の新案物をこれにつけ加える。私は今、フライ・キャスティングからこうしたすべての神秘性を取除きたいと思っている。こうしたすべての馬鹿ばかしさを終わらせたいんだ」

ルーアンとル・マンの間をディーゼルと蒸気エンジンのタンデムで引かれ、川に沿ってガタゴト走る貨物列車のように、七十四歳のリッツはひと休みする。

「人々は私を何者だと思うだろう」

ヴィクトール・ボージュにするか小さな古いワイン・メーカーのものにするか迷いながら、彼はコンチネンタル・アクセントの英語で喋り続ける。

「私は自分の親父の名前を継いだだけの男だよ。みんなは私が品よく生まれてくるように定められていたと思っているが、私が品よくしている唯一の時は酒を飲んでいる時なのさ。ありがたいことに私はエキスパートじゃない。エキスパートというのは単純なことを複雑にするんだ。それが彼らの生き延びる方法なんだよ」

パリのリッツ・ホテルの会長は小柄な体格で五フィート六インチ、体重はウェイダーをはいて一四五ポンド、グレイと黒の髪はブラシのように刈り上げてあり、目は茶色、それに茶の縁の眼鏡を掛けている。顔は浅黒く、鼻の下に鉛筆のような細い口ひげをたくわえている。生れつき動作がきびきびしていて、快活な目と浅黒い肌の色はフランスの小さな鼠を思わせるが、彼はそう言われることを好まず、そうした時には「私はスイス人だよ」と言う。

彼は自分のお客たちのためにワインの味を試すこと

ではエキスパートになり、また料理の研究家にもなった。しかし、自分の食物については簡単で、スパゲッティとビールがあれば十分だった。「リッツ・ホテルはリッツィ（貴族的、気取った）ではない」と彼が一度指摘したことがあったが、これには「シャルル・リッツはリッツィではない」とつけ加えられるべきだろう。彼はホテルの最上階の小さな部屋に住んでおり、隣の一部屋は完全に六台の模型の汽車のためにあけてある。向いはココ・シャネルのひじょうに豪華なスイートの部屋となっている。リッツは彼がホテルの最も生き生きとした階に住んでいることを自慢するのが好きだ。彼は説明する。「毎晩寝に行く時、私はジュリアス・シーザーの軍隊と戦い、リドの踊り子たちと恋をするんだ。あなたにも聞こえるでしょう。『ウイー、ウイー、ウイー、ノン、ノン、ノン』と一晩中言う声が」

シャルル・リッツの活動の範囲はまるで百科事典のようだ。彼は簡単に一つのことに倦きてしまうので興味から興味へと動いていなければならない。ホテルの創設者、セザール・リッツの生きている唯一の息子として、若いシャルルは一生をリッツ・チェーンの大きな保護の下にぬくぬくとしていることもできたはずだった。しかし、その代りに彼は靴の行商人、デザイナー、映画館の企画係、輸入業者、仲買商社の顧客係、著述家、釣具製造業、第一次世界大戦の時のアメリカ軍特務曹長ほかさらに一ダースほどの職業につき、家業のホテル業に戻って腰を落ちつけたのはわずか十年ほど前であった。しかし彼の長い人生の数多い興味の対象の中でも、つねに変らぬ興味を持ち続けていたものがあった。それは鱒釣り、もっと正確に言うならばフライ・キャスティングであった（「一度魚が鈎に掛かると私はどうも興味を失ってしまう」と彼は言っている）。そして、この主題について彼は二冊の本を書いている。一冊はトニー・ビュルナンとの共著で一九三九年に出版された『A La Mouche（フライでの釣り）』であり、もう一冊は彼の傑作『A Fly Fisher's Life（ある釣師の覚え書き）』であった。『ア・フライフィッシャーズ・ライフ』は六カ国以上で出版され、今でも変らずに売れ続けている。「世界は移り変り、今ではムッシュ　シャルルと同じほど魚を釣ることのできる人は少ない。しかし、世界がどう変ろうとも、彼と同じほどうまく釣ることのできる人はさらに少ないだろう」とアーネスト・ヘミングウェイは前書きの中で書いている。

リッツの鱒の狩人としての長い経歴は、一九一一年フランスの川で始まった。彼はその時のことをこう思い出している。

「私は二十歳で、ある日一人の友人が私に竿を渡し、連れ出してくれた。私は一日中、川を鞭打ち続け、手のひらに水ぶくれをいっぱいにこしらえたけれど魚は一尾も釣れなかった。その時、私たちを招いてくれたその川の持主がやって来て四尾か五尾の魚を釣り上げたんだ。私はそれを見て自分に言い聞かせた。『これはおまえ向きじゃないぞ、これは何か悪魔的なことで、おまえのような乳飲み子はこんなくだらないことからはさっさと逃げ出したほうがいいぞ』って。その後、一九二〇年頃ニューヨークで働いている時に、他の友人が私をビーバーキル川へ連れて行った。私が釣った最初の鱒は、魚が自分からフライに掛かってしまったものであった。何が起こったのかさえ分からなかった。私は魚を砂地の上へ引きずり上げ、そしてあわてて両手で襲いかかった。

そして、突然すべてが分かった、もうエキスパートだ、それは魚がどこにいるかを知っているかどうかの問題なのだと私は考えた。毎晩ジャンクション・プールで鱒を釣ってくる男たちがいることは知っていた。そこで私自身の中でもう一つ別の会話がなされた。『今度はおまえは魚を全部釣り上げてやるんだ。だっておまえはジャンクション・プールへ行くんだし、そこで誰も来ないうちに一番良い場所を確保してしまうんだ』イブニングライズの始まる二時間前、私はもうしっかりと自分の場所に陣取っていた。ナイト・ハッチが始まると、一人の男が私から二フィートぐらいのところへやって来た。彼はすべての魚を釣ってしまい、私には一尾も釣れなかった。これが本当の私の釣りの始めだった。その時から今までずいぶんたくさんの苦労を通り越してこなければならなかった。私が本格的にいかにして鱒を釣るのかを学んだのはリール川であった。この川で魚を釣ることができれば、他のどこでも魚を釣ることができるだろう。初めてリール川で釣ったのは一九二七年五月二十一日のこと、リンドバーグがパリのブルジェ空港に着陸した日だった。そして、それ以来、私は世界中を釣り歩いてきた。しかし、一度リール川のアクルーの流れのようなところで釣った経験があると、他の場所はどこもあまり魅力的ではなくなってしまう」

もうすでに休みをとって川に行っているリッツから、リール川で一緒に釣りをしようという招待の手紙が私に届けられた時、私はあの「ウイー、ウイー、ウイー、ノン、ノン、ノン」という声が一晩中聞こえるリッツの部屋と同じ階に泊っていた。そして、そのすばらしい約束の日の少し前、部屋の電話が鳴り、ホテルの持主自身の声だとかすかに区別できる程度の遠く離れた声が私に言った。

「こっちに来る時にはネクタイをしてきて欲しいんだ。ネクタイと上着だけは忘れないで。私の招待主と御夫人が一緒に昼食をしようと言ってくれているんだが、御夫人はネクタイをしないことを許さないんでね」

「結構です。だけどそこは川でしょう、一体何をしようっていうんです。まるでリッツ・ホテルみたいじゃないですか?」と私はシャルル氏に言った。

「もっと悪いんだよ」と彼は笑いながら答えた。

朝七時にリッツの友人で、エレクトロニクス製品の製造者である、ギイ・デュシャンジュがホテルへ私を迎えに来てくれた。これからリール川とリッツがわれわれを待っている八〇マイルほど西のヴァルヴィルというノルマンディーの村までドライブするのだ。

「ボンソワール」と私は勢いよく言った。というのは、釣りに行く前は私はいつも心が浮き立っていたし、それにフランス人というものは、たとえその人がビアリッツ言語学院を放校された程度のフランス語であっても、彼らの言葉で話されることを喜ぶというのを聞いたことがあったからだった。

「ボンジュールです」と私の新しい友人は親切に間違いを直してくれ、そしてあとは全部、彼の自国語であるフランス語で続けた。それ以外はできなかったのだ。

しかし、それは何ら私の気を挫けさせるようなものではなかった。私は、ロンシャンからサン・クルー、そして西への自動車道路を走る間中、道路標識を見ながらフランス語を勉強した。そしてとうとう私のよく知っている看板を見つけた。それには笑っている、幸福なタイガーが描いてあり、それには"Mettez un tigre dans votre moteur"(あなたのエンジンにタイガーを入れてください)と書いてあった。私はその言葉を頭の中へしまい込んでおき、道路わきのドライブ・インでコーヒーとクロワッサンの朝食を終えた時、腹をたたきながら、何気ない風をして"Maintenant j'ai un tigre dans ma

moteur"（さあ、私のエンジンの中にタイガーがいるぞ）と言った。これは私の最初のフランス語でのジョークだった。貧弱な、そして文法的ではなかったが、それでも私自身のものだった。デュシャンジュは礼儀正しく笑い、私に早いフランス語でリール川での釣りについて話してくれた。彼が分からせてくれたところによると、そこは世界でも美しい釣場であり、彼の友人、シャルル・リッツは世界でも最もすばらしい釣人であるという。川で良い天気だといいですね。不吉な黒い雲が道路にまで下りて来ていることなんか考えちゃいけない。けれど雨が降った後では、川は昆虫の墓場となり、釣りにはとても良いという。分かりますか？

「ウイ」と私は答えた。

シャルル・リッツは川のそばで待っていてくれて、われわれはすぐにアクルーの流れへ向った。そこは二〇〇ヤードの古典的なチョーク・ストリームであり、神秘に満ちていた。そしてその神秘を解く鍵は少なかった。この区間ではリール川は水草やクレソンのゆらめく上をなめらかに滑っていた。一番深いところでも四フィート、広いところでも三五ヤードほどだった。鱒は水草の茂みの間の小さな空間や、割れ目にひそんでおり、セッジやナッツ、メイフライ、ストーン・フライ、ダンなどが、チョーク・ストリームの虫の生態の典型を示して急激にハッチする時、それらの虫を追ってとび上るのであった。そして餌が豊富なために、鱒はあまり動かずに補食できる範囲外にプレゼントされたものには見むきもしないほど怠惰になっている。だから、ここではキャスティングの正確さが第一条件であった。鱒は一度鈎に掛けたらリーダーの強度いっぱいまで引いて水草の上にあげ、そして寄せてこなければならない。そうしないと魚は頭を水草の中に突込み、釣人の方でリーダーを切ってしまうまで待っている。

私はゲーム・キーパーと初老のリッツに一所懸命について行った。リッツは毎日のアイソメトリック・トレーニングで脚を鍛えており、ノルマンディ特有の緑の絨毯の上を先頭に立って歩いて行った。水の中にはオリーブ色、薄緑、ライム色の水草があり、そしてあたり一面は牧草の緑。楡やしの木、栗の雑木林があちこちに散らばり、それにきんぽうげや、金色の花の蕾が点々をつけ、黄あやめが川岸まで行列している。紫のクローバーの中には、茶色と白の乳牛と、まるまると太ったこげ茶の鶏がいた。われわれは朽ちた木の橋を過ぎ、電気のなかった時代には川の水を利用して動いていた小さな製粉工場の跡を通り、うなぎをとる梁《やな》が、崩れた桟橋のように水の中に突き出しているのを見た。それはまるでモネの絵にでてくる光景のようだった。つばめは頭の上を飛び回り、鱒が食べるのと同じ虫を食っていたし、森の奥からは短い間隔でなじみのあるあのカッコー、カッコーという声が聞こえていた。その声はあまりに突然始まったのでまるで本物かどうかを疑いたくなるほどだった。

「あれは本物のカッコーかい?」

と私はゲーム・キーパーに聞いた。

「本物のカッコーか、でなけりゃカッコー時計ですよ」とこの冗談屋は言った。

こうした耳に聞こえ、目に見える華麗さを前にして、私は急に一つの決心をした。釣りをしないことである。何年か前私はチャールズ・ゴーレンとブリッジの勝負をやり、自尊心に手ひどい打撃を受けた。そこでこのもう一人のエキスパートのシャルルと釣りをして同じ誤ちをおかしたくはなかった。

「さあ、始めましょう」とリッツは言った。

「恥ずかしがることはありませんよ。私がやってみましょう」

彼はラインを頭の上へ放り上げ、鱒のいる場所を示している水輪までゆっくりと川を横切るようなフォルス・キャストをした。そして鱒のヒットこそなかったが、何秒も経たないうちに、完璧なキャストで魚の上にフライを落した。何の反応もなかった。

「どうだい、むずかしいことなんかないだろう?」

彼は言った。しかし、この間に私はいくつかの点を観察した。リッツは川の対岸までの長さのラインを出すのに普通のフォルス・キャストの半分ぐらいの回数しか必要としない。そして彼のキャストは左手に持っている余分のラインと口にくわえている六本から八本のラインのループを全部シュートしてしまうほど、力強く、早いものであった。しかも、私自身の個人的記録の二倍もの距離を、私が二二インチ口径の銃で狙うよりもずっと正確に投げるのであった。

「さあ、やってみるかい?」と彼は尋ねた。

「ノン」と私は答えた。

その時もうすでに彼は私に竿を握らせ、大きな手で私の手の上を握り、彼と彼の親しい友人たちによって完成された「ハイ・スピード、ハイ・ライン」を教え始めていた。この方法はロッドが十時から十二時に向かって動く時の上方への強いスナップを使うことによって組み立てられている。ロッドが止められる位置に近づく時、手首は真直ぐに伸ばされ、前腕は上に向かって急激な運動をし、肘は三インチほど上る。目に見えるこれらの運動のすべてはただ一つの目的のために行われる。その目的とはフライで空に穴をあけるということである。リッツの説明によると、肘を上げることと、鋭い手首のスナップ、そして前腕の動きがキャスティングの最も重要な点であり、その他のすべてのことはこの主要な運動から派生してくるのである。しかしながらバス・バグや、ワームやヘルグラマイトを使って釣りをしていた古い型のキャスターであり、つま先から頭のてっぺんまでのすべての筋力を使うことに慣れてしまっている私は、実に望みのない生徒であった。

「さあ、やってごらんなさい」リッツがうながす。

「そんなに緊張しないで、筋肉を楽にして、ロッドを押しつぶすようにしてごらんなさい。そんなに難しいもんじゃないんだから。私を喜ばせようとしてごらんなさい、うまく行くから。私が好きですか？」

私は彼が好きだと言った。

「それじゃあ、私のためにうまくやってください。あなたはこれから私にとって一番うれしいことをやるんですから。ロッドを軽く持って。そう、フライ・ロッドの代りに、可愛いい女の子を腕の中に抱いているような気持で。それから気を楽にして。そういうふうじゃ彼女はあなたに反応してくれませんよ。何事においても、うまく、楽に取り扱うことを学ばなくちゃいけません」

女性とそしてフライ・ロッドに関しての私の無知の上に、実に情け深いお叱りがあった。そのあと、われわれはゲームキーパーの小屋に戻り、そこで私はどうやって彼がハイ・スピード、ハイ・ラインのテクニックを作り上げたのかを聞いてみた。

「最初は自分でも自分のキャストがどうなっているのか知らなかったんだよ。だけどみんなは『君のラインはとても早いね、そんなに空中を早く飛ぶラインを見たことがないし、それにこれほど高く、しかも長い間空中に留っているラインは見たことはないよ』と言うんだ。けれど別にそれに特別の関心もなかったので、私は『そりゃ結構だ』と言っただけだった。ある日、私の友人で、キャスティングのチャンピオン、ピエール・クルーズヴォーが言うんだ。『君のキャスティングはとてもジャーキー（せかせかとしている。急激な動き）で優雅さに欠けるよ』って。しかし、それにもかかわらず、魚にフライをプレゼントするのはピエールより私の方が早いんだ。そこでなぜだろうって自分で考えてみた。私のすべての動きは性格的にとてもジャーキーだということに思い当った。私は自分のキャスティングを分析し始め、そして私の場合はすべての運動の力を一回の急激な動きの中に詰め込んでしまっているということを発見したんだ。

そこで私はチューリッヒのキャスティング・トーナメントにジョン・タランティーノを見に行った。彼はアメリカ人で、おそらく世界一のキャスターだと思う。そしてその時、彼が私と同じことをするのを見たんだ。つまり、ひじょうに早い、短くラインを引く動作を入れるんだ。それで私は彼に言った。

『私の研究所、リール川へ来てくれないか』

私は彼をリール川へ連れて行き、今までに見たこともないようなフライ・キャスティングのすばらしいデ

モンストレーションを見ることができた。彼は私と同じようにコントロールされたジャーク・アクションを使っていた。そこで私はすべてのメカニズムを知ることができたんだが、まだ気がついていないことが一つあった。肘をすこし持ち上げることだった。私はピエール・クルーズヴォーがサーモン目がけてキャスティングしているところを映画の中で何度も見た。そして、彼は手首を伸ばし、前腕を急激に上へ振上げる時に、同時に肘を上げてゆくのが分かった。それはひじょうに短い範囲で行われるので、ピエール自身をも含めて誰一人として気付いていなかったことだった。これがハイ・スピード／ハイ・ライン　システムの最後の穴を埋める部分だったんだ。これらのことは特別に大きな発見じゃない。それはずっと前から存在していたんだ。ただ誰もそれを説明することができなかった。今となってはこのやり方に従えば、いくつかの重要な点と理論に裏づけされた単純なメカニズムで、フライ・フィッシングから神秘は取除かれることになるんだ」

「だけど」と私は用心深く尋ねた。「鱒釣りに関しては釣人自身が、そこから神秘性をはぎとることを望んでいないんじゃないでしょうか。神秘的であるという

ことが、魅力の一つにもなっているんじゃないですか」

「たぶんね。鱒釣りには盲信が多すぎるから」とシャルル氏は言った。

「盲信?」

「そう、私は別に誰を傷つけるつもりもないけれど、しかし中にはまったく馬鹿げた考えもあるよ。たとえばマッチング・ザ・ハッチのような考え方だ。もちろん、水の中の虫にできるだけ似せたフライを使わなければならない時もある。しかし、キャスティングの正確さや、いかにしてフライをプレゼントするか、またどのくらい早くフライをプレゼントできるか、そしてまたどのようにそれを泳がせるかといったようなことのほうがマッチング・ザ・ハッチよりもずっと重要なのだ。

私はフライにとらわれてしまったことは一度もない。フライは私をいらだたすのだ。私はフライをとっかえひっかえするために何時間も過したいとは思わない。いちど、三千個のフライを持っていたことがある。そして釣りをする時はいつもそれが全部入ったキャビネットを持って歩いていた。あるフライで魚を釣るとみんなのところへとんで行って言ったもんだ。『正しいフライを見つけたぞ。これだよ。あげるから持って行ってこれで釣ってごらん』って。私は簡単にフライの神秘性の犠牲者になっていたのだ。

しかし、だからといって釣師からフライに対する楽しみを奪い去ろうとは思わない。美しいフライを巻く人たちがいる。私はそうしたフライを見るのは好きだし、そうしたフライを持ちたいと思う。しかし、もし私がフライに時間を費してしまっていたら、ハイ・スピード、ハイ・ラインに関した研究は決してできなかっただろう。今私が使うフライはタップス・インディスペンサブル、パナマ、ランズ・パーティキュラー、バイビジブル、そしてブラック・ナットだけで、そのわけは私が怠惰だからだよ。私はそうしたフライの一つをリーダーに結び『こん畜生! さあ魚はこのフライを食うぞ』と言うんだ。時にはフライを換えたほうがいいと思うこともあるけれど、それでもそのままにしておく。というのはライズを見つけたあとフライをできるだけ早く魚の上に送り込むことや、あまりに早いスピードでフライがとんで来たために鱒はそれがどこからやって来たのかも分からずにくわえてしまい、『何ということだ、もしくわえなかったら、こいつは逃げて行ってしまうところだったぞ』と思うような、そうした技術のほうにより信頼を置いているからなんだ。私のやり方のほうが正しいと言うつもりはないけれど、この考え方だとフライに関して馬鹿ばかしく時間をつぶさなくて済む。

けれど鱒釣師というのは信じることが好きな連中だよ。リーダーを信じたり、ラインを信じたり、ロッドやリールや、ロッドとリールのバランスや、ロッドを釣人に合わせることや、マッチング・ザ・ハッチを信じるんだ。けれどそれはみんなあまり意味はないよ。フライ・フィッシャーが学ばなければならないことは、いかにキャストするかということ。そして、ロッドに関しては釣人のほうがロッドに慣れなければいけないんだ。しかし、一般的には釣人はキャスティングの運動と筋肉の働きを理解せずに、ロッドを自分に合わせようとしてたくさんの時間と金を浪費してしまう。われわれのやり方に従えば釣人は正しいキャスティングをした時には、それを感じることができる。ちょうど、ゴルフボールをうまく打てた時にはいい感じがあるのと同じさ」

昼食のあと私はリール川のもう一人の重要な登場人物に会った。それはリッツがフランダースの巨人と呼ぶ、オーギュスト・ランビオットで、背の高い、白髪のベルギーの実業家である。彼はできるだけ鱒釣りの休暇をリッツと一緒に過ごすようにしている。このベルギーのビジネスマンとパリのホテルキーパーの二人が一緒にいるところは川岸における古い時代の礼儀正しさの模範を見るようである。リッツが餌をあさっている魚を見つけると彼は友人のランビオットに言う。

「この魚はあなたに差し上げますよ」

「いや、いや、あの魚はあなたのものです」

とランビオットは抵抗する。ときどきは彼らの頑固な譲り合いは続き、その魚を釣るにはもう遅すぎるというようなことになる。

「礼儀正しさのほうがより重要なことだよ」とリッツは言う。

リール川のアクルーの流れの持ち主はエドゥアール・ヴェルヌでフランスの銀行の頭取であり、ドライ・フライ信奉者である。彼は釣りの権利を買上げ、川に沿った土地を十年間借り受け、三マイルにおよぶあっと言わせるような釣場を作り上げた。ヴェルヌ氏はフランスの上流階級の人であり、単に英国風のアクセントで英語を話すというばかりではなく、ゆっくりとしたイントネーションで、長く間をおいた注意深い文章をつくる英国の上流階級の言葉を話した。彼は頭を下げ、重いパイプを歯の間にはさんで、大きなポケットの上にもう一つ小さなポケットがついたような英国風のツイードのジャケットを着て、自分の川に沿って歩いてゆく。竿を後手に持って、その先端が頭より上に突き出した姿は、ひじょうに仕立ての良い服を着たイートン・カレッジ出身の軍人のようであった。話を始めるまではヴェルヌ氏は相手を畏れさせ、神経質にさせるような印象を与えたが、一度話をすると、リッツやランビオットと同じようにひじょうに親切な、やさしい人であることが分かった。昼食の時、ヴェルヌはリッツが話し終るのを待って、一つ話をしてくれた。

「戦争中のことだが、神経質なパイロットが機関銃を撃ちまくりながら、川に降りてきたことがあったね。君も顔を出して見るべきだったよ、シャルル。腹ばいになって、あそこの標識の色が変わるほど撃ったんだから」「ちょっと待ってくれ、エドワール」と水を向けられてリッツが言った。「あの時は別にこわい訳じゃなかったんだ。ただ、なんとか生き延びようとしただけなんだよ」

ヴェルヌは声を上げて笑うと、骨も折れんばかりに、リッツの背中に一撃をくらわせた。

「川へ行くのにシェルブール急行に乗っていた時のことを思い出すよ。アメリカの飛行機がやって来てね、汽車に乗っていたわれわれはみんな草むらに隠れようとしてとび下りたんだ。その頃は誰もみんな腹をすかせていて、乗客はほとんどノルマンディへ肉や卵を買出しに行く途中だった。あたりに機銃掃射があびせられている間、一匹の野ウサギがとび出したんだよ。そうしたら、もうみんなでその野ウサギを追っかけてつかまえたんだ」

ドイツ軍が占領していた間、リール川がどうなったかを私はリッツとヴェルヌに聞いてみた。

「驚くほど被害は少なかった」とヴェルヌは答えた。「ドイツ人は個人の川についてはとても規律正しかった。ただ、一度だけ例外があったよ。戦争の終り頃、リーベントロップの息子がヒットラー・ユーゲントと一緒にこのあたりに駐屯していて、彼は大声でわめいたに違いないんだ『おれは鱒が食いたい』って。そこで手榴弾を持って、ゴムボートでやって来たけど。それが唯一の例外だったよ。けれど私がもっと心配したのはドイツ人がこのあたりの飛行場に給油するためにパリから引いたガソリンのパイプラインだった。われわれはそれを、あの何と言ったっけ、そう、セルフ・サービスと呼んでいた。そして、時々そのパイプラインに不思議な事件が起きるんだ。ドカンとね。どうして、そういうことになるのか知らないけど、神の制裁だね。けれど、私はある人々にはいつも言っていたんだ。

『あんたたちがパイプラインに対してやってることは気をつけろよ。パイプラインはリール川を横切っているんだから、あんたたちは鱒を殺すかもしれないんだよ』って」

シャルル・リッツの言うことによると、ヴェルヌ氏は一生を通じてドライ・フライしか使ったことがないそうだ。だから、解放後間もないある日、イギリス軍の少佐で、やはり貴族のある人が当番兵とリール川で釣っているのを見た時の彼の驚きを想像するのは難しいことではない。

「私は彼がラインを水から持ち上げ、そして何フィートか下流にまた下ろすのを繰り返すのを見たんですよ」

ヴェルヌは彼の英国風のアクセントで言葉を続ける。

「そして私は突然彼がミミミミミズで釣っていることに気づいたんです」

ミミズという冒瀆的な一言を発音する時に彼はまるでその一言を発音するのは声帯がひどく痛むかのような音をだし、ヒッチコック映画の驚きと恐怖をすべてつけ加えて表現した。

「それで一体君はどうしたんだい」

とリッツは尋ねた。

「もちろん真直ぐ彼に向かって歩いて行ったよ。その人は恥ずかしそうな顔をして『見られましたか』って言うんだ。『見ましたよ』って私は言って、彼に良いフライ・ロッドとフライを何本か渡したよ。どうして彼がミミミミミズを使ったのかは分からないんだけど、彼はそれから、うまいキャストをしながらフライで釣っていたよ」

昼食が終るとドイツから全速力でとばして来たベンツから下りたった、バヴァリアの貴族のプリンス・フォン・クアッツの到着でリール川はさらに賑かになっ

言った。リッツはこの親愛なるバヴァリア人についてこう言った。

「彼はとってもすばらしい若者だよ。一つだけ言うことがあるとすれば、彼はまるでトーナメント・キャスターのように釣り、そして魚がライズしていないと興味を失ってしまうんだ」

せっせと歩き回り、竿を打振ってプリンス・フォン・クアッツは三尾の小さな鱒を釣った。しかし、その日は誰も超大物の鱒は釣っていなかった。それに私はリール川にそんな魚がいるとは信じていなかった。リッツと私が川に沿って歩いているとプリンスの運転手がひじょうに興奮しているのに出会った。

「あそこにものすごい大きな鱒がいます」と彼はドイツ語で言った。ドイツ語はリッツの喋れるたくさんの言葉のうちの一つだ。われわれはプールを見たが最初は何も見えなかった。それから対岸に近い水面にかすかな渦巻きが見え、そして大きな魚の鰭が見えた。二フィートの長さはあり、八ポンドはあると思われる魚は鱒ではないに違いない。

「パイク!」アメリカで得た知識から私はそう言った。

リッツは何も言わなかった。

その時魚は頭の前に異様な水のもり上がりを起こしながら、われわれの岸めがけてダッシュしてきた。そして尾鰭を一振りすると渦巻きを起こし、消えていった。リッツは息を止めて見ていた。

「あれはパイクじゃないよ。あの餌の取り方は大きなブラウン・トラウトのものだ。向こう岸からこっちへ小魚を追って来たのに違いない。パイクはあんな風に餌を追わないね」

魚はふたたびライズした。それはリッツの言ったとおりブラウンであった。

リッツは下流に向かってヴェルヌの奥方ミシューを呼んだ。彼女はすばらしい女性で、野外生活が好きでいつも小さな犬の群を連れて歩いていた。キャスティングをすると、ときどきその犬たちの耳にフライが引掛かった。

「来てごらん、ミシュー」とリッツはフランス語で呼んだ。

「ここに、小魚を食い荒す大きな奴がいるよ」

釣人であっても昼食にはネクタイをしなければならないと言う、とても上品なマダム・ヴェルヌは、はき心持のよさそうなフィッシング・ブーツをはき、趣味の良いブラウンのストッキングに、とてもよく選び抜かれたツイードの上着という姿で、われわれのところへやって来た。そして、注意深く魚をうかがった。それから、彼女はゲーム・キーパーの家の方へてくてくと歩いて行った。

「どこへ行くんだい」とリッツが尋ねた。

「ショット・ガンを取りに行くの」

何分か経つとマダムは家から出て来て、あたり一面に命令をとばした。

「後ろに下がっててください」と彼女は英語で私に言った。「道を開けて」とドイツ人の運転手にはフランス語で言った。

魚は水面にうかび上がって来て、マダムはそれに向かって銃を撃った。鱒は何フィートか下がると今度はゆっくりと上流に向かって泳いで行った。マダムは第二発目を撃ったが、魚はそのまま速度を早めて視界から消えていった。私はマダムが水の屈折作用を計算に入れなかったのだろうと思ったが、口には出さなかった。マダムはあまり嬉しそうな様子はしていなかった。

「あの軍艦みたいな魚はよく知ってるわ」

彼女はヴェルヌ氏と同じような英国風のアクセントで言った。

「二年前に掛けたことがあるの。魚は私を下流へ引っ張って行って、そこでリーダーが切れてしまったわ。彼女はこの辺にもう四年もいるのよ。あの魚は取除きたいの。釣場を荒らすのよ」

「彼女には名前があるんですか」と私は尋ねた。

「もし、あなたが望むなら、カロラインという名前にでもしましょうか」とマダムは答えた。

その後、私はヴェルヌの家ですばらしい歓待を受け、ノルマンディ風の夕食をご馳走になった。そしてあのすばらしい川のすばらしい魚にアメリカの名前が与えられたことをとても光栄に思った。エドゥアール、ミシュー、そしてフランドルの巨人、思いのままに動き回るプリンス・フォン・クアッツ、そして何よりもシャルル・リッツ。彼らは本当にすばらしい人たちだ。私の思いがつのればつのるほど、私はリール川からカロラインを取除きたいという彼らの願望が失敗に終ることを望まずにはいられなかった。空想の中で、ある日彼らが私に至急電報を打って、アメリカの知識と腕前をリール川へ持って来て欲しいと頼むところを夢みた。そこでは私は完璧なハイ・スピード、ハイ・ラインでキャストをしており、そしてつらい苦闘のあとでかわいいカロラインをチョーク・ストリームの澄んだグリーンの深みから引っ張り上げるのだった。

ただ一つ私の望むことは、彼らが私のミミミミミミズに気付かないでいてくれることであった。

著者の告白

この本を読んでいるみなさんはたぶん私が釣りにおいてはあらゆる場合にすぐ正しい解決方法を見つけだすことができ、簡単に実行に移すと考えられるかもしれない。しかし、それはまったくちがっている。

フライ・フィッシングを魅力的にしているのは、人が何度も失敗を犯すことであり、予期しないできごとを何とか克服してゆくことなのである。

六十六歳のこの年になっても、私は自分が過ちを犯さずに事が運べ、魚が私のフライにライズしてくれるのを見ると、今までにも増して満足を感じる。私には学ぶべきことがまだたくさんあると思うのだ。

私は自慢のために釣りをしない。少しうまくいって自分自身がうまくなったように思う時でも、一尾か二尾の魚にうまくしてやられると、もうそれだけで、やっぱりたいして進歩していないと思うことになる。そこでまた私はまじめになり、あまりにもしばしば魚を失わせる結果となる私の誤りやら欠点を直そうと努力するのである。

　私は怠けもので、まじめに神経を集中させるためには自分自身に鞭打たなければならない。というのは魚を手に入れるということにはもはや情熱がないからだ。私にはまた辛棒強さが欠けており、私のフライが長い間、水の上にとどまっていることはあまりない。

　自分の情熱から道具を完成させることや、キャスティングのメカニズムの研究をしたという職業上の偏重も、やはりハンディキャップとなっている。自分のキャストやプレゼンテーションが自分の思った通りでないと、フライを最後まで流さずに、途中でピック・アップして、また最初からやり直すのだ。そうした欲望を私は抑えることができない。プレゼンテーションが思い通りでない私のフライは、必ず無視されると思い込んでしまう。これは絶対的な誤りで、なぜならフライが魚を釣るのはフライが水面にある時だけなのだから。私が釣りをしている時には、ちょうどフライをくわえようとした瞬間にフライが逃げて行くのを見てくやしがる魚が何尾もいるに違いない。


合わせに関しては二十年以上もの間これを会得しようと努めてきた。しかし今でも合わせが遅すぎることはしょっちゅうだ。その理由は自分の犯した誤りにあまりにも気をとられすぎていたり、いきなり飛び出してきた魚に驚いてしまったりするためである。

　何よりもまず私は他の釣人を見ているのが好きだ。またその人たちの道具を見るのが好きである。そして初心者を教えている時には、私も彼らが学ぶのと同じぐらいのことを学ぶことができる。

　名人の釣りを観察することは私にとっては自分自身が釣りをすることよりも重要である。そして、そうした人の意見を聞いたり、釣りをしているところを見るためであれば何百キロもの旅行もいとわない。

　道具をテストすること、特にピエール・クルーズヴォーと一緒の仕事にはいつも変らない情熱をもって没頭することができた。私は自分の手に個人的な癖をつけてしまわないようにするために、絶えず竿を持ちかえる。しばしば七フィートの短い竿から突然九フィート半の竿に持ちかえたりする。ロッド、ライン、リーダーのバランスが完璧にとれていない時には、私は満足を感じることができず、それによって良いキャストをする自信はまったくない。

リーダーに関しては私はひじょうに神経質で、すべて自分自身で作る。私のポケットの一つには〇・〇一五ミリから〇・〇五〇ミリまでのモノフィラメントの小さなボビンが十ほど入っており、風や天候が変った時にはその場所でリーダーの構成を変える。

フライに関しては、グレーリングにはいつもコロテルプかトリコロールかタップスから始める。鱒用にはよく見えない時にはケーヒルを使い、光の具合のよい時にはグリーンかイエローのボディにグレイ・ハックルのものを使う。そして必要にせまられるまではあまりフライを取り換えようとはしない。これもまた怠け癖のためである。

フックに関しては、ポイントはつねに検査し、ていねいにアーカンサスの砥石で研ぐ。また必要と思われる時には、ペンチでフックのゲープのカーブを直しておく。しかも魚を釣り上げた後だけではなく、いつも気を付けておく。

私がフライにグリースを施すのは稀で、その際はシリコンだけである。

道具をきちんとしておかなかったために魚を逃がすことは、私にとっては最も恥ずべきことである。

キャスティングに関しては、私には一定の決った姿勢というものはない。場合に応じて肘を身体から少し離したり、また手を頭の上まで振上げたり、いろいろに使い分ける。私のスタイルには他の多くの人のようにやわらかさも優美さもない。そっけなく、力強く、早い。ラインは風を切る音を立てる。しかし、それには一つの理由があるのだ。私はいかなる時でもフライが完全に乾いていないことには我慢がならない。そしてまた魚を釣る度に、また何度かのプレゼンテーションごとにアマドゥー（訳註　フライの水分をとるために使われるスポンジ状のもの。ブナの木にはえるキノコからつくられる）を使ってフライを乾かすことはいらいらする。そこで私は竿を力を入れて振り、フライをつねに乾かしておくようにするのである。

流れの早いところではしばしばパラシュート・キャストをやるか、四十五度アップ・ストリームへのキャストをする。そして、リーダーよりも先にフライを流すためにリーダーをカーブさせたプレゼンテーションをする。ふたたびキャストをするために水面からフライをピック・アップする時には、ロール・ピック・アップを用いる。そしてつねにひじょうに長いシュートを行う。サイド・キャストをやる時だけは肘を身体につけておく。

強い風の時、障害物のある時、光線の具合の悪い時、そしてロング・キャストを必要とするような時には私はひじょうに自信があり、一緒に釣る仲間の中では一番成功率が高い。風に対してはストーム・キャストのおかげでたいていは風を突き破ることができる。時には私のロッドは二時半ぐらいの位置まで倒れるが、条件がどうであれ決してフライが後ろの地面に着くことはない。たぶん、それは左手の働きに重点を置いているせいと思われる。私のロッドはほとんどいつもその限界で使われるが決して変形させたことはない。折ったものは今までに二本だけである。やわらかなロッドだけが私に満足を与えてくれる。

ラインはウェイト・フォワードのもののみを使い、できるだけ軽いものを選ぶ。そして手繰る時は手の中へ丸めこむ。そのため手の熱でラインはすぐに乾く。

私は川を上ったり、下ったりして歩き回るのが好きで、その労力がしばしば良い釣果を与えてくれる。つねに別のとこではもっとライズがあるのではないかと

考え、一カ所にじっとしていることにひじょうな苦痛を感じる。私がこうした釣り方をするのは、しばしばこの方法で良い成績を上げていたからである。

魚を見たり、観察できる時、私はすぐにその魚に食い気があるかないかを決定してしまう。そして場合によっては必ずやフライは無視されるに違いないという確信を持ってしまう。自分の判断に特別不満はないのだが、しかしそれはむしろよくない癖だろう。というのは私が試してみないで、あとで仲間がやって来て釣り上げてしまうことがよくあり、それは私の判断が間違っていたことを証明している。

フライをプレゼントする前には注意深く流れの速度をしらべ、それに見合ったキャストの方法を選ぶ。気に入らない流れもあるが、それはそこの景色が気に入らないためのことが多い。そして、そこではよく釣れるとしても稀にしか釣りをしない。近距離で釣るのは好きでなく、また自分の側の岸を釣るのも嫌いである。対岸近くにいる鱒はたいてい私を熱中させ、そのためにしばしば多くの時間を費やす。私はウェット・フライも好きだしニンフでの釣りも好きだ。特にニンフは最も難しい種類の釣りで、私には学ぶべきことが一番

多く残されている釣りでもある。

ランディング・ネットはきらいでできるだけ使わないようにしている。一つだけ使ってもよいという気になるのは、柄が短かく、軽く、全部が木でできたアメリカン・タイプのもので、これを使う時にはランディングの時には膝をつくか、腹這いにならなければならない。

ウェーディングをする時は私はつねに多かれ少なかれ不安で、身体が軽いので決して強い流れの中へ入ってゆく危険は冒さないようにしている。そして、しばしばウェーディング・スタッフを使う。

魚を持って帰ることを好む人は私の最大の軽蔑の対象である。私は例外的に大きいものを除いては、たいていの魚は水に戻してやる。

一人で釣るのは好きではなく、たいていは一緒に釣る仲間を探す。

釣りに関しての個人的な考えはつねに再検討を加えるようにし、新しい、あるいはよりよい考えはいつでも吸収できるようにしている。

私はつねにたまたまの、偶然の大釣りには有頂天にならないように気をつけている。


この章を終えるにあたって、フライ・フィッシャー、シャルル・リッツの心を重くしている一つの事件を書いておかなければならないだろう。告白することは魂にとってはよいことだと言われているがたぶんその通りであろう。しかし天は正直さゆえに私に餌釣り師の汚名を着せることを許さないのではないだろうか。ともかく、オーストリアのシュタイヤー川で、すばらしい昼食のあと、夏の日の輝く午後三時頃のことであった。

われわれは橋の上流にある良いポイントについて話していた。そこはウェット・フライむきの大きなプールで四十尾ほどの虹鱒がいた。さらにその上流ではグレーリングが、うまくプレゼントされたドライ・フライにとび出してくるはずで、ここで私の使うフライはタップス・インディスペンサブル、ランズ・パティキュラー、あるいはよく見えるように白いウィングをアップライトに立てたブラック・ナッツであった。

私はまずプールをゆっくりと念入りに釣り始めた。一尾の鱒が私のキラー・バグの誘惑に負け、それからあと二尾来たがこれは釣り上げることができなかった。

それから上流へグレーリングを釣りに行ったが全然だめだった。そこで、キラー・バグでもう一度やってみようと橋のところのプールに戻って来た。

釣りに神経を集中していて、一人の男が口に手をあてて大声で私を呼ぶまで、橋の上に人が集っているのにほとんど気づかなかった。橋の上には五十人ほどの人が居た。そして橋の下の水は、表面で餌を食っている魚で沸き立っていた。しかし、それは虫がハッチしているせいではなかった。二人の少年がおもしろがって下のレインボーにパン屑を投げてやっていた。

どうみても私の新しいロッドの美しいアクションとパワーを、集った人々に見せるような機会ではなかった。彼らが眺めている魚にだったらフライを投げようと、シャツのボタンをキャストしようと同じだろう。私は退却しようとした。するとまた声がする。そちらを振り返り、私は自分がどうしてもキャストをし、鱒を釣って見せねばならぬ状況に追い込まれていることを理解した。しかも、その時私は自分が敗北するのをこれだけたくさんの人に見られたくない気持になっていた。解決方法は明白だった。パンだ。私は帽子を取り、さかさまにして手に持って「Brot, Bitte!（パンのお恵みを！）」と叫んだ。

そのとたんにパンの切れ端が私の帽子に投込まれた。

「Danke schön!（ありがとう！）」

私はパンを二つに割り、一つをキラー・バグのフライの先につけた。残りは帽子の中に入れてそのまま頭に被った。話が長くなるので要約すると、私は三尾の鱒を釣って、水に戻し、笑いと拍手に向かっておじぎをした。

しかし、この事件のすべてを私の親友オニール・ライアンが目撃していた。彼は川岸に坐ってこれを見ており、顔は怒りで真っ青になっていた。

彼は言った。

「ぼくは君がもう少しましかと思っていたよ。シャルル・リッツが鱒をつかまえるために乞食の真似をするのを見るために、こんなに長い旅行をしてきたのかと思うと腹が立つよ。君が帽子を持って腕を差し出し『Brot, Bitte!』と言っているところを君自身に見せてやりたかったたね。まったくひどいもんだよ。この話をニューヨーク・アングラーズ・クラブの連中にしてやるからみてろよ」

考えてみればフライ・フィッシング・ピューリスト

の道を辿り、八十歳になってやっと私は餌釣りをしたことになる。たぶん私は子供時代、ルセルン湖でスイスの小魚を釣ったあの日に戻ったのだろう。パンはとても良い餌だったことを思い出す。

その日の午後遅くなって私は少し慰められた。この橋は町から自宅へ帰るためにたくさんの人に利用されるのだとわれわれの案内人が話してくれた。そして鱒たちは町の事務所が閉まる時間になるとパンや他の餌が落ちてくるということを知っていて、一日のこの時間には鱒は決してフライをくわえないのだ。そこで橋の上の人々はこの土地の者でない釣人がやって来るとこの魚を釣るように誘い、そのかわいそうな男が罠にはまり、必然的に失敗するのを見てはからかうのだ。

ハンスが言った。

「私はもうここで二十年も案内人をやってますが、パンを使う勇気のあったフライ・フィッシャーはあなたが初めてですよ。それに、フライの聖神を冒瀆したことに対するピューリストたちの反応なんかを全然気にしなかったのも」

健康

私は現在八十歳で、なお釣りをしているが、それでも主にフライ・フィッシングの技術を書いた本の中に健康についての項目を入れるのは不適当かもしれないと考えている。しかし、われわれの生涯の後半にやってくる病気の五〇パーセントは防げるものであり、よい道具はそろえているが、健康は貧弱であるという釣人はそれだけで釣りを楽しむには大きなハンディキャップを背負っていることになる。

年を取るにしたがってかかる病気の多くは、心臓や脊椎、あるいは体重をささえる骨格などからくることが多い。そのうちのあるものは年を取って機能が疲労してしまったせいもあるが、他のものは食べ過ぎ、飲み過ぎ、そして煙草の吸い過ぎ、あるいはしばしばその三つ全部のし過ぎによるものであることが多い。

捻挫や下手な転び方をした時、あるいは突然リューマチのような痛みのあった時にはすぐに信用のおける整形外科の医者に診てもらうことを勧める。もし骨がずれているような場合には経験の深い整形外科医なら、すぐにそれを見付け出すであろう。何もしないで放っておいた場合、何日かして痛みがなくなり、すべてがうまく治ったような印象を与えることもあるが、神経は最初のショックから回復したとしても骨は不自然な状態のままで残ってしまう。そうした障害は何年も経ってからふたたびあらわれることが多く、その時には何をするにももう手おくれで、その人は一生その鋭い痛みと一緒に生きて行くことを学ばなければならない。

医学的裏付けのない整形カイロプラクターは避けるべきである。彼らの知識はひじょうにせまいものに限られている場合が多く、彼らの手の技術によるだけでは望み通りにならない例が多すぎる。

老年に近づいた多くの人はしばしば腰の障害に苦しむ。そして普通に歩くことができない。これもやはり防げるものである。何年か前、私は腰の右側に軽い痛みを感じ、すぐに整形外科医のドクター・ダグラスに診てもらった。彼はこれが腰の骨の移動によるものと診断した。この段階では事態はそんなに重大ではなかったが、私がこのように即座に医者の診断を受けなかったとすれば、後に死ぬまでびっこを引くようになったであろう。ドクター・ダグラスのところへは何度か通ったが、彼のやったことは腰を元の位置に戻すために私の脚を引き伸ばしただけである。それは十年も前のことであったが、その日以来私は一年に二度、この処置をしてもらっている。治療はほんの何分間ですみ杖をついて歩くことを考えればこのほうがずっとよい。

最近フランスではドクター・ロベール・メイニュの指導のもとに新しい治療法が確立された。ドクター・メイニュは私の健康を管理してくれているが、方法は整形外科的治療と医学の最先端の技術とを結びつけたものである。彼は頸部への施術に反対するものではなく、ひじょうに注意を要するこの治療をほとんど毎日行っている。しかし、手による施術でほとんどの病気は治すことができるとするカイロプラクティックの理論には反対をしている。

何年にもわたって、小さな障害に対しては整形外科的処置をしてきたことは私をひじょうに良い肉体的条件に置いている。私はたくさんの友人たちや、ホテルの従業員たちを整形外科に送ったが、とてもよろこばれている。良い専門医は診断をすれば、即座に彼があなたの役に立てるかどうかを告げてくれる。ある症状には手による治療がよいだろうし、他のものは医薬を必要とする。しかし、手による治療と医薬は回復のための唯一の手段ではない。

五十歳を越えると、われわれはマッサージあるいはまとまったある種の治療を受けなければ消えない痛みを経験する。こうした種類の痛みの理由の一つは毒性物質あるいは石灰質の沈澱物が身体のいろいろな部分に蓄積されることである。うまいマッサージ師はツボを集中的にマッサージする。そこで、これらのツボと密接につながっている痛みは治療を重ねるにしたがって消えてゆくのである。またバランスのとれた食餌法も効果がある。

骨格を支えている筋肉や靭帯が、ゴムが古くなってくるように、使い古されて起きる障害もある。そうなると骨はもう正常な位置にとどまっていることができなくなり、小さな調和を失った動作、緊張、あるいは衝撃によってそれを包んでいる神経や繊維が損傷を受けるのである。それらは若い時のような伸縮性を失っているのでそうたやすくは回復しない。

胴および脚の伸張筋はしばしば簡単に損傷を受ける。そのわけは子供の時からこれらの筋肉は立ったり、しゃがんだり、坐ったりする胴の重量に耐えていなければならないからである。それらの働きは身体が前へ倒れるのをふせぐことであり、脚がつぶれないようにすることであり、一生それらのパートナーである屈筋の引きに逆らうことである。

もちろん伸張筋と屈筋の間には、ヨットのマストをしっかり立てておく張綱のような自然のバランスがある。そしてこのバランスが崩れた時に痛みが感じられる。この二つの筋肉を最高の状態に保つため私は何年もの長い間アイソメトリック・エクササイズ（等大等量運動）を実行している。これと同じトレーニングは世界中の一流の運動選手の間でみられる。

アイソメトリック運動は屈筋の各グループの最大限の収縮を要求し、続いてそれに相当する伸張筋の収縮をうながす。私は毎朝各種のトレーニング動作をそれぞれ六秒づつ、六回繰り返す。このトレーニングはベッドの上に横になっていても、誰かの背中か腹の上でも、あるいは風呂が十分に大きければあついお湯の中でもすることができる。

もう一つ私の個人的な経験を話すと、ある時右肩にリューマチのような鋭い痛みを感じた。そして腕を肩の高さまで上げることができなくなり、すべての動作は約三〇パーセントが減じられた。整形外科医は私に何の治療も施すことはできなかったが、リューマチの専門家ならコーチゾンなどの注射によって治すことができるかも知れないと教えてくれた。しかし、あまりに強烈な治療を受ける前に先ずマッサージによる治療を受けてみようと思った。六カ月後、痛みはなくなり、自分の部屋のブランコ棒に両足を地面から離してぶらさがることができるようになった。

もし私が若い頃にこれらの問題について時間を掛け、考える手間を惜しんでいたら、今では不自由な身体になっていたであろう。しかし、それらのことに気をつけたので、八十歳の今でも私は自動車を運転することができ、走り、ゴルフをし、川に入り、そしてもちろんライズしている魚にキャストをすることができる。必要とあれば今でも山に登ったり、下ったりすることもできるが、これは心臓の負担になるので遠慮している。

年をとるとわれわれはより神経質になる傾向がある。

ストレスがたまるような状況は心臓に負担をかけ、この状況が続くと確実に悪い結果があらわれてくる。それは私にも起こったがその徴候が分かったので自分でリラックスするようにしたのである。走らないこと、急がないこと、つまらないことに気を動転させないこと、そして昼の食事のあとではできるだけ少なくとも三十分以上は休むこと。私は夜は八時間は寝ることにしており、どんな状況でも決して睡眠薬はとらない。夜起きている時には本を読む。探偵小説やスパイ小説がよく、神経の集中を要求するようなことは深い眠りへとは導いてくれない。

食事に関しては、私はかなり良い消化力を持っており、口の中に悪い味を残さないような食事だけを食べている。決して食べ過ぎをせず、普通は野菜スープ、肉、魚、ポテト、米、マカロニ、人参を選び、それらに使うソースは制限している。飲み物は赤ワインか水。寝に行く前には約一リットルの水を飲む。

五十歳以上の人十人のうちの一人は泌尿障害を持っており、これは前立腺の手術を必要とする。もし、この種の障害を感じた時は、一刻も猶予せずに泌尿器科の専門医に診てもらうことをためらってはならない。

たぶん手術が必要かどうかを決定する前に、医者は一度か二度診断をして、一年ぐらい様子をみたいと言うだろうが、そのうえで、もし手術をすることになっても心配することは何もない。これには痛みは伴わず、二週間ほどの入院ですむからである。しかし、もし医者に診てもらうのが遅れるともっと別のやっかいな障害をも併発する危険がある。

年をとればとるほど、一日に一時間程度歩くことが重要となってくる。私は八十歳以上の男性や女性のお客にこのアドバイスをして、おかげでひじょうに効果のあった人たちを知っている。

人生のいかなる段階であっても、良い健康があってこそ、良い釣りができるという私の信念はいくら強調してもし過ぎることはないだろう。若い頃にはたいしたことのない障害でも年をとってくると進行はひじょうに早いものである。

第八部　鮭とシー・トラウト

スエーデン

鮭釣り師にとっての偉大なる天国

　われわれ釣師というものはみんな巨大な鱒を軽い竿で釣ってみたいという夢を持っている。そのために釣道具屋で、もっとバッキングがたくさん巻けるリールはないかと尋ねるのである。だれもが巨大な鱒をあげる経験をしたいと思い、それが可能な天国を探し求める。もし、われわれのうちの誰かがそんな魚を釣ると嫉妬にくらんだ目で見られるが、しかし、彼は英雄になり、その話は何年も語り継がれる。そのモンスターの写真は、彼の紙入れにしまわれ、手垢だらけになり端はすり切れる。彼はつねにその写真を出して見せる機会を狙っており、一杯飲み屋で写真が人々の手から手へと巡るのさえいとわない。そうしてもう何度も話した大戦争の話を、もう一度することができるのだ。

　魚が釣れた場所は伝説的なものとなり、ほとんど観光名所にさえなる。われわれのおじいさんの時代には大きな鱒はもっとたくさん釣れ、そんな話は自慢にもならなかった。それに反して今日ではわれわれはニュージーランドや、南アメリカ、あるいはアラスカの巨大なレインボーや、オレゴン州やブリテッシュ・コロンビアのスチール・ヘッドや、ユーゴスラビアの有名な鱒を夢見るだけで満足していなければならない。

　本当の天国というものは今でも存在する。ただその秘密は数少ない特権階級の人々によって守られている。

もう十年も前から私は何とかしてそこに入り込もうと努力してきたが無駄であった。そして、一九五二年五月、ついにイェーテボリの親友たちのおかげで、九月十二日から二十四日まで私に釣りを許可するという手紙がきた。世界でも大きな鱒のいる最高の川の一つで、あるエン川で、私は巨大な鱒たちと相対することができるのだ。

定められた日の十一時に私は白い大きな家の前に着いた。自動車の扉をひらくやいなや、薄いブルーのワンピースに前掛けをし、白いフチなし帽を被った二人の若い、美しいスエーデンのメイドさんが私の荷物を奪い取り、すぐに消えていった。それから主人があらわれた。百パーセント英国風の様子をした背の高い人で、ウルフスパール勲爵士であった。彼のそばにはルイ十四世時代の宮廷の貴婦人のようなすばらしい女性がついていた。彼女が奥さんで、私にとってはこの魅力的な女性は最高のホステスとしていつまでも印象に残っている。それからスエーデンのH・R・H・プリンス・ウイルヘルム、自動車会社ヴォルヴォの会長のガブリエルソン氏、リッツ・ホテルのお客でもあるマニュ氏、そして他の数名の紳士たちに紹介された。その中には私の友人で、マグロ釣りのチャンピオン、アルヴィド・カルランデールもいた。彼らはもうみんなエン川での釣りに慣れた人たちだった。

釣場は全長七キロあったが、魚が釣れるのはバルチック海に面した河口と、それから一キロほどの区間である。上流部は草と木がおい繁っていて川岸まで行くのは難しかった。ウェーディングは危険だし、プールとプールの間は距離があった。

エン川はノルマンディのチョーク・ストリームに似ているところがあるが、岩が多く、流れもずっと早い。しかし、ところどころには流れのゆるいところや、水面の静かなところもあった。魚はいたるところ、ほとんどどこにでもいた。

ウェーディングは難しい。川底には大きな石があり、よく見えないのでウェーディング・スタッフが必要である。水は透明なのだが、ノールウェーの多くの川と同じように暗い色だった。エン川での釣りは四月と九月である。そして釣れる魚の九〇パーセントはシー・トラウト（二・五キロ以下のものは稀である）で一〇パーセントは鮭である。他にはパイクが時々フライをくわえたし、シックと呼ばれる、英語ではグウィニアドというニシンに似た魚がおり、これは食べるとひじょうにうまかった。それとシュベーヌ（訳註　学名、Leuciscus cephalus。ウグイに似たコイ科の魚）がいる。

昼のあとフィッシング・ルームへ行くとそこには一三フィートから一四フィートのダブル・ハンドの長いロッドが竿掛けにあった。しかし、私は九フィート半のロッドで釣ることにした。

九月十二日、十三日、十四日、十五日は何も釣ることができず、三尾の魚をバラしただけだった。そのうちの二尾は大きいものだった。私は朝食前に釣り、そして十時から十二時半まで、午後は五時から七時まで釣った。九月十七日になると魚は食い気が立ってきて、朝、朝食の前にローソンズ・プールで最初の鱒を釣った。その後、河口のシー・プールで二度目のキャストをした時、突然リールからはラインが全速力で引っ張り出され、ついに天国でしか見つけることのできない魚をラインの先に引っ掛けたんだという実感がした。一人で、一体どこでどうやって魚に小さなギャフを掛けたらよいのか心配になった。九時になって私は二尾の魚をやっとのことで引きずりながら家に帰ってきた。魚は計ってみると七キロと一〇キロであった。

それから後の滞在中私は六尾の魚を釣った。全部で八尾の釣果だった。それらはみんな自分のパラボリック・ロッド、リーダー・チペット〇・〇三五ミリで、釣った魚は四・五キロ、五キロ、七キロ、八・五キロ、八・七キロ、八・五キロ、九キロ、十キロで、平均は七・五キロだった。

ここにエン川での釣りの技術的なことについて少し触れておこうと思う。

●早い流れ、中ぐらいの流れ、深み　エン川では人々はシー・トラウトを鮭釣りのようにウェット・フライで釣る。フライはできるだけ長い間、リーダーを実直ぐに伸ばしたまま、しかもドラッグをかけずに流さなければならない。流れがラインをたるませた場合には竿先をあおって上流へメンディングしてやる。こうしてラインをまた真直ぐに伸ばすのである。そしてロッド・チップを上げ、次に下げてラインとリーダーを伸ばしてやるような、引き上げ、放し、の技術を特に流し終りに使うことができる（図58）。フライのドリフトの深さはフックの大きさにより変る。

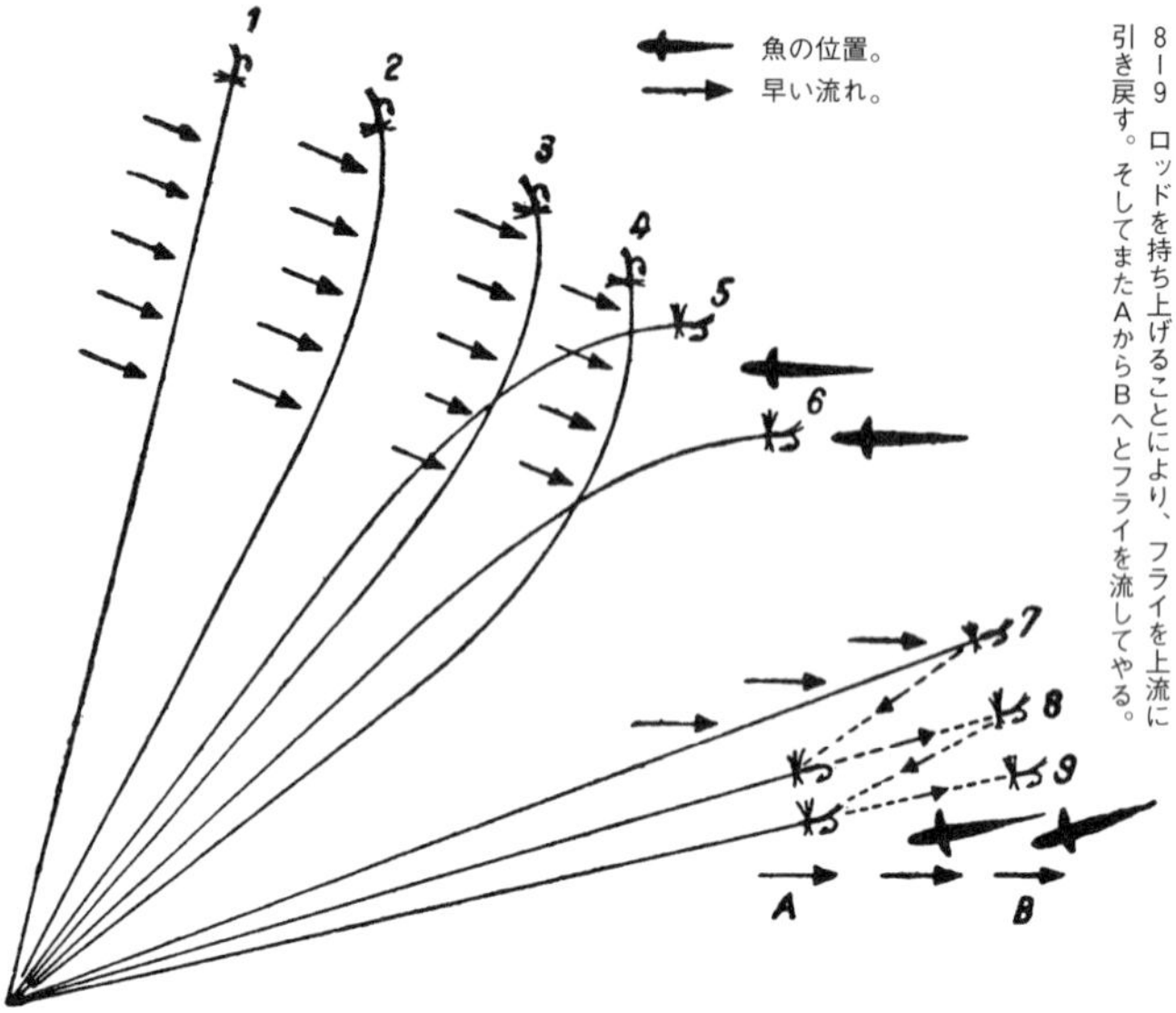

ロッド・チップの操作によるラインのメンディング。
1−2−3−4　流れが少しずつラインにたるみをつくる。フライはラインより後方になってしまう。
5−6　ロッド・チップを軽くサイド・キャストのように振って、ラインを上流にメンディングする。
7　フライの流れおわり。
8−9　ロッドを持ち上げることにより、フライを上流に引き戻す。そしてまたAからBへとフライを流してやる。

図58

●**水位が低い場合、静かな流れ、浅い場所**　こうした場所ではグリースを塗ったラインで釣る（図59）。フライはおおよそ水面から一フィート下ぐらいのところを流れることになる。ラインには先から二メートルか三メートルの間はグリースを塗らず、このグリースを塗っていない部分とリーダーとフライはつねに水中に沈んでいなければならない。フライがときどき水面に上ってきてしまうことがあるが、その場合はロッド・チップを急激に短く、水平に引いて沈めてやる。この釣り方はドライ・フライの釣りに似ており、フライをくわえる魚が見えるのでひじょうにおもしろい。

●**フライ**　8番から3／0番までのサーモンおよびシー・トラウト用の主なパターンを全部使うことができる。グリースを塗ったラインで釣る場合はサイズの小さいものを使う。色は光線が明るい時には明るい色のものを、光線が暗い場合には暗い色のものを使う。私はプローン・フライ（エビのイミテーション・フライ）が好きで、ボディに巻かれたソフト・ハックルが生き生きとした感じを与えているように思われる。私が釣ったエン川の魚はすべてこのパターンの2番のフックの

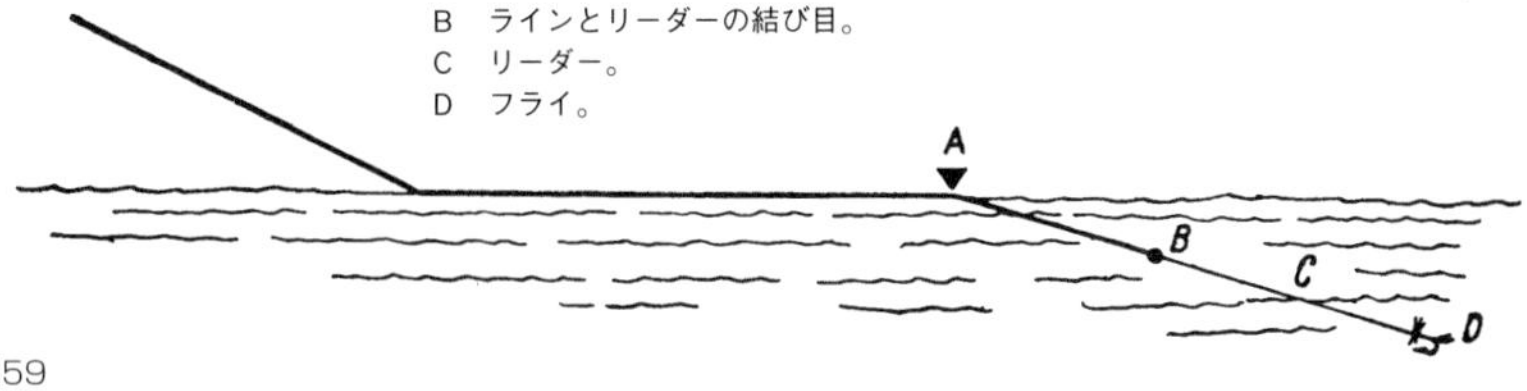

グリースを塗ったライン。
A　ラインは先端から２〜３メートル手前のところまで、よくグリースを塗る。
B　ラインとリーダーの結び目。
C　リーダー。
D　フライ。

図59

ものである。エン川のシー・トラウトは例外なく浮いているフライを無視する。それに対して、ノールウェーのラエルダル川では条件のよい時には浮いているフライでも釣ることができる。

一九五六年、ロックスバラ公爵から招待されるという特権にあずかり、彼のツイード川の釣場で鮭のスプリング・ラン（春の遡上）を釣ることができた。エン川ではグリースを塗ったラインを使ったわけだが、今度は、特に水位の低い場所でのフライの釣りで学ばなければならぬことがたくさんあることを考えて不安になった。公爵が私にいろいろ教えてくれたが、そのうちの一つに、スプリング・サーモンのストライクのとり方があった。（エン川のシー・トラウトはフライをもっと簡単にくわえ込む）。それはまず手に一フィートか二フィートのスラック・ラインを持っていて、魚がフライをくわえた時にそのラインを放して魚に反転する時間を与えてやる。そしてリーダーが当たりをとるのに最もよい角度になるのを待つのである。あまりに早く合わせすぎると十回に九回はフライは魚の口の中から引っ張り出されてしまう。

ツイード川でのスプリング・ランは鱒用の道具立てでサーモンを釣ることができるので私の好きなタイプの釣りであった。ある朝、私は九フィート半の竿でプールを釣り、一時間ほどの間に幸運にも六尾のすばらしい魚を釣り上げることができた。

ウルフスパール勲爵士の釣りの統計に関するノートを私は写してきた。これはこの二十五年間の釣果に関するもので、興味深いのでここに載せておく。

表――一九二六年から一九五二年までのエン川におけるシートラウトとサーモンの漁獲量

	春	秋	計
1926	434	28	462
1927	518	57	575
1928	510	66	576
1929	392	26	418
1930	264	57	321
1931	146	62	208
1932	465	49	514
1933	753	54	807
1934	827	93	920
1935	905	109	1,014
1936	802	77	879
1937	751	142	893
1938	659	106	765
1939	477	——	477
1940	333	44	377
1941	1,000	27	1,027
1942	734	39	773
1943	538	45	583
1944	478	38	516
1945	315	101	416
1946	358	105	463
1947	700	65	765
1948	434	74	508
1949	845	13	858
1950	367	27	394
1951	161	29	190
1952	802	——	802
	14,968	1,533	計 16,501

だいたいの平均重量＝春：六ポンド半から一九ポンド半
秋：八ポンド半から二六ポンド半
一日の最高漁獲量＝六尾、二三ポンド（シー・トラウト――一本のロッドで――釣人はイギリス人）
記録＝三二ポンド五オンス半（シー・トラウト）
主なる釣場の距離＝一キロメートル

ノールウェー

私が最も強い感動を受け、自分の忍耐が正当に報われたのは、気持の良い人たちのいる国、ノールウェーのアアロ川の大きな流れにおいてであった。

　ノールウェー、あらゆる釣人のあこがれの国。北極圏の中の野性のパラダイス。魚が多く、釣人はすくない。これが、総計何百キロもの長さの、フィヨルドに流れ込む川や無数の湖のある地図をちらりと見た時に、ほとんどの釣人が想像する世界である。私の友人の一人、ヴァイキングの国の二千キロにおよぶ水の流れのほとんどの場所で糸をたれたことのある男がその旅行について語った。

「そして、まったく未開な土地の中を流れる川を探してぼくは北極圏に足を踏み入れた。リンゲンのフェリー乗り場へ行くストルステインの道路を走っていた時のことだ。やっと車が通れるくらいの道を見つけた。そして地図によると、この道はラップランドから来ている一本の川にぶつかっているようだった。そこでぼくはこの道へ入ってみることにしたんだ。ひどい状態の道を一〇キロほど行くと、そこでもう行き止り。そうしているうちにさっき言った川へ通じているに違いない小径を見つけた。さあ、いよいよこれで人っ子一人いない川で釣ることができる。友人とぼくは長靴をはき、竿を継いだ。二時間歩いてわれわれは川岸の開けた場所に着いた。そこには透明な水晶のような水が流れていた。右側の上流の方には大きな岩があって川は見えなかった。心臓は高鳴ったよ。何しろ三千キロの旅行をしてやっと理想の場所を見つけ、これから最高の瞬間がおとずれるという期待があったからだ。ぼくはフライを選び、いくつかの確実なライズにむかってプレゼントしようと身構えた。その時だ、突然ぼくは夢を見てるんじゃないかと思った。こんな筈はない。そんなことは不可能だ。ぼくは友人に聞いてみた。

『ここまであの小さいラジオを持って来たのかい』

『いいや、車の中に置いてきたよ』

　幻覚でも見ているんだろうか。ぼくは友人の顔を見た。彼の顔も狼狽していた。耳をすます。まちがいない。『第三の男』のメロディーが岩の向こう側から聞こえてきていた。岩を回って行ってみると、そこには十歳ぐらいの男の子が、ミミズのついた糸を棒切れに結びつけて岸辺に坐っていたんだよ。彼の横の苔の上には脇腹の赤い鱒が何尾かおいてあり、彼は当りを待ちながら、口笛を吹いていた。それは有名なメロディで冬の夜の間にラジオで覚えたのに違いなかった」

彼のこの話は、私が自分で旅行をする時のために役に立った。しかし、原則として、私は自分の知らない国へ初めて行く時には手に入る限りの資料を集め、二度も三度も検討する。それに、年によってサーモンの遡上の日が違うことや、水況も変ること、そして良い釣りに恵まれるのは三年に一度ぐらいの割であることも知っていた。そのために何よりまず釣果の最も安定した川の、最も確実な時期に釣る権利を得ることが必要である。もしその場所に、プールがあり、そして、そのプールが大きな滝の下で魚が何日か足止めをくうような場所であれば理想的である。

私は自分の目標をナルヴィックの北一五〇キロの地点、マルセルブ川のマランダフォスに絞った。そして、春の雨や水かさの増加を避けるためにできるだけ遅い時期に釣りたかった。北へ行くに従って鮭がやってくるのは遅くなる、それもマラングフォスを選んだもう一つの理由であった。友人のガイヤールとエルビーがこのすばらしい川にすっかり惚れ込んで帰ってきたので、私は彼らを質問ぜめにした。エルビーはたくさんの鮭を釣り上げ、そのうちの一尾は一五キロを越えていたと言った。またガイヤールの方は五日間釣りをして十尾の鮭を釣り、そのうちの一尾は二〇キロで、フライで釣ったのだという。しかし、私がいつも感じるのは釣人による情報には、ひじょうに重要な部分で正確さに欠けているところが多いということだ。ノールウェーとひんぱんに通信をしたにもかかわらず、もっともノールウェー人との通信のやりとりは難しいのだが、着いたとたんから私は最も基本的なことさえ分かっていなかったことに気付き、しかも二日に一日は釣りをせずにじっとしていなければならないかもしれないことが分かった。

北極圏

パリからストックホルムまで飛行機、ストックホルムからナルヴィックまでは汽車。ここまでストックホルムで十二時間の待ち時間を入れて全部で二日かかる。釣りの親友、まだ鮭を釣ったことのないジャック・シヨームが一緒だ。

ナルヴィックは完全に再開発され、百室以上もある超近代的な、真新しいホテル・ザ・ロイヤルが建っている。部屋に落着くとすぐに、町で一番大きい金物屋であり同時に、釣具店の持主であるジョン・ロボードに電話をする。ジョンは背の高い、茶色の髪をした好男子で、私以上にノールウェー人とは似ても似つかなかった。もし、ボンド・ストリートの有名な職人の洋服を着ていたら、貴族の館を歩いても誰もとがめることはないだろう。ひじょうに魅力的で、しかも控えめな男である。彼はうまい釣人であり狩猟家で、われわれは彼の親切にすっかり甘えた。彼は七月十八日にマラングフォスでわれわれと合流し、二十日から三十日までこの地方の他の川へわれわれと一緒に行ってくれることになっていた。

翌日、十一時にマラングフォスから一〇キロほどのルンドハウダへ向けて出発、三時に着いた。ホテルはマルセルブ川の大きくカーブした岸辺に建っており、川にライズが見えた。ひと目で、それはグレーリングのものと分かった。

ホテルの部屋には、つねにお湯と水が出、浴室はすぐそばにあり、セントラル・ヒーティングの暖房があり、清潔さは完璧で、たっぷりした量の料理がでた。

私はここで初めて白夜を体験した。それであまりよく眠れなかった。

大きな水族館

いよいよ、出発の時はやって来た。われわれはすべての荷物を積んでタクシーに乗った。二十分後、川から三〇〇メートル離れて、外からは見えない場所に建てられているフォショーの農園についた。そこから苔とみずみずしい緑の下草のある森の中を二十分ほど歩いてゆくと岩の上に建てられた釣り用の小屋があった。岩は一五メートルの高さがあり、下には波立った小さな湖のようなものが見えたが、実はそれは大きな滝で川の水の量の多さと勢いのために水煙を上げていた。なんというすばらしい光景だろう。

下のプールはまるで巨大な鮭の生簀のようだった。プールの下流には二〇〇メートルの長さの大きな島が川を二つに分けていた。分流の片方はせまく、水流は早かった。もう一本は広く、どちらかといえば静かな流れになっていた。そして時々鮭が跳び上り、この釣人を魅了してやまない光景を完璧にしている。これがマランダフォスの大プールなのである。

小屋からは一八〇センチを越す二人の大きな男が出て来た。それはチーフ・ガイドのコンラッド・フォシヨーとその兄弟だった。彼らはわれわれを爪先から頭のてっぺんまでしげしげと見て、ニコリともせず、もったいぶって握手をした。

「鮭は釣れますか」

「釣れるよ。夜の間に五尾。二〇キロのを一尾バラしたよ。全部スプーンだ。フライはだめだよ」

さいわいなことに私はフライ竿の他に、金物屋の道具一式も持って来ていた。

それから彼はよい情報を知らせてくれる。ここでの釣りの権利は岸辺の農園にあり、フォショーの一家は右岸の権利を持っており、他の三軒の農家が左岸の権利を持っているという。しかも彼らは同じ日には一緒には釣らず、二十四時間ごとに交代で釣るのだという。交代は夜の十時に行われ、次の日の同じ時間まで。ということはわれわれは五日間しか釣ることができず、

おまけにスコットランド人が前夜着いたのでボートはわれわれ二人に一隻しかない。対岸の滝のそばに私は別の小屋が一軒建っているのを見つけた。

「左岸にも舟はないかね」

「分からないね。毎年、この季節にやってくるスエーデン人が一人いるけど、三軒の農家はお互いに六日に一日を自分の権利の日にしているから、みんなに会ってみなきゃだめだね」

私は無理やりに頼み込んで、夜の交代の時に明日舟を一隻借りられるかどうか聞いてもらうことにした。

さいわい、ルンドハウグの食料品屋のサンドモがそこにいたおかげでわれわれは十日のうちの一日を無駄にするだけですんだのだった。もっとも彼もフォショーが必要なことはすべてやるだろうと考えて、そのへんの事情を報らせるのをすっかり忘れていたのだ。そのほかに二日が増水のために釣りにならなかったが、幸いにして増水は二十四時間続くわけではなかった。川が増水しなければ魚は活性はある。

フォショーに勧められてわれわれは竿を継いだ。彼はわれわれのやることをじっと見ていた。そして、サーモン用のリュクソールのリールを見るや、疑い深そ

うな目つきで、ナイロンの糸を試し、簡単にそれを手で切ると、

「この道具じゃ、ここでは釣れないよ」と言った。

そして、完全に変形してしまっているグリーンハートの古いロッドと、フライ・タイプのリールとドゥヴォンを私に示した。私は彼のナイロン糸を調べてみた。同じ太さで、より丈夫ということはなかった。一矢報いるため、私はこの同じ道具立てで一〇〇キロにもなるサメをアガディールで釣ったんだと言ってやった。しかし、彼の眼差しには私が彼をからかっていると考えていることがありありと読み取れた。

とにかくわれわれは用意が整った。ところがあの二人の男は小屋の中へ入って、家族の多いフォショー家の他の二人の男たちと話をしている。彼らはテーブルを囲んで坐り、情報をつき合わせ、長々と戦術を練っている。彼らの話の中身を想像することは不可能だったが、その話の進み方が遅いので、結局、われわれは彼らがいいと考える時まで釣りに出ることはできず、それまではどんなことをしても忍耐しなければならないのだということが分かりかけてきた。そのうえ、魚の食いが立っている時には彼らは一晩中釣りをするので昼間は疲れてしまい休むのだ。われわれは確かに二十四時間の間いつでも釣ることができる。しかし私は自分の楽しみのためにここにやって来たのであり、大量生産の漁業をやるためにやって来たのではない。私はすべてをジャックに説明してやった。彼は驚き、これで一日に五十クローネを取るのは明らかに泥棒だと彼のつたない英語でせいいっぱいの努力をしようとした。

「ぼくに任せてくれ」

と私は彼に言った。

「やんわりとうまくやったほうがすべてが好転すると思うよ。あまり直接的にやるのはいい方法じゃない。ノールウェー人というのは誇りの高い人種で、独立心に富んでいるし、彼らの気候が要求するリズムで生活するのに慣れているんだから」

そこでわれわれは小屋の前のベンチに坐り、慰めのパイプを喫って、作戦会議が終るのを待った。それからたっぷり三十分経って、「さあ、行こう」という声が聞こえた。

われわれは小径を通ってボートまで行った。ジャックは後ろに乗り、私が真中に坐る。太陽は輝き、暑く

なり始めた。岸寄りの強い流れを横切ろうとして下流に流されたが、激しく櫂をこいで斜めに島の上流の静かな流れの中にたどり着き、左岸まで横切ることができた。そこは平水の状態ではプールの最良の部分である。ボートは流れと同じ速さに保たれ、コンラッドが右へ左へと移動させる。われわれはルアーを投げる。ジャックはスプーンを、そして私はコンラッドの貸してくれたドゥヴォンを使っている。釣り方はハーリングでリールを巻かずにルアーをゆっくりとジグザグさせる。水の流れだけがルアーを動かしている。その時、私にすばらしい考えがひらめいた。ジャックにもチャンスを公平に分けてやろうと思って、私は彼に魚を釣り上げるのは交代にやろうと提案した。

「たとえば私のドゥヴォンに続けて二尾来たら、二尾目の竿を渡すから君が釣り上げるんだ。そのやり方でどうだい。

彼は承諾した。すぐに私に強い当りがあったがバレてしまった。少し経つと今度はジャックが叫ぶ。

「魚だ!」

けれどそれは川底だった。彼はラインを出し過ぎていた。彼はルアーを外したが、少し経つとまた同じことをした。私のドゥヴォンのほうはずっとスネたままだ。

突然ジャックの竿が急激に引き込まれた。われわれから四〇メートルほどのところで一尾のすばらしい鮭が水の上へ跳ね上った。彼は竿を立て、リールを巻くがラインは出て行くばかりだ。私は彼にリールのドラッグを締めるように言うが、しかし、彼は竿を片手で支えるのをためらっている。顔面は蒼白だ。私は彼の方へ身体を傾けドラッグのネジを締めてやる。今度、竿は折れそうに曲がったが、ジャックはよくそれに耐えており、魚もまた強く抵抗している。われわれのガイドは力いっぱい櫂を漕ぎ、流れの尻の尖った岩がたくさんある場所からボートを離そうとしている。

「ゆっくり、ゆっくり」と彼は言う「もっとラインをやって」

彼はわれわれが魚をバラしてしまうのが恐いのだ。というのは、われわれの釣った魚は彼のものになるからである。ジャックは疲れ始め、せっかく巻き戻したラインをそのまま押えておくことができない。彼の指はまっ白になっていて、私はまたドラッグの調節をしてやらなければならない。

突然「早くリールを巻いて！」という声がする。

魚は上流の方でジャンプをし、ボートに向かって突進してきた。リールのハンドルは全力で回転し、それから突然止まる。竿の先はまるで水面に着きそうになっている。魚は激しく頭を振りながら川底へ突っ込んだ。私はジャックを勇気づけ、彼にどうやってポンピングをしたらよいかを説明してやる。しばらくすると、うれしいことに鮭は底から離れ、リールにはまたラインがたまってきた。ジャックの顔に笑いが戻ってきて、目が生き生きと輝き、震えがとまった。

左岸の小屋の上流に小さな砂地があるのでギャフを掛けるために、そちらへ行こうとした。しかし、それにはまだ早すぎた。ボートは止まり、鮭は元気を取り戻して流れへ突っ込もうとしている。ジャックの顔は不安でいっぱいになり、竿にしがみついているが、竿はどんどん下がり、危険な状態になっている。この魚はまだ余力を十分に残しているのだ。ジャックの竿はほとんど水平。これは彼の最初の鮭で、決して忘れることのないものだ。彼が私に竿を渡したがっているのが見て取れた。

「がんばるんだ。釣り上げられるよ。左の水面のすぐ下に見えるよ。すごく大きいよ！　何てモンスターだい！」

「しっかりつかまって！」

ボートは砂地に着き、コンラッドと私は地面にとび下りた。ジャックはまだ震えており、立ち止り、よろめいて、やっと身体のバランスを取戻し、それから水の中へ下りて両足でふんばり、竿と同じように身体を二つに折っている。この時鮭は流れを遡って来てボートのすぐそばを通り、ラインがボートの下に入りそうになった。フォショーはうろたえて、叫ぶ。

「気をつけて！」

さいわい魚は止り、ジャックは引寄せることに成功した。ついに魚はわれわれの足下にきた。頭を振り、あらん限りの力で尾を振って最後の抵抗をするが、完全に力を使い果たしていた。ジャックも同様だった。大きなギャフが情容赦もなく打ち下ろされ、信じられないほどの乱暴さで胴体の真中に食い込む。血がほとばしり出、太い棍棒が頭をたたき割る。それは一七・五キロの溯上したての鮭で、体色は青みがかった銀色、まだ海の寄生虫がいっぱいついていた。

ジャックは岩の上に坐り、額の汗を拭き、カナダ風のパーカーを脱いだ。私は彼と抱き合って祝福した。大きな喜びがわれわれを包んだ。なんてすばらしい魚だろう。ノールウェー万歳！　マラングフォス万歳。パリから三千キロの旅行の末にジャックは彼の最初の鮭を釣ったのだった。さあ今度は私の番だ。ノールウェー人に超近代的な道具でどうやって鮭を釣り上げるのか見せてやらなければ。

ところがこの野望を抱くのは早すぎた。ふたたび始めようとすると、われわれの主人であり、ギャフ係りは私に言った。

「私はちょっと休んできますから」

まったくこの男は自分のことしか考えていないようだ。彼が激しく櫂を漕いだのは確かだ。しかし、それでもう疲れてしまったというのなら、われわれが釣りのできる時間はさらに制限されるということになる。

しかたなしにわれわれは絶え間なくライズを繰り返しているグレーリングを見に行った。グレーリングが食っている虫は初めて見るものだった。ボディはオーストリアのものに似ているが羽根はずっと大きかった。それはまるで梨をさかさにして、帆をつけた小さな舟のようだった。明日、ドライ・フライ用の小さなロッドで釣ってみることにする。ライズはどちらかといえば早いほうで、しばしば大きなしぶきが上った。ハッチは頂点に達した。まるで小さなヨットのレガッタのようだった。そしてその小さなヨットは、次つぎと一秒の何分の一かの間だけできる極少の渦の中に消えて行く。ガイドの休みはまだ続いている。

とうとう、私は両手に勇気を握りしめて、これだけ長い旅行をしたのだから、マルセルブ川での私の最初の鮭をどうしても釣りたいのだということをコンラッドに分からせに行った。

「急ぎなさんな。時が来さえすればあんたの鮭でも、他のもんでも釣れますよ」

彼はふたたび川をじっと見ていた。そして最後にとうとう、私は「さあ、行こうか！」と彼が言うのを耳にすることができたのだった。

彼は起き上がり、ゆっくりとカヌーの方へ歩いた。われわれも大急ぎでカヌーにとび乗った。私はドゥヴォンをスプーンに取換え、大張り切りで釣り始めた。ジャックの竿が突然大きく曲がったが、コンラッドは言う。

「底だ、巻いて！」

私はジャックがあまりにも頻繁にルアーを川底に掛けることに気付き始めていた。私の方はキャストをし、スプーンをボートから三〇メートルぐらいのところで泳がしていた。われわれはまた舟をジグザグに動かした。私は目の隅でわが友人の竿、テレボリックを観察していた。と、突然、その竿先が引き込まれ、彼は叫んだ。

「鮭だ!」

それは完全に掛かっており、またもや大物だった。けれど、私は約束したことを思い出して、私の竿をコンラッドに渡し、彼がそれをボートの前におく間に、ジャックの竿を握った。

「シャルル、気をつけろよ。魚はとても強いぞ」

「私だって強いよ。今すぐに引っ張り出してやるから見てろ」

しかし、何て強さだ。リールはどんどん空になる。私はいそいでドラッグをいっぱいに締め、一歩も譲るまいとする。

「ゆっくり、ゆっくり」とコンラードが相変らず、今度も言う。

くそくらえだ。私はぶつぶつとつぶやいた。おまけに今度はジャックまでが私に忠告をし始める。

「シャルル、お前馬鹿じゃないか! それじゃ竿が折れちゃうぞ! ドラッグをゆるめろよ」

私は自分のすることぐらいわかっている。自分の道具については知っているつもりだ。モロッコの鮫ともっと強い引っ張りっこをしたことだってあるんだ。そこで私は気違いのようにポンピングを始めた。鮭は頑強に抵抗していたが、私は一メートルたりともラインをやらず、そのため竿は折れそうに二つになっていた。われわれの漕ぎ手は、結局、私が自分の考え通りにしか動かないということを理解して、あわてて全速力でボートを岸に向けた。自分の身に何が起きたのか分からない、あわれな鮭は少しづつ寄ってきた。魚は驚き、めくらめっぽうの暴れ方をして急速に疲れていった。ボートは岸に着いた。私は電信柱のように硬直したまま飛び下り、そして全力で魚を引寄せた。例の通り、情容赦のないギャフが屠殺人の役割を果たした。一一・五キロ、良い型だ。こうして、私はスイス人がやればこうなるのだというところを見せてやった。けれど、その時コンラッドの声が聞こえた。

「もっとゆっくりやらなくちゃいけませんね。そうしないとたくさんの鮭を失うことになりますよ」

彼は三本フックのうちの一本が開いてしまっているのを見せた。

「さあ休みましょう。昼食の時間です」

われわれの漕ぎ手がきっぱりと言う。

魚は食い気が立っているというのにわれわれは岸に戻る。われわれが釣りをやめても、同時に釣っていたスコットランド人のステフェン氏は、さらにまた魚を釣り上げた。どう見てもわれわれの漕ぎ手よりも強い漕ぎ手を傭っており、彼はもう四尾も釣っている。

われわれは大急ぎで昼食を呑み込んだ。しかし、だからといって好転のきざしがあるわけではなかった。というのは今や合言葉となった「行きますか」はやっと一時間後になって聞こえてきたからだ。私はサンドモから魚がよく食うのは十一時から四時の間だということを聞いていた。私の釣りの手帳がこの情報の正しさを証明している。私は波形の大きなスプーンをつけ、スプリット・リングを新しいものに換え、下のフックはもっと丈夫なものにし、トップ・リングの方にも小さなフックをつけた。ステフェン氏は休みに行き、われわれにはプールの最良の場所が全部残されているわけだった。

「鮭だ！」とまたジャックが叫んだ。

けれどそれは直ぐに外れてしまい、私に希望は戻ってきた。今度は私の番だ。平均して釣れるのなら今度は私にもチャンスはめぐってくる筈だった。ところが違うのだ。スプーンをちょうど良い場所に流したのはまたしても友人の方だった。火の玉のような猛スピードでダッシュする魚に引かれて彼のラインは空になり始めた。

「竿を渡せよ」

「ちがうよ、これはおれの番だよ、前のやつは外れたんだから計算外さ」

何も言うことはなかった。彼には権利があるのだ。そして私は見物人の立場で満足していなければならなかった。戦いは簡単にけりがつけられ、一一キロの魚が戦果の列に並んだ。それから休み。私は完全に頭に来てしまい、パイプに火をつけて、忍耐の残りをかき集める以外にどうしようもなかった。

それから、やっとまた釣りが始まった。ルアーをとっかえひっかえしたにもかかわらず、私には何の手ごたえもない。もちろん、あらゆる場所を探ってみた。

しかし、二本のロッドで釣っていたスコットランド人が魚にこの金物はあまり栄養がないということを教えてしまったようだった。

二十分間何の当りもないので、コンラッドは左岸寄りの滝に向かって逆流している場所をやってみようと決心した。その場所は今日はまだ荒されていなかった。

ジャックがまた次の魚を掛けたが、それを見ていて私は自分のラインが出すぎていることが分かった。ラインを短くすると今度はルアーが完璧に動いているのがはっきりと感じられた。私は勇気を取り戻した。いよいよ重大な瞬間が近づいて来るのだ。この夢を現実のものとするように、われわれから数メートルのところで二尾の鮭が水面を割って出た。大急ぎで私はリールを巻き、その魚たちのそばへルアーを投げた。そしてゆっくりとハンドルを回す。すべての神経は張りつめ、心臓はこの上もなく高鳴っている。私に来い！　私に来い！　さあ今度は私の番だ。ふたたび私は生きている喜びを感じている。ところがそれも束の間のことだった。ジャックが、今度は静かに、老練な釣師の落ち着きを見せて、眉ひとつ動かさずに言う。

「鮭だ。早く寄せろよシャルル、こいつは大きくて強そうだぞ」

私は完全に打ちのめされてしまった。アガディールの鮫の一件を相変らず許さないフォショーは「ジャックさん、ベリー・グッド」と言う。

われわれの協定によれば今度は私の番だ。竿を手にとったが、自分の気持とは正反対だった。私は自分で魚を掛けるという満足を傷つけられていた。ジャックは慌てて私に席をゆずったが、それは彼が私に同情し、あわれみ、私の不愉快であわれな状態を理解し始めたからだという印象がした。それにもかかわらず、ルアーは底近くを流したほうがよく、ラインを短くしても釣れるように錘りをつけたこと、そしてラインが短いほうがよいことを彼は話した。私を現実に引戻すには良い教訓だった。

釣りにおいては謙虚さが第一の規則なのだ。

確かに世界中の鮭は私に意地悪をするために団結している。そこで私は復讐する。コンラッドが絶え間なく「ゆっくり、もっとラインをくれて！」と言うのに対して、私はあらゆるものをぶっ壊すほどの勢いで引っ張る。自分でかけた鮭を釣るよろこびを奪われ、私はショームの一五キロの鮭を新記録の時間で釣り上げた。

翌日も、そしてそれに続く何日かも同じようにして茶番は続いた。

最終結果はマラングフォスでの七日間の釣りで私は十一尾の鮭を釣り、七尾をバラした。ショームは六尾をバラにして、十五尾を釣った。私の釣った十一尾のうち、五尾は寛大にして理解のあるわが釣り仲間によって掛けられたものであった。

六日目にケベックのドクター・ヘースティングスが、二日間の予定で、ボートの予約もせず道具も持たずにやって来た。私は彼に一緒にボートに乗るように招待し、道具を貸してあげた。ルアーを水につけてから二十分後、ヘースティングスは彼の最初のノールウェーの鮭をギャフに寄せる。一五・五キロの遡って来たばかりの魚だった。それから九キロの鮭をもう一尾釣った。その間、私は六キロの鮭一尾で満足しなければならなかった。

七月十九日はわれわれの滞在の最後の日だった。アメリカ人たちがホテルにやって来た。ホールでニューヨークのドクター・カーネス・ウィークスが私に声を掛けた。「リッツさんですか。アングラーズ・クラブ

であなたの噂を聞きました。私と一緒に六十歳のご婦人が一人いまして、彼女は海ではすでに大物を釣ったことがあるんですが、まだ鮭は一度も釣ったことがないんです。われわれと二日間だけ一緒なんですが、明日われわれと一緒に釣って、彼女に初めての鮭を一尾釣らしてやってくれとお願いしたら、ご迷惑でしょうか」

きっとジャックが私には幸福をもたらす才能があると彼に吹き込んだのに違いない。まあ、とにかく何の才能もないよりはましだろう。それにどんなことが起こるかは誰にも分からない。そこで私は承諾する。

翌日、釣りを始めてから十分後、この魅力的でスポーティな婦人は彼女の初めての鮭を釣り上げた。彼女はとても感激し、死刑執行人のフォショーは一〇キロと発表する。私に関して言えば、全速力で自分のラインを巻き取ることと、秒単位で隣の人の竿をつかむことにひじょうに熟練したという慰めを得る。

夕方、マラングフォス川から帰って来てホテルの前のグレーリングを試してみようと思っていると、一台の大きなキャディラックがホテルの中庭に入って来た。その自動車にはスイスのヴォー州のナンバーがついて

いた。スイス人だ。同国人だ。私は近づきになろうと跳んで行った。するとそこに居たのはポポル、私の友人、ポール・ベルヌだった。

「ポポル！　驚いたなー」

「いいや、シャルル、ぼくは君がここにいることを知ってたんだ。それで二日か三日、君と一緒に過そうと思ってやって来たんだよ。ニコラス・デニソフと彼の奥さんと娘も一緒だよ。ノース・ケープまでクルージングに行くんだ」

私は目が回ってきた。デニソフ！　アアロ川！　まるで思いがけないことだった。私はすぐに紹介された。彼は七十四歳の魅力的な紳士で、生命力にあふれており、小鹿のように活発だった。夫人もまたすばらしい女性でとてもフランス的だった。私にインスピレーションがひらめき、この有名な釣師がすばらしいキャスターでもあるという評判を知っていたので釣竿のことを話題にのせた。そして一時間後、私は彼に私のサーモン用のパラポリックを振って試してみてもらうことに成功していた。それは全部で八本もあった。しかも雨の中で、全部試すには一時間半もかかった。彼のスタイルは完璧で、しかもやわらかさがあり、それが彼のキャストに信じられないような距離を与えていた。彼の意見は私をひじょうに喜ばせた。すべては完全で、一四フィート半のものでさえ使いやすいという意見だった。ただ、彼の川には弱すぎ、特に短かすぎるということだった。彼の川、それは私の夢だ。しかし、このあまりにもデリケートな話題には私はあえて近づかなかった。

ポポル、友人たちの中でも最も気のいい、そしてジャックと私にとってはこの旅行の後半の救い主となった。ポポルが夕食のあと私に言った。

「君はアアロ川で釣ることになるだろう。デニソフはきっと君たちを招待するよ」

新しい希望が私の中で生れた。失望はどこかへ消しとんでしまった。

翌朝、ノース・ケープの船に乗るためにデニソフ一家は、トロムソへ向けて出発した。キャディラックが走りだす前、すばらしい言葉が私の耳にとび込んできた。

「五日後にポール・ベルヌがあなたがたを迎えに来ます。あなた方は二日間私のお客です」

その日の夜、私は目を閉じることができなかった。

アアロ川は大障害競馬場

ノース・ケープから帰ってきたわれわれの招待主とオッタ駅で落ち合うと、三時間後に自動車はわれわれをハフスロ湖へと運んだ。この湖から流れ出す水は二キロ以内に二〇〇メートルという高度差で、たくさんの滝をかけて流れ落ちるアアロ川となっている。ゴルジュに沿ってすごい勢いで泡立つ流れを見下ろす道を進んで行くと、突然、ソグンフィヨルドに向かってひらけている、小さな谷の底を流れるすばらしいアアロの光景が目の中にとびこんでくる。川の両側の丘は、丘というよりもむしろ切り立った小さな山のようで、緑が濃く、それにノールウェーのねじ曲がった白樺が点々と生えている。山腹にはほとんど野性に近い放し飼いの羊が姿を見せる。

自動車は左岸にある一軒の家と農場に通じる橋のところで止った。谷の奥、滝のそばにはさらに三軒の家と、小さな発電所の建物があった。家は川から一〇メートルほどの高さのところにあり、すぐ正面が一番大きなプールとなっていた。ここでは自然は本当にノールウェーらしいあらゆるすばらしさを発揮しており、人はまるで世界と隔離された場所にいるような気になってくるのだ。家のまわりにぐるりと取りつけられた木のテラスからは、川口のすぐ下にフィヨルドの一部が見えた。川は一五〇〇メートルにわたって、六〇メートルぐらいの幅で大きなS字型をしており、白く泡立つ急な流れが絶え間なく続いている。そして、最後に二〇〇メートルの長さで、三〇メートルも落差をつけた恐ろしい急流となってソグンフィヨルドに達する。川のS字状のところにはプラット・フォームや厚板で作った人工の堰、足場板、大きな岩など二十ぐらいの障害物があり、岸を形づくっている大きな石や岩などが急流と交り合っている。掛けた魚を岸伝いに追いかけて行くのは、若くて敏捷なものでなければ、ひじょうに危険だ。ウェーディングはもちろん不可能である。川の流れはパリのオートゥイユの競馬場の競走の真最中のような勢いだ。しかし、釣場は驚くほどの労力を使って手を入れられており、たくさんの人工のプールや、休み場所が作られて、発電所の上の滝を溯ることのできない鮭のための産卵の場所ともなっている。

八時だった。外はまだ明るいが、われわれは明日の朝から釣ることになった。夕食後、われわれの友人はジャックと私に親しみを込めた名前をつけた。シャル

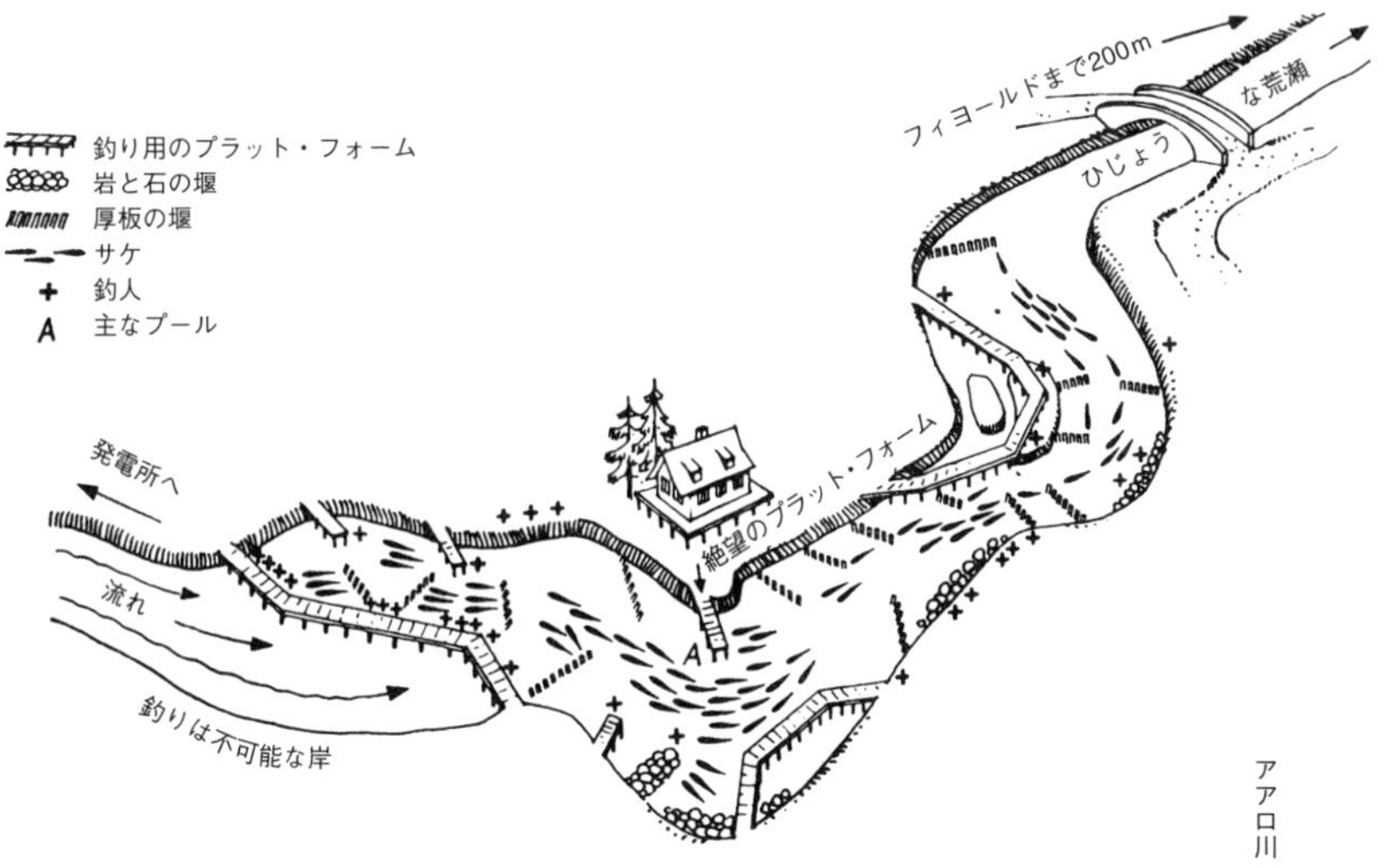

図60

ルはサーシャになり、ジャックはジャーシャになった。それから彼は道具を見せてくれた。あまり頻繁に切られるので彼はラインの結び目の強度を重視し、すべてアルミニウム・セルロース・ヴァーニッシュで補強している。彼はフライかプローン・フライでしか釣らない。仕掛けを作る時の用心深さは見ものである。弱い部分をすべて点検し、三本のナイロンをより合わせて作ったリーダーをテストし、そしてフックの先にはヤスリをかける。昨年スピニングリールで二七・五キロという鮭を釣り、しかも自分一人でそれにギャフを掛けたというポール・ベルヌの説明によると、アアロ川では流れの強さと、魚の力のために、ラインが切れるのを覚悟で最初の魚の走りをどうしても食い止めなければならない。

　食堂の壁にはここで釣れた一番大きな鮭をそっくりそのままにかいた画が掛けてある。三四・五キロ、一メートル四四センチ。このモンスターの剥製はベルギーの博物館に展示してある。この魚は一九二一年七月三十一日、テンダー・プールでエビで釣れたものである。フィッシングルームへ行くとさらに二五キロを越す魚の複写画が二十枚ほど山になっていた。

翌朝はすばらしい太陽が出ていた。川の水位はまだ低かったが水量は増したようだ。七月に入ってからはデニソフもポポルもまだ鮭を釣り上げていない。魚はフライをくわえず、ハフスロ湖から流れ出す水が少ないために溯るのが遅れている。

われらが招待主は糸をたれるのは午後の終りまで待ったほうがよいと決定する。魚が用心深くなっているので、光線が陰らなければだめなのだ。その間を利用して、われわれはフィヨルドの河口を釣り、シー・トラウトがやって来ているかどうか試してみる。

とうとう待ちにまった瞬間がやって来た。六時三十分、ジャック・ショームはソルキン・プールにルアーを投げる。ここはプラウン・プールと並んでこの川の最良の場所である。五回目のキャストで、彼は鮭を掛けた。私は彼が立っているプラット・フォームへとんで行った。彼は足をふんばり全身の力を込めているがまるで猛獣のように突進する魚を、食い止めることができない。突然、ロッドがはね返った。切れたのだ。〇・七〇ミリのリーダーは岩にすれて、まるで何の手ごたえもなくすり切れてしまった。

私の方は夕食までの二十分間まったく当りがなかった。夕食後のコーヒーが終るとトランプを始めたジャックとデニソフを残し、私はプラット・フォームへ舞い戻った。まだあと三十分は明るい。たぶん、チャンスがあるだろう。

三回目のキャストをした時、私はおそろしい衝撃を感じてあやうくひっくり返るところだった。それでも、全力で魚の力に抵抗する。ロッドは折れんばかりに曲がっている。ラインを巻こうとしたが無駄だった。突然、竿先が元に戻った。切れたのだ。注意深く検査し、テストした〇・七ミリのリーダーが切れたのだ。私はすっかり面くらってしまったが、後悔はなかった。これほどの敵に負けるのなら言うことはない。

その後の毎日のあらゆる不手際をここに詳しく書いてもしかたがないだろう。私にとって、アアロ川での初めての滞在が、釣人の望む限りの最も強烈でしかも美しい感動を与えてくれたと言うだけで十分である。私は限りない希望や、気違いのような熱中、そして苦い失望を味わった。頑固な不運につきまとわれて、鈎に掛け、そしてラインの先につかまえた九尾の鮭を次つぎと失った。釣仲間たちは私よりも幸福であった。招待主は五尾のうち四尾の鮭を地上に引っ張り上げ、ジャック・ショームは四尾のうち二尾を釣り上げた。他で見ることのできないすばらしい景色の中で、想像し得る限りの最も美しいスポーツをすることのできたこの滞在に私は感激し、感謝している。

しかし、招待主に対しては感謝の気持でいっぱいでも、ノールウェーの鮭に対しては復讐しなければならない。

帰りの旅行中、ポポルがニコラスは九月の末までは川にいるに違いないと教えてくれた。八月の末には私はチューリッヒの友達とトラウン川へ行かなければならないが、しかし九月の初めにはパリに帰り、また身体があく。一つの強迫観念が私につきまとった。アアロ川をふたたび見ることだ。

オーストリアのトラウン川から帰って来るとすぐに、私はニコラスに電報を打った。

「イッシュウカン　オジャマシテモ　イイデスカ」

そして四十八時間後、朝の十時にソグンダルのタクシーは私を川の橋のところにおろしていた。何分か後、私は家に着き、テラスでトランプをやっている友人たちを見つけた。彼らは私を大喜びで迎えてくれ、すぐにくつろがせてくれた。私はひどく申し訳ない気持になり、彼らの善意を悪用しているのではないかと思った。しかし、旧体制下のこのロシア人たちのことを知れば話は違ってくるだろう。この人たちは領主なのだ。

一つの質問が私の唇を焦していて、ニコラスに尋ねない訳にはいかなかった。

「私が帰った後、フライで鮭を釣りましたか。海からはまだ上って来てますか?」

ニコラスが八月にまたしても超大物を引っ掛け、そいつは堰の板が二枚はずれているところをくぐり抜けて逃げてしまったこと、そしてその時以来、ルアーを追う魚が一尾もいないことを私は知らされた。シー・トラウトに関しては、いることはいるが、大量の溯上はまだ行われていない。一九五〇年には全数量は約二〇〇〇におよぶ溯上があった。それでも、われわれはニコラスの養魚のための親魚を取ることにした。特にフィヨルドの河口付近でシー・トラウトを狙う。

ブラウンとソルキンのプールには何尾かの鮭が泳ぎ回っているのが見えたのだが、思わしくなかった。

翌朝、私はリュクソール四〇〇に〇・二五ミリの糸を巻き、それにカレールの小さなスプーンをつけた。ロッドは七フィートのベリー・ライトのスピニング・

ロッドにした。それとドライとウェットのフライとフライ竿のマスターを持った。河口に着くとニコラスは一四フィートのパラボリックに、ダブル・フックの小さなウェット・フライで釣ることに決めた。彼は私に、アントンと一緒にボートに乗って、ボート小屋の正面の流れでスプーンを試してみたらよいとアドバイスしてくれた。このライト・キャスティングで何尾かの魚が釣れた。

左岸の突き出しの下流、水面が平らになった部分の端にたくさんの小さなライズがあるのが見えた。流れが二つに分かれるところまで行くと、ライズは二つの流れのどちらにもあった。私は左岸に近い方の流れにケーヒルのドライをプレゼントした。流れはこちらの方が浅く、一ポンドぐらいの魚がすぐに二尾釣れた。驚いたことには魚はブラウンだった。今度は右側の流れをやってみた。こちらの方は同じぐらいの大きさのシー・トラウトであった。ハッチは四十分間続き、私は十五尾の魚を釣り上げた。左の流れではブラウン、右の流れではシー・トラウトというわけだった。ドライ・フライでの釣りを一度も見たことのなかったギリーのアントンは、私の釣るのをとても興味深そうに見ていたが、やってみたいと言った。そこで私たちは魚のライズしている近くの岸へ上がった。アントンはサーモン・ロッドのすばらしいキャスターで、ほんの少しの時間でドライ・フライの技術を修得し、三尾の魚を釣った。

われわれはずっとニコラスの方に気をつけていたが、彼がこっちに来いと合図をした。彼は水泳パンツをはいて、泳ぎ、そして魚も何尾か釣っていた。しかも大物に一尾逃げられていた。何度もみんなに注意されたにもかかわらず彼はスパイクなしの長靴をはいていて、そのせいで手首を挫いてしまったのだった。

それまではフライでしか釣っていなかったので、昼食前にスピニングでチャンスを試してみようと思った。潮は引き始めていた。昼で、絶好の深みのある対岸にできるだけ近づくために私は二つ目のプラット・フォームに上がった。たぶんここには大物がいるんじゃないかという気がした。スイベルの下に錘をつけたカレールの一〇グラムは川を横切ってくる。それができるだけ底を通るように私はゆっくりとリールを巻いた。何度かやってみたが当りがないので、今度はプラット・フォームから下りて流れの中にウェーディングしてみた。もちろん、いくらも進めなかった。そうして、ルアーを投げるとそれは正面の岸から二メートルのところに沈んでいった。ピック・アップ・ベールが戻ったとたん、モンスターが水からとび上がり、すばらしい音を立てて落ちるのが見えた。

ニコラスが叫んだ。

「シャルル！　シー・トラウトの大物だ」

その時私は一つのことしか考えていなかった。すぐにもう一度キャストして、スプーンを魚のいるあたりに落すことだった。私はあわててハンドルを回した。ところがものすごい抵抗があり、竿は二つに折れ曲がってしまう。何てことだ！　あの魚を掛けていたのだった。私はこれは鮭だと思った。シー・トラウトにしては大きすぎる。けれど一体どうしたらいいんだろう。ラインは全速力で出ていく。これでは、道具はもちはしない。七月の時のすべての不運が思い出された。魚は二度目のジャンプをした。私は諦めて、悲劇の結果がくるのを待っていた。やっぱりだ！　とうとう切れた！　私はリールを巻取る、けれど変だ。流れがよほど強いのか、かなり抵抗を感じる。信じ難いことなのだが、相変らず魚はラインの先におり、そしてゆっくりとではあるが確実に寄ってきていた。ふたたび勇気が湧いてきた。この場所はフィヨルドのすぐそばで、魚が行こうとするところへはどこでもついて行ける。それにボートも遠くはない。私はアントンを呼んだ。

「用意して、ボートで来てくれないか！」

急にまたおそろしい不安が私を捕えた。さっきの二回のジャンプではよくよくツイていたのだ。魚の尾鰭はラインに触れなかった。もし、ラインに接触していれば、私は二度とあの魚を見ることができなかっただろう。そこで私はこの七フィートの小さなロッドを頭の上で保つようにした。ドラッグはいっぱいに締め、やりとりはリールのハンドルだけでするようにした。鮭は相変らず少しづつ寄ってきていた。信じ難いことだ。魚は流れをフィヨルドの方へ下っていた。

読めた！　魚は自分の身に何が起きたのかが分からないのだ。魚は竿の抵抗もリールの抵抗も感じていなくて、流れに身をまかせているのだ。私はニコラスのやり方を真似してみることにした。下流に向かってゆっくりと後退し、歩調を魚の動きに合わせ、つねに軽く一定の力を掛けておいて、魚にはとにかく外したいと考えている対象物のスプーンとだけ戦わせるようにした。そして魚が糸で引っ張られているということには気づかせないように特に注意した。前へ行ったり、さがったり、止ったり、私は動き回る。信じられないことだが、魚は完全に考える力を失い、流れにのって下っている。ときどき、川の中心に向かって思い出したようにダッシュするが、それもだんだんと元気がなくなってきた。彼は今や水面のすぐ下まで来ていた。恐ろしい尾鰭がラインのすぐ近くまでくる。魚が水面近くに浮いてくる度に、私はラインが彼の胴と同じ方向を向かないようにしなければならない。何という踊りだろう。右に、左に、前に、後ろに、そしてつねに一定にやわらかくラインを引き続ける。魚の動きがすこし鈍くなったと感じられたら、分からないほどわずかにラインの引きを強くしてやる。このきめ細かな戦術は効を奏したようだ。もうフィヨルドに入る流れの最後の部分に近づいていた。けれど、私は長靴の限界の水深まで来ている。さいわい、アントンがやって来ていた。私はボートに乗り込み、ボート小屋のそばの、奥が行き止りになった支流へ魚を導くために砂利底の浅い方へ行ってもらう。あそこなら戦いの最後を締めくくるには理想的な場所だ。ただし、そこまでうまくいけばの話だが。アントンは完璧にボートを操り、鮭はずっとついて来ていた。この魚にギャフを掛ける自信がでてきた。砂利底のところに着いて、私はボートから下りた。ちょうどその時魚はまた流れの中心に向かって走り始め、あぶないところで私はそれに合わせて動くのに間に合った。しかし、もう逃走は短かかった。魚はとまり、またゆっくりとした散歩が始まる。魚はどんどん私の方に寄って来て、リールはほとんどいっぱいになってしまった。魚は水面に浮いてきた。もう姿が見える。一〇キロ以上だ。彼は頭を振り、無駄に暴れている。私はすぐ後ろにいるのでラインに気をつけなければならない。右に左に跳んで危険を避ける。とうとう魚は止まり、動かなくなった。そして、紐につながれた犬のように寄せられるままになっている。後ろへ、一〇メートル、二〇メートル、三〇メートルとさがりながら私はボート小屋に近づいた。もう静かな浅い所にきて、水深は最大でも一メートルだ。私はさらにさがる。水深は五〇センチしかなく、魚は罠にはまったことに気づいて逃げようとするがもう手遅れだった。ダッシュするだけの力は残っておらず、ただ水面で暴れるだけだ。ただ、ラインに尾が触れそうになり、私はできるだけ手を高く差し上げる。このの日のためにこうした姿勢のトレーニングをしておかなかったのでこれはとても疲れた。

それで最後だった。鮭は腹をひっくり返している。信じられないことだった。ずっと私についてくれたニコラスが最後のアドバイスをする。

「シャルル、流れの最後の細いところまで下って、魚を石の上まで引っぱったほうがいいよ。ただし、魚が完全に弱ってから」

私は彼にギャフを頼んだ。しかし、その時われわれにはアントンがシー・トラウトに使う、鱈用の釣鈎を小さな棒にしばりつけたものしかなかった。それからがクライマックスだった。私は後ろへさがり、魚が岸に着くぐらいまで寄せる。ニコラスがギャフを打込み自分の方に引っ張った。ギャフの柄が折れた。ちょうどアントンがそこにいて、足で一蹴りして魚を岸に上げ、それにとびついてやっとつかまえることに成功したのだった。私の耳に初めて「ブラヴォー、シャルル!」という声が聞こえた。

心配するほどのこともなかった。魚はもう完全に疲れ切っていて、尾を打つこともしなかった。腹に卵がいっぱいに詰まったすばらしいメスで、まだ完全な状態だった。

その時、私が感じていたことを言い表わそうとは思わない。振り返ってニコラスを見た時、彼の目はすべてを語っていた。それは私の釣人としての生涯のうちでも最もすばらしい瞬間のひとつだった。魚は釣り上げるのに五十五分かかっていた。計りはたっぷり十二・五キロを目盛っていた。

二日後、同じ時間、同じ場所の第一投目で私は二尾目の鮭を掛けた。まったく同じ戦術をとった。ただ今度は自由を守るために怒り狂って暴れまわる敵との戦いを各瞬間ごとにじゅうぶんに楽しむことができた。そして、四十五分後、一三・五キロのその魚の脇腹に新しい棒につけた小さな鈎を掛けて取込んだ。この時期にこのようなまぐれ当りが二度も繰り返されようとはわれわれも考えてもいなかった。

この日以来、ニコラスはもう私のルアーを金物とのしらなくなったが、もちろん腹の中では別のことを考えていたであろう。本当のところは彼のほうが正しいのだ。というのはフライこそがつねに釣人の尊敬を得る唯一の道具なのだから。しかし、この際えり好みは言っていられない。そのうえ、いずれにしても、私には言い訳がある。というのはあのかわいそうな魚たちがあんなにも馬鹿ばかしく釣り上げられてしまうということは、私の望むところではなかったのだから。ビーバーキルで、世話をしてくれた黒人の言ったことを思い出す。

「たぶん神様があのかわいそうな魚たちに、気違いみたいなスイスの釣人には親切にしてあげなさいって言ってあったのでしょうよ」

今回のやりとりの間、リールのハンドルを回すたびにおきる急激な引っぱりは、魚を興奮させるということが完全にわかった。魚には水が彼を押し流しているんだという印象を与えなければならない。そうすると魚はしばしばされるままになっているのである。そうすれば、ウルトラ・ライトの道具でも、川の条件しだいで、意外に早く大きな魚を支配下におくことができるのである。魚は自由になるために戦うのではなく、ただとにかく釣鈎を外そうと思って暴れるのである。そして何度かそれに失敗すると、もう逆上して、ラインの張力を支点として使うことをせずに、目的なくめちゃくちゃに動きまわって疲れてしまうのである。

絶望の川

アアロ川をもう何年にもわたって借り受けている親友のサム・フィールドに、彼の手に汗握るような経験の中で、一番思い出に残っている話をしてくれと頼んだ。以下は彼の語った話である。

アアロ川の鮭釣りは、他の川、たとえばスコットランドやノールウェイ、アイスランドあるいはカナダのような川で行われているものとはだいぶ違っている。信じられぬほどの早さの、危険な、荒れ狂った川はほんの半マイルほどの長さしかないが、その流れの性格上、幅が広く、重い、そして力の強い鮭を生み出し、最も緊張を強いられる釣りをすることができるのだ。

川の中にある八つか九つのプールのほとんどは、流れて来た巨大な木が川床に積み重ねられてできたものである。それらの木はある範囲にわたって水を堰止める。鮭が居つくのはこうした場所だ。川の中にウェーディングするなどということは問題外であり、足場が作られているプールのような場所以外は岸から釣ることになる。

鮭に鈎掛かりさせたら、魚が主流へ逃げ込むのを防ぐために最大限の力で魚の頭を持ち上げることが絶対に必要である。そのためには長く、力のあるロッドがよい。魚を鈎に掛けても、もし最初の一戦で支配権を手に入れるのに失敗したら、それですべてを失うことになる。

川はニコラス・デニソフが管理しており、長年にわたって彼は近隣のフィヨルドでの網漁の権利も買上げてしまっていた。さらに自分の孵化場を持っていて魚の数が減らないようにしている。アアロ川の孵化場からのたくさんの魚が他の国々の川の魚の量を支えているということは記録されてよいだろう。

アアロ川はフライで釣れた鮭の最大記録を持っている。三五・五キロ、長さ約一メートル四二センチというものである。魚は剥製にされて、今はベルギーの博物館に展示されている。デニソフ氏は三〇キロを越すものは何尾か釣り上げており、確実に三五キロのものをバラしている。

ここで一般的に使われている道具を見れば、水の流れのすごさと、魚の力の強さを推し測ることができるだろう。ロッドは芯にスチールの入った一五フィートのスプリット・ケーンである。ラインは最も重いものを使い、フライは4／0から7／0のダブル・フックに巻いたものである。リーダーは特別の機械を使って二五ポンド・テストのモノフィラ・ナイロンを三本より合わせて七五ポンド・テストの強さにし、すべての結び目は速乾性のヴァーニッシュで補強している。われわれの三〇〇ヤードのバッキングはほとんどみんな七五ポンド・テストから一〇〇ポンド・テストのものである。

ニコラス・デニソフは小柄な男で、革命前にロシアからイギリスに渡った銀行家である。あまりにもたくさんの鮭をバラしたために、超強力な道具に対する彼の執着ぶりは今では一つの強迫観念とすらなっている。われわれは今までにここでの釣りに適したリールを見つけることができなかった。海の大物釣り用のリールさえ使ったことがあるが、それでも魚が主流の方へ走り始めると心臓が高鳴るのであった。

アアロ川での最後の日、ニコラスが、一つのプールを二回ずつ釣ろうと言い出した。最初は私がフライで試し、それがうまく行かない時には、フライ以外ではめったに釣らない彼がスプーンで試してみようというのだ。

第一のホーム・プールで私は大きなフライを十五分間キャストしてみたが成果はなかった。ニコラスが引継ぎ、何ヤードかずつ移動しながらあらゆる場所を探ってみた。しかし当りはなかった。最後のキャストをした時、彼のスプーンはこのプールの底にある岩に引っかかってしまったようだった。何分か引いたり、あおったりしたが鈎は外れてこなかった。私は竿を受取り、鈎を外すか、ラインを引き切ってしまおうと思った。ところがそのどちらもできなかったのだ。

その時、われわれは下流の第二のプールへ行こうとしていたので、ギリーに彼の力でやってみてくれと頼み、だめならラインを切って下流のわれわれに追いついて来るように言った。下流に向かって歩いているととんでもない叫び声が聞こえ、我われはびっくりして振り返り、ギリーのアントンを見た。彼は転んだり、つまずいたり、ロッドを落したりしながら岸伝いに走り、膝と手を血だらけにし、目には興奮の色を浮かべ

て魚が主流へ走るのを妨ぐためのあらゆる努力をしていた。

そのモンスターを止められるものは何もなかった。大きな、銀色のジャイアントは一度、二度とジャンプし、そして頭をフィヨルドの方に向けた。ラインも切れ、竿も折れ、そしてその巨大な魚は逃げて行った。ニコラスは魚が三五キロ以上はあったと見積った。たぶんそうに違いない。彼は決して大げさなことを言ったことはないから。

結局スプーンは川底の岩に掛かったのではなかったのだった。鮭はスプーンが岩の横を通った時にそれをくわえ、絶対に動くまいと決心したのだった。そしてわれわれのギリーがラインを切ろうとした時に、魚は下流に向かって泳ぎ始めたのだ。

その事件のあとでわれわれがどんなことを感じ、どんな会話を交したかなどと説明する必要もないだろう。ありがたいことに奥方たちは家の中にいて、見ていなかった。その日はもうそれ以上釣らず、ニコラスとアントンと私は家へ帰り、最高におごそかな態度でウォッカを一本空けたのだった。

ココ・シャネル

偉大な服飾デザイナー、ココ・シャネルは三十五年以上リッツ・ホテルに住んでいる。彼女のスイートの部屋はカンボン館の方にあり、ちょうど私の部屋の向かいだった。ある時、彼女がウェストミンスター公爵と一緒にアルタ川へ釣りに行ったというのを聞いて、彼女に尋ねてみた。

「マドモアゼル・シャネル、ノールウェーで鮭釣りを楽しみましたか?」

彼女は公爵が一緒に釣りに行こうと誘ってくれた時の彼女の心配を話してくれた。

「前に一度も釣りをしたことがないので私はとても不安でしたわ。だって、そんな時には誰だってみじめな格好だけはしたくありませんからね」

彼女は心配することなんかなかったのだった。公爵の友人の一人で、いつも公爵と一緒にアルタ川に行く人が有名なフライ・フィッシャーだった。ココは彼女の問題を彼に打ちあけ、そして彼から最も有効なアドバイスを受けた。

「マドモアゼル、釣る時はわれわれはフライで鮭を誘惑するのです。フライを投げるなんていうのは簡単なことです。けれどフライが空中にあったのでは魚はそれを見ることができません。ですから魚を釣るためにはできるだけいつもフライを水の中に入れておくことです」

そしてフライを選ぶにあたっても何の懸念もいらないし、フライをしょっちゅうつけ換えることで時間をむだにする必要もないとつけ加えた。

「ただ空を見るだけでいいんです。天気が良くて、日が輝いている時はシルバー・ドクター、暗く曇っている時はブラック・ドクターを結ぶんです。これ以上簡単なことはありません」

ココはとても実際的な性格の持主だったので、彼のアドバイスに従った。その結果、時として、彼女は公爵よりもたくさんの鮭を釣ったそうだ。

アルタ川での鮭のフライ・フィッシング

この章の中ではあの高貴な魚、鮭のフライ・フィッシングの技術的な問題について頁をさき、そして私自身の経験に実例をとることをお許し頂きたい。

この本の主題は鱒とグレーリングのドライ・フライ・フィッシングに関することなので、鮭に関しては、私の観察と結論を、アルタ川での五週間の釣行の間で得た経験に限りたいと思う。とはいえ、この主題について私はエキスパートとして書くつもりはない。

われわれのグループは十人で、この期間に四〇〇尾の鮭を釣り上げた。この魚について、また釣る方法については、この時の私自身と、友人たちの観察した事実に基づいている。鮭およびサーモン・フライについてはすでにこの問題の奥義をきわめた人たちによって広く書き尽くされており、私がつけ加えるような新しいことはなにもない。

ドライ・フライ・フィッシングの専門家として、私はフライ・フィッシングの一分野であるこの独特の、高度に専門化されたフライによる鮭釣りをするという幸運を持ったことのない釣りの仲間たちに、この釣りの主要な点を理解し、好きになってもらえるよう、十分に分かりやすく、正確に、生き生きと描写することに努力を集中しようと思う。まず鮭釣りの概要を述べ、次に主要な問題点を拾い、読者が私と一緒にアルタ川で釣りをしているかのように、現代の鮭釣りの現実と慣れ親んでもらいたいと思う。そしてまた同時に、鱒やグレーリングのドライ・フライ・フィッシングと鮭のウェット・フライ・フィッシングの違いが分かっていただけたらと思う。

ひじょうに男っぽい釣人の心臓も初めての鮭を掛けた時には興奮に高鳴るだろうが、初めてのキャストで鱒かグレーリングを釣った時こそが釣人の習練の極みをあらわすものだろうというのが私のささやかな意見である。

しかし、すべては同じことであって、鮭を釣る好機を得たなら、その楽しみをよろこんで味わう必要がある。鮭釣りはドライ・フライ・フィッシャーの洗練された技術と大きな対比を見せる。戦う魚はすばらしい光景を見せ、誇り高い美しさを釣人の眼の中にやきつける。

アルタ川についての話を始める前に、簡単にではあっても、現在あの堂々とした鮭たちの平和をおびやかす二つの最も大きな問題について触れておきたいと思う。その二つの問題とは網と密漁である。これに関してロンドンのノールウェー・トラベル・エージェントで貰った『ノールウェーのサーモン・フィッシング』と題するパンフレットに書いてあったことを引用しよう。正確な情報源という意味では疑うところがないからである。——海での鮭の網漁は川の釣りのためには有害である。川における網漁は徐々に少なくはなってきているが、しかし海での網漁はまだ多い。フィヨルドでの網漁はやりすぎだということは古くから言われているが、今ではこれまでにないほど大きく叫ばれている。陸地に深く食い込んでいるいくつかの細いフィヨルドの中には事実上、網のバリケードがあちこちに築かれており、産卵のために川に溯る鮭たちはほとんど通り抜けが不可能な障害物と戦わざるをえないのである。統計によると十尾の鮭のうち一尾か二尾のみが川への道を見付けることに成功し、残りの八尾から九尾はみんな網にとらえられてしまう。こうした網漁が、川での釣りに大きな被害を与え、しかもずっと受け継がれて来た産卵場所まで辿り着く成魚の数を少なくし、鮭の将来の世代に影響を及ぼしていることは明白である。——

——ノールウェーの関係当局もこの難しい問題の重要性については十分承知しており、この網漁の監視に最大の努力を払っている。そこでこれに関する法律が制定され、金曜日の午後六時から月曜日の午後六時までは網をしかけることは禁止された。賢い鮭は望みの川へ週末に遡って行くことになろう。フィンランドではほとんどの川や湖は国有なので、網漁をするには管轄局の特別の許可を受けなければならず、しかもその特別許可は稀にしか認められない。——

漁業の監視および密漁の監視に関して、パンフレットは続けている。

——違法の漁業のひじょうな増加は一般的に知られているところである。国土の広いこの国において漁業水域の効果的な監視は単に難しいというのみでなくひじょうに費用のかかるものである。さらに悪いことには、監視人および地元漁業委員会のメンバーすらが機会に応じて密漁者と提携してしまうのである。——

政府の監視人は今では密漁の現場をおさえるために新しい手段を使っている。週末の網漁禁止の時間になると彼らは小さな飛行機で海岸線を飛び、網の位置を示す写真を撮る。これらの写真は、違法に網が開け放したままになっているかどうかを明白に示す。もし、網が開いたままの時は網の持主は起訴されるのである。監視のこの方法は一九四七年に導入されたのだが特に北部ノールウェーではすばらしい成績を上げている。一九四七年には一回の飛行で五十の網が写真撮影された。そして法律の定める通りに閉じてあったのは一つだけで、残りの四十九の網の持主は起訴されたのであった。

北部ノールウェーの漁業監視員、マグナス・バーグは、撮影された網は自分のものではないと抗弁した男の例を報告している。監視員が拡大鏡で写真を見てみると、そこには明確に抗弁している当人が違法に口の開かれた網のそばの岸にいるところが写っていた。これでもう議論の余地なく罰則が課されたのであった。

北部ノールウェーの監視官補のオラフ・グリガーソンはある月曜の朝十三の網を調べてみたが、そのうちの九つは開いており鮭が一二〇ポンド分入っていた。魚は放たれ、網の持主は罰せられた。

空からの漁業の管理が定着するのは疑う余地がない。その有効性は証明されている。海岸線の密漁者たちは飛行機の爆音を聞くと恐怖を感じるのである。

密漁はアルタ川でも行われている。漁業権所有者組合は十名の監督官を指名し、彼らの職務は鮭が遡って来た時からシーズン中ずっと昼も夜も川を監視することであった。密漁者がふつう使う道具はグリーンピースや他の野菜の缶詰に使われる丸い缶で柄がついている。ナイロンのラインをこれに巻きつけるのである。餌としては密漁者は小イワシの生餌とクロコダイル・スプーンの組み合わせを用いる。スプーンは手で投げ、その間もう片方の手でラインを巻いた缶を持ち、ドラム・リールとして使うのである。現場をつかまえられる危険を感じると、彼らはこの捨てても惜しくない仕掛けを放り出して逃げてしまう。一カ月の間に、こうして仕事をしている密漁人を私は三人見た。

●これらの鮭の川の生産量　アルタ川でとれた鮭の重量

表——

アルタ川：

	1946	1947	1948	1949	1950
ロッドで釣られた魚の総重量　ポンド	17,160	17,754	10,714	8,800	8,800
ロッドで釣られた魚のパーセンテージ	57%	78%	70%	85%	100%
総漁獲量（ロッドおよび網）ポンド	29,920	22,814	15,334	10,340	8,800

ロッドで釣れた魚の95％はボートからの釣り。

川の20マイルから27マイルの距離に対して、平均４本から８本のロッド。

タナ川：

	1946	1947	1948	1949	1950
ロッドで釣られた魚の総重量　ポンド	5,940	8,800	9,240	6,820	4,400
ロッドで釣られた魚のパーセンテージ	7%	11%	13%	9%	6%
総漁獲量（ロッドおよび網）ポンド	78,093	79,200	70,400	72,600	74,000

ラエルダル川：

	1946	1947	1948	1949	1950
ロッドで釣られた魚の総重量　ポンド	17,160	11,400	18,700	18,920	16,500
ロッドで釣られた魚のパーセンテージ	97%	93%	94%	96%	92%

網漁は含まれていない。ロッドによる
釣りは岸からのみ。

川の16マイルから20マイルの距離に対して、平均的なロッドの本数は30本から40本。

表はラエルダル川がロッドで釣られた魚の数の一番多いことを示している。

しかし釣られた鮭の一尾当りの平均重量は他の川のものより小さい。

とラエルダル川とのものを比べてみるのは興味深いこととと思われる。というのはこの二つの川には対照的な性格の違いがあるからである。

アルタ川は広く、水流の強い川で濁っている。この川では釣りはボートで行われる。

ラエルダル川は中ぐらいの規模の川で、岸から釣る。その水は完全に透明でなめらかに流れている。

●興味深い資料　タナ川で釣られた最も大きい鮭は郵便局長のH・ヘンリクソンの釣り上げたもので、重さは三九・五キロである。

アルタ川での記録は三〇キロで、一九五一年にダッドレイ卿によるものである。

アルタ川はフライ・フィッシャーにとっては最も安定した釣果をあたえている。平均的な重量は一一・五キロであるが、二〇キロのものも決して珍しくはない。

一日の釣りに関しての記録はロアール・ヨーラホルメンによるもので二十四時間で四十四尾の鮭を釣っている。

ロックスバラ公爵は一八六〇年に一日で三十九尾の鮭と一尾のグリルス（未成熟のサケ）を釣っている。

ヘアーウッド氏は一八七六年に一日で二十六尾の鮭を釣った。

トロッター少佐は片腕の人であったが、一九二五年に八時間で二十九尾の鮭を釣り、総重量三〇七・五キロであった。

ウェストミンスター公爵は一九二六年、一日で三十三尾の鮭を釣り、総重量三四六キロ。

アルタ川には氷河からの水は流入しておらず、そのため水温は海水より高い。フライが良い釣果を上げるのはこの事実によるものと思われる。

一九五三年のこと、私の友人でひじょうなスポーツマンであり、人をもてなすのがうまいハーバート・ピユーリッツァーがアルタ川を借りたと言った。そして一九五四年六月二十六日から一緒に釣りをしようと私を招待してくれた。これはまったく予期しない幸運であった。というのは何年もの間、この傑出した鮭の川に入る権利を得るのは不可能とされていたからであった。

ほとんど百年近くの間、アルタ川は英国の釣人たちに借りられていた。一八六二年にロックスバラ公爵がアルタ川の漁業権所有者組合との最初の貸借契約に署名をした。それは次にウエストミンスター公爵によって受け継がれ、契約は彼の死ぬ一九五三年まで続けられたのだった。

このすばらしい川は川口から一番上の大きなプールのあるトッパーまでが五つの区域に分けられている。トッパーより上流は狭いゴルジュ帯となっており、川はひどい急流で釣りは不可能である。トッパーより上流で釣りをしようと思う者はすぐれたロック・クライマーでなければならない。

五つの区域のそれぞれは竿が二本まで許されている。流れはひじょうに強く、これに逆らって漕ぐことは不可能で、ボートは長い棹を持った二人のボートマンによって位置を保つことができるのであった。あるいは流れに対して漕ぎ続けて初めてゆっくりと流れ下れる。

したがって、釣りの方法としてはダウンストリームで釣ることのみが可能であった。ボートは流れの速度より遅くなるように操作されなければならない。そして区間の下の境界にくると岸に寄せられ、そしてトラックに乗せられて上流に戻るのであった。下の方の区間ではこうした方法がとられている。上のサンディアに近い二つの区間では二、三のボートには船外機が取

付けられており、最上流域のサウツオーの近くの区間ではボートはあまり使用されず、つながれたままである。道はサンディアの一マイルか二マイル上までしか行っていないので、そこから上ではトラックを使うことができない。今日（一九五八年）では全部船外機使用となっている。

アルタ川は驚くほどすばらしい魚を産している。一シーズン全体を統計してみると平均的な一尾あたりの重量は一二キロから一二・五キロである。シーズンの最初の二週間（六月二十六日から七月十日）平均重量はもっと大きい。二〇キロのものも稀ではない。一九五四年にわれわれはこれよりも重いものを十一尾釣り上げたが、この年は平均的に型の良い年だったのである。

ノールウェーではアルタ川とラエルダル川がフライでは他の川よりもよく釣れている。他の川ではスプーン、あるいはプローン・フライがフライで釣ったものよりも重量に優っている印象を受ける。

鮭のフライ・フィッシングがドライ・フライで鱒やグレーリングをあざむくよりは難しくないということは議論の余地がない。鮭釣りでは困難な状況をあざやかなキャスティングによってうまくさばいてゆくとい

ったことは必要ではない。狙いの正確さ、即座に作戦を立てる能力、そしてフライの完璧なプレゼンテーションといったものの役割はそんなに重要ではない。一般的に言って、釣人の務めというのは長い距離のキャスティングと、ウェット・フライをうまく操って、川やプールの魚のいそうな場所をいかに探れるかというところにある。魚がフライをくわえそこねた場合や、狙った魚がフライを無視したような場合には、釣人はまた同じ場所へフライをキャストしなければならないが、その場合でも彼自身のキャスティングの正確さよりも、ボートマンの腕前の良さにかかっていることが多い。自分の仕事をよく知っているボートマンは、ふつう、あまり腕の良くないキャスターが不正確にフライを投げても、それが魚のいる場所の上を通るように舟を操る。

もちろん、うまいキャスターはよりたくさんの魚を釣る。一回の動作でうまくフライを引上げ、フォルス・キャストを何度もしないで一撃のもとに正確な場所にフライを送り込むことができ、リーダーよりもフライが先に流れるかたちでドリフトさせられる釣人のほうが、あまり熟練していない釣人よりは成功率が高くなるのである。それにうまいキャスターはより大きな距離を飛ばすことができ、当然、より広範囲の水域を探ることができる。

ボートマンとしての腕前、釣人にあわせて舟を漕ぐ技術を知っていることは、釣人の成功のための決定的な要因であると思われる。二十人のボートマンのなかに一人の若者がいるが、彼はその漕ぎ手としての技量、水の中に最少限の乱れと音しか起こさない短かく、軽い櫂さばきができるという点で傑出している。私は彼が楽らくと漕いでいるようで、しかしボートを的確な位置に、しかも他の誰よりも長い間維持するのを見てびっくりさせられたものである。彼のボートとロアル・ヨーラホルメンのボートは私がいた一ヵ月の間、釣果においては第一位であった。若いヨーラホルメンの成功は卓越した彼のメイトの助けによるところが大きいと私は思う。このメイトは力の強い若者で、地元のスキーのジャンプのチャンピオンである。この二人の若者は二人とも川を熟知しており、仕事に心から熱中している。そして水況に応じて最も良い場所を正確に見抜くことができる。彼らは正確にどこで、いつ、魚がフライをくわえるかを言うことができるほどすばらしい実力をもっている。釣りの条件が良かろうと悪かろうと、あるいは平凡なものであろうと決して自分たちの敗北を認めず、自分たちが見本を示すことで釣人を鼓舞し、最善を尽くさせ、流れに逆らって彼らがボートを止めるありとあらゆる場所を探るようにもってゆくのであった。

それぞれのボートのクルーの間の差とは、その操作の熟練度、魚にギャフをかけることまでを含めて釣人をどれだけ助けられるかという点で実に著しいものがある。一人、とても良いボートマンがいたが、彼は何もすることがない時には単純で小さなメロディを口笛で休みなく吹いていた。これは時によると最も鍛練された釣人の神経にさえ触ることがある。他にももちろん怠堕な漕ぎ手もおり、また他に欠点はないが上手ではないという連中もいる。

たいていの場合彼らは魚にあまりにも早く、まだ深いところにいるうちに、不必要な乱暴さでギャフを掛けてしまう傾向があり、これにはどうしても抗議をしたい。しばしば魚の姿を台なしにしてしまうからである。しかし、これはボートマンが釣れた魚の半分を貰うという取り決めがあることと無関係ではない。そのために彼らはできるだけ早く魚を殺そうとするのであろう。

岸からの釣りでは何よりもキャスティングに熟練していることが前提条件であるのに対して、ボートからの釣りではキャスティングの下手な釣人でも成功を期待することができる。しかし、ボートからの釣りではほとんどつねに坐ったままキャストをしなければならないというハンディキャップがあり、これは風の中ではひじょうにぎこちないものとなる。

ボートからの釣りでダブル・ハンドのロッドを使う時、ボートの右側でも左側でも釣れるように右手をリード・ハンドにしてでも、左手をリード・ハンド（ダブル・ハンドのロッドでは、右側の肩越しにキャストする時は、左手は単なるささえとし、右手が主にロッド操作をする。左側の肩越しにキャストする時はその反対）にしてでもキャストできることが必要である。さらに、風の中である程度以上の距離を釣る時には釣人の頭にフライを掛ける危険があるので気を付けなければならない。ボートからのフライ・フィッシャーが考えなければならない大事なことは次の二つではないかと思う。

［1　ラインのメンディング］＝これはフライをプレゼントした後、水面のラインが下流に流れてゆく最中、その中央部のカーブが下流に向いた時、ラインをはねあげてカーブが上流を向くように直してやることである。ラインが水流に引かれて直線になるまでの間フライは引っ張られることがない。そして、フライにドラッグがかかる時間を遅らせることができ、同時にフライが確実にリーダーより先に流れる。

［2　キャスト・アウト］＝フライを流しっぱなしにして、最後にそれが扇形を描いてボートの反対側まできて停止するのを待つ。フライが止った時に一度、空合わせをする。それから三回か四回ゆっくりと短く、ラインを引いてくる。そして、また次のキャストに移るのである。トニー・ピューリッツァーと彼の義理の姉妹はこのやり方でたくさんの魚が釣れたと教えてくれた。その日以来、私もこのやり方を真似し、釣果はひじょうによくなった。

道具に関する考察

●フック　鮭釣りでは、鈎先を研いで鋭くなっているのをつねに確認することが、鱒やグレーリングの釣りよりもずっと重要である。鮭はしばしば激しい勢いでフライにとびつき、噛みちぎるような動作をすると思われる。そのために魚がフライをくわえそこねてもスレで掛かってしまうことがしばしばある。この理由から多くの釣人はダブル・フックを選ぶ。特に鮭がフライをつつくだけだったり、あるいは中型か小型のフライを追うような時にはダブル・フックが有効である。フックを研ぐには最初、時計職人の使うやすりを使い、つぎにアーカンサス・ストーンで仕上げをする。

●ライン　釣りをする前には必ずラインを引っ張り、強度を試してみる。もし手で引っ張っただけで切れるようであれば、切れる部分がなくなるまで弱い部分を全部切ってしまう。ラインの端の径は最小でも一ミリから一・一二五ミリでなければならず、そうでないと切れるおそれがある。ナイロンのラインはフライを水面直下に保持し、シルク・ラインはフライをより深いところへ送り込むことができる。またシルク・ラインもグリースを塗れば沈みすぎるのをふせぐことができる。アルタ川では水況がふつうの時はナイロン・ラインのほうがよい釣果を上げられると思う。しかし、水位が高い時はシルク・ラインのほうが有利である。また深いプールでは水の状態がどうであれシルク・ラインのほうがよい。

●リーダー　リーダーに関してはナイロンでワンピースのもの、直径は〇・四〇から〇・六〇ミリのものを私は選ぶ。リーダーは比較的短く、六フィートぐらいのものがよい。というのはギャフまで寄せてくる時にラインとリーダーの結び目をロッドのトップ・ガイドに通さなくてすむからである。こうしておけばボートから魚にギャフをかけることが可能になる。魚を取込むためにいちいち岸に上がることはひじょうな時間の損失となり、鮭の食い気が立つ時間は長く続かないことを考えれば、時間をかけずに済むということはとても重要である。

●バッキング　バッキングに関しては、私はターガルかダクロンのラインだけを使っている。このラインは両方ともひじょうに強く、しかも伸びがない。そして、細く、キャスティング・ラインの下に一五〇ヤード、あるいはそれ以上もの長さを巻くことができる。またより小さいリールを使うことができ、より軽いロッドで釣りをすることができる。このラインはリールにきっちりと巻くことのできる、強い、バランスのとれたバッキングとなる。

●ラインの接続　キャスティング・ラインとバッキングの接続はでき得る限り丈夫な方法で行わなければならない。しかもただ強い引っ張りに耐えるだけでなく、竿のガイドを通る時の摩擦、湿気にも耐えるものでなければならない。できればこれは専門家にやって貰うのがよい。サーモン・ラインの完成品を買った場合でも、工場で行われた接続が満足のいくものであるかどうかは確かではない。そこで、釣りをする前には厳しい試験をしなければならない。

　私は自分でラインを繋ぐが、やっているうちに早く、しかも確実な方法を見つけだした。見かけはよくはないがひじょうに実用的なものである。キャスティング・ラインの最後の端とバッキングの最初の端をランニング・ノット（電車結び）で結び（図61）、真中に二センチほどの間をあけて引締める。そしてアシャアウェ

ラインとバッキングの結び目の補強。

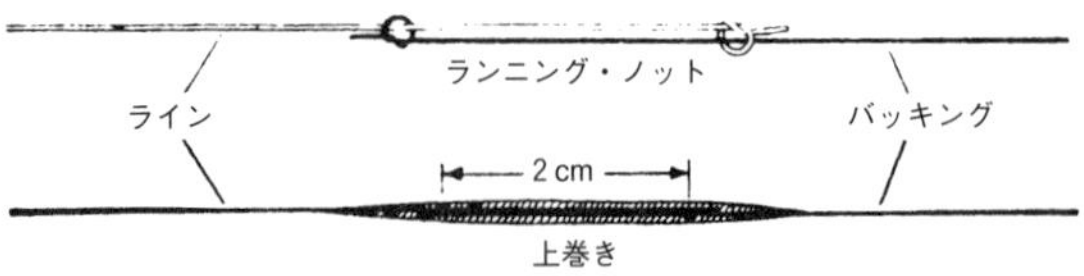

図61

イのスプライスフロスをその接続部のまわりに巻きつける。巻きつけた部分の両端はテーパー状になるようにする。これで接続部は補強されたわけである。しかし、これだけではなめらかな表面を得られないので、私はこれを粘着性のコロジオン溶液の中に浸け、ハンマーでそれが丸く、なめらかになるまで叩く。最後にコロジオンを一刷毛か二刷毛塗っておく。コロジオンの代りに、自動車のタイヤの修理に使う、ゴム糊を使うこともできる。完全に乾いたら、接続部がロッドのトップ・リングをスムーズに通るかどうか確認しておく。

出来ばえは粗雑でずんぐりしており、キャスティングの時に問題があるのじゃないかと心配させるが、実際にやってみるとそうした気づかいは必要ないことが分かるだろう。接続部が予想される力の下ではほどけないことを知っておくのはひじょうに貴重なことである。

●ラインの長さ　バッキングを含めて二〇〇ヤードというのがサーモン・ラインとしての理想的な長さだと思う。バッキングが細いということは水の圧力を受ける表面積がそれだけ小さく、有利である。魚とやりとりをしている時に、魚が急に方向を変えると、その結果として生じるラインのたるみに流れは圧力をかけることになるが、細いバッキングを使っていると流れの圧力が強すぎてリーダーを切るのではないかという心配をしなくてすむ。私がバッキングを長くしておくのが好きな主な理由の一つは走り出した鮭に対して、力で止めようとするより、時間を与えてやることのほうを好むからである。

シーズンの初めには古い接続部分はすべて注意深く試しておくのを怠ってはならない。むしろ古い接続部は切って新しくやり直しておくほうがよい。古い接続部はしばしば十分に丈夫そうな外見をしていても、釣りの最中、特に大物を掛けた時などに切れることがある。リーダーについては言うまでもない。

●リール　私のリールには調節のできるドラッグはついていない。リールに巻いたラインの量に合わせてつねにドラッグを調節しなければならないという仕事は私には向いていないのだろう。魚が走り出して五〇ヤード以上のラインを引出した時には、リールの糸を巻いてあるコイルの直径は著しく小さくなっている。どんなドラッグであってもコイルの直径が小さくなった時には、コイルいっぱいに糸がある時よりもより大きな力で働く。幾械的なブレーキはこのように間違いをおかす。これに比べ人間のひとさし指のブレーキは正確で、これと比較できるようなブレーキの方法は一つもない。

私はいつもひとさし指でブレーキをかける。私のリールは二つのクロス・プレートが両方とも回るようになっており、簡単に押えることができる。いつも使っているのはハーディーの「パーフェクト」で、これが一番よいと思う。品質の良い、ひじょうに強いラチェットはどうしても必要である。というのはほとんどのブレーキはこのラチェットによって行われ、手は緊急の時にのみ使われるからである。

リールをロッドのハンドルに固定するには二つの移動リングによる方式が、スクリュー式のリール・ホールダーよりも用途が広いと思う。二つの移動リングを用いれば、リールは釣人の望みの場所に固定することができる。腕の長短に応じてリールの位置を変えることはダブル・ハンドのロッドを使う場合には見逃せない有利な要素である。そして、この移動リングはしっかりした材質のもので、ハンドル側にはリールの脚をさし込める溝のある形式がいいと思う。

この形式なら、釣人はいかに激烈な魚とのやりとりをしようと、リールがハンドルのまわりを回るということがなく、つねにロッドのガイドと同じ線上にあることに安心していられるからである。

●ロッドとリール　一九五三年にトニー・ピューリッツァーがアルタ川に借りようとしている区間を見に行った時、この川に最も適した道具について詳しく尋ねた。ロッドは何よりも力のあるものが必要である。長さは一四フィート半、一五フィート半といったもの。ロックスバラ公爵はそうしたロッドと、普通のキャスティング・ラインに加えて二〇〇ヤードの麻のバッキング・ラインの巻けるリールを使っていた。それは公爵がハーディーに特別に作らせた直径六インチのリールであった。ピューリッツァーも同じようなリールをいくつか手に入れた。その後、私はイギリスにおける最も優れたサーモン・フィッシャーの一人と思われるキャプテン・エドワーズにいろいろ尋ねる機会を得た。彼は重いロッドが必ずしも最適であるとは考えていなかった。スタンダード・サイズのロッドとリールで魚が釣れるはずだというのが彼の意見だった。スタンダード・サイズとは、ロッドは長くても一四フィート半まで、リールは直径四インチ半までである。しかし、それでも、安全を考えるなら公爵や彼の友人たちの使っていたのと同じ道具を使ったほうがよいと忠告してくれた。私は必要な道具をそろえることには大賛成であったし、そうして安心をしておきたかった。トニーや彼の招待者用の道具に関してはいかなる危険もおかしたくなかったが、私自身に関してはためらうことなく、いくつかのミディアム・ウェイトの道具とより軽いロッドを用意した。私はこの考えをさらに推し進め、自分用には片手用ロッドまで準備したのだった。釣りを始めてみればどんな道具がいいかすぐに分かることは承知していた。

アルタ川に着くと、私はロッド・ボックスを開け、ヨーラホルメンと彼の息子にそれらの道具を見て欲しいと頼んだ。彼らもやはりヘビー・タックルを好むほうであった。私のライト・ロッドを見た時の彼らの疑い深そうな笑みは、私に何かを警告しているようであった。しかし、私は自説を曲げず、一四フィート半、一三フィート、一二フィート半のダブル・ハンドのロッドと九フィート半の片手用のロッドは、全部試してみる価値があると考えていた。最初は一四フィート半のパラボリックと六インチのリールから始めた。この道具だてでナイト・フィッシングをやってみると私にとっては状況は明確であった。そして最初の鮭を釣る前に私はもうロッドを一三フィートのものに換えた。何日か経つとわれわれのパーティの中では伝統的な一四フィート半のロッドを使っているのは一人だけとなった。魚を釣るためにこのように重い道具で六時間から八時間、キャストを続けるのは実際、たいへんな労働で、それはまるで起重機を振回しているような感じがするのだった。

それから三週間ほどのち、私はサウツォーの近くの早瀬で釣った。ここでは魚を掛けたら何がなんでも走るのを食い止めなければならない。さもないと魚はボートの行けない急流の中に逃げ込んでしまう。岸から釣っていたのではもちろん魚について行くことはできない。そこで用心のために私は一四フィート半のロッドを使い、すぐに一二キロの鮭を掛けた。私はこの起重機を使い、定石通りに力いっぱいに魚を引っ張った。あわれな鮭は、一体何が起こったのかも分からず、最初からもう抵抗するのをやめてしまっていた。魚には逃げ出す機会はまったくなく、五分も経たないうちにボートの脇まで寄せられ、私が頭を持って水の上へ引き上げるにまかせていた。これはまるで重い海用のロッドで釣っているような感じがした。もちろん、川の状況からするとこうしたヘビー・タックルが目的にかなっているのであった。しかし、そこからはスポーツとしての本当の楽しみを引き出すことはできなかった。

一三フィートのロッドはこうした私の望みを完全に満足させてくれた。このロッドでも大きな魚とやりとりをし、ギャフまで安全に寄せてくるのに十分な強さがあった。むしろこのロッドでさえ、アクションは強すぎると感じるのだが、それは私の短いロッドに対する強い好みに由来するものであろう。長いロッドでなければならないとされていた場所でも、私は短いロッドで問題なく釣ることができた。そこでさらに一三フィートから一二フィートへ、それから一〇フィート半、そして最終的には九フィート半の片手用ロッドまで使ってみた。滞在の終りの頃には釣りに行く時には主に片手用のロッドと、機に応じて両手用の一二フィートを持って行った。このような傾向は実際のところアメリカでも見られている。レスティグーシュ川では釣人は一一フィートから一三フィートのロッドを使っている。不幸にしてアメリカ製のロッドはあまりにもチップ・アクションが強調されているので、竿に慣れておくことが必要である。しかもこうしたロッドは風のある日にはあまり頼りにならない。

一般的な結論としては、ほとんどの釣人にとっては一三フィートから一四フィートのものがよいと思う。これらのロッドはボートからの釣りで坐った姿勢のキャスティングを楽にしてくれる。特に風の日には有利である。

●フライ　われわれはみんなサーモン・フライが純粋に空想の産物であることを知っている。また鮭は、淡水に入ってからはずっと餌を取らないということを考えてみれば、産卵の季節にはフライを餌とは考えていないと仮定できるだろう。それではなぜ鮭はミミズやスプーンやエビなどを追うのだろうか。なぜ鮭はある時間にしかそれらを食わないのか。私はこれらの質問には答えられない。しかし、一つだけ確かなことがある。鮭が最初に選ぶのはエビであり、次がスプーンとベイト、そしてそれらの後にフライがくる。ノールウェーでは一般的に言ってフライは疑似餌の中では最も確率の低いものとされている。しかしアルタ川ではフライはスプーンや、スピニング・ミノーや、土地っ子のみが使うエビなどよりもよく魚を捕える。これはフライ・フィッシングがボートで行われ、フライを正確な場所にプレゼントすることが可能であるということ、それに対してスプーンはおもに土地っ子がフライ・フィッシングの季節が始まる前に岸から釣るのに使うという事実に由来しているのに違いない。他の川ではスプーンの優位性に異議をとなえることはできない。アルタ川でフライにとって最も期待の持てる時は産卵の始まったばかりの頃であろう。川の水が多い時には10／0から7／0といった大きなサイズのフライにより分がある。しかし、季節が進み、水位が落ちればより小さなパターン、四番が推薦できる。カナダやニューファウンドランドでは、水位が低く澄んでいる時には鮭はドライ・フライで釣れる。ヨーロッパの川ではこうしたことは聞いたことがない。もちろん、こうした釣りでは、魚を目で見て、それがどこにいるかを正確に知ることができる状況で、しかも魚がフライをくわえようと決心するまで何度もフライをプレゼントしなければならないだろう。

　鮭のウェット・フライのパターンの選択は鱒を相手にした時と同じぐらいに大変である。アルタ川のボートマンや年取った釣人はその日の時間、水況、そして光線の具合に合わせ、私には思いもつかぬような、熟練さで彼らのフライを選ぶ。フライに対する彼らの考えには一貫性というものはない。すべての釣人と同じように、彼らは各人の好みを持ち、個人的な考え方を持っている。彼らは天候や光の具合を計算に入れ、私のたくさんの種類のフライのコレクションに指で触ってみるが、最後には自分の神秘的な本能に従って選んでいるように見える。一般的には本当に良いフライにたどり着くまでに彼らは貴重な時間をずいぶんと費やす。鮭は食い気が立っている時には一秒一秒が貴重なのだ。フライを結ぶのにまた時間がかかる。アルタ川のボートマンは複雑な結び方をするので、魚が見逃したり、拒否したフライを別のものと取換えるのには長い時間がかかるのである。新しいフライはできるだけ短い時間のうちにプレゼントされたほうがよいのは疑いもないことで、その理由から私は鱒用のフライを結ぶのと同じ、簡単で早く結べるやり方をサーモン・フライにも使っている。たぶんそのやり方ではフライが魅力的に目立たないのかもしれない。しかし、結び目はしっかりしているし、時間の節約にもなる。

釣具製造業者や、釣具販売人、そして釣人の一世紀以上にわたる努力の積み重ねの結果である多種多様のフライ全体についての知識もないのに、鮭はいったいどうやって種々の古典的なパターンのほんのわずかな違いを見つけるのかは不思議でならない。われらのボートマンはたいていジョック・スコット、サンダー・アンド・ライトニング、マー・ロッジ、ブラック・ドクター、シルバー・ドクター等々、といったとても有名で、ひじょうに人気のあるパターンの中から自分の使うものを選び出すということに私は気が付いた。これはたぶん彼らがそうしたフライに慣れ親しんでいるからであり、そしてまた人気の高さから、特別にそれが有名だというのではないとしても、ほとんどのサーモン・フィッシャーマンのフライ・ボックスの中に入っているからであろう。私はこの問題についてはエキスパートではない。しかし、私は単純なことを好む。アルタ川で釣る時、私はエン川でシー・トラウトを釣るのに成功した時のことを思い出した。そしてまたエン川に着いたばかりの頃、フィッシング・ルームで最高のエキスパートである、スウェーデンのプリンス・ウイルヘルムのロッドの先にプローン・フライがぶらさがっていたのを思い出した。私はこの名人の例に倣うことにし、しかも怠惰でつけ換えるのが面倒なので、プローン・フライ一本で通すと、これはアルタ川でもひじょうに有効で最初の週の最大の魚を釣り上げ、私に大勝をもたらしてくれたのであった。

一九五四年の冬、ロンドンのファーロウを訪ねたおり、アルタ川で使うためにプローン・フライ、ジェネラル・プラクティショナーのストックをしこたま買込んだ。そして、最終的には私の釣った日々のうちの半分はこのフライを使っていたのだった。プローン・フライは私に自己最大の魚を釣らせてくれ、また友人たちにも彼らの大きい、二〇キロから二四・五キロの魚のほとんどを釣り上げさせた。このフライで釣り始めた時、ボートマンは私がこの古典的なフライとはほど遠いフライを使うのを見て大変に気に入らなかったようだ。しかし、それ以上の驚きが彼らを待っていた。われらの二人のアメリカ海軍大将が鹿の尻尾の毛で作ったバックテイル（ラスティ・ラット）を持ってきたのを見た時だった。これは英国の古典的なフライとはまったく異なっていた。実際、そのうちの一人などは小さな真鍮の玉をつなぎ、それに下から上までハックルを巻きつけたものまで使っていた。これもやはりフライと呼ばれるもので、尻尾に小さな穴のあいた二インチほどの毛虫に見えた。しかし、これらの正統的ではない疑似餌も古典的な英国風のフライと釣果は変わらなかった。

何日か経つと正統的なフライの信用はよろめき始めた。そして最後には、ボートマンはわれわれにこの異教のフライについて尋ね始めた。

フライに関する問題を解こうとする個人的な企ても、釣り上げられた魚に対する統計も、鮭の特別なフライに対する決った好みは証明できなかった。しかし、鮭は一瞬のうちにプレゼントされたフライを見分けるので、もし最初のプレゼンテーションでだますことができなければ、それは魚に無視されたということである。そこで私は正反対の原理を利用することにした。これは私にとってはフライの問題に関する簡単な解決法であった。クラシック・パターンを選ぶとすれば、明るいものと暗いもの、例えばマー・ロッジとブラック・ドクターを選ぶ。そして、あまり色の特徴のないジョック・スコットのようなタイプには反対のものとしてプローン・フライを選んだ。この四つのパターンだけでたいていは間に合う。最初にプローン・フライか、あるいはその時に応じて、よいと思うフライから始め、魚がそれを食わない時には、その反対のタイプのものに換える。この戦術的な工夫は私をひじょうに満足させてくれた。アルタ川に関する限り、私は他のやり方はしなかった。フランスのブルターニュでは鮭の専門家は金属的な光沢のあるフライなどというものを認めないし、またアルタ川においてもキラキラするフライが特別に目立って釣果を上げるということもなかった。

一九五四年には私はフライを次のようなものに限った。ブラック・ドクター、マー・ロッジ、ジョック・スコット、プローン・フライ、そしてラスティ・ラット・タイプのいくつかのバックテイルである。記録によるとわれわれが釣り上げた二百七十七尾の鮭に使ったフライは次の通りである。

ジョック・スコット（イエロー・ブラウン・ボディ）で五十六尾。

ブラック・ドクター（シルバーのリビングをしたブラック・ボディ）で四十二尾。

マー・ロッジ（黒のリビングをしたシルバー・ボディ）で二十六尾。

プローン・フライで三十七尾。これらのうちに、四〇ポンド以上のものがほとんど入っている。

アメリカン・バックテイル（ラスティ・ラット、雌じかのヘアー、ボディはオレンジ・シルク、そして黒のヘッドに、白いアイをつける）で二十尾以上。

アメリカ人たちはバックテイルが好きで、これは特に大きな魚を釣るのに有効であった。それ以外に、ダーハム・レンジャー、シルバー・グレイ、シルバー・ラット、サンダー・アンド・ライトニング、ブラック・ドーズなどで何尾かの鮭を釣った。これらのフライは、特別の理由はないが、たいていはフライ・ボックスの底に置かれたままで、たまにしか使われなかった。

前出の表はわれわれが釣り上げた全部の魚を記録してはいない。何度か私は仲間が何を使ったのかを正確に知ることができなかったからである。しかし、いずれにせよ、百三十七尾の魚がサンディアの上の区間でアメリカ人によって釣られた。これをわれわれの合計の二百七十七尾に加えると総合計は四百十四尾となる。
●チューブ・フライ　私が初めてチューブ・フライを使ったのは一九五七年、アルタ川でのことで、その効力に驚いた。ジョック・スコットを使って二尾の魚をバラしたあと、中ぐらいの早い流れでサンダー・アンド・ライトニングを少しの間使い、それからバビントン・スミスが自分で巻いて私にくれたチューブ・フライに換えてみた。
このフライで二尾の鮭を釣り、さらにフライはくわえたのだけれど逃がしてしまった魚が二尾いた。けれど逃がしたのは私の使い方が悪かったせいだった。それに気がついたのは何年か経ってからであるが、トリプル・フックのアイをプラスチック・チューブの中に押込んでいなかったのである。また、そのせいでチューブはリーダーとキャスティング・ラインを自由に上ったり、下ったりして切れてしまい、フライをすぐにつけ換えなければならなかったのだった。この誤りに気付いた後、私はチューブ・フライを本格的に試してみようと決心し、一九六八年、一九六九年、一九七〇年と、ナウスタ川とヨルストラ川で使ってみた。

このフライの使い方が分かると、突然、チューブ・フライ・フィッシングの驚くべき可能性とその機構上の有効性が私にも分かってきた。今では私は他のパターンを使わないほどになっている。このフライに関する私の観察と結果はたぶん読者にとっても興味あるものと思う。

まず、チューブ・フライの構造から述べると——

ボディはプラスチック・チューブからできており、たいていはボールペンのカートリッジで長さは二センチから四センチぐらいまで。私は二・五センチの長さのものが好きである。四センチの長さのものはよく沈

まず、風の中ではキャストするのが難しい。

ポーラ・ベアーかアークティック・ウルフの毛三十本ぐらいを房にしたものが二つずつチューブの上と下の端についている。各人の好みにより、これらの毛の房をチューブのまわりにもつけることが可能で、毛の本数を百本ぐらいまでにしてもよい。私は最大六十本ぐらいのものが好きだが、それは新しい時にはよく効力を発揮し、そして何度か使って、毛が最初の三分の一位に減ってもまだよく働くからである。

それぞれのヘアーは染色してある。たとえば先は黒、上部はブルー、あるいはイエロー、あるいはブルーと白、赤とイエローといった具合である。

フック・サイズは二種類で十分である。一番小さいものはトリプル・フックの一番、最大は四番とする。フックのアイは梨型のものでなければならず、それによってプラスチック・チューブをアイのところにぴったりとはめ込むことができる。小さなプライヤーがあれば、この作業は指でやるよりもずっと楽に安全に行うことができる。

これらのトリプル・フックはひじょうに小さいもので、重量はスタンダードのシングル・フックあるいは

ダブル・フックよりも軽いくらいである。フック・ポイントはベンドの内側まで入っており、魚の顎の力で伸ばされたり、開いたりすることがなく、抜けにくい。結果としてはこのフックを折るような魚はほとんどおらず、私のその時の最も大きい魚、一七・五キロは、三番のトリプル・フックで釣られたものであった。

あらゆるサーモン・フライのパターンの中でも選ぶとすれば私はチューブ・フライを第一に挙げる。重さと大きさの比較からすれば、チューブ・フライは軽く、そして流れの震動により敏感に反応する。さらに、チューブを通る水や酸素の流れがたぶんひじょうに刺激的な効果を生むようで、この理由から私はチューブの上の端を巻き締めて水が入らないようにするのは得策ではないと思う。もちろん、鮭がなぜあるフライを追い、他のフライを無視するのかということを正確に知るのは不可能である。これらの魚は淡水に入って来た時には興奮し、恋に夢中で、自分たちを超えた不思議な力にとらえられている。春の狂気とでも言ったらよいのだろうか。この大規模な移動の後のこの習性について完全に理解できる人はいない。しかし、とにかく、他の疑似餌がまったく鮭の興味を引かない時に、このチューブ・フライが効果を上げるのを私は何度も見ている。

●結論　チューブ・フライを試したことのない釣人は、一度使ってみれば魚以上に興奮すると思う。そして、風に向かってキャストするのがいかに楽か、またどれほど正確にキャストできるかが分かるであろう。そのうえ、チューブ・フライはひじょうによく水の中に突っ込んでゆく。色については釣人のお好み次第である。このフライは動きが効力の鍵であると確信する。最近の三年間、私はこのフライだけを使って百五十尾以上の魚を釣り、親しい友人たちは何百尾も釣っていることからして、その効力は疑いのないものであろう。

●カナダ大西洋岸の鮭の川とアルタ川の比較　トニー・ピューリッツァーの兄弟のジョセフ・ピューリッツァーは大西洋岸で最も良い鮭の川であるレスティグーシュ川で二十年間釣り続けており、その記録を私に貸してくれた。

一九五四年にわれわれはアルタ川の全長二七マイルの区間で四百十四尾の魚を釣った。この結果は一九五三年のレスティグーシュ川の成績と比べても遜色はないと思う。もっとも、レスティグーシュ川の一九五三年は不漁の年であったということを見落してはならない。レスティグーシュ・サーモン・クラブに属している水域のうち、ピューリッツァーの持つ二〇マイルでは五百十四尾の鮭が釣れている。アルタ川での最良の年の釣果については情報がないので、残念ながら好漁だった一九五二年の成績と比較できないのだが、レスティグーシュ川の全捕獲量は千四百八十一尾に上ったそうである。

アルタ川が誇るべき記録の一つはヨーラホルメン・ジュニアによって打立てられたもので、ボートで一区間を二十四時間釣り、四十四尾の鮭を上げたというものである。

われわれの一日での最良の釣果は次のようなものである。

I・ピューリッツァー夫人、一晩に八尾。
トニー・ピューリッツァー、一晩に七尾。
シャルル・リッツ、一晩に六尾。

一九五八年にはサム・フィールドは一晩に十七尾を上げた。

アルタ川での魚の一尾の平均重量は一一・五キロで、レスティグーシュ川の魚の平均重量は九キロである。レスティグーシュ川では二〇キロの鮭といえば例外的な大きさだが、アルタ川ではわれわれが滞在していた間だけでも二〇キロ以上が十一尾上っている。私の釣った一番重いものは二四・五キロであった。

ノールウェイのサーモン・フィッシングに関する報告書で、もしあの夏の厄介もの、モスキートについて触れていないとすれば、それは不完全といわねばなるまい。この虫は夕方、鮭釣りに最も良い時間になると姿をあらわす。「オフ」とか「ガード」あるいは「6～12」といったアメリカ製のリキッドは、正しく用いられれば真価を発揮し、顔と首と手に塗りつけておけば数時間は安心していられる。私は時にはボートマンのキャップに百匹以上のモスキートがとまっているのを見たことがある。虫は、一匹また一匹と私の顔の前に偵察飛行をおこなった。鼻先に思い切って止まるということはしなかったが、時としては私の帽子を途中下車の場所とする。しかし、着陸したり、羽根を休めたり、離陸したりするには帽子よりも平らなキャップのほうがどうも都合がよいようである。ラップランドに無数にある湖の一つで岸から釣りをする時、モスキートから身を守るのに変った工夫をこらす話を聞いたことがある。何人かのラップの女性を雇い、そのうちの一人を選んで、強い臭いの好きな虫を寄せつけるために立たせておくのだそうだ。

アルタ川の河口付近の海には頻繁にアザラシがやって来る。アザラシは川の中に上ってくることもある。このような時は鮭は警戒し、フライを追わなくなる。ロックスバラ公爵はある時、サウツォの近く、川口から一八マイルのところでアザラシを見つけたことがある。このアザラシは三つの荒瀬を越えてやって来たことになる。

アルタ川ではわれわれが釣った魚の中にはフィヨルドの網でいためられた魚もたくさんいたし、またアザラシに傷つけられた魚もいた。

最後に私がアルタ川で釣った最も大きい、二四・五キロの魚のことを説明しておきたいと思う。マー・ロッジを使って無視され、掛け損った後、私はプロ―ン・フライでその魚を誘惑することに成功したのだった。フックに掛かるや魚は下流に向かって走ったが、それでもなんとか静かな場所へ導くことができた。そこで十分間やりとりした後、私は魚をギャフまで寄せ、ボートの中に引っ張り込むことができた。この何日か前の夜にはすでに一五キロの魚を釣り上げていた。それにもかかわらず、この時の魚は型がよいということだけはわかっていても、そんなに例外的な大きさのものであるとは信じられなかった。この魚と戦っている時、私には、モンスターを掛けた時に感じる高揚した気持などなく、また釣り上げるのに成功した時にも何の誇らしさも感じられなかった。私の心臓がドキドキしだしたのは魚を計りにのせた時だった。

これに反して、サーモン・プールを釣る許可がなくて、シー・トラウトやグリルスを狙った日があったが、この時はひじょうに緊張した瞬間を体験した。グリルスを釣っている時に九フィート半の片手用のロッドに一四・五キロの鮭が掛かり、それを釣り上げたのだ。この時のことは一生忘れないだろう。朝の三時だったが私は宿舎へ帰るとコンデンスミルク入りの濃いコーヒーを飲んで元気をつけ、そして習慣となっているアクアビタという強い酒を飲み、それから、良き夫、良き父親として家族と共にビアリッツでヴァカンスを過している親友のオーギュスト・ランビオットに次のような手紙を書いた。

親愛なるオーギュストへ

一九五四年六月二十六日
午前三時、アルタ川にて

今、釣りから帰って来て、夕食を呑み込んだところだ。今日はトニー・ピューリッツァーの兄弟がアルタ川での滞在の最後の日だというので、私の許可証を彼にやってしまった。それでサーモン・ウォーターを釣ることはできなかった。川の残りの部分でグレーリング、シー・トラウト、グリルスを釣ることは自由だった。午後の八時頃、私は岸から九フィート半のロッドで釣り始め、まもなく一・五キロのシー・トラウトを釣り上げた。それから何尾かのグリルスが私のブラック・ドクターに当ったが、乗っては来なかった。そのあとで今度はボートに乗って、良さそうな場所でグリルスを狙ってみた。ちょっとした急流のすぐ上で、最初のキャストにいきなり水を押し上げるような勢いで何かが食いついた。私は鮭を掛けたのだ。魚は猛烈な勢いで上流へ向かって走り、そしてボートのまわりに大きな円を描いた。ラインはほとんど一〇〇ヤードほど出て、カーブを描いていた。バッキングの一部はもうすでに水の中だった。水の圧力がラインを切りはしないかとはらはらした。前に大きな魚を掛けた時、ボートマンがラインのカーブに沿ってボートを進める代りに真直ぐに上流へ向おうとしてカーブしたラインにかかっている圧力を強めて切ってしまったことがあったからだ。ボートマンは、残念ながら難しい魚とのやり取りに必要な原因と結果の関係をあまり詳しく知らないんだ。

やがてこの予期しなかった敵は姿をあらわした。魚はひじょうに印象的な姿をしていたけど、特別に幅が広いようには見えなかった。それからいきなり魚は下流に向きを変えた。私は少しラインをくれてやり、それからゆるめずに少しずつ力を強めて持ちこたえてみようとした。このやり方は効を奏し、魚は同じ場所で暴れていた。それから流れに逆らって魚をゆっくりと寄せようとしたけれど、これはとうてい無理だった。しばらく綱引きをして、何分か持ちこたえていたが、魚は突然力を出すと急流の中に飛び込んでしまった。このすばらしい魚はまだ驚くような力を残していたのだ。われわれはボートで魚の後を追った。リールから出たラインはすでに一五〇ヤードになっており、魚は今までにも増したスピードで下流に向かって走っていった。われわれの方はラインを巻けるほど早くボートを進めることはできなかった。ボートは水をかぶり私のズボンはびしょ濡れになったが、それ以外の被害はなかった。最初の急流を越えたあと、今度は次の流れの早い部分にやって来た。私はボートマンに流れの中に岩がないかどうか聞いた。そして、ないという答を聞いた時にはほっとした。その間に魚は深みにもぐり込み、そこで抵抗していた。われわれは最終的に魚のそばまで行くことができ、おかげでいくらかラインを巻込むことができた。とはいえ、バッキングの一部はまだ水の中だった。幸いにして、前の晩自分で継いだラインの接続部に関しては心配はなかった。

戦いはもう三十分も続いていた。魚はふたたび下流に向かって走りだした。この魚は実にすばらしいファイターで、あらゆるチャンスをのがさないんだ。彼は二番目の急流の中をすばらしい跳躍を見せて下って行った。ラインはほとんどもうなくなりそうだった。

最後に私は鮭を止めることに成功し、そしてもう一度ボートを静かな場所に入れることができた。そこで短く急激に竿をあおってラインを巻いた。しかし、魚は静かな水域の端までくるとその度に全力を振りしぼって急流の中に突込もうと頭を激しく振って抵抗した。一度か二度、ラインがコイルから外れたような手ごたえがした。これはたぶん魚の胴に巻きついたラインが急にほどけたためであろう。六回私は魚を急流から引戻し、六度魚は急流に戻っていった。しかしもう抵抗する力は少しずつ弱まっていた。魚は水面まで上って来て、ここで戦おうとした。とはいってもボートからまだ四〇ヤードもあったんだ。そして魚はさらにラインを欲しがっていた。しかし、とうとう魚には抵抗力がなくなり、引かれるままになった。それでもなお、魚はまた深みに入り、ボートのそばを回っていた。その間、私は彼を思う方向へ進ませることも、引上げることもできなかった。彼は二度ほど逃げようと試みた。私のボートマンはひじょうに興奮し、ギャフで突きさそうとしていた。私は岸に上陸させてくれと命令した。彼はこれにはあまり気が進まないようだったが、私はよく戦った魚がぐったりとして終るのをボートから見るのは好きではないんだ。それに私が恐れるのは、ボートマンは魚がまだ深いところにいるうちにギャフを掛ける習慣のあることで、前に二度ほど、彼らはそのけがらわしい武器にリーダーをからめたことがある。今回は私のリーダーはたった〇・四〇ミリ（約一四ポンド・テスト）で、しかも片手用のロッドで釣っていたから、あらゆる危険は避けたかった。

私は岸に下りると、リールを巻かずにずっと後退していった。魚はこうするとたいていは引っ張られていることに気付かずに、されるがままになっている。ところがリールを巻くと引っ張られているということが分かってしまうのだ。一時間にもわたる勇敢な戦いの末に彼は降参し、疲れ切ってギャフの前に輝く横腹を見せて横たわった。最後の息をはくまでこの魚は剣闘士のように戦ったのだった。魚は一四・五キロあった。それは完全な状態の鮭で、本物のワニのような口をしていた。私は彼の勇敢さをほめるようにその頭をなでてやった。そしてよろこびの叫びを上げ、私も疲れ切って石の上に腰を下ろし、パイプに火をつけた。

親愛なるオーギュスト、密度の濃い、緊張した経験を分かち合うために、君がここに一緒にいてくれたらと思うよ。明日、彼の写真を私のロリフレックスで撮っておこうと思う。私がバッキングに何を使っていたのか興味があるだろう。それはクーガル・ローディアで、これ以上丈夫なものはないよ。使ったフライはブラック・ドクターだった。友情を込めて、みなさんによろしく。

シャルル

最後に私を一緒に連れて来てくれたトニー・ピューリッツァーと彼のすばらしい友人たちに感謝をしたい。アルタ川で彼らのもてなしを受ける特権を持てたことは、まさに神からの贈物であった。

●最後の考察　鱒やグレーリングのフライ・フィッシングで、私が面白いと思うのはキャストを始めてから、魚を掛けるまでの間である。魚とのやりとりとランディングはとりたてて言うほどのことはない。一方、鮭釣りにおいては魚が抵抗する力を感じた時から大きな喜びと満足がある。そして、魚が大きいか、小さいか、あるいは中ぐらいか、彼は強くてずる賢いか、それとも恐れで逆上してしまい、めくらめっぽう無駄に暴れ回るだけのあわれな小悪魔なのかと考える。もしよく闘う魚であれば、私は自分を守るための十分な機会を与え、そして私が紳士的に敬意をもって彼と戦えるよう余裕を与えるのだ。しかし、もし魚が不器用で臆病で、愚鈍なものであれば、私は特別な時間をかけずに釣り上げてしまう。鮭釣りで私を最もわくわくさせるのは、どれだけ力があるのか計り知れないような、チャンピオンになりたくて仕方のない敵と向い合った時である。

アルタ川のオオラ

トニー・ピューリッツァーの客としてヨーラホルメンの農場に滞在していた間に、私はアルタ川で大きな魚を釣ったが、それは一人の娘にギリー役をしてもらうという実に奇妙な状況下でのできごとであった。

そうなったのは偶然のことで、その日私は流れが突き出た岩にぶつかっている、すばらしいサーモン・プールを釣る順番になっていた。たいていこの場所はボートで釣るのだが、その日の夜、国へ帰らなければならない友人にボートを提供してしまっていた。彼の今までの釣りは運が悪くて、われわれはみんな、彼に最後のチャンスを与えたいと思っていた。ボートなしでどうしたらいいか、私を招待してくれた川の権利を持っている人の意見を聞くと、ボートが戻ってくる午後二時まで岩の岬から釣ったらどうかと言った。

これはかなり難しい釣りだった。岸からキャストして、魚を掛けることに成功しても、ギャフを掛けられる唯一の場所は岩の岬の下の幅一メートル、長さ四メートル、水面から一メートルの高さにある狭い岩棚だった。私は遅い朝食をとりながらこの問題についてよく考え、十一時になって、ギャフを掛けてくれる人がいなくても一人で魚に対処できるかどうか現場に行ってみようと決心した。

料理人は台所で大忙しだった。ヨーラホルメンの一家はみんな農場へ出ていた。運転手はトニー・ピューリッツァーと出掛けていた。そこで私は釣りを断念しかけたのだが、家の中を通る時に後で誰かが洗濯物を干しているのを見たことを思い出した。それはオオラに違いなかった。たった数日前から料理の手伝いや洗濯をするために働き始めた若いラップ人の娘だった。

オオラについては誰もあまりよく知らない。ただ背が低く、がっちりしたまんまるい身体つきをしており、若いにもかかわらずカイテーノの村はずれで材木伐り出し人夫や、村の男や、スレート運搬の労働者たちとの間にできた子供を何人か持っていることだけが分かっていた。人類に対する彼女のあまりの優しさの結果である子供たちの世話を頼んだラップ人の女に、金を

送ってやらねばならないと、彼女は仕事を探しにきた時、そう説明した。オオラは額が高く、後が低くなった丸い頭をしており、黒いけれどなめらかな肌をして、アジア的な目を持っていた。広い意味からいえばとてもおいしそうな娘で、つねにわれわれ男たちを飢えたような目で見ており、私も、われわれみんなも自分がおそまつであることを申し訳なく感じていた。

「今日は、オオラ、一時間ほど私と釣りに行かないか?」

彼女は小躍りして「イエス、イエス」と言った。

私は竿とギャフを取ってきて二人でプールへ向かう半マイルほどの小径を歩いて行った。オオラは後ろを歩き、われわれは最初の鉄条網のところにやって来た。

上を乗越えるには高すぎるので私は身をくねらせて下から通り抜け、向こう側に着いたところでオオラから竿とギャフを受取った。彼女は私と同じにやってみようとしたが途中で叫び声を上げた。スカートが引っかかってしまったのだ。私はスカートを外してやり、彼女を励ました。彼女が四つん這いになってふたたび鉄条網をくぐろうとした時、今度はもっと大きな叫び声が上がった。今度はことはもっと重大だった。鉄線

はピンと張られ、オオラの二つの甘いメロンに似たものがある部分に引っかかっていた。私は何度も失敗しながら、それでも最後には彼女を自由にすることに成功し、彼女は鉄条網を通り抜けて私と一緒になった。

彼女はことを取り違え、興奮して私の首に両手をまわした。そこで私はたくさんの身振りを交ぜながら、これは鮭釣りの一部ではないことを説明しなくてはならなかった。そしてもう少しで、彼女の小さな種族を増やしたくはないんだ、ということをつけ加えなければならないところだった。それからまたわれわれは苔の多い樺の木の間の道をプールに向かって進んで行った。

岩の上に着いた時、私は彼女にして欲しいことを説明し、どうやってギャフを使うのかを正確に教えてやろうと思った。彼女はだんだんと興奮してきて、私は彼女が血迷って振りまわしている武器をよけるために後ろへ下がらなければならないほどだった。われわれは岩の岬の先へ行き、私はキャスティングを始めた。

「オオラ、君はギャフを持って、キャストの間はラインの飛ぶ場所から離れているんだ。私が鮭を岩の下まで寄せて、ギャフが掛けられるようにするまでは適当に近いところにいるんだよ」

彼女はギャフをつかみ、また彼女の武器を危険に振り回しながら私のまわりを踊り始めた。私は何とか彼女を鎮め、後ろに下がらせた。何分か後、早い流れとたるみの境い目に二尾のサーモンが居るのを見付けた。これは良いしるしだった。アークティック・ウルフ・ヘアーの中型のチューブ・フライを使うことに決めて、私はまたキャストを始めた。

突然、フライが木に掛かったような感じがした。ところが振り返ってみるとリーダーはギャフにからみついており、オオラが私のすぐ後ろに立っていた。私は彼女をにらみつけ、言った。

「オオラ、そっちへ行って岩の上に坐るんだ。そしてギャフは地面に置いておきなさい。もし言うことを聞かなけりゃ洗濯場に帰らなきゃいけなくなるよ」

三度目のキャストで私は良い型の魚を掛けた。魚はすぐに二度ジャンプをし、それから深くもぐり、また上って来てもう一度ジャンプをして、流れに乗り、下流へ泳いで行った。魚はそうしてたくさんのラインを引出すことに成功した。私は岩の尖った角からラインを守るためにロッドを操作しなければならなかった。

最終的に私が魚の突進を止め、魚が反転して上流に向い、ラインがたるんだ時、野性的な叫び声が聞こえた。それはオオラだった。彼女はギャフを手に持ち迫力のあるラップ・ダンスを踊っていた。それを見ると私の神経のいらだちはその頂点に達した。そして、私自身と、魚と、オオラとの三つをコントロールしなければならない最も厳しい時を過した。最後には私はオオラをプールに投込むぞとおどかした。彼女は泣き始め、ギャフを手に持ったまま家に帰ろうとした。

「オオラ、戻っておいで、そうしないと君をカイテーノの家へ送り返すよ」

彼女は足を止め、帰って来て大きな石の上に坐った。やっと私は鮭に集中することができた。魚はそれからさらに三回走り、疲れを見せ始めて、私に運が戻って来たと考えられるようになった。魚は二度下流に逃げるため、流れに戻ろうとしたが成功しなかった。もうほとんど動かなくなっていたのでギャフをかけるために私は魚を近くまで寄せようとした。その時、私の釣人としての生涯での最大の悲劇が起こったのである。私はギャフをかけるのはオオラにはまかせてはおけないと考えていた。そこで唯一の解決方法は彼女にフライを引きちぎるようないかなる動作もしないようにしてロッドを持っていてもらうことだった。フライは魚の口の端に見えていた。私はオオラにどうやって竿を扱ったらいいのかを説明した。

「オオラ、これが竿だよ。これを両手で高く持ち上げて、片手はリールの上において動いちゃだめだよ。銅像と同じようにじっとしてるんだ」

私はギャフを手に取り、すぐにそれを魚に打込むと、水から上げ、岩棚に持ち上げた。ところが鮭はまだ生きており、ギャフから外れてしまった。あわてて、私は魚を両手でおさえにかかった。その時、オオラはありったけの力を振り絞って竿を引っ張った。すでに岩にこすれて弱くなっていたリーダーは簡単に切れてしまった。

魚を失うのではないかという不安にとらわれ、私の頭の中を横切った唯一の理論的な思いつきは、魚の上に身体ごととびつくことであった。ところが、その瞬間私はものすごい重みを自分の身体の上に感じた。オオラだった。彼女はすっかり興奮してしまって、手を貸そうと、私の上にとび乗って来たのだった。魚が静かになったので、私はオオラをどけ、あたりにこのあわれな鮭を殺す石はないかと見回したが見つからなかった。そこでオオラに適当な石を見つけにやった。まもなく彼女は帰って来たが一〇キロはあろうという石を抱えていた。彼女はそれを魚の上に落そうとしたのだが、ついでに私の上にも落すつもりだったのではないだろうか。私は彼女に石を下へ置くように言い、もっと小さいのを見つけてくる必要を分からせた。まもなく彼女は少し小さい石を持って来たが、それでもまだ重すぎた。三回目にやっと手ごろな石が見つかり、私はあわれな鮭を殺し、最終的に魚はわれわれのものとなった。二人は手を取り合い、お互いを見つめ合った。私は彼女に兄妹のようなキスをしてやりたい気分になったが、最後の瞬間にこの考えを変えた。というのは彼女があの多産系の目でじっと私を見ていたからである。

鮭は計ってみると一四・五キロあった。その日以来、オオラに会う度に彼女はもの欲しそうに私を見、私は彼女に洗濯場にとどまっているように、そして私にはパリで私を待っているフランス人のオオラがいるのだということを話してやらなければならなかった。

パリに帰ると、ルドヴィク・ベメルメンスがリッツ・ホテルに滞在しており、オオラの話をすると彼は言った。

「きみがその話を書いたら、ぼくはよろこんで挿絵を描いてあげるよ」

そして彼は親切にその通りにしてくれた。

しかし、友人たちが言うことは、「オオラじゃなくて、オー、ラ、ラだよ。君はまったくいやらしい年寄りのフランス人なんだから」

しかし、私は本当はスイス人なのだ。

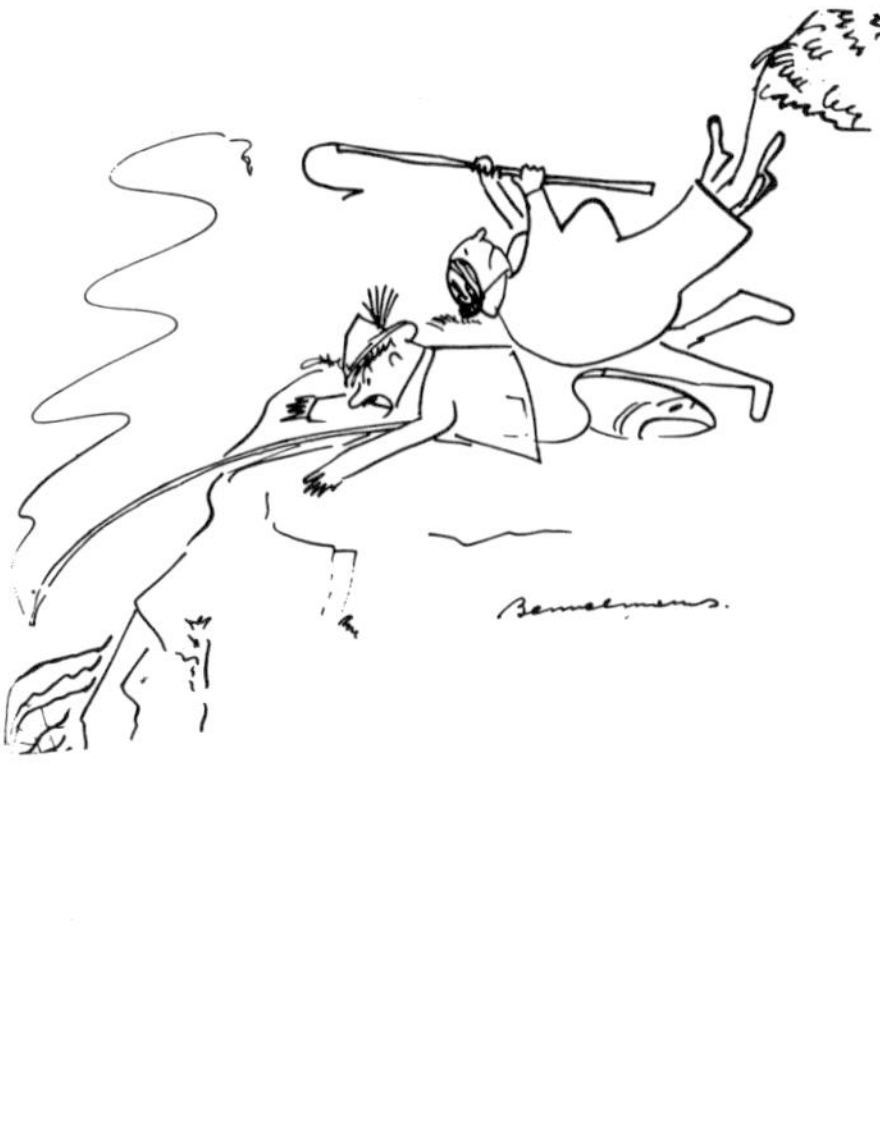

フライは一つ、あるいは二つ？

私の意見では世界で最も偉大なサーモンのフライ・フィッシャーはJ・アシュレイ・クーパー少佐だろうと思う。彼は今までにシルバー・キングを一万尾は釣ったと推定されている。これは彼のとび抜けた腕前を示すものであり、いかなる時代の釣人であっても肩を並べられるものではない。一九七一年六月二日、ロンドンのザ・ガーズ・クラブで昼食をごちそうになった時、私は彼にフライ・フィッシングで成功するために重要なことを要約して話してくれるように頼んだ。

彼は、まず、いかにフライをキャストするかを知ることが最も重要だと言う。次に重要なことはフライが水の流れと同じ速度、つまり早すぎもせず、遅すぎもせずに流れることである。

ゆっくりした流れで釣っている時には、フライが水の中に沈み、そして流れに乗って動き出したら軽い動きをつけ加えてやる。しかし、フライを急激に引っぱるのは避けること。動きはなめらかで一定していなければならず、魚にこのうまそうな餌が逃げて行ってしまうと思わせるのに十分であればよい。状況としては両足の間に骨を置いてもらった犬と同じである。その骨をどの方向へでもよいから一定のスピードで引いて動かしてやると、犬は骨を取上げられるのではないかと思って、それに反応するのである。あまりに早く動かすと、彼はもうそれを自分のものにはできないとあきらめてしまう。

早い流れの中ではつねにフライに注意していなければいけない。ロッドでコントロールする時にはフライがどういう動きをするのかを知っていなければならず、魚にそのフライが生きていると感じさせるように動かしてやることが大事なのである。

彼はひじょうにたくさんの経験から、いろいろの戦術を使うが、そのうちの一つは、二つのフライを使い、一つをドロッパーとすることである。どちらかといえば短かめのナイロン・リーダーを使い、もつれを防ぐために同じ太さのナイロンで短いドロッパー（枝鈎）をつけるのである。

私は彼がラインのメンディングに関してどう考えているかを聞いてみた。メンディングが本当に必要になることは稀であるというのが彼の意見だ。どうやってキャストするかを知っている人、そしてキャストが正しく行われたかどうかが分かる人はラインをメンディングする必要はないと言う。有名なサーモン・フィッシャーの多くがラインを自動的にメンディングしているが、これはフライが先になって流れているか、ドラッグが最少限かを用心して確認しているのである。

われわれはチューブ・フライについても話した。私は現在、このフライが好きで、長さは四センチまでのものを使っている。アシュレイ・クーパー少佐はチューブをもっと短くしてもよいと教えてくれた。そのほうが早い、正確なキャストをより楽に行えるので、良い結果が得られるというのである。

私は彼の使うロッドはひじょうに長いといつも思っていた。「一時はそうだった」と彼は私に話した「けれどたいていは自分が釣る川のタイプ、その規模と流れに合わせてロッドを選んでいるんだ」

水へのアプローチに関して、彼の経験では魚はたいてい流れの浅くなったところにいるという。まず、この部分をやってみることだ。（このやり方はこの本の最終章に出てくる女性の釣人によって十分に証明されている）。もし良い実績のある区間を釣っていて、鮭がそこにいることが分かっているにもかかわらず、ウエットセル（訳註　サイエンティフィック・アングラーズ社のシンキング・ライン）でキャストしたフライが無視されるようなら、つぎにエアーセル（訳註　サイエンティフィック・アングラーズ社のフローティング・ライン）でやってみる。あるいはその反対。これはしばしば良い結果を生むのでやってみるだけの価値はある。

アシュレイ・クーパー少佐の力説する二つのフライを使う釣り方はとても私の好奇心をそそったので、ファーロウのカタログに載った彼の記事をここに転載する許可を得た。この中で、彼はドロッパーとテイル・フライを使っての釣法を詳細に説明している。以下がその内容である。

鮭釣りにはフライは一つがいいか二つがいいか

J・アシュレイ・クーパー少佐

ドロッパーは鮭の川での釣りにはあまり用いられてはいない。ドロッパーには何か有利な点があるのだろうか？　これはビクをより重くしてくれるものだろうか？　あるいはこれは単によけいないらいらと、もつれと、そして不必要に魚のバラシを多くする原因となるのではないだろうか？　これらが即座に頭の中におきてくる疑問である。

適当な条件下であればドロッパー・フライをうまく使うことは釣りの興味と興奮を大きくし、しかもビクを重くしてくれる。

本当にビクがより重くなるかどうかは議論の余地があるとしても、この方法で釣ると釣果の三〇パーセントがドロッパーで釣られる。（この数字は普通の熟練度の人によって得られたもの）。

この事実から、その三〇パーセント分がすべて増えるというわけではないにしても、一本のフライだけで釣っている時よりも釣果が上がるということを信ずるに足るものがあるだろう。

確かにフライを二つ付けてキャストすれば、それが正しく行われている限り、キャストの一回ごとに探られる水域はそれだけ多くなり、それは釣人により早く、しかもよりていねいに多くの場所を探らせることとなる。これはスペイ川やツイード川のような大きなプールのある川では真剣に考慮されるべきものであろう。（フライを三つつけることさえ試されてもよいであろう。しかし、もつれのできる確率が高くなることを考えなければならない）。

二つのフライが連続して魚の上を流れるということは、一本のフライだけの時よりも魚を行動に駆立てやすいと言えるだろう。アイルランドの有名なガイドがよく言うように「数で怒らせる」というものだ。ここではこの理論についてこれ以上話す余裕はないが、経験を積んだ釣人なら、この可能性を理解してもらえると思う。

サイズの違うフライや、タイプやパターンの違うフライを同時に使って釣ることは、ひじょうに大きな興味をつけ加え、実験してみるべき大きな分野を与えている。たとえばある釣人たちはひじょうに重たいフライをテールにつけてアンカーとして使い、ドロッパーは水面に沿って急激に上下に動くようにつける。この方法は、特に強い流れや、小波のたくさん立った流れのたるみではひじょうに効果があると主張している。この主張が当てになるかならないか疑う前に、まず自分で試してごらんになることを勧める。

たしかに二つのフライで魚を釣るのは、一本のフライでの釣りよりも興奮させられるものがある。そして時には成功し、時には失敗しながらもだんだんと髪の毛が逆立つようなすばらしい経験を持つことができるようになる。スポーツとしての釣りをしたい人にとっては、これはひじょうに良い方法だと思う。

もちろん、ドロッパーはどこでも自由に使えるというわけではない。邪魔になる水草があったり、沈み木があるような場合は必ず問題が起きるのでドロッパーを使うことはできない。魚を掛けても、自由なほうのフライが障害物にひっかかり、もう一本のフライにかかっている魚を逃がしてしまう危険が大きくなりすぎる。また魚がひじょうにたくさん溜っているようなプールでのドロッパーの使用も危険である。一尾目の魚とやりとりをしている間に魚の掛かっていないほうのフライがスレで他の魚を掛けたり、あるいは二尾目の魚がこのフライをくわえてしまう確率が高すぎる。そうした事態になれば失敗に終るのはほとんど避けがたい。ドロッパーがテール・フライを食った一尾目の魚にからみついてしまった場合はまだ幸運と言わなければならない。

その他に悩みの種となるのは、ドロッパーをつけたために避けがたいもつれやすさである。キャスティングの時に少し余計に気をつかうことでだいぶ解消できるが、リーダーのもつれにはつねに注意して、もし、もつれができ始めたらすぐに、まっすぐに直しておくことが大事である。自然にもつれができてしまうのは風の日に多く、実際、風が強すぎる時にはドロッパーの使用はあまり勧められない。しかし普通の日ならちょっとの注意で、もつれは最少限に抑えることができ、あまり心配するほどのものではなくなる。

ドロッパーを使っての釣りが基本的には、中型、あるいは小型のフライと、フローティング・ラインの組み合わせで暖かい水域で行われていることは確かだ。春のシンキング・ラインと大きなフライを使っての釣りがいいとされている時期に、ドロッパーが有効かどうかは分からない。しかしやってみる余地はある。

ドロッパーに使うリーダーをどう取りつけるかは注意が必要であるが、かといって難しいわけではない。ドロッパーのリーダーとメインのリーダーの結び方が一番重要なのである。そして、ここが正しく結ばれてさえいれば問題は起きず、また後でこの部分が弱くなるということもない。長い間いろいろと試してみて、たくさんのノットのうちで一つだけこの目的に完全にぴったりのものを見付けた。一般的にトラウト・フィッシャーマンに使われている結び方は鮭とのやりとりの極度に大きな力には向かない。結び方は普通のブラッド・ノットであるが、これはメインのリーダーの好きな位置にドロッパーをつけられる、リーダーの主要部に対し、ドロッパーとテール・フライの二つが結びつけられるのである。

テール・フライ用にはナイロンを長くし、ドロッパー用には短いナイロンを用意する（図A）。この二本をリーダーの主要部の下の端を重ね合わせブラッド・ノットを作る用意をする（図B）。二本のナイロンを一本の時と同じように取扱ってリーダーの主要部に接続するのである。

このブラッド・ノットはゆっくりと、そしてきちんと引締められなければならない。そして結んだあとや、また魚を釣り上げたあとは徹底的にテストし、ドロッパーのリーダーと、メイン・リーダーをきちんと引っ張っておく。もし結び目に何らかの弱点があらわれたら完全に新しく結び直しておく。

この結び方ではドロッパーの方を引いてもテール・フライの方を引いても、ブラッド・ノットの中心点に対してまっすぐに力が働くという利点がある。またブラッド・ノットは二本のナイロンを接続するには最も強い結び方である。ただ小さな欠点がある。それは強さと信用度という大きな有利性からすればほんの小さなものだが、ドロッパーのリーダーがメイン・リーダーのすぐ脇に来てしまい正しい角度が保てないということである。ほんのちょっとの工夫でこれは直すことができる。ブラッド・ノットのすぐ下でテール・フライのリーダーにドロッパー・リーダーをハーフ・ヒッチで一回まわしてやるのである。（図C）

このハーフ・ヒッチが適当な強さで引締められれば、ドロッパーはテール・フライのリーダーに対して適切な角度を持つことができる。そして、魚がドロッパーをくわえた時にはこの結び目は蝶番式に動き、ドロッパーはリーダーの主要部と一直線になり、そしてテール・フライのリーダーの方に角度がつくということになる。ウィンド・ノットなどで弱点ができ、片方のフライが切れてしまったとしても、ナイロンの一片が他のナイロンに巻きついているというだけの話で、それ

図A

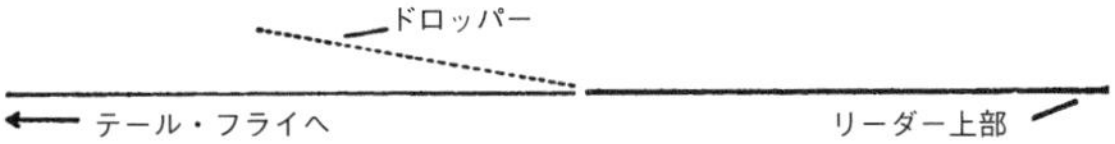

図B

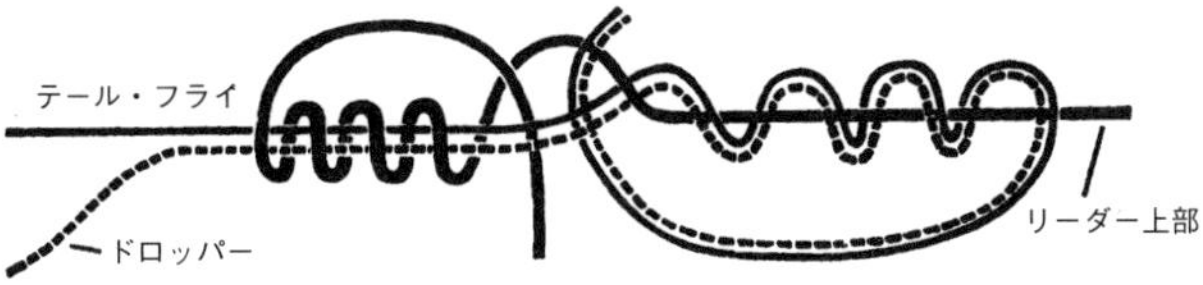

図C

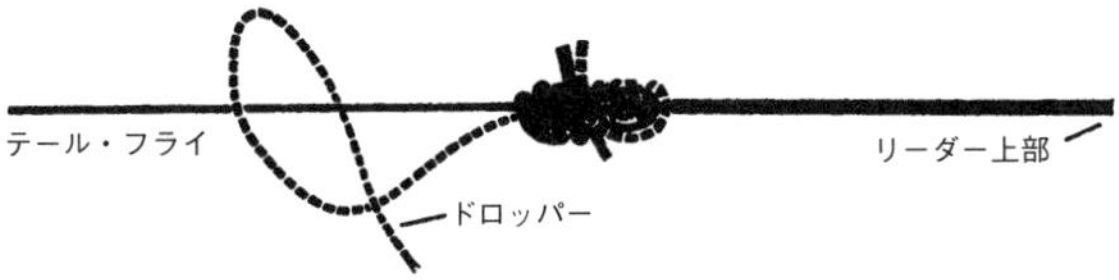

が不都合な結果を起こすということはない。魚がフライから外れてしまった場合でも、どっちのフライが食われたのかを知るのは簡単である。くわえられたほうのフライが主リーダーと一直線上にあるからである。

　ドロッパーとテール・フライの距離をどのくらいにするかはとても重要で、最も良い方程式は、この間隔をそこで釣れる大物の鮭の体長と同じにすることである。こうすると、魚がドロッパーに掛かった時、空鈎になっているテール・フライが魚の腹でカバーされて他の障害物に掛かりにくくなるという効果が十分にある。また二つのフライの間にこれだけの間隔があればドロッパーの方は独立して魚を誘うのに十分な距離だけテール・フライから離れていることになる。しかし、ドロッパーがテール・フライからあまり離れ過ぎていると、ドロッパーに掛かった魚とやりとりをしている間にテール・フライが他の障害物に掛かるという危険が大きくなる。もし、テール・フライとドロッパーがあまり近くにあり過ぎれば二つの別々のフライで釣るという目的は大幅に失われてしまう。そのため、リーダーを作る時にはテール・フライとドロッパーが正確な間隔を持っていることに注意すべきである。自分でいろいろと間隔を変えてみるのもいいだろうが、あまりに間隔を広げすぎると釣人自身の頭に天罰を受けることになる。

このドロッパー・リーダーの長さは四インチから六インチがいい。ドロッパー・リーダーは長すぎるとメイン・リーダーにからまってしまい、魚を追い散らすのに十分なほどの目ざわりなもつれを作ってしまう。またこれが短かすぎるとドロッパー・フライを簡単に取換えることができない。沈み木の多いプールを釣るような場合はドロッパー・フライは取外し、あとでまた必要な時につけてやる。メイン・リーダーの上の方にフライのついていないリーダーがついていることはテール・フライの効力には何の影響もなく、リーダー全体を取換える必要はない。

ドロッパーとして使われるフライのパターンとサイズについては、前に述べたようにまだまだ研究の余地がある。しかし、テール・フライのみで釣る時と同じような法則を適用することができるだろう。ドロッパー・フライのための最良のフックのタイプは、もつれを防ぐという理由から何といってもシングル・フックである。しかし、もし、掛けた魚をどうしてもバラしたくないということでダブル・フックを選ぶなら、使ってもいい。たぶんよりもつれやすくはなるであろうが、心配するほどではない。それに反してトリプル・フックをドロッパー・フライに使うのは不可能である。すぐにどうにもならないもつれができてしまう。多くの人がテールにチューブ・フライを使い、ドロッパーとしてシングル・フライを使っている。

最後に魚とのやりとりについて一言。魚を掛けたなら、それがテール・フライによるものか、ドロッパーかをすぐに見つけるようにすること。そしていずれの場合でも、できればその魚を他の魚のいる場所から引離すこと。もし魚がドロッパーに掛かっているようなら一層の注意をし、沈んだ木のない水深のある場所にできるだけ長い間とどめておくようにする。もし戦いの最後に釣人の方から膝ぐらいまで立ち込んでギャフを掛けられればそのほうがずっとよい。しかし、その場合でもブラブラしているテール・フライで足を引っ掛けられないように魚を十分に離しておいた方がよい。また仕方がなければ魚を岸に引上げてもよいが、これは危険である。網ですくうこともできるが、その場合も魚が網の中へ入る前に空鈎に引っ掛からないようにしなければならない。いずれの場合でもことを起こす前に魚が完全に疲れ切るまで待たなければならない。

　これらすべての操作で注意すべきことは、とにかくぶらぶらしたテール・フライを何にも引っ掛けないようにすることである。もし、どこかに引っ掛けたとすれば、必ずというわけではないが、魚を失う確率は五分五分以上のものであろう。

　もし魚がテール・フライに掛かったとすれば危険はそんなに大きくはない。しかし、それでもドロッパーが岩や、木の枝や、水草、葦、岸、あるいは助手の衣服に掛からないように最善を尽さなければならない。魚が走って長いラインを引っ張り出さない限りは、ドロッパーが何にも掛からないようにするのはそんなに難しくないだろう。これはテール・フライが空鈎になっている時よりは楽にできる。

　掛けた魚が取り込まれたにしろ、あるいはバレてしまったにしろ、戦いのあとでは二つのフライとリーダーを綿密に検査すること。少しでも疑いのあるものは捨てること。ついでにリーダーで魚を持ち上げたり、引っ張ったりしたあとはこうした検査をするようにつねに習慣づけておくとよい。

　この小さな記事が何人かの読者に、その人自身の利益と楽しみのためにドロッパーを試してみようという気にさせることができれば幸せである。最初はいくつかの不幸な出来事が起こるであろう。しかしやっていくうちにそれはだんだんと少なくなり、よく多くの魚に出あい、釣りあげることができ、そして新しい興味が得られることと思う。

アルタ川への二度目の訪問

一つの経験を本当の意味で繰り返すことができるかという設問は、よろこんで哲学者にまかせるものとしよう。とにかく、一九五五年にアルタ川への二度目の訪問が実現した時、最初の時と同じ喜びを味わうことができた。今度は友人のドクター・フレディー・カヴァラスカが一緒だった。ひじょうに残念なことには、トニー・ピューリッツァーは病気のために一緒に来ることができなかった。しかし、われわれはロックスバラ公爵と公爵夫人、そして彼らの友人たちと会うという満足を得ることができた。

前にもう告白したことだが、私は卓越した釣人が釣りをしているのを見たり、彼らの経験談を聞くことにとても興味を持っている。ロックスバラ公爵がいたので、私にはちょうどこの望みがかなったわけである。彼はイギリスにおける最高のサーモン・フィッシャーの一人で、三千尾近くのサーモンをフライで上げている。こうした卓越した釣人の意見というものは私にとって最も興味のあるもので、今回は特に私自身も釣りをしてすでに慣れ親しんでいる場所で彼らがどういう釣り方をするのかよく見ることができた。この年は彼と一緒に釣ることができて私はたくさんのことを学び、そして彼の仲間としてすばらしい楽しさを味わわせてもらうことができたのだった。とはいえ、道具に関する細かな点となるとわれわれの意見は異なることもあった。特にナイロンについてがそうである。彼はかたくななガットの信奉者で、正直なところ彼のリーダーが今まで見たリーダーのうちでも最も強いものであることを認めないわけにはゆかなかった。ガット・リーダーは私のナイロン・リーダーよりも長持ちした。しかし、私のナイロン・リーダーのほうは毎日新しいものと取換えてもおかしくないほど値段は安い。

イギリスやスコットランド、そしてアイルランドでは鮭を取込むためにギャフを使うことはめったにない。これらの国ではほとんどの魚が売り物で、ギャフを打つと魚がだめになるからであった。また、動物を守るということが国民的美徳とされている国にあっては、死んだ鮭に刺し傷を見ることに精神的苦痛を感じるのであろう。しかし、ノールウェーでは、公爵は、他のみんなと同じように、ギャフを使っていた。とはいえ、彼が持ち歩いているのはステンレス・スチールの細身の繊細なもので、使ったあとも魚に目立つような傷を残さなかった。

公爵のリーダーは二本から三本の細いガットからできており、一緒に結んであるわけではなかったが、お互いにより合わせてあった。リーダーの長さは三本継ぎのロッドの最初の二本と同じ長さで、そのためリーダーがトップ・リングの中へ引き込まれることは決してない。私に関しては、頻繁にリーダーを取換えるので、その意味からもナイロン・リーダーのほうがより実用的である。そのうえ、ナイロンは均一性の高い人工の繊維なので、同じ強度ならより合わせたガットより細くすることができる。また、やわらかいので鮭のウェット・フライ・フィッシング向きであることは否定できない。

公爵は大きな六インチのリールを使っており、それにはしっかりしたラチェットがついている。ラチェットの音はボートマンに鮭がフライをくわえた瞬間を分からせ、その音でリールを巻いているのか、リールから ラインを出しているのかを判断させる。リールが突然鋭い音を立てることは「きた！」と釣人が叫ぶのと同じ効果があるが、声に出して言うよりも貴重な一瞬を無駄にしないで済む。二人のボートマンは完璧な一致協力のもとに仕事をしなければならないが、普通はそのうちの一人がつねに釣人を見るために振り返らなければならない。そのことを考えると、ボート・フィッシングにおける音を立てるラチェットのついたリールの有効性は明らかである。私自身は、直径四インチから四インチ半の軽いものを好んでいる。

公爵の使っている一六フィートのロッドはひじょうに疲れるものであろう。たとえば一日に六時間から十時間、正確に言えば一晩に六時間から十時間、二週間釣り続けるとなるとロッドの重量はないがしろにできるものではない。われわれのパーティーの中の二人のご婦人は、たった一四フィート、あるいは一四フィート半のロッドを使っていたにもかかわらず、一人は右肩に激しい痛みを感じ、もう一人はこのロッドを振回すことで完全に疲れ切っていた。公爵の両手にはたこができてかたくなっている。釣りの時間の終りには他の人たちのキャスティングのテンポはだいぶゆっくりしたものになっていたが、鮭釣りに関しては完全な初心者なのにドクター・カヴァレスカは、私と同じくあまり疲れていなかった。われわれは二人とも一三フィートのパラボリックを使っており、手に水ぶくれをつくるということもなかった。そしてしばしば邪魔になる風があったが、私はつねにフライを自分のコントロール下におくことができた。私が一三フィートのサーモン・ロッドを八フィート三インチのマスター・PPPを振回すのと同じくらいに満足して効果的に操作できるようになったのは一九五五年の二度目のアルタ川への釣行のときであった。

しかし、公爵のサーモン・ロッドの長さもやはり有利な点を持っていると思う。それはより遠くまで飛ばせるということで、ラインのメンディングの作業は楽になり、またひじょうに長い距離のラインを水から離しておくことができ、フライをうまくプレゼントさせる。しかし、私の目には、これがより扱いやすく、迅速に取扱うことのできる一三フィートや一四フィートのロッドよりまさっているとは思われない。釣人が小柄な場合にはなおさらのことである。

アシャウェイは今日、それぞれのセクションを別々の色に染め分けたサーモン・ラインを作っている。これによって釣人は自分の狙う場所までの距離に相当するラインの長さを判断することができ、効果的であることは議論の余地がない。そしてこれはゆっくりしたラインでショート・キャストをしようと思う時には特別な正確さを与える。

一日中釣りをして何度もフライを取換えて短くなったリーダーをつけ換えるために、（あるいはリーダーをほどこうとして、ラインの先を弱くしてしまったために）ラインの先端をそのたびごとに切るのを避ければ、両端を輪にした〇・六〇ミリのナイロンをリーダーとラインの間に入れるとよい。上の輪にはラインの端を結びつけ、下の輪には簡単にリーダーのチチワを滑り込ませればよい（図62）。このちょっとした工夫でラインはずっと節約され、また釣りの途中でリーダーを換えなければならない時にはひじょうに時間の節約となる。

ロックスバラ公爵はNo.2／0からNo.4／0といった小さなフライは普通の水況の時には一番効果があり、大きなフライは水位が高い時、あるいは流れがひじょ

ラインとリーダーの間にこのようなナイロン・モノフィラ0.60 ㎜ のチチワを入れるとラインの先端を切らずにすみ、しかも時間の節約になる。

図62

うに早い時に有効であると言っている。彼の言うことは正しいと思う。中型のフライに関しては私はダブル・フックの価値を高く評価する。しかし、ダブル・フックの大型のものは私には重すぎるように思える。

太陽光線が上流に向かってさしている時には、下流に向いている時よりも、魚がフライをくわえる機会は明らかに多い。後者の場合は太陽光線が魚からフライを見えなくしてしまうのか、あるいは魚にあまりにもフライの細部まで見せてしまい、そのためにおじけづかせてしまうのかもしれない。あるいは鮭は太陽光線が自分の目に入る時はフライをくわえるのがいやなのかもしれない。

鮭がフライにはライズするがちゃんとくわえていない時、公爵は

ロッドの先をゆっくりと持ち上げる。こうするとしばしば、魚はもう一度攻撃をしかけようと決心する。それはフライがゆっくりと魚の視界から出てゆくような動きをするので、魚はフライが見えなくなる寸前にこれをくわえるのである。魚がすぐフライにとびつかない場合でも、こうしてそろそろと用心深くフライを引っ込める動作に対しては魚は警戒心を起こさない。そこで、またプレゼントを二度か三度、繰り返すと最後には魚をフライにとびつかせることになる。そうやってもまだ成功しない場合、公爵はフライの色かサイズを別のものと取り換えた方がよいとしている。

早い流れにキャスティングし、フライを思うスポットに着水させたい場合はロッドを高くかまえなければならない。ロッドの先を低くしてしまうとフライは浮いて流れ去ってしまう。ロッド・チップを高くしておくと早い流れの圧力がラインにかかる部分は短くなり、ドラッグが少なく、しかもよく沈む。ゆっくりした流れではフライをプレゼントしたあとロッドはもっと水平にかまえてもよい。こうした場合にはロッドに近い、ラインのより重い部分が先に水面に近づき、後にラインのより軽い部分およびリーダーがループをほどきな

がら伸びてゆくような方法でキャストできる。こうするとラインは全力で伸びてゆき、ロッド・チップを上げたり、下げたりすることでフライに生き生きとした感じを与えることが可能になる。ラインのより重い部分に少し余計な力をかけてキャストすると、フライがつねにリーダーの先にあるような状態で水面にラインを落すことができる。ラインは流れの圧力に押されてカーブした状態のままでドリフトしてはならない。そうしたやり方では魚をだますことはできない。キャストをする時、公爵はしばしばラインが水面に着く前に、流れにむかう方向に空中でラインをメンディングする。彼は長いラインで釣りをするので、こうしておくと、後でラインを直すという問題がなくなる。

　われわれはライズの問題についても話し合った。長期的にみると、一般的に言って鮭は四六時中いつでもフライをくわえる。しかし、正午の前後にしばしば休み時間をとる。短期的観察では、鮭はある一定時間のあいだ特に活動的になる。しかし、前もって正確に予想するのは難しい。一つだけ確かなのは、釣りをしなければ魚を捕えられないということである。友人のランビオットと釣りをしていると気が付くのだが、注意深くつけられた釣日誌はしばしば有効な手がかりとなる。それにまた少なくとも心理的な影響を及ぼすであろう。スポーツにおいては自分に自信を持つことは重要であり、それが何らかの結果につながるものである。

　アルタ川ではグリースを塗ったラインはあまり良い結果をあげない。

　アルタ川への釣行で得た最終的結論はつぎのようなものである。

　鱒釣りでも、鮭釣りでも、いつも釣っている熟練した釣人はたいていは平均的な釣人よりも良い成績を上げる。しかし、つねに……というわけではない。

モニックと馬鹿な鮭

モニックはブルーの目をしたかわいい娘で、やせてはいるが運動神経は発達している。ひじょうに燃えやすい性質で、論争や議論に熱中した。彼女の後悔のたねは法律を学ばなかったことであった。また鳥を撃つのもうまかったが、この話の頃、彼女が釣りについて知っていることといえば、イギリス人がコース・アングラーと呼び、フランス人がペシュール・オ・クゥと呼ぶ、エッフェル塔の下、セーヌ川の岸で赤いミミズやウジ虫を流している釣人を見て得た知識だけであった。彼女は私のやっていることは「フライ（ハエ）をぴしゃりと打つこと」だと思っていた。

何年間も、私はいつかモニックにサルモ・サラール（訳注　大西洋サーモン）を釣らせてやりたいと思っていた。しかし、彼女の頭の中ではフライ・フィッシングには活動性が欠けていて、これは活発な仕事のできない人向きの気晴らしだと思っていた。だから私は水族館のようなプールが見つかるまでは彼女をノールウェーへ連れて行くという考えを完全に放棄していた。そのプールは海からすぐ近くの滝の下にあり、潮の干満の影響を受け、フライが水に落ちるやいなやそれを食おうと身構えている遡って来たばかりの鮭が溜っているようなものでなければならなかった。

一九六七年春、ドーヴィル（この町のそばには下流で七・五キロのシー・トラウトが釣れるトゥク川が流れている）のノルマンディー・ホテルで、われわれはアルベールと彼の魅力的な夫人、ミエットゥに会った。これこそ私の探していた男だった。彼はノールウェーで最良とされている川で釣りをしていた。そのためには何人もの弁護士を雇い、ノールウェーの農夫で自分の農場の中を流れる川の釣りの権利を持っているものたちと連絡をとらせていた。

その年の六月、アルベールは二つの川を借り受けていた。それは有名なラエルダル川から一〇〇マイルのところで、私にも釣る権利を与えてくれたのだった。彼の説明によれば川の一部は私が探し求めていたようなプールと似かよっていた。彼は言った。

「一方の川にはフィヨルドからたった一マイルのところに最初の滝があり、その下にプールがある。そこは鮭とシー・トラウトでいっぱいだよ。プールはもちろん潮の影響があって、二十四時間ごとに二度ずつ満潮と引き潮がある。だからフライに最適の水位で一日四回釣れるわけだ。二回は満ち潮の時に、そしてあと二回は引き潮の時に。その時には魚はとても活発だよ。朝の十時から夕方の六時まで、そんなに激しく釣らずに、ミエットゥと私はその場所でいつも六尾は釣るよ。あんまり大きな魚じゃないけれど、海から上ってきたばかりだからとてもよくファイトする。それからシャルル、モニックを連れて行かなくちゃ」

これこそ絶好の機会だった。前もって結果を知ることができたら、断ったであろうが、しかし千里眼ではないので私はあらゆる釣人が少々ものごとを誇張する傾向があるという以上のことは考えなかった。(釣果があまり芳しくない時でも彼らは嬉しそうな顔をして、魚がまだ遡ってなかったんだとか、水が濁っていたとか、水が多すぎたとか少なすぎたとか、太陽が輝きすぎていたとか、一日中嵐だったとかなどと言い訳をする。それは魚が少なくて、どこへ行っても釣れないということだ)。しかし、今回のアルベールの言うことは正しいに違いなかった。そしてモニックにとってもこれ以上の機会はあり得なかった。

私は彼の招待を受けた。そして次の障害に立ち向った。どうやって一緒に来るようにモニックを説得するかだ。最後にわれわれは妥協の線をだした。彼女はそこに三日滞在することを約束し、私は彼女に最低二尾の鮭を保証した。

もう一つ別の問題があった。モニックは生れてこのかたサーモン・ロッドのキャストなどしたことがなかった。そして釣りに出発する前に彼女が正確にキャストできるようになっておくことが一番大切なことであった。運よく、ブーローニュの森のティール・オー・ピジョンの池はリッツ・ホテルから車でほんの十分のところにあった。ピエールと私は彼女がハイ・バック・ラインを投げ、キャスティングに目覚めるまで六時間の実技を行った。その間中ずっと、私はモニックがもう永遠にやめてしまいはしないか心配していた。

しかし、もし今回の釣りの旅行中に起きることをこの時点で知っていたとしたら、こんな心配は実は心配のうちでもごくささいなものであるということが分かったろう。

フォルデのサンフィヨルド・ホテルに着くと私は荷物をほどきにかかったが、二人の釣りの衣服や、ブーツ、ウェイダー、レインコートなどが入っているバッグがなかった。

モニックはひどい勢いで怒っていた。彼女は雨や寒さなど、あらゆる不快さが嫌いだった。

「シャルル！」

彼女は真剣そのものの調子で私に言った。

「こんなことってないわ。わたしは裸足で釣りをしようという気はまったくありませんからね。ここの水は冷たすぎるわ。飛行場を出る前に荷物を数えなさいって何度も言ったでしょう。次のパリ行きの飛行機はいつなの？」

この何分間かで私の計画はすべて無と化した。私は彼女にこの二日間は飛行機はないと話し、そして二日後の飛行機に彼女のためにすぐに席を予約すると言った。そして、実際にそうした。それからまた、リッツ・ホテルに電報を打ち、失くなったバッグをできるだけ早く送ってくれるように頼んだ。モニックは飛行機会社に文句を言うつもりだったが、私はその荷物をどこに忘れてきたのか知っていた。パリのリッツ・ホテルだった。

幸いにしてモニックは岸からスピン・キャストで釣ることにした。しかし、われわれと一緒に旅をしてきた縁起の悪さはここでも悪意ある影響を及ぼした。スピニング・リールのクラッチがうまく動かないのである。モニックは突然とても型の良いグリルスを引っ掛けた。彼女が接触を持った最初の鮭だった。しかし、いくらリールを巻いても魚はいっこうに寄ってこなかった。私はこの時のことをずっと忘れられない。モニックは大きな魚、とても大きな魚を掛けたと叫びながら、気違いのようにリールを巻き、それが一インチも彼女の方に寄ってこないことを罵っていた。そして彼女はわれわれのギリー、エーリングに川の中まで入って魚を掬ってくれと命令した。しかし、そう言われても彼はヒップ・ブーツしかはいておらず、しかもそこはひどく深かった。

何とか状況を打破しようと思って、私はラインを掴み彼女の方にそれを引っ張ってやりながら、彼女にロッドをそこへ捨てて、ラインを引きながら岸の方に歩いて行くように言った。ところが、この簡単で役に立つ作業は予期せぬ反対に出合ったのだった。「わたしはね、ドーヴィルのサバの漁師みたいに魚を糸で引っ張るためにここに来たんじゃないのよ」

　彼女はそう言った。そのブルーの目は氷のように冷たく光っていた。

　そうこうするうちにグリルスは浅瀬に寄せられた。そしてエーリングがそれを網で掬い取った。ふたたび太陽が輝き、モニックは初めてグジョンを釣った小さな男の子のようによろこんでいた。

「シャルル、わたしの飛行機の予約を取り消して…………」

　私はあえて嬉しそうな風をしなかった。そして、何気なく、なくなった荷物は明日の朝到着すると言った。

「結構。わたしはこのスプーン・フィッシングは嫌いよ。明日はウェーダーをはいて、フライで釣るわ。鮭をどうやって釣るのか見せてあげるわ」

　次の日、川は澄んでいたが、水位はまだちょっと高かった。彼女がキャスティングしやすいように、滝のそばの高い岩の上から釣るといいと私は言った。そこからならたとえ、キャストが悪かったとしても、早い流れがそれをすぐにまっすぐにしてくれる。

「いやよ、あんな魚一尾のためにわたしが一生を棒に振るとでも思ってるの？」

と彼女は言った。

　私は、とても丈夫なロープがあるから彼女は絶対に安全だと応酬した。

「ねえ、ぼくの愛しいひと、このロープを腰にひと巻きしてよ。君の後ろに立って、しっかりロープを持っててあげるから。フエルト底の靴は岩の上じゃ滑らないから大丈夫だよ」

　それに続く議論の間に、ロープも、フエルト・シューズも彼女を恐ろしい非運から救うという私の能力も、すべてが疑問視された。けれどもとにかくやってみることになった。最初はロッドもラインも持たずにやってみると彼女は言った。そして恐しさで蒼くなり、生命を危険にさらしていると考えながら彼女は大きな岩の方へじりじりと寄って行った。その時、私に運が向いてきた。一尾の鮭が、彼女に釣らせようと思っていた流れの真中から空中に跳び出したのだった。

　彼女の恐怖感は魚が水面に落ちるまでにはもう消えてしまったようだった。

「あら！　あそこで魚がジャンプしたのを見た？

シャルル、いそいで竿をちょうだい。あの魚を釣るのよ。それから、このやっかいなロープを延ばしてちょうだいよ」

彼女の最初のキャストは短かすぎ、岩に寄りすぎていた。

「モニック、ラインをもう少し出して」

彼女のバック・キャストは私から一〇センチほどのところをかすめていった。私は急いで坐った。

「もう少し、ラインを出して、モニック。それでいい、ラインが岩の方にぶら下がるようにして」

チューブ・フライは流れの真中に落ち、そして引かれて主流から外れていった。

「シャルル！　ラインが引っ張られるわ。とっても強いの。魚に違いないわ。お願い、助けてよ！」

魚は五〇メートル走り、ジャンプして銀色の輝きを見せ、それからラインがたるんだ。鮭よさよならである。意地の悪さも、命令もなかった。そこには一人のかわいそうなレディが涙を浮かべているだけだった。

それに続く二日間、鮭はフライにぜんぜん興味を示さなかった。私はモニックにキャスティングの練習をして、ハイ・バック・ハイラインをマスターするように頼んだ。彼女はそうやってみることにし、一時間の練習の後、顔を前にむけて、ラインが水面を打つのを眺める代りに、私の忠告に従い、ロッドの先が十二時に近づく時、それを見るようになった。そして、彼女のロッドはそこでとまらずに下がり続け、三時まで行ってしまうことに自分で気がついた。私は彼女と一緒にロッドを握り彼女がキャストするように振って教えてやった。

「ロッドだけを見て、ラインが水面に落ちることは気にせずに、ロッドが一時に近づく前に止めるようにするんだ。それが絶対的に重要なことだよ」

私はロッドから手を離した。とても嬉しいことに一人でやってもロッド・チップもラインもしっかりと上にあがっていた。

「とてもいいよ。あと二十回ほどキャストして、そのたびごとによく見るようにしてごらん」

彼女の技術はすばらしかった。モニックにふたたび前を見てもいいと言った時、彼女はすばらしいストレート・ラインをキャストしており、すぐにとても興奮して、彼女らしい言い方で言った。

「シャルル、分かったわ。きれいでしょう。見て！

……あなたが言う通りのキャストができるわ」

魚が水面を破った。彼女が小さなサーモンを掛けていたのだ。

「どうしたらいいの？　あんまり強く引っ張るから持っていられないわ」

私は彼女に左手のひとさし指でリールの内側を押さえるように言った。だけど押え過ぎてはいけない。魚があまり強く引くようだったら、走らせてやるのだ。そして止ったら、竿を上げたり、下げたりして、下げる時にリールにラインを巻きながら魚を岸に寄せてくるといい。

さいわい魚は弱ってきた。モニックはとても興奮し、また命令を下した。

「エーリンク、網を持って来て。急いで。もしわたしがこの魚を逃がしたら、あなたを憎むわよ」

エーリンクは誰からも憎まれたいとは思っていなかった。そこで何分か後、魚は岸に釣り上げられており、モニックは彼女が初めてフライで釣った銀色の魚の王様を見ながら立っていた。

これは彼女の生涯において最もすばらしい瞬間であったと後で彼女は言った。彼女はとてもよろこび、感動していた。しかし、なぜ魚はあんなに早く、ファイトするのをやめてしまったのだろうか。

「もう一尾釣りたいわ、たぶんフライを変えたほうがいいかしら」

私は彼女にフライはそのままの方がよいと言い、それより私の知っている、プールの一番良い場所まで移動しようと言った。そこは主流の中にできた小さな淵で、深くはないが鮭の格好の休み場所になっており、前方の大きな滝を上る前に、すべての鮭がここを利用していた。実際この滝は彼らにとっては高すぎた。何度もこの滝を上ろうと試みては失敗し、魚は落ちて下流まで戻り、偶然に島の後ろにある小さい方の滝を見つけるのだった。そして、こちらの滝が自然の魚道のようなものになっていた。

われわれが狙った小さな淵は、ちょうど良い渦になっており、流れがあまり強くない時にはチューブ・フライを水面の下に垂直に送り込むことが可能だった。そしてフライはゆっくりと長い間水と一緒に動くか、そこに止った後、ラインに引かれて出て行った。一言でいえば、鮭が追いかけて行ってとびついたりしなくてもフライをくわえることのできる絶好の条件であった。

　実際を言うと私にはモニックがあと一尾か二尾の魚を釣れるかどうか不安であった。そうでないと、慌てパリに舞い戻らなければならなくなる危険もあった。私はどのくらいの時間でフライにドラッグがかかるか見るために二度ほどキャストし、それから竿を彼女に渡した。

　その二回のキャストで分かったことはここは経験を積んだ釣人にはよいが、いくらハイ・バック・キャストができても初心者には向いていないということであった。フライから先に水面に落ちるようにするにはライン・スピードが問題であった。そうするにはひじょうに早い、ひじょうに高いフォワード・キャストを完璧に行ない、最後の瞬間にロッド・チップを上げて、フライのスピードを上げ水面の層を破らなければいけない。しかし流れが少しゆるくなるまで待った方がよいという私の忠告は最大の疑いと、軽蔑の念とを持って迎えられた。もちろん、魚を見たせいで、私自身でそれを釣りたいとも思っていた。彼女は私は古狐だが、底が知れているというのだ。

　古狐としては、彼女にどうぞおやりなさいと言うより仕方がなかった。十五分たち、何の成果もなかった。私はそこから移動し、五〇ヤードほど下流で釣りをし、二尾の鮭を釣り上げた。

「シャルル、あなたのところと場所を代ってよ」

　われわれは場所を代った。彼女のためにプールを荒さないようにするため、ほんの端の方しかやっていないと言った。モニックの最高のキャスティングが何の結果も生み出さない間に、幸運にも私は淵で良い型の魚をネットに納めることができた。

　また場所を代って欲しいという要求がきて、私は承諾した。

　狩りで歩く時は、彼女はいつも銃を肩にかついでいた。この時も彼女は同じようにサーモン・ロッドを肩にかつぎ何メートルかのラインを後ろに引きづったまま水の中をゆっくりと上流に向かって歩いてきた。私が下流に向かって歩いてくると、突然魚の跳ねる音が聞こえた。一尾の鮭が彼女のフライを食ったのだった。そして静かなプールにはリールの立てる音がこだました。

「エーリンク！　エーリンク！　一尾掛かったわ、網を用意して。シャルル、助けて！」

それはとても強い魚で、魚が食わない時には坐って川を観察する対岸のベンチのゆるい流れまで行くと、まったく動かなくなった。それでも何分か後、魚は岸に上げられた。七・五キロあった。モニックはとびはねてよろこび、私の希望をまったく打ちくだくようなことを言った。

「シャルル、これはあなたのどの魚より大きいわ。あなたの言ってた戦術っていうのがどのくらい無意味か、その証拠がこれよ。ここの鮭はみんな馬鹿よ。ただラインを水の中に落して上流に向かって歩くだけでいいんだわ」

私には言うことは何もなかった。それこそ、まさに彼女がやったことだったのだから。もちろん、私はそれ以上のことを知っていた。しかし、深く沈み込んで私は将来のことを想像していた。釣り仲間とその御婦人方のパーティーへ行ったらどれだけのことに耐え忍ばなければならないことか。

時間が経つにつれ、その日のモニックの釣果はすばらしいものになっていった。そして、フライを取換える必要などないと言ったことに対する反論までがそこには含まれていた。彼女は私がそう言ったにもかかわらず、鮭が好きに違いないと思うフライを自分で勝手に決めていた。それは私が不注意にも彼女のフライ・ボックスの底に置き忘れていたジョック・スコットだった。

そして、彼女はつけ加えるのだった——今度は私のほうが助けてもらいたいぐらいだ——彼女の意見ではメスの鮭はパステル調のフライを選び、オスの鮭は暗い色調のものが好きだという。

私の慰めの一つは十年後、私は最終的に彼女を掬い取ることに成功したということである。われわれは去年の夏結婚した。しかし私は今でも考えている。一体一番馬鹿だったのは誰だろう。モニックなのか、私なのかそれとも鮭だったのか。

結び

親愛なる友人たち、フライ・フィッシングという美しいスポーツに魅入られてしまったみなさんたち、私の本はこれで終る。私はこの本が読者のみなさんにとっておもしろく、しかもより掘り下げた問題について読者自身がそれぞれの結論を導き出すのに役立ってくれたらいいと思っている。

今となっては、これからさらに別のフライ・フィッシングの本を書くという仕事はつらすぎる。正直に言って、この年になっては私にはその勇気はない。実際、アーノルド・ギングリッチと知り合って以来の長い友情と勇気づけがなかったなら、この『A Fly Fisher's Life』の最後の版は決して書かれることはなかっただろう。

フライ・フィッシングは今までにないほど盛んになった。しかし、ひじょうにたくさんの釣人が、このすばらしいスポーツに熟練するために必要な知識を身につけないままでいる。この楽しみを味わうためにはいろいろなことをよく知らなければならない。そして、正しいやり方に従わなければならない。賢明な知性をもって理想的な妻を選んだ人は一生幸福である。フライ・フィッシングに関しても同じことが言える。

こうした知識を書き残そうとして、この本の頁の中でも、また世界の各地での釣人との個人的な接触においても、私は最善を尽してきた。それはフライ・キャスティングのメカニズムに重点をおいたことや、正しく調和のとれた道具をみつけだしたことに要約されるであろう。つまり、私は「ハイ・スピード、ハイ・ライン」というキャスティング・テクニックを実用化し、十分に一般化した。このやり方に従えば乱暴な力はまったく不必要となる。

たくさんの人が、一流のフライ・フィッシャーはらくらくとロッドやラインやリーダーを扱うということに気付いている。リラックスした、しかしコントロールされたキャスティングのスタイルを発達させてゆけば、楽しみは何倍も増すということを分かってもらうことがこの本、特にこの最終版を書いた理由であり、そこにこの本の価値があると思う。

　あなたが天国へ行ったら、――あなたもいつかはそこへ行くことに私は何の疑いもないのだが――どうか私に会いに来て欲しい。時間を十分にかけて、どこに大きい鱒がいるかを調べておこう。きっとその場所でさえ、流れに関する知識やフライを正確にプレゼントすることがなによりも重要となるだろう。

　どうかよく練習をして来て欲しい。

シャルル・リッツ

訳者のあとがき

私が初めて手にしたリッツの本は『PRIS SUR LE VIF（現場をとらえて）』という題の一九五三年版、つまりこの『A FLY FISHER'S LIFE』のフランス語オリジナル版であった。「現場をとらえて」というのはいかにも直訳であるが、意味としては「魚釣りの現場の観察報告」あるいは「魚釣りの実際」といったようなものである。

その本はノルマンディに川を持っている私の友人、ベルトラン・バロートからの贈物であった。私は彼をシャトレ劇場の踊り子だったシルビーの紹介で知ったのだが、パリ北駅の近くで配管設備会社の社長をしている。年は六十歳すぎだがひじょうに元気で、週末になると赤いアルファ・ロメオをとばしてノルマンディーの別荘へ行き、冬は鉄砲打ち、夏は釣りで過ごす。たいていはシルビーが一緒だ。彼はある意味ではフランス人の一つの典型で、職業が長い間に培った一徹さを持ち、一世代前の良き伝統を守りつづけている。道具について言えば、竿はペゾン・エ・ミッシェルのバンブー、リールはハーディー、カメラはいくら日本製が安くてしかも性能が良いということが分かっていても、自分のライカを買い換えようとはしない。パイプはダンヒル、葉巻はダビドフのコロナ。つまり彼は自分の好きなもの、自分に必要なものを知っているので、視野が広いとか狭いの問題ではなく、外界の新しい傾向や流行といったものに煩わされる必要がないのである。

だから私が彼の川に初めて招待された頃はさだめし見ものだったに違いない。というのは私のほうはまるでアメリカン・スタイルで、魚は釣り上げることが第一主義で、遠慮なく大きなウエイトをかましたニンフをぶち込み、川底から動こうとしないブラウンを引っ張り出した。ベルトランはそんな私を横目でちらりと見るだけで、自分自身は上半身の安定した小さなモーションの無駄のないスタイルでみごとにラインを伸ばした。そして静かな水面に完璧なプレゼンテーションでオーバー・サイズのパナマを浮かした。フライは長い間水草や雲の間を流れ、最後にはすばらしいブラウンがそれにとび出すのだった。

やがてパリに寄るたびに彼の川に行くことがきまりとなり、三月の解禁の頃も、六月の夢のようなスーパー・ハッチも、八月の暑い日盛りも私はベルトランと川岸で過ごした。

ある時、草の上で昼食をした後、食後の冷えたワインを飲みながら私はベルトランに聞いた。

——キャスティングはどこで習ったんですか?

——特別先生について習ったわけじゃないさ。ただね、第二次世界大戦の時、ドイツ占領下のパリでね、夕方になるとイエナ橋の下に釣人が集ってキャスティングの練習をやったんだよ。

——なんかクラブがあったんですか?

——いいや、別にクラブがあったわけじゃない。ただ占領下でやることがないから、暇のある釣人が何となく集ったんだよ。

——それで帰りにみんなでビストロで一杯ですか?

——とんでもない。その頃ビストロなんてものは一軒もありゃしない。ただ竿を持って集るだけさ。

——みんなでキャスティングの練習をやったんですか?

——そう、リッツやクルーズヴォーも時々来てキャスティングをやったよ。そういうのを見てておぼえたのさ。

彼がリッツやクルーズヴォーの名を口にする時には、やはりかすかな誇りのひびきがあった。それはリッツがスイス人であろうとなかろうと、パリに住む釣人にとっては一人のスターであり、自分たちの代表であることに違いはなかった。

——一度、リッツと議論をしたことがあったよ。私がね、あるルートからアメリカの白いナイロンのラインを手に入れて、イエナ橋で使ってみたのさ。その頃はパリにはまだシルクのラインしかなかったんだ。そしたら、リッツがそれを見て、白いラインは魚に目立ち過ぎてだめだと言うんだよ。今となってみればそんなことは問題にもならんのだけどね。私のほうがリッツより進んでたわけだ。

リッツと同じ時代を生きたフランス人の釣人たちは多かれ少なかれ、リッツを見たことがあるとか、彼と話したことがあるのが得意で、彼等はそれを一生機会あるごとに話すに違いない。

この話しのあったすぐ後で、彼は私にリッツの『PRIS SUR LE VIF』を贈ってくれた。それはフランス綴じのどっしりとした本で、図解や写真はあまり多くなく、釣りの本というよりはむしろ小説が書かれているような感じだった。

私はそれをパリの画家の友人のところで読み始めた。彼のアトリエの二階の薄暗い部屋に寝泊りしていたので、天窓からの明りの下へベッドを動かし、前の日の釣りの疲れで気だるい身体をベットに沈めたままページをめくった。窓の外では人々がヴァカンスに出掛けたあとの閑散としたパリの夏が過ぎていった。私は眠くなってうとうととし、眼が覚めるとまた先刻ライズした魚がどうなったのかを読み進めていった。気がつくと夜になり、私は本をかかえたまま近くのレストランへ行って、料理を注文してからまたページを開いた。

ボーイが前菜を持って来て言った。

——ムッシュー、消化に悪いですぜ。

——とんでもない、消化に悪い本なんか読んでないよ。見てみろよ。

彼はテーブルの上の塩やワインのビンの位置をなおしながら、首をはすにして本の中を覗き込み「釣りですか、私も釣師ですよ」と言った。

——そりゃいいや、で何を釣るんだい？

——私はウナギ専門でね……。ボン・ナペティ！

そう言うと彼は調理場へ戻って行った。私は片目で開いたページのフライをくわえようと待ちかまえている鱒を睨み、もう片方の目でワインを注いだ。テーブル・ワインは安物だったが、それはアクルーの水と混じり合って私の身体の中に心地よく流れていった。


とは言ってもこの本は二日や三日で読み終えられるような類のものではなく、私は帰りの飛行機の中でもそれを読み、日本へ帰ってからも、釣りのシーズンが終ると時々引っ張り出しては楽しんでいた。

それは何年も前のことで、そのうちにこれを日本語にしたいという思い入れがだんだんと私の中に発酵していった。そして機会があって翻訳に取りかかったのだが、始めてみるとこの本は自分の興味にかられて読みとばしていた時とはまた別の側面をもって私の前にあらわれてきた。つまり、文章ですべてを説明することは不可能なんだから、この程度の説明でいいだろうとする一般的な技術書の枠をはるかにはみだしており、特にキャスティングに対する執拗な解明と、それをできるだけ正確に表現しようとするための膨大なページ数は私を圧倒してしまった。

個人的な経験を話して恐縮だが、私のフライ・フィッシングはテンカラ釣りから始まったので、フライ竿でも最初から魚を釣ることはできたし、フライで魚が釣れることに対する驚ろきのようなものはあまりなかったが、その代りにフライ・フィッシングの楽しさを本当に味わっていたとは言い難い。というのはキャスティングがまったく下手くそだったからである。

最初、私はリッツのキャスティングに対する並外れた興味と熱意に辟易とした。それは日本でフライ・フィッシングのブームが起きた当時の、フライ・フィッシング即フライ・キャスティングという風潮への反発が私の中にあったからで、なにもそんなにラインをブンブン振回さなくても魚は釣れるという持論に固執していたせいでもある。ところが、キャスティングを練習するようになって、自分の技術が上達するにつれて、ラインの描く魔術的な曲線の美しさや、手の中に感じるロッドのしなり具合の快さは私をとらえて離さなくなってしまった。そしてそれが魚はただ釣れさえすれば良いという魚釣りの世界を大きく拡げてくれたことは確かだった。キャスティングにうまくなることが魚釣りをさらに楽しくする、とリッツは強調しているが、まさにその通りである。

この本の書かれた時から現在に至るまでの短い間に新素材の開発により釣具は飛躍的に進歩した。グラスやカーボン、そしてボロンなどのロッド、種々の形状のラインはキャスティング技術の習得を著しく容易にした。そのためにここに書かれている技術は時代遅れだと思う人もいるかもしれない。しかし、キャスティング・ツールの進歩によりかかりすぎて、現在では乱暴すぎるモーションで必要以上の力を使ってキャスティングをする傾向がないかどうかを考えてみる必要がある。たしかに釣具の軽量化に成功したお蔭でそうした欠点も道具がカバーしてくれるし、一日の釣りのあとでも疲れすぎるということはないかもしれない。しかし、最少の動作で道具に最大の効果を生みださせるやり方はより洗練されて、美しい。

　そうした観点から考えなおしてみると、リッツの技術は時代遅れというよりも行きつくべき頂点のように思われる。忘れてならないのは、リッツはそのHS／HLの理論で、それまでのキャスティング法をまったく書きかえ、ロッドを作るための新しいコンセプトを確立し、あらゆる近代キャスティングの基礎をつくったということである。ロッドの素材がどう変ろうともリッツの分析したキャスティング・メカニズムに変りはない。

　キャスティングに関してはもちろんのことだが、リッツの魚に対する観察は実に鋭く、グレーリングと鱒の項では彼は徹底的に魚のあらゆる習性を分析している。釣れない魚は釣らないで無視するのではなく、どうして釣れないのか、解決法はあるのかということを学者のような目で見ているのである。このへんが、キャスティングがうまいだけの釣人ではないところなのだ。グレーリングは日本にはいないが、グレーリングに対する技術は立派に鱒釣りに応用できるものが多い。実際の釣場で行きづまった時、ひょっとしてあれをやってみたら、と考えることが解決法に結びつくかもしれない。

　リッツの書いていることはすべて彼の長い釣りの体験にもとづいている。常に実例を引合いにだして説明してくれるので、これはまさにベテラン釣師の覚え書きを盗み見するようなものだ。この本のせいで、ただでさえ少ない日本の魚がさらに少なくならないことを祈りたい。


　翻訳に関してはイギリスのマックス・ラインハート一九七二年度英語版を使った。これは最初に私の読んだ一九五三年のフランス、シャンゼリゼ版のものにいくつかの新しい章を書き加えた増補版であり、リッツ自身が書いているように、彼にとってこれが最後の著作になっているからである。

もちろん、ほとんどの部分は最初の仏語版と同じなので、両方を睨みつつ仕事を進めた。その段階で言わせてもらえば、フランス語から英語になる過程で誤訳があり、その場合は仏語版に忠実にすることにした。さらに疑問点に関してはパリのサン・ルイ島で父親の代からフライ専門の店をやっている、私の友人、ジャン・ミシェル・デュボスをさんざん煩わせた。彼は店の仕事をほったらかしにして、私につき合ってくれ、キャスティングに関してはセーヌ川の岸まで実地をやりに行ってくれた。デュボスはリッツと親交の深かった最後の生き残りの一人と言ってもよい。彼をのぞけば、この本の中にでてくるリッツの友人達はもうみんな、リッツ風に言えば天国での大鱒釣りに出掛けてしまった後だった。

リッツとデュボスのつき合いの中におもしろい話が一つある。デュボスも竿つくりにかけては一流で、ある時「サン・ルイ」という竿を作った。ペゾン・エ・ミッシェル社がこの竿を自社のシリーズの中へ入れたいというので承諾したら、リッツがデュボスの店へ怒鳴り込んできたというのだ。つまり、ペゾン・エ・ミッシェル社ではこの竿をPPPのシリーズの中へ入れてしまったので、リッツとしては自分のデザインでないものが、彼のつくったシリーズの中に入っていることに腹を立てたのだった。最終的にはピエール・クルーズヴォーが中に入って取りなし、二人はそれまで以上の深いつき合いになったという。話をしてみると竿のデザインに対する考え方は同じで、その後「スーリー」というデュボスのデザインによる竿もPPPのシリーズに入っている。

さらに、デュボスには日本語版に入れるためのフライを集めてもらった。本の中でリッツはフライにはあまり重きをおいていないように書いているが、誤解してはならないのは彼がフライをどうでもいいと思っていたのではないということだ。ただ、フライのパターンを論ずる前にフライのパターンの良し悪し以外の要因、キャスティングやプレゼンテーション、ドリフトの未熟さが魚をフライから遠ざけてしまうことがひじょうに多いということを強調したかったのである。そして、フライにまつわる神話を打ち壊したかったのである。仏語版にも英語版にもフライの図版はないのだが、実際にリッツの使っていたフライのリストを見るとナチュラルのピンクやモーブのハックルを使ったものなど、実に凝っている。しかもパターンの名前はフランス特有のものも多く、名前だけ聞いても日本の読者にはイメージのしようがないと思われたのであえて写真図版を入れることにしたのである。

フライは同じ名前のものでも、タイヤーの個性によって少しずつ違い、しかも時代が変るとマテリアルの入手の問題などから別のマテリアルで代用したりするため、オリジナルのものとは違ったイメージのものができてしまう。そのためリッツの時代のフライを集めることは不可能だと思っていた。しかし、幸いにもデュボスはリッツのためにフライを巻いていた故マダム・ド・シャンベレのコレクションを個人で持っており、私はそれを譲ってもらうことができた。この本の中にでてくるフライの大部分は写真図版を参照してもらえると思う。

シャルル・リッツ自身の人となりについては巻頭の、エスクワイヤー誌の編集長であったアーノルド・ギングリッチの文章や、やはり後に収録されている〈スポーツ・イラストレイテッド〉誌にジャック・オルセンの書いた文章から十分くみ取って頂けると思うし、訳者も彼等以上にリッツ氏について知っていることは何もない。しかし、この本を読むと彼は技術や道具に関してひじょうに優れたセンスを持っていたというだけでなく、同時にユーモアの利いた一流の文章感覚も身につけている。彼の魚と釣人に対する鋭い観察を表現したものには彼の人柄がにじみでているし、それは単なるスポーツマンにとどまるだけでなく、釣りを通して自分を形成し、釣人であるだけでなく社会的に確立した人物にもなり得た一つの充実した人生を伺わせるものとなっている。

魚釣りの本であるにもかかわらず、この本の中に彼は「健康について」という一章をわざわざ書いている。読者はこんな章は不必要だと思われるかもしれない。しかし、それが不必要かどうかは、われわれが彼と同じくらい長い間生きて、彼と同じくらい長い間竿を持って川岸を歩き回ることができた後で考えることにしよう。おそらく、フライ・フィッシングを流行に乗り遅れないためにやるのではなく、竿一本が人生の最良の時も最悪の時も手離すことのできない伴侶となった時、この偉大な先達の書き残してくれたことはさらに深い意味をもってくるに違いない。

最後にこの紙面を借りて、翻訳の間中つねに励まし、応援してくれた中沢孝君やたくさんの釣りの友人たちと、できあがった原稿全部に目を通し、適切な御教示を頂いた湯川豊氏にお礼を言いたいと思います。

そしてまたこの本の翻訳の機会を与えてくれたアテネ書房、および快く出版を承諾して下さったティムコ社、および非常に煩雑な編集の仕事を一手に引受けて下さった渡辺一夫氏に深く感謝致します。特にティムコ社の霜田俊憲氏は初校、再校の全部に目を通し、小生の力の及ばないところを実に精密に補強してくれました。彼の力がなかったなら、ここまで完璧に近い形での日本語版の実現は不可能だったろうと思います。ここに改めて深くお礼申し上げます。

一九八三年六月一日　　柴野邦彦

改訂版のための訳者のあとがき

【ア・フライフィッシャーズ・ライフ】の日本語初版が出てから三十二年が経った。三十二年という年月は中途半端ではあるけれど、それでも、これだけの年数があれば人は知識も経験も少しは増え、必要な技術もわずかながら上達する。今回、新しい版がでることになって、訳者自身読み直してみると、言語においても、キャスティングや釣りの技術においても三十二年度分理解度が増したような気がする。お蔭で、この改訂版にはずい分と手を入れることになった。より読みやすくなり、誤訳も少なくなったのではないかと思うと、訳者も少し気分が安らかになった。

一般的に技術に関する文章は、それを読んで理解できれば、それはすでにその技術が習得されていることが多い。たくさんの間違いや成功を経験したうえで、その文章を読み直すと、自分の経験したことが実感として分かり、書かれていることに同感するのだ。リッツがＨＳ／ＨＬの理論を書いてから五十年以上が過ぎた。道具の進化や流行によってキャスティングの技術に変化が見られたとしても、その基本の基本は変わらない。

リッツのＨＳ／ＨＬの理論はリッツが考え出したものではない。当時の世界的なキャスティング・チャンピオンたちの技術を見て、リッツがそれを分析、研究し、実践し、そして文章に結実させたものである。シャルル・リッツがキャスティングというスポーツ的スキルの習得を愛し、それを楽しんでいたことは間違いない。私が巨匠、Maestroと呼んで、My straw

故Ｊ－Ｍデュボスと訳者　1983年　photo:Toshihiko Shibano

を一本献上して敬意を表している、東知憲さんがリッツの人となりを表すいい文章を見つけてくれた。それはアメリカのFly Fisherman誌、一九七七年号のリッツとギングリッチ大追悼記事の中でダーモット・ウイルソンが書いたものだ。

——一緒に釣りをした時、シャルルはしばしば並はずれて長いラインをキャストした。それは必要以上に長い、あるいは私にはそう思わせるようなものだった。けれども、彼は魚を釣ることを楽しむのと同じくらいキャスティングを楽しんでいるのだ、と私に語った。実際、彼の行う一つ一つのキャストは彼にとっての一つの実験であり、魚を捕まえること以上にキャスティングに関する知識を深めようとするものであった。誰一人としてシャルルが尊大だとか、うぬぼれが強いなどと非難するもののいないのは事実だ。彼の有名なハイスピード／ハイラインという語句について、彼はこう言っている。「あれはキャスティングのうまい人たちが何年も前から言っていたことを、新しく説明しただけなんだよ」。そしてまた、彼の有名な《パラボリック》というキャッチ・フレーズについては、単純に「あれは私の手品のトリックみたいなものさ」と言っている。――

この本の初めでギングリッチが書いているように、シャルル・リッツは変化を好み、一か所に落ち着いていられない性格を持っていた。その性格はつねに彼を道具の改良と進化へと追い立てた。

リッツが天国での鱒釣りに出掛けた後、何年かして、ローラン・サンソが会長となってインターナショナル・ファリオ・クラブを引き継いだ。そして、その第二次インターナショナル・ファリオ・クラブも一昨年二十周年を迎えたのだが、その機会にローラン・サンソは〝ファリオ・クラブ〟というロッドを作ることを企画していた。私はてっきり、バンブーのファリオ・クラブを復活させるのかと思ったのだが、実際に彼が考えていたのは、現在の最新素材によるものだった。それはリッツがつねに新しい素材を求めていたからで、その軌道の延長線上で新しいロッドを作ろうとしていたのだった。その話がでた時、ローランはリッツが最後に作ったロッドを見せてくれた。リッツはペゾン・エ・ミッシェル社でPPPのシリーズを完成させた後、市場に出現したばかりのグラスファイバーでロッドを作り始めた。最初に作られたのは〝ヴァリオ・パワー〟というロッドで、初期のこの素材の欠点を補うために、バットがグラスでチップがバンブーというハイブリッド・ロッドだった。次にガルシア社と協力して、〝リッツ・ガルシア〟という全てグラスファイバーのロッドを完成させた。ローランが見せてくれたのは、さらにその後リッツがコノロンで作らせ、フランスのリールメーカー、〝ミッチェル〟のブランドで売り出した、リッツデザインの最後のロッドだった。

この本の中に、ネクタイをしたリッツが六フィート六インチのロッドでウェーブのない驚くべきラインをキャストしている写真があるが、それは、実はオールグラスの最後のデザインのロッドで、私はローランの説明で初めてそれを知った。リッツ・ガルシアのロッド以来、これらのグラスロッドは多くの人が認めるように、すでに非常に現代的なロッドとなっている。こうした事実を知る時、常にフライフィッシングの先端を走ってきたこの先人の残した文章が、どれだけ確固たる土台の上に打ち立てられ、予見に満ちたものであるかが分かるだろう。それは、懐古趣味で読まれたり、過去の資料として単なる研究対象になるようなものではなく、現在も生き続ける、教訓に満ちたものなのだ。

今回の日本語改訂版に関して、あえて——ある釣師の覚え書き——というサブタイトルを入れさせてもらった。《ア・フライフィッシャーズ・ライフ（A Fly Fisher's Life）》という言葉を見た時、日本人として一般的に最初に頭に浮かぶ意味は『ある釣師の生涯』だろう。私も最初はそう思っていたが、漠とした違和感を持っていた。というのは、誰もが認めるように、シャルル・リッツはあえて自慢したり、尊大に振る舞ったりしない品格を持った人で、またその経歴からしてそんなことを必要としない人であったから、自分から自分を神格化して、『オレの生涯』を読め、などということを言うはずがないからだ。あるいは、百歩譲って、出版社が勝手につけたタイトルかなとも考えていた。それにしても、その違和感はぬぐいきれなかった。理由は他にもある。オリジナルの仏語版のタイトルである。これは"PRIS SUR LE VIF"で、〈現場からの報告〉といった意味である。また、ドイツ語版は"Erlebtes Fliegenfishen"で、〈毛鈎釣り体験〉と読める。それで、〈ある釣師の生涯〉はどうもリッツの書いたもののタイトルとしては不自然なのだ。ある日思いついて、少し大き目の英和辞書

（KENKYUSHA　新英和中辞典）を引いてみた。そして、Lifeに生命、生涯と言った意味の他に、伝記とか言行録という意味があるのを見付けた。小生は言語学者ではないので、これが古語で、もう使われないものなのか、あるいは特定の国や地域でのみ使われる意味なのか知る由もないが、Lifeをこの意味にとらえるなら、それはリッツの意向にも叶うのではないかと考えた。その結果、——ある釣師の覚え書き——とサブタイトルを付けた次第です。

すでに多くの人がこの本について書いているので、これ以上、付け加えることはないが、この本は一度読んで本棚の飾りにすると言うよりも、運に見放されて過ごした釣りの一日の後など、時々引っ張り出して、不平を言いながら燃えるストーブのそばで、あるいはシングルモルトのコップが置かれたスタンドの灯りの下で、あるいは川岸に止めた車の寝袋の中で、開いたページを拾い読みしてみると、新たな戦術が思いつけるかもしれない。この本がそうして一生の友となってくれれば訳者としては望外の喜びである。

最後に、フライフィッシングの流行が去り、本当に好きな人が静かにこの釣りを楽しむいい時代になったのだが、同時にフライフィッシングにかかわるビジネスが縮小する傾向のこの時期に、あえてこの本の出版の勇断をした未知谷の飯島徹社長、そしてまたたくさんの赤ペンの入ったページを丹念に修正、まとめてくれた、伊藤伸恵さんに、勝手に、釣人を代表して感謝いたします。

二〇一六年四月吉日

柴野邦彦

シャルル・リッツ（Charles C. Ritz）

パリの最高級ホテル、ホテル・リッツの二代目オーナー。世界的に有名なフライフィッシャーマンで、当時のキャスティングの世界チャンピオンたちの運動メカニズムを分析し、ハイスピード／ハイラインなどの近代キャスティング理論を構築。また、それらのキャスティングを可能にする、ペゾン・エ・ミッシェル社のＰＰＰシリーズなどのフライロッドをデザイン。世界中の著名なフライフィッシャーマンや王族、実業家などを会員とする、インターナショナル・ファリオ・クラブを創設。1891年8月1日生まれ、1976年7月11日没。スイス国籍。

しばの くにひこ

1943年、東京生まれ。上智大学フランス語科卒。フランス大使館勤務後、イベントプロデュース業等を経て、現在絵描きと、文筆業。登山とフライフィッシングを愛好。著書に『川からの釣人の手紙』（講談社）、『フィッシング・ダイアリー』（未知谷）等、編書に『ひとり歩けば』『山中暦日』『山谷晴天』（辻まこと、未知谷）。Fario Friends of Tokyo及び日本登攀クラブ会員。

A FLY FISHER'S LIFE

ア・フライフィッシャーズ・ライフ

ある釣師の覚え書き

2016年 7月11日印刷
2016年 8月 1 日発行

著者　シャルル・リッツ
訳者　柴野邦彦
発行者　飯島徹
発行所　未知谷
東京都千代田区猿楽町2丁目5-9　〒101-0064
Tel. 03-5281-3751 / Fax. 03-5281-3752
［振替］ 00130-4-653627
組版　柏木薫
印刷所　ディグ
製本所　難波製本

Japanese edition by Publisher Michitani Co. Ltd., Tokyo
Printed in Japan
ISBN978-4-89642-504-8　C0075